Schriftspracherwerb

Agi Schründer-Lenzen

Schriftspracherwerb

4., völlig überarbeitete Auflage

Springer VS

Prof. Dr. Agi Schründer-Lenzen
Universität Potsdam
Deutschland

Die bisherigen Auflagen sind unter dem Titel ‚Schriftspracherwerb und Unterricht' erschienen.

ISBN 978-3-531-17944-5 ISBN 978-3-531-18947-5 (eBook)
DOI 10.1007/978-3-531-18947-5

Die Deutsche Nationalbibliothek verzeichnet diese Publikation in der Deutschen Nationalbibliografie; detaillierte bibliografische Daten sind im Internet über http://dnb.d-nb.de abrufbar.

Springer VS

Springer VS ist eine Marke von Springer DE. Springer DE ist Teil der Fachverlagsgruppe Springer Science+Business Media.
www.springer-vs.de

Inhaltsverzeichnis

Einleitung

Der Erwerb von Lesen und Schreiben ist Gegenstand unterschiedlicher wissenschaftlicher Disziplinen, so dass neben der Grundschulpädagogik und der Fachdidaktik Deutsch auch Kenntnisse aus der Sprachwissenschaft, der Linguistik, der Psychologie und zunehmend auch von spezifischen Forschungsrichtungen wie der Spracherwerbsforschung, Deutsch als Zeitsprache und der Sonder- bzw. Inklusionspädagogik zu integrieren sind. Diesen interdisziplinären Blick auf das Thema Schriftspracherwerb nimmt dieses Buch auf, und zwar in einer durchgängig praxisorientierten Perspektive. Das heißt, es wird bewusst selektiv vorgegangen, indem immer nur das theoretische Wissen vermittelt wird, das für einen wissenschaftsbasierten Unterricht notwendig ist. Was dies im Einzelnen für ein professionelles Verständnis von „Schriftspracherwerb" bedeutet, sollte sich im Verlauf der Lektüre dieses Buches erschließen. Es hat Lehrbuchcharakter, indem neben der Vermittlung von Kenntnissen zur Didaktik des Schriftspracherwerbs, viel Wert auf die Erklärung und Vernetzung von Wissensbeständen aus unterschiedlichen Disziplinen gelegt wird. Zu Beginn eines jeden Kapitels wird eine orientierende Einleitung gegeben, in der verdeutlicht wird, warum man eigentlich dieses Kapitel lesen sollte, welche Relevanz die dort angebotenen Kenntnisse für die Praxis haben. Damit sind aber nicht „Tipps und Tricks" für den Schulalltag gemeint, sondern wissenschaftliche Befunde, die eine reflektierte Praxis ermöglichen.

Das Buch richtet sich damit zunächst an Studienanfänger, die diesen Text auch ohne Vorkenntnisse verstehen können sollten. Dabei wurde berücksichtigt, dass nicht alle Studierenden im Lehramt Primarstufe das Fach Deutsch studieren, so dass die notwendigen sprachwissenschaftlichen Basiskenntnisse gleich zu Beginn thematisiert werden.

Das Buch richtet sich aber auch an die erfahrenen Praktiker, die durch die umfassende Aufbereitung der verschiedenen didaktisch-methodischen Zugänge zum Schriftspracherwerb angeregt werden sollen, Erweiterungen bzw. Ergänzungen ihrer eigenen Unterrichtspraxis zu finden. Hierzu kann nicht zuletzt das „Fibel-Kapitel" (siehe Kapitel 8) dienen, in dem praktisch alle aktuell auf dem Markt befindlichen Fibelprogramme vorgestellt werden. Auch die vielen Hinweise auf diagnostische Verfahren und Fördermaßnahmen im Kontext des Schriftspracherwerbs sollten hilfreich sein.

Schließlich ist das Buch für die zweite Ausbildungsphase interessant, denn es ermöglicht, auch bereits vorhandene Kenntnisse neu zu diskutieren. Das heißt, die Darstellungsform dieses Buches ist zwar sachlich-informativ, aber auch darauf ausgerichtet, problematische Argumentationsmuster oder Schwächen bzw. Grenzen didaktischer Konzepte transparent zu machen. Insgesamt wurde versucht, einen wirklich umfassenden Überblick über den Schriftspracherwerb zu geben.

Im *ersten Kapitel* werden die sprachwissenschaftlichen Grundlagen verdeutlicht, die man kennen muss, um methodisch-didaktische Entscheidungen im Anfangsunterricht treffen zu können. Diese ersten Seiten sind notgedrungen sehr „begriffsorientiert" und „theoriegeladen". Sie bieten aber zugleich Beispiele dafür, wie diese Kenntnisse genutzt werden können, um didaktische Hilfsmittel wie die Anlauttabelle kritisch einzuschätzen. Zugleich wird ein Grundverständnis für inhaltliche Schwerpunksetzungen geschaffen, die im Unterricht bei der Einführung in die orthographische Struktur des Deutschen beachtet werden sollten.

Das *zweite Kapitel* verfolgt mehrere Zielstellungen gleichzeitig: Einerseits werden die schon beinahe klassischen Entwicklungsstufenmodelle des Schriftspracherwerbs vorgestellt, andererseits aber auch lesepsychologische Modelle des Leseprozesses und Zwei-Wege-Modelle des Rechtschreibens thematisiert. Grund dafür ist, dass die in der Grundschulpädagogik favorisierten Entwicklungsmodelle des Schriftspracherwerbs zwar gut geeignet sind, Lehrkräften eine optimistische Grundhaltung für ihre pädagogische Arbeit zu vermitteln, aber gleichwohl nur einen begrenzten Ausschnitt beim Erwerb von Lese- und Schreibkompetenz in den Blick nehmen: Es geht um die Lernentwicklung im Lesen und (Recht)schreiben auf der *Wortebene*, wobei die Progression der Lernstrategien der Kinder interessiert. Das hört sich bereits recht kompliziert an und muss an dieser Stelle auch nicht vollständig verstanden werden. Deutlich geworden sein sollte nur eins: Dieses breit akzeptierte theoretische Modell des Schriftspracherwerbs hat viele Voraussetzungen. Eine davon ist, dass es auf einer entwicklungsorientierten Sicht basiert, in der angenommen wird, dass das Lernen der Kinder von Stufe zu Stufe voranschreitet.

Die Schwierigkeiten der Lernaufgaben, die die Kinder dabei zu bewältigen haben, erschließen sich differenzierter, indem weitere Modelle der Analyse von Lesen und Rechtschreiben beachtet werden. Die Zwei-Wege-Modelle des Lesens und Schreibens nehmen die Differenzen zwischen Anfängern und erfahrenen Lesern und Schreibern in den Blick. So lassen sich aus den jeweils unterschiedlichen Zugriffsweisen auf Schrift insbesondere weitere Informationen über die Details des Leseprozesses selbst gewinnen. Damit wird eine die Entwicklungsmodelle *ergänzende* Perspektive auf Lesen und Schreiben angeboten. Zielstellung ist, diagnostische Fähigkeiten zu unterstützen, indem die einzelnen Teilschritte des Leseprozesses, aber auch die potentiell intervenierenden Rahmenbedingungen bewusst gemacht werden. Im Hinblick auf das Rechtschreiben ergeben sich aus den Zwei-Wege-Modellen bereits einige Konsequenzen für die Didaktik des Rechtschreibunterrichts.

Der Forschungsstand zu den schriftsprachlichen Vorläuferfähigkeiten ist mittlerweile sehr weit entwickelt. Hierüber wird im *dritten Kapitel* berichtet, indem ein Überblick über die diagnostischen Verfahren und Fördermöglichkeiten insbesondere der phonologischen Bewusstheit gegeben wird. Gelingender Schriftspracherwerb ist aber nicht nur von einer gut entwickelten phonologischen Bewusstheit abhängig, sondern generell von der sprachlichen Kompetenzentwicklung. Risikofaktoren, die in der Folge einer sprachlichen Entwicklungsverzögerung bestehen, müssen deshalb beachtet werden. Eine besondere Herausforderung ist der Schriftspracherwerb in einer Zweitsprache. Grundlegende Informationen über die Diskussion zum Schriftspachunterricht für Kinder mit Migrationshintergrund werden zum Abschluss des Kapitels gegeben.

Die schulischen Rahmenbedingungen des Schriftspracherwerbs haben sich in den letzten Jahren weitreichend verändert. So ist zunächst als Reaktion auf das schlechte Abschneiden der deutschen Schülerinnen und Schüler in den internationalen Schulleistungstests, die bereits im Vorschulalter einsetzende Förderung schriftsprachlicher Vorläuferfähigkeiten institutionell verankert worden. Alle Bundesländer haben Verfahren der Sprachstandsfeststellung und anschließender Förderung für die Vier-bis Fünfjährigen eingeführt, über die im *vierten Kapitel* ausführlich informiert wird. Studierende brauchen als zukünftige Akteure in einer „Bildungspartnerschaft" von Erziehern, Eltern und Lehrkräften gute Kenntnisse über die vielen neuen Maßnahmen der Diagnose und Förderung der Vorläuferfähigkeiten des Schriftspracherwerbs, die im Zuge der Bildungsreform im Elementarbereich eingeführt wurden. Nur so kann die vielfach geforderte Kontinuität der professionellen Begleitung von Lernentwicklungen im Bereich der Sprach- und Schriftsprachförderung im Übergang von der KITA in die Grundschule realisiert werden. Die flexible Schuleingangsstufe, die Vorverlegung des Einschulungsalters, die „inklusive" Grundschule, alles das sind neue Herausforderungen, für die Studierende und Lehrkräfte qualifiziert werden müssen.

Das Buch orientiert sich an diesem weit gefassten Verständnis von Schriftspracherwerb. Allgemein wird der Begriff so verstanden, dass es hier um das geht, was in den ersten zwei Schuljahren im Fach Deutsch der Grundschule passiert. Früher, und das heißt ungefähr bis in die 1980er Jahre, wurde von „Erstlesen und -schreiben" oder von „Anfangsunterricht im Lesen, Schreiben und Rechtschreiben", manchmal auch von „Alphabetisierung" gesprochen. Allein der Vergleich dieser Begriffe verdeutlicht, dass die Sache, um die es hier geht, sehr unterschiedlich verstanden wurde. Hierüber gibt das *fünfte Kapitel*

Aufschluss, in dem die historische Entwicklung von Lese- und Schreiblehrmethoden verdeutlicht wird.

Seit der Einführung des Begriffs „Schriftspracherwerb" in den 1970iger Jahren wird von einer Verzahnung der Lese- und Schreiberwerbsprozesse und einer dem entsprechenden didaktischen Verbindung der verschiedenen Bereiche des Deutschunterrichts ausgegangen. Ursprünglich sollte mit dem neuen Begriff die Absage an ein technisch verkürztes Verständnis des Erlernens von Lesen und Schreiben signalisiert werden. Die Kritik richtete sich damit sowohl gegen einen Rechtschreibunterricht, in dem das Schreibenlernen auf motorische Aspekte und das Abschreiben und Auswendiglernen von Wörtern und Rechtschreibregeln reduziert wurde, als auch gegen einen Leseunterricht, der die „heile Welt" einer Fibel vermittelt. Die Popularität des neuen Begriffs verdankt sich aber wohl seiner guten Passung zu zentralen theoretischen Annahmen, die mit dem „Spracherfahrungsansatz" Eingang in die Didaktik des Anfangsunterrichts gefunden haben: Kinder brauchen keine „Belehrung", sondern können sich Wissen selbst aneignen. Sie „erwerben" die Schriftsprache, indem sie mit Schriftsprache umgehen, sie „erfahren". Wie das konkret verstanden wurde, darüber informiert das *sechste Kapitel.*

Während für den Spracherfahrungsansatz gezeigt werden kann, wie er den Gedanken einer Öffnung von Unterricht zunehmend mit einer klaren Strukturierung des Lernangebotes verbunden hat, gilt dies nicht für das zeitlich parallel entwickelte Unterrichtskonzept von Jürgen Reichen. Sein „Lesen durch Schreiben" basiert auf problematischen Annahmen und Behauptungen, die im *siebten Kapitel* herausgearbeitet werden.

Den Abschluss des Buches bildet eine Klassifikation der vorhandenen Fibelprogramme, die u.a. deutlich macht, wie die verschiedenen didaktisch-methodischen Konzepte zum Schriftspracherwerb Eingang in die neuen Lehr-/Lernpakete für den Anfangsunterricht gefunden haben. Zielstellung dieses *achten Kapitels* ist, die Schwerpunktsetzungen der einzelnen Lehrwerksreihen zu verdeutlichen, um einerseits die Auswahl zu erleichtern, andererseits aber auch potentielle Lücken oder „Schwachstellen" bewusst zu machen.

Mit dem vorliegenden Buch zum „Schriftspracherwerb" wird der seit 2004 in mehreren Auflagen publizierte Titel „Schriftspracherwerb und Unterricht. Bausteine professionellen Handlungswissens" in einer vollständigen Überarbeitung angeboten. Notwendig geworden ist diese Neufassung u.a. deshalb, weil es in den letzten Jahren mit der Einführung von Bildungsstandards für den Primarbereich, den Veränderungen in der Schuleingangsphase und der verstärkten Orientierung auf eine frühe Feststellung und Förderung der schriftsprachlichen Vorläuferfähigkeiten auch zu einer gewissen Annäherung verschiedener methodisch-didaktischer Konzepte des Anfangsunterrichts gekommen ist. Ging es noch vor zehn Jahren in der grundschulpädagogischen Literatur vielfach darum, „Lagerkämpfe" zwischen Fibelbefürwortern und -gegnern auszutragen, hat sich diese Debatte beruhigt. Grund dafür ist, dass die Pauschalität einer Gegenüberstellung „mit-oder-ohne-Fibel" weder der Differenziertheit des heutigen Wissens über den Schriftspracherwerb entspricht noch der Unterrichtspraxis. Die in den heutigen Klassen vorfindbare Heterogenität der Lernbedingungen ist so ausgeprägt, dass es zudem sehr schwer geworden ist, ein „sauberes" experimentelles Setting herzustellen, das einen kontrollierten Vergleich zwischen zwei Unterrichtstypen ermöglichen würde, die sich zudem kaum trennscharf unterscheiden lassen. Die Fibelprogramme selbst haben sich so ausdifferenziert, dass die alte Unterscheidung, „mit-Fibel" = lehrergesteuerter Unterricht und „ohne-Fibel" = offener Unterricht, nicht mehr trägt. Die Kontrastierung „mit-oder-ohne-Fibel" benennt nur ein Oberflächenphänomen, das, was wirklich im Unterricht passiert, lässt sich nicht auf diese Formel bringen.

Im Rahmen der Schriftspracherwerbsforschung ist heute ein Wissensstand erreicht, der es möglich macht, falsche Vermittlungspraktiken zu identifizieren und zumindest in entscheidenden Bereichen auch Prinzipien lernförderlichen Unterrichts zu benennen. Gerade Kinder mit Schwierigkeiten beim Schriftspracherwerb sind auf eine gezielte Förderung, auf lehrergesteuerten wie auch auf schülerzentrierten Unterricht angewiesen. Die Heterogenität der Lernausgangslagen von Schülerinnen und Schülern lässt eine Monokultur des Lehrens und Lernens nicht zu und fordert stattdessen eine Methodenvielfalt, in der eine Balance zwischen Lehrgang und selbstorganisierten Lernphasen hergestellt wird. Die Kompetenz, dies im Unterricht zu realisieren, kann nur in der Praxis erworben werden, aber Ideen wie dies aussehen könnte, sollten sich in der Lektüre dieses Buches erschließen.

Potsdam im Januar 2013
Agi Schründer-Lenzen

1 Struktur und Merkmale der deutschen Schriftsprache

Um die Lernprozesse verstehen zu können, die Kinder bei ihrer Aneignung von Schriftsprache leisten, muss man sich zunächst Klarheit darüber verschaffen, vor welcher Aufgabe sie stehen. Die Schriftsprache selbst bedarf deshalb der genaueren Analyse, die unter Bezug auf sprachwissenschaftliche Forschungsergebnisse in diesem Kapitel geleistet werden soll. Damit wird ein Basisbestand an linguistischen Kenntnissen vermittelt, der für Vieles notwendig ist, z.B. zur Beschreibung der Rechtschreib- und Leseentwicklung von Kindern, zur Klassifikation von Rechtschreib- und Lesefehlern, zur Auswahl von Förderprogrammen und Testinstrumenten und nicht zuletzt zur kritischen Reflexion von Literatur und Prüfung von didaktischen Materialien zum Schriftspracherwerb. Die Notwendigkeit einer kritischen Prüfung von „Lernhilfen" zeigt sich bereits bei Anlauttabellen, die ein beliebtes, aber unter sprachwissenschaftlichen Kriterien nicht immer richtiges didaktisches Anschauungsmaterial sind, um Kindern die Beziehung zwischen Buchstaben und der Lautung von Wörtern zu verdeutlichen.

1.1 Vom Hören zum Schreiben – vom Laut zum Buchstaben

Schrift ist ein Symbolsystem, mit dem man im Prinzip alles, was man denkt, aufschreiben kann. Dabei gibt es unterschiedliche Gestaltungsformen: Piktographische Systeme, wie z.B. Zeichen, die im öffentlichen Raum Orientierung ermöglichen, werden in unserer Kultur auch von Kindern schon früh „gelesen", wie Zeichnungen für den Bus, das Taxi, die Toilette oder das Telefon. Piktographische Elemente und semantische, also bedeutungstragende Zeichen, so genannte Logogramme, finden sich in der chinesischen Schrift. Diese Schriftzeichen sind aber verschmolzen mit phonetischen Informationen, die dem Leser anzeigen, wie und in welcher Tonhöhe das Geschriebene zu sprechen ist. Struktureinheit der Schrift ist die Silbe, die semantische und phonetische Elemente enthält. Das hört sich nicht nur kompliziert an, es ist auch kompliziert. Chinesische Kinder fangen wohl auch deswegen schon lange vor der Schule an, Schriftzeichen zu üben. Viel leichter haben es die finnischen Kinder, denn Finnisch schreibt man genauso, wie man es spricht. Die PISA-Sieger aus Finnland haben also einen gewissen „Startvorteil" im Erwerb von Lesen und Schreiben.

Die deutsche Schrift könnte man als einen „Code“ für die Lautung der Sprache bezeichnen, denn damit wird angedeutet, dass es sich einerseits um etwas „geheimnisvoll Verstecktes“, aber andererseits auch um etwas Regelhaftes handelt. Wie lassen sich die Regeln dieses Codes „knacken“? Es ist möglich durch eine systematische Erschließung der Codierungsprinzipien, was im Folgenden gezeigt werden soll:

Das Deutsche basiert auf einem phonologischen System, d.h., die verschiedenen Schriftzeichen beziehen sich auf Aspekte der Lautung von Wörtern. Allerdings entsprechen die Buchstaben nicht in einer 1:1-Zuordnung den Lauten der gesprochenen Sprache. Insofern bezeichnet man das Deutsche auch nur als eine „laut*orientierte*“ Alphabetschrift. Die Relation zwischen Buchstaben und Lauten ist weitaus komplexer als einem routinierten Benutzer der Schriftsprache zumeist bewusst ist. Eine Korrespondenz zwischen gesprochener und geschriebener Sprache besteht nicht auf der Ebene der Laute und Buchstaben, sondern auf der Ebene der Phoneme und Grapheme. Der Begriff „Phonem“ ist mit „Laut“ nur unzulänglich übersetzt. Möchte man wirklich nur auf den Sprachlaut verweisen, den konkret hörbaren Sprachlaut, dann ist die korrekte Bezeichnung „Phon“. Demgegenüber wird mit „Phonem“ die abstrakte Lauteinheit bezeichnet, die – egal wie sie jeweils ausgesprochen wird – zu einer Bedeutungsveränderung des Wortes führt. Beispiel: Matte – Watte oder Piste – Kiste unterscheiden sich jeweils nur durch die beiden Phoneme /M/ und /W/ oder /P/ und /K/, und trotzdem ist die Wortbedeutung völlig unterschiedlich. Die beiden Wortpaare Matte und Watte oder Piste und Kiste werden als „Minimalpaare“ bezeichnet, weil sie jeweils unterschiedliche Bedeutung haben, aber sich nur in einem Phonem unterscheiden.

▶ Merksatz

Phoneme sind kleinste bedeutungsdifferenzierende Segmente der Lautsprache.

Dieser Hinweis auf den Bedeutungsaspekt ist deshalb wichtig, weil es regional oder mundsprachlich bedingte Lautrealisierungen gibt, die für die Bedeutung eines Wortes völlig irrelevant sind. Ob man z.B. auf den „spitzen Stein“ gestoßen redet, wie der Hamburger, oder eher ein [ʃ] am Wortbeginn spricht, diese artikulatorischen Differenzen sind semantisch und orthographisch unwichtig. Diese verschiedenen dialektal gefärbten Aussprachevarianten, die die Bedeutung eines Wortes nicht verändern, werden als „Allophone“ bezeichnet und üblicherweise in eckigen Klammern geschrieben. Damit gibt es auch zwei Transkriptionsformen: Die Verschriftung von Phonemen erfolgt, indem ein

Buchstabe zwischen zwei Schrägstriche gestellt wird, wohingegen alle Aussprachevarianten eines Lautes, die beim Austausch untereinander nicht zu einer Bedeutungsveränderung des Wortes führen, die Phone, nach dem Internationalen Phonetischen Alphabet (IPA) in eckigen Klammern aufgeführt werden. Die folgende Tabelle führt die häufigsten Zeichen zur phonetischen Transkription einer idealistischen Hochlautung des Deutschen auf (vgl. Tab. 1).

Tabelle 1: IPA-Zeichen zur phonetischen Transkription des Deutschen nach Weingarten (Internetquelle siehe Tabellenverzeichnis)

Konsonanten

[b]	Besen	[m]	Meer	[ʒ]	Dschungel
[d]	Dach	[ŋ]	Menge	[t]	Tisch
[f]	Fallen	[n]	Nase	[v]	Wasser
[g]	Gabel	[p]	Pause	[ç]	Licht
[h]	Haus	[ʁ]	Rose	[x]	Macht
[j]	Junge	[s]	Bus	[ʔ]	_Ofen
[k]	Koch	[z]	sagen		
[l]	Luft	[ʃ]	Schüssel		

Vokale

gespannt:		**ungespannt:**		**reduziert:**	
[:ɑ]	Nase	[a]	Rand	[ɐ]	Vater
[eː]	Reh	[ɛ]	Welt	[ə]	Riese
[iː]	nie	[ɪ]	Wind		
[oː]	Floh	[ɔ]	Volk		
[uː]	Kuh	[ʊ]	Hund		
[æː]	jäten	[œ]	Mönch		
[øː]	böse	[ʏ]	hübsch		
[yː]	früh				

In der Literatur finden sich oft Beispiele für Leseproben von Kindern, die mit diesem oder ähnlichen Transkriptionssystemen aufgezeichnet wurden. Das System dient dann dazu, Lesefehler zu verdeutlichen (vgl. Abb. 1).

Phoneme werden anhand ihrer artikulatorischen Stellung und Betonung beschrieben: Sie können z.B. stimmhaft oder stimmlos, lang oder kurz gesprochen werden. Zunächst wird dabei zwischen Vokalen und Konsonanten unterschieden. Vokale sind immer „stimmhaft", während Konsonanten ganz stimmlos sein können oder einen gewissen Anteil an „Sonorität" enthalten. Diese „Sonorität" ist von Wiese (2000, S. 260) in eine Hierarchie zunehmender Sonorität gebracht worden, die das mit dem Begriff gemeinte vielleicht am besten veranschaulicht (vgl. Abb. 2).

Anja	**Lehrerin**
	Ein...
(1) r:	o
(2) o	s
(3) s-a	richtig
(4) ra:	ro
(5) ro:	ja, was?
(6) ro:	ro ist kein Wort, geht noch weiter, ro:
(7) s:-a	Aha
(8) ra	ne, rosa
(9) rosa, rosa	
(10) rosa	geht weiter

Abbildung 1: Szene aus „Uta malt ein rosa Rad" (vgl. Dehn 1988, S. 243f.)

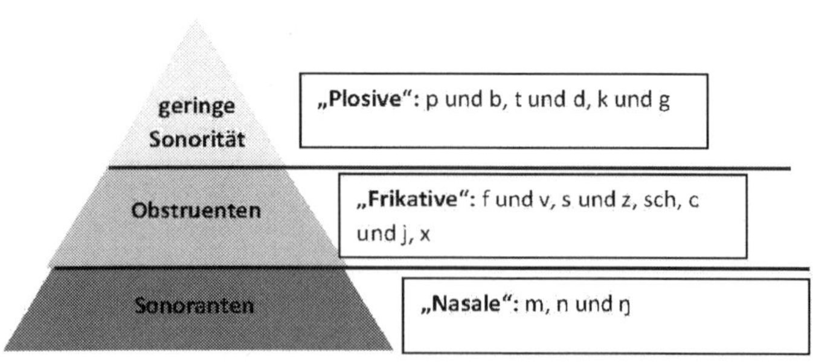

Abbildung 2: Hierarchie zunehmender „Sonorität" bei Konsonanten (veranschaulicht nach Ausführungen von Costard 2007, S. 8)

Die geringste Sonorität haben demnach „Plosive“ wie p und b, t und d, k und g. Frikative wie f und v, s und z, sch, c und j, x ... werden als „Obstruenten“ bezeichnet. Sonoranten sind Nasale wie m, n und ŋ, aber auch der lateral gesprochene l-Laut und das r, ein vibrierender Laut, der auch genauso bezeichnet wird, als „Vibrant“. Beide zusammen, Laterale und Vibranten, werden als „Liquide“ bezeichnet. Die Kenntnis dieser Systematisierung der Lautung gibt Lehrkräften eine gute Orientierung, um Kindern bei der Unterscheidung einzelner Grapheme und ihrer Lautung zu helfen. So kann bei vorgehaltener Hand die unterschiedliche Stärke des Luftstroms bei der Artikulation von p und b oder t und d, k und g gefühlt werden und die Kinder sensibilisieren für die Differenz dieser Laute, die oft verwechselt werden.

Das System der Vokale lässt sich unterscheiden in „gespannte“ und „ungespannte“ Vokale (Eisenberg 2006, S. 94ff.):

- Ungespannt und zumeist kurz werden Vokale dann gesprochen, wenn sie vor mindestens zwei Konsonanten stehen, wie z.B. in Kind, Stern, Halm, offen.
- Gespannt und zumeist lang werden Vokale dann realisiert, wenn sie in offener Silbe stehen, wie z.B. bei schief, Reh, Ameise oder Kuh.

Das Deutsche hat aber noch einen oder, manche Linguisten meinen auch zwei, Reduktionsvokale: Kaum noch als „e“ erkennbar ist der sogenannte Schwa-Laut, ein nur noch schwach artikulierter Laut wie in Riese, Vase, den es aber nicht nur in Endposition gibt, sondern auch innerhalb eines Wortes wie in laden, fragen etc. Genau dieser Schwa-Laut wird in den ersten Verschriftungen der Kinder oft „vergessen“, da sie ihn nicht hören können. Als Reduktionsvokal kann auch das „a“ gesehen werden, wenn man an Wörter wie Vater denkt, die wie „Vata“ mit [ɐ] gesprochen werden.

Diese hier sehr komplex erscheinende Systematisierung von Vokal- und Konsonanten-Lautung ist bereits Thema des Anfangsunterrichts, wenn z.B. Kinder aufgefordert werden, langsam und deutlich einzelne Laute zu sprechen und sich dabei einen Spiegel vorzuhalten. Vielfach werden auch Plakate und Bilder eingesetzt, auf denen Mundstellungen gezeigt werden, die typisch sind für die Artikulation bestimmter Laute (vgl. Abb. 3, S. 20).

Abbildung 3: Mundstellungen und Artikulationsorte von Lauten (Internetquelle siehe Abbildungsverzeichnis)

Ob ein Vokal wie das /a/ kurz oder lang oder nur reduziert gesprochen wird, hat Konsequenzen für die Wortschreibung, wie folgende Beispiele zeigen:

Affe - Ameise
M*ah*l - M*a*gen -W*aa*ge.
Sofa - Vater

Häufig ist es auch nicht nur ein Buchstabe, mit dem ein Phonem verschriftet wird, sondern es sind mehrere Buchstaben, die mit einem Phonem korrespondieren. Insofern ist es auch korrekt, zur Bezeichnung dieser Bezugsebene eben nicht von Buchstaben, sondern von Graphemen zu sprechen.

▶ Merksatz

Grapheme sind Buchstaben oder Buchstabengruppen, die mit einem Phonem korrespondieren.

Bezogen auf das oben gewählte Beispiel heißt das: Der a-Laut wird als [a], [aː] und reduziert als [ɐ] gesprochen und eben auch rechtschriftlich unterschiedlich realisiert als „a“, „ah“, „aa“ oder „er“ wiedergegeben. Diese Varianzen der Phonem-Graphem-Korrespondenz sind ein zentrales Problem der Rechtschreibung. Insgesamt gibt es 40 Phoneme, die durch unterschiedliche Buchstaben bzw. Buchstabenkombinationen repräsentiert werden. Merken muss man sich den Begriff der Phonem-Graphem-Korrespondenz (PGK):

▶ Merksatz

Das Faktum der Lautorientierung der Deutschen Schriftsprache wird als *Phonem-Graphem-Korrespondenz (PGK)* bezeichnet. Ein Laut kann durch verschiedene Buchstaben bzw. Buchstabenkombinationen orthographisch korrekt geschrieben werden.

Sprachstatistische Analysen haben gezeigt, dass die Häufigkeit, mit der ein bestimmtes Phonem, z.B. das lang gesprochene [i:], durch die verschiedenen prinzipiell möglichen Grapheme verschriftet wird, durchaus unterschiedlich ist. Das [i:] wird in der Regel als „ie" wie in „Wiese" geschrieben und nur in seltenen Fällen als „ih" wie in „ihn"; ebenso selten ist die Schreibweise als einfaches „i" wie in „Igel" oder „Tiger" oder auch die Kombination „ieh" wie in „fliehen". Diese nur mit geringerer Häufigkeit auftretenden Grapheme, die bereits auf orthographische Besonderheiten hindeuten, werden als „Orthographeme" bezeichnet, wohingegen die statistisch häufigsten Graphemformen „Basisgrapheme" heißen. Die wichtigsten Basis- und Orthographeme des Deutschen werden in Tabelle 2 aufgelistet:

Tabelle 2: Die wichtigsten Basis- und Orthographeme des Deutschen (Thomé 2000, S. 13)

Vokale

Phoneme	**Basisgrapheme**		**Orthographeme**					
/a:/	<a>	Tal	<ah>	Wahn	<aa>	Saal		
/e:/	<e>	Weg	<eh>	Reh	<ee>	See		
/i:/	<ie>	Wiese	<ih>	ihr	<i>	Igel	<ieh>	flieh
/o:/	<o>	Ofen	<oh>	Sohn	<oo>	Zoo		
/u:/	<u>	Kuchen	<uh>	Uhr				
/e:/	<ä>	Käse	<äh>	nähen				
/Æ:/	<ö>	Öl	<öh>	verwöhnen				
/y:/	<ü>	über	<üh>	mühsam				
/a/	<a>	alt						
/ə/	<e>	Farbe						
/i/	<i>	mit	<ie>	vierzig				
/ɔ /	<o>	offen						
/ʊ/	<u>	unter						

Tabelle 2 (Fortsetzung)

/e/	<e>	bellt	<ä>	hält
/œ/	<ö>	Öffner		
/y/	<ü>	Mütze	<y>	Hydrant
/aɪ/	<ei>	Eis	<ai>	Kaiser
/aʊ/	<au>	Auto		
/ɔɪ/	<Eu>	Leute	<äu>	läuten

Konsonanten

Phoneme	**Basisgrapheme**		**Orthographeme**							
/p/	<p>	Post	<b>	Laub	<pp>	Treppe				
/t/	<t>	Teil	<d>	Bild	<tt>	Mitte	<dt>	Stadt	<th>	Theater
/k/	<k>	Kohle	<g>	Berg	<ck>	Zweck	<ch>	Chor	<c>	Clown
/s/	<s>	Eis	<ß>	Gruß	<ss>	Kuss				
/f/	<f>	Fenster	<v>	Vogel	<ff>	Schiff	<ph>	Philo-sophie		
/b/	<b>	Buch	<bb>	Ebbe						
/d/	<d>	Dach	<dd>	Kladde						
/g/	<g>	Gast	<gg>	Egge						
/x/	<ch>	Bach	<g>	König						
/z/	<s>	Sonne								
/ʃ/	<sch>	schön	<s>	spielen						
/v/	<w>	Wasser	<v>	Vase						
/r/	<r>	Rad	<rr>	wirr	<rh>	Rhabar-ber				
/l/	<l>	Lampe	<ll>	schnell						
/m/	<m<	Mond	<mm>	Kamm						
/n/	<n>	Nase	<nn>	Kanne						
/h/	<ng>	Wange	<n>	Bank						
/h/	<h>	Haus								
/j/	<j>	Jäger								
/pf/	<pf>	Pfanne								
/ks/	<chs>	Dachs	<x>	Hexe						
/ts/	<z>	Zahn	<tz>	Katze						

Diese hier skizzierten linguistischen Basiskenntnisse ermöglichen eine erste kritische Beurteilung der sogenannten Anlauttabellen:

Anlauttabellen sind Hilfsmittel, in denen Buchstaben oder auch Buchstabenkombinationen durch Bilder veranschaulicht werden, die jeweils im ersten Laut mit dem jeweils zugeordneten Graphem korrespondieren sollen. So wird beispielsweise der Buchstabe „A“ durch das Bild einer Ananas veranschaulicht. Das Kind soll so lernen, sich auf den lautlichen Aspekt der Schriftsprache zu konzentrieren und sich zu merken: „A“ wie „Ananas“.

Anlauttabellen können durch die Wahl ihrer Bilder eine Phonem-Graphem-Korrespondenz (PGK) suggerieren, die nicht den sprachstatistischen Gegebenheiten entspricht und damit Kinder in die Irre führen. Genau dieses passiert nämlich, wenn Kindern Anlautbilder angeboten werden, die nicht die allgemein übliche Verschriftungsform repräsentieren. Die oben aufgeführte Liste der Basisgrapheme sollte genutzt werden, um bei der Wahl einer Anlauttabelle zu prüfen, ob die Bilder und Begriffe ausgewählt wurden, die die Anlaute in ihrer jeweils *dominanten* Verschriftungsform veranschaulichen.

Eine leider in vielen Anlauttabellen zu findende *falsche* Zuordnung von Bild und Buchstabenlautung ist in Abbildung 4 dargestellt.

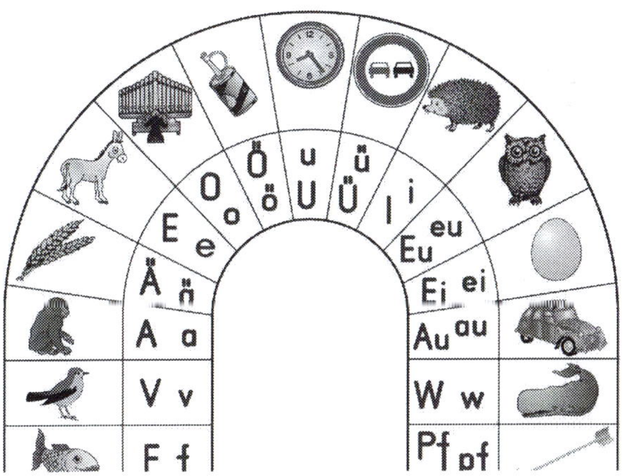

Abbildung 4: Ausschnitt aus einer Anlauttabelle mit falscher Zuordnung von Bild und Buchstabenlautung („Igel-Fehler“) (Internetquelle siehe Abbildungsverzeichnis)

Der Buchstabe „I“ wird durch das Anlautbild eines Igels eingeführt. Das Kind spricht „Igel“, also das lange „i“ [i:] und lernt fälschlicherweise: „Wenn ich ein langes ‚i‘ höre, schreibe ich ‚i‘“. Genau das ist aber falsch, weil im Deutschen das lange „i" in der Regel als „ie" geschrieben wird. Man muss sich nicht wundern, wenn Kinder nach einem solchen Unterricht auch noch in höheren Klassen die Dehnung des langen „i" „vergessen". Sie haben es nicht anders gelernt. Insofern sind Anlautbilder also nicht beliebig, sondern müssen im Hinblick auf die Einhaltung dominanter Beziehungen zwischen Phonem und Graphem kontrolliert werden.

Inkonsistent ist es, wenn Anlauttabellen zwar für einige Vokale zwei Varianten der lautlichen Realisierung anbieten, aber nicht für alle. So finden sich z.B. in der Anlauttabelle der Bausteine-Fibel zwar für das „E" sowohl der Esel als Beispiel für das geschlossen gesprochene „E" [e] und auch die Ente als Beispiel für das offen gesprochene „E" [ɛ], aber die Vokale „A", „O", „U" und „I" werden jeweils nur durch *ein* Bild symbolisiert (vgl. Abb. 5).

Lauttabellen werden zwar zumeist als Hilfsmittel für das erste Schreiben angesehen, aber man kann sie auch gegenläufig verwenden, zum Lesen. Fehlt dem Kind beim Erlesen eines Wortes die Aussprache eines Buchstabens oder einer Buchstabenkombination, so kann es in der Lauttabelle „nachsehen". Derartige Lauttabellen sind keine reinen Anlauttabellen, sondern enthalten auch Phonem-Graphem-Kombinationen, die im Deutschen nicht am Wortanfang vorkommen, sondern z.B. am Ende wie das „ng" in „Gong" (vgl. Abb. 6).

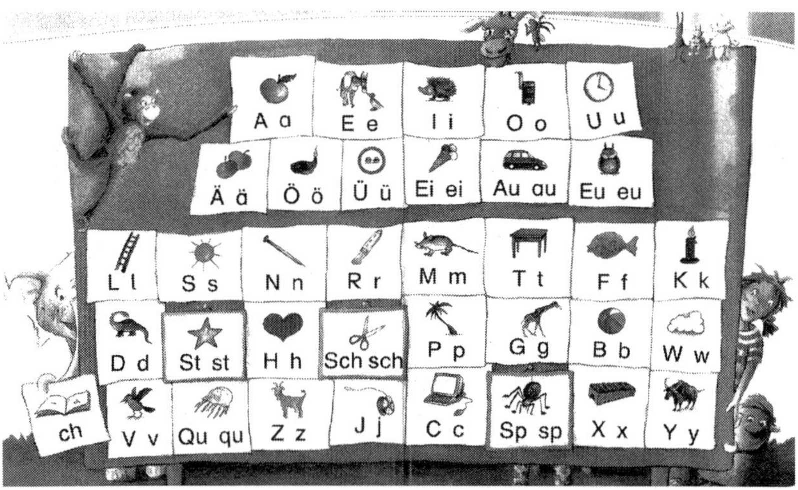

Abbildung 5: Anlauttabelle der Bausteine-Fibel (Buck 2008)

Der Einsatz von Lauttabellen zum Lesen ist aber sprachsystematisch gesehen noch komplizierter als der Einsatz zum Verschriften von Wörtern, denn Grapheme können bis zu sechs Phoneme repräsentieren: So schreibt man z.B.:

Vogel und spricht /f/ - Vase und spricht /w/
Ball und spricht /b/ - lieb und spricht /p/

Diese hohe Varianz der Graphem-Phonem-Korrespondenz macht unmittelbar einsichtig, dass Anlauttabellen für Leselernprozesse allenfalls begrenzt einsetzbar sind:

> „Eine Tabelle, die für das Schreiben konzipiert ist, auch als Hilfsmittel für frühes Lesenlernen verwenden zu wollen, ist genau so, als ob man mit einer Gabel Suppe essen wollte" (Thomé 2000, S. 116).

Die ganz komplizierten Graphem-Phonem-Korrespondenzen sind dann solche, wie sie bei Fremdwörtern auftreten. Das Graphem „y" wird gesprochen, in

Myrre	wie	[ʏ]
Psyche	wie	[yː]
Sibylle	wie	[ɪ]
Yards	wie	[j]
Nylon	wie	[aɪ]

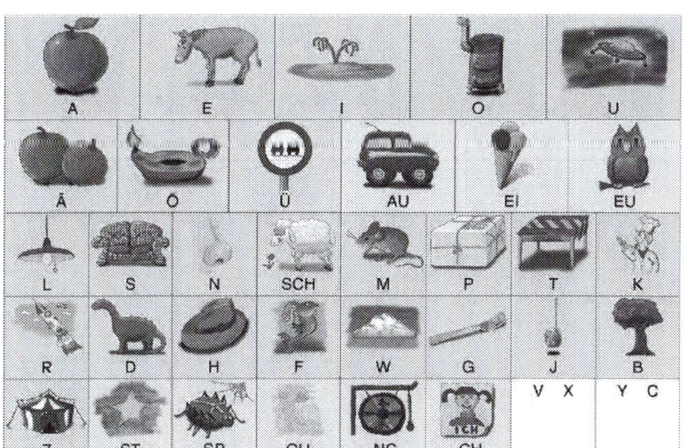

Abbildung 6: Bild und Buchstaben-Lautzuordnungen als Lesehilfe (Internetquelle siehe Abbildungsverzeichnis)

▶ Merksatz

Als *Graphem-Phonem-Korrespondenz (GPK)* wird die Tatsache bezeichnet, dass ein Buchstabe bzw. eine Buchstabenkombination je nach Wortkontext ganz unterschiedlich ausgesprochen wird.

Die Regeln der Zuordnung von Phonem zu Graphem und Graphem zu Phonem sind im Deutschen äußerst komplex und wohl auch dem Schriftkundigen nicht vollständig bewusst verfügbar. Insbesondere stellt sich die Frage, welcher Grad an Komplexität kann einem Schreibanfänger zugemutet werden? Macht es Sinn, das Kind gleich zu Beginn mit allen Varianten der Phonem-Graphem-Korrespondenz zu konfrontieren? Soll es überhaupt schon gleich in den ersten Schulwochen mit allen Buchstaben arbeiten oder vielleicht erst mal nur mit einigen und wenn ja mit welchen? Soll es vielleicht erst mal nur schreiben und dann lesen oder umgekehrt, oder vielleicht auch beides zugleich? Diese Fragen sind in der Grundschuldidaktik sehr kontrovers diskutiert worden und sollen in ihrer Argumentationslogik zunächst nur umrissen werden – später dazu mehr (vgl. Kapitel 5-7).

Einige, das sind die Autoren von Fibellehrwerken, plädieren für einen systematischen aber gleichwohl „didaktisch vereinfachten" Weg in die Schriftsprache, der möglich ist, da trotz aller Mehrdeutigkeit der Graphem-Phonem-Korrespondenzen es doch auch regelmäßige Beziehungen gibt, wie sie in den sogenannten lautgetreuen Wörtern zum Ausdruck kommen. Wörter wie „Oma" oder „ruft" folgen einer einfachen Laut-Buchstaben-Logik und sind damit geeignete Lernwörter für den Anfang des Schriftspracherwerbs, um zunächst einmal das Prinzip der Lautorientierung unserer Schrift zu begreifen. Diese einfachen Wörter überfordern den Lernanfänger nicht, da sie nur aus wenigen Buchstaben bestehen, die leicht geschrieben und gelesen werden können. Gerade auch die Parallelität von Lese- und Schreiblehrgang trägt zu einer Konzentration auf den Lerngegenstand bei, zur systematischen Durchdringung des Wortes und sichert so das Behalten, da jedes Wort sozusagen doppelt gelernt wird: einmal produktiv im Schreibvorgang und einmal rezeptiv im Leseprozess.

Die Kritiker der Fibellehrgänge halten dem aber entgegen, dass man mit dem künstlich reduzierten Wortangebot einer Fibel weit unter den sprachlichen Möglichkeiten eines Erstklässlers bleibt. Sie plädieren deshalb dafür, die Kinder durch vielfältigen freien Umgang mit Schrift, unterstützt durch eine Anlauttabelle, eigenständig den Weg in die Schrift finden zu lassen. Natürlich machen die Kinder dabei Fehler, gehen Umwege, aber sie lernen bereits im

Anfangsunterricht selbstständig zu arbeiten, eigene Texte zu schreiben, kreativ mit Schreibanlässen umzugehen und Selbstvertrauen in die eigene Lernfähigkeit zu gewinnen.

Gemeinsam ist beiden Positionen, dass sie sich auf die kleinste Einheit unserer Schrift, die Buchstaben, beziehen und das Lautprinzip der Schrift zum Ausgangspunkt des Unterrichts machen. Das ist keineswegs selbstverständlich, denn orthographisch richtiges Schreiben ist nur möglich, wenn weitere Prinzipien unserer Schrift beachtet werden.

1.2 Prinzipien der deutschen Rechtschreibung

Die Normierung unserer Schrift unterliegt nicht nur regelmäßigen, kontextsensitiven, mehrdeutigen und unregelmäßigen Regelungen der Phonem-Graphem-Korrespondenz, sondern weiteren Prinzipien, die von Rieme bereits 1974 formuliert worden sind.[1] Folgende Prinzipien wurden von ihm unterschieden:

- das phonologische Prinzip
- das morphematische Prinzip
- das grammatische Prinzip
- das semantische Prinzip
- das historische Prinzip
- das graphisch-formale Prinzip

Diese Prinzipien bilden die systematische Struktur, aus der sich die jeweiligen Normierungen des Schreibens erklären lassen.

Das *phonologische Prinzip* der Rechtschreibung wird durch die Regeln der Phonem-Graphem-Korrespondenz bestimmt. Als erste Regel ist auf die bereits dargestellte Repräsentation von Lautklassen (=Phoneme) durch Buchstaben bzw. Buchstabengruppen (=Grapheme) zu verweisen. Trotz aller Mehrdeutigkeiten der Phonem-Graphem-Korrespondenz wird das Deutsche vielfach „lautgetreu“ verschriftet, wobei die prozentualen Angaben, wie groß dieser Anteil faktisch ist, schwanken. Nach Naumann (1989) werden 73 % der Laute durch den häufigsten Buchstaben repräsentiert. Damit ist ein in diesem Sinne *„lautorientiertes“* Schreiben für den Beginn des schriftsprachlichen Unterrichts sinnvoll. Diesem hohen Prozentrang „lautgetreuer“ Wörter entsprechend gibt

1 Es gibt zwar noch andere Strukturierungsformen der Prinzipien der Deutschen Schrift, aber das hier gewählte bietet eine gute Orientierung, um die unterschiedlichen didaktischen Schwerpunktsetzungen im Rechtschreibunterricht besser einordnen zu können.

es eine Fülle von Wörtern, die schon bei „lautgetreuer" Verschriftung orthographisch korrekt geschrieben werden können.

Allerdings darf man hierbei nicht übersehen, dass der geübte Schreiber oft glaubt, Wörter „lautgetreu" schreiben zu können, die der Anfänger unter Anwendung der gleichen Strategie anders verschriften würde. Diese Fehlerhaftigkeit des lautorientierten Schreibens ergibt sich nicht nur durch umgangssprachliche oder dialektale Abweichungen von der Standardsprache, sondern auch dadurch, dass dem kompetenten Schreiber gleichsam eine „Rechtschreibsprache" zur Verfügung steht. In Kenntnis der korrekten Orthographie kann der kompetente Schreiber sich Wörter anders vorsprechen als es dem Lernanfänger möglich ist. An der Verschriftung des „r" kann man sich dies leicht verdeutlichen: Wörter mit schwer hörbarem „r" sind z.B. „Birne", „Körper" oder „antworten". Wenn das „r" nach einem Vokal am Ende der Silbe auftritt, wird es nicht deutlich als „r" gesprochen, sondern verbindet sich mit dem Vokal zu einem „fallenden Diphthong". Das „r" wird gleichsam verschluckt, gleichwohl ist es im Bewusstsein des kompetenten Schreibers und kann sofort überdeutlich und damit hörbar gesprochen werden. Gleiches gilt für das „r" in einsilbigen Wörtern wie „Arm", „warm" o.ä. An dieser Stelle muss man sich bewusst machen, dass auch die Fähigkeit lautorientiert schreiben zu können, einen Lernprozess impliziert, indem es zu einer allmählichen Annäherung von Sprechsprache und schriftsprachlich überformter Mündlichkeit kommt. Generationen von Schülern sind aufgefordert worden, „deutlich" zu sprechen, wobei immer wieder unbeachtet blieb, dass man erst wissen muss, was man eigentlich deutlich aussprechen soll.

Eine phonologische Schreibung liegt auch dann vor, wenn das gesprochene Wort artikulatorisch und auditiv in Silben unterteilt wird und diese den Bezugspunkt rechtschriftlicher Überlegungen bilden. Im Geschriebenen ist immer auch eine silbische Information enthalten und es kommt vor allem für den Leseprozess darauf an, dem Auge die Einzelsilbe und die Silbengliederung von Wörtern zugänglich zu machen. Ob aber nun im Anfangsunterricht eher ein phonographischer (Laut-Buchstabe-Korrespondenz) oder ein silbenorientierter Lernweg beschritten werden sollte, ist strittig (vgl. Berkemeier 2007). Die Regularitäten der Orthographie sind daher noch differenzierter zu betrachten.[2]

Das *morphematische oder etymologische Prinzip („Stammprinzip")* der Rechtschreibung ist darin zu sehen, dass herkunftsverwandte Wörter sich auch dann in ihrer Schreibweise entsprechen, wenn sie unterschiedlich artikuliert werden. Durch die Wirksamkeit des morphematischen Prinzips kommt

2 Zu den Grundzügen der deutschen Orthographie vgl. Maas 1992, zur Einführung in die Schriftlinguistik vgl. Dürscheid 2006 und Lewandowski 1994.

es damit zu Abweichungen von lautorientierten Schreibweisen. Ein typisches Beispiel ist die Auslautverhärtung und die Schreibung der Umlaute, die in Kenntnis des morphematischen Prinzips richtig und eben nicht lautorientiert geschrieben werden können:

Beispiel: Hand – Hände

Das „d“ in „Hand“ wird also deshalb als „d“ und nicht als „t“ geschrieben, weil es „Hände“ heißt. Nicht berücksichtigt wird die Auslautverhärtung, da Morphemkonstanz gilt. Gleiches gilt für das „ä“ in „Hände“. Es wird deshalb nicht mit „e“ geschrieben, weil das „a“ im Stammwort „Hand“ steht.

Allerdings kommt auch dieses Prinzip nicht durchgängig zum Tragen, weil Wortverwandtschaften auch vergessen wurden und werden; so steckt beispielsweise in dem Wort „Eltern“ das Wort „alt“, aber das wird wohl gern übersehen. Außerdem wird die morphematische Gleichschreibung nur dann realisiert, wenn sie nicht gegen die Lautung verstößt, was insbesondere bei der Flexion starker Verben häufiger passiert: z.B. kommen – kamen, erschrecken – erschraken, greifen – griffen. Andererseits bietet die Kenntnis der Morphemstruktur unserer Sprache eine große Rechtschreibhilfe. Die Arbeit mit Wortfamilien ist daher wichtig, um den Kindern das Gleichschreibungsprinzip der herkunftsverwandten Wörter bewusst zu machen.

Bei der Gliederung von Wörtern sollte aber nicht nur an die bedeutungstragenden Stammmorpheme gedacht werden, sondern auch an die große Zahl grammatischer Morpheme, die ihrerseits mit jeweils typischen Rechtschreibregelungen verbunden sind. Folgende Kombinationen des Stammmorphems lassen sich unterscheiden:

Kombinationen des Stammmorphems

Stamm-Morphem + Flexionsendung	Konjugationsmorphem	schreib- schreib- schreib- schreib-	en e st t
	Deklinationsmorphem	Kind- Kind-	es e
	Pluralmorphem	Kind- Heft- Tafel-	er e n

Kombinationen des Stammmorphems (Fortsetzung)

Stamm-Morphem + Suffix	Adjektivierungsmorphem	fleiß- arbeit-	ig sam	
	Substantivierungsmorphem	Ernt- Fahr- Frei- Tätig-	e t heit keit	=
	Feminisierungsmorphem	Gärtner- Pfarrer-	in in	
Präfix + Stamm-Morphem:		Ver- Ge- Be- Er-	fall schäft stand folg	

Rechtschreibdidaktiken, die sich vornehmlich an diesem morphematischen Prinzip der Sprache orientieren, arbeiten zur Veranschaulichung von Wortgliederungen mit Begriffen wie:

Vorbau – Stamm – Endungen (Nachbau)

Das morphematische Prinzip ist auch für die Schreibung von Zusammensetzungen von Bedeutung, die sehr fehlerträchtig sind. Hier ist einmal an das sogenannte Fugen-s zu denken, wie es in zusammengesetzten Nomen häufig vorkommt, z.B. Geburtstag, Arbeitszeit etc. Besonders leicht wird auch ein Buchstabe vergessen, wenn das Wortende des ersten Wortes und der Anfang des zweiten Wortes gleich lauten, wie in „Handtasche“ oder „Fahrrad“. Es ist daher anschaulich zu machen, dass der Wortstamm als Ganzes erhalten bleiben muss.

Die Morphemorientierung der deutschen Schriftsprache hat auch für den Leseprozess eine wichtige Funktion, weil so immer wiederkehrende semantische Bausteine optisch schnell identifiziert werden können. Allerdings gilt auch hier, dass derartige Strukturierungshilfen nur für denjenigen sichtbar werden, der den jeweiligen semantischen Bezug auch herstellen kann bzw. die Orthographie eines Morphems durch viele Übungen automatisch präsent hat. Die Beachtung von Morphemen führt vielfach zu anderen Segmentierungen von Wörtern als die Orientierung am silbischen Prinzip. Der geübte Leser nutzt beide Strategien und setzt sie wortbezogen flexibel ein.

Das *grammatische oder syntaktische Prinzip* regelt die Interpunktion und u.a. jenen Bereich, der einer der häufigsten Fehlerursachen ist: die Groß- und Kleinschreibung. Alle Diskussionen um eine Reform der Rechtschreibung haben deshalb auch immer wieder die Frage einer wie auch immer gemäßigten Kleinschreibung aufgeworfen, da nur das Deutsche die Großschreibung innerhalb von Sätzen vorsieht. Da die Übergänge zwischen den einzelnen Wortarten fließend sind, bleiben trotz einer Vielzahl von Regeln immer Zweifelsfälle. Im Rahmen des Grundschulunterrichts gehört die Großschreibung der Nomen und des Satzbeginns zum Kerncurriculum. Unterrichtliche Grundlage der Identifikation von Nomen ist die sogenannte Artikelprobe, wobei insbesondere auch durch die Einfügung von Adjektiven eine Entscheidungsfindung eingeübt werden kann.

In Anbetracht der häufigen Verstöße gegen die Regelungen der Groß- und Kleinschreibung stellt sich für die Methodik des Anfangsunterrichts noch ein ganz anderes Problem: Sollen Groß- und Kleinbuchstaben (Gemischtantiqua) parallel eingeführt werden oder sollen Kinder zunächst nur unter Verwendung der Großbuchstaben (Großantiqua) schreiben lernen? Valtin (2000, S. 111ff.), die sich insbesondere für den Schreibbeginn mit großen Druckbuchstaben ausspricht, verweist auf die geringeren schreibmotorischen Anforderungen dieser Buchstabenformen und ihre spontane Verwendung durch die Kinder. Allerdings wird mit dieser Entscheidung die Einsicht in ein zentrales grammatisches Prinzip der Schriftsprache zunächst ausgeklammert.

Das *semantische Prinzip* der Rechtschreibung ist darin zu sehen, dass gleichlautende Wörter, die unterschiedliche Bedeutung haben, sogenannte „homophone Wörter", auch unterschiedlich geschrieben werden. Deshalb schreibt man also Lerche mit „e", um diesen Vogel von der „Lärche" unterscheidbar zu machen.

Das *historische (etymologisches) Prinzip* besagt, dass die Schriftsprache gegenüber der gesprochenen Sprache eine gewisse Trägheit besitzt. Es gibt also zahlreiche Schreibungen, die dem Stand eines früheren Aussprachemodus' entsprechen, wie beispielsweise das „Dehnungs-h", das ursprünglich als Reibelaut gesprochen wurde, oder auch das „ie", das früher betont gesprochen wurde, wie in „lieb". Gerade das Dehnungs-h und das silbentrennende „h" finden allerdings in Rechtschreibübungen oft eine unangemessene Beachtung, denn die Häufigkeitsverteilung dieser rechtschriftlichen Markierung ist gering: So bleibt in 88 % der Fälle der Langvokal [a:] ohne besondere Kennzeichnung, zu 86 % das [e:], zu 97 % das [u:], zu 88 % das [o:]. Der Langvokal [i:] wird dagegen zu 78 % als „ie" verschriftet (vgl. Naumann 1998, 1999, 2000).

Das *graphisch-formale Prinzip* ist jenes Prinzip, an das man sich so gewöhnt hat, dass zumindest manchen schon deswegen die Rechtschreibreform ein Dorn im Auge ist. Eine Regel dieses Prinzips bestand darin, dass die Verdreifachung eines Buchstabens nicht zugelassen war, was eben jetzt möglich ist. Wir dürfen jetzt „Wettturnen", „Flussstrecke" oder „Seeelefant" schreiben, so dass also das morphematische Prinzip mehr Gewicht erhält. Allerdings findet auch dieses Prinzip selbst in der Neuregelung nicht durchgängig Anwendung. „Mittag" schreibt sich immer noch nur mit „tt", obwohl hier die Morphemstämme „Mitte" und „Tag" enthalten sind.

Schwierig wird die deutsche Rechtschreibung dadurch, dass die bisher genannten Prinzipien miteinander konkurrieren, weil in den Normierungsprozessen der Schriftsprache mal dem einen mal dem anderen Prinzip mehr Bedeutung zugemessen wurde und so recht komplexe Regelwerke entstanden sind, die eigentlich nur dem sprachwissenschaftlichen Profi den Ausschluss aller Zweifelsfälle ermöglichen. Diese Situation hat sich wohl trotz der in der letzten Rechtschreibreform intendierten „Vereinfachung" der orthographischen Regelstruktur nicht wirklich verändert. Das orthographisch richtige Schreiben erschließt sich nicht quasi von selbst, so dass die Frage geblieben ist, was die Grundschüler als Erstes lernen sollten.

Zunächst müssen Kinder eine scheinbar einfach Fähigkeit erwerben: Sie müssen aus dem kontinuierlichen Sprechfluss einzelne Wörter „heraushören" können. Sie entwickeln ein „Wortkonzept" – wie es in der grundschulpädagogischen Literatur oft heißt. Was damit gemeint ist, kann man sich so verdeutlichen: Wenn man z.B. im Radio etwas in einer fremden Sprache hört und gefragt würde: Wie viele Wörter hat der Sprecher gesprochen – man wüsste es nicht. Würde man das Sprechtempo verlangsamen, aber die für die jeweils gesprochene Sprache typische Satzmelodie noch beibehalten, dann würde die Schätzung der Wortanzahl etwas besser gelingen können, aber eben doch nicht vollständig, weil immer noch einzelne Wortgruppen „zusammenhängen" würden, Anfang und Ende einzelner Wörter nicht identifizierbar wären. Dieses komplexe „Kleinarbeiten" der rhythmischen Struktur der Sprache ist eine Lernaufgabe, an der Kinder bereits im Babyalter anfangen zu üben. Schon in den ersten Lebensmonaten „brabbeln" Kinder anders, je nachdem in welcher Sprachumgebung (z.B. Englisch, Chinesisch) sie groß werden.

Wie aber sieht nun das Wortkonzept aus, das sich Kinder erarbeiten müssen, wenn sie Zugang zu einem orthographisch-transparenten Schriftsystem wie dem Deutschen finden müssen?

1.3 Vom Mündlichen zum Schriftlichen – von der Sprechsilbe zum Wort

Die Akzentmuster eines Wortes sind für Mündlichkeit und Schriftlichkeit bedeutsam. Typisch für das Deutsche ist der Trochäus, der sich in den meisten zweisilbigen Wörtern findet, z.B. bei Wörtern wie Va-ter, ru-fen, ges-tern; die erste Silbe ist jeweils betont, die zweite unbetont. Eher ungewöhnlich ist für das Deutsche das umgekehrte Betonungsmuster, der Jambus, wie z.B. bei Gestell, Gelee oder Atoll. Der natürliche Sprechfluss ist an der silbischen Struktur von Wörtern orientiert, so dass aus sprachwissenschaftlicher Perspektive die Frage gestellt wird (vgl. Bredel u.a. 2011), ob die in der Grundschuldidaktik dominante Bezugnahme auf die kleinsten lautlichen Bestandteile der Sprache, die Phoneme, überhaupt sinnvoll ist, da die nächst größere Einheit, die Silbe, nicht nur entscheidend ist für das Sprechen eines Wortes, sondern auch eine Beschreibung von Regularitäten der deutschen Rechtschreibung ermöglicht. Insbesondere Wörter, die aus zweisilbigen Trochäen gebildet werden,[3] gehören nach Eisenberg/Fuhrhop (2007) zu jenem Kernbereich des Deutschen, der einer starken Regelhaftigkeit unterliegt (vgl. Fuhrhop 2010, S. 251). Für die Didaktik des Schriftspracherwerbs sind daher diese linguistischen Analysen der Silbenstruktur von Wörtern sehr wichtig, da sie Orthographie nicht als willkürliche normative Setzung erscheinen lassen, sondern einen Schlüssel bieten, die regelhaft begründbaren Grundstrukturen der Wortschreibung für die Kinder transparent zu machen.

Mit dieser Bezugnahme auf die aktuelle sprachwissenschaftliche Forschung wird damit auch für die im Schriftspracherwerb notwendige Erarbeitung des Wortkonzepts ein anderer analytischer Schwerpunkt gesetzt: Während in den pädagogischen Ansätzen zunächst auf eine „Schärfung des Hörens" gesetzt wird, indem die phonographische Struktur des Wortes Ausgangspunkt des Lernens ist, setzt die linguistische Perspektive am Sprechrhythmus des Mündlichen an, d.h. an der Analyse der Bauprinzipien von Silben und ihrer regelgeleiteten Zusammenfügung zu Wörtern. Die Kontrastierung beider Postionen ist von Bredel u.a. (2011, S. 22) pointiert formuliert worden:

> „Die Schrift ist keine Abbildung der Lautung; sie ist vielmehr eine Abbildung von Grammatik. Wer die Kinder auffordert, zu schreiben, wie sie sprechen, erschwert oder versperrt ihnen den Weg in diese alles entscheidende Einsicht."

3 Das sind 90-95 % aller Wörter des Deutschen.

Lehrkräfte brauchen dementsprechend schriftlinguistische Kenntnisse, um Aufgabenstellungen entwickeln zu können, die es Kindern ermöglichen, Systematik und Regularitäten der deutschen Schrift zu erlernen. Sehen wir uns deshalb die Grundstruktur von Silben genauer an (vgl. Abb. 7).

Idealerweise bestehen Silben, wie z.B. in dem Wort „*Mus - ter*", aus drei einfach zu erkennenden Bestandteilen:

- Anfangsrand oder Onset (hier z.B. „m" von der Silbe „*Mus*" oder „t" von der Silbe „*ter*")
- Silbenkern oder -gipfel, der Nukleus (hier das „u" bzw. „e" aus der ersten bzw. zweiten Silbe)
- Endrand oder Koda (hier das „s" bzw. „r" aus der ersten bzw. zweiten Silbe)

1. Silbe			2. Silbe		
M	U	S	T	E	R
Anfangsrand/ Onset	Silbenkern/ -gipfel	Endrand/ Koda	Anfangsrand/ Onset	Silbenkern/ -gipfel	Endrand/ Koda

Abbildung 7: Bestandteile einer Silbe veranschaulicht an dem Wort „Muster" (veranschaulicht nach den Ausführungen von Costard 2007, S. 8)

Eine kindgemäße Umsetzung dieser linguistischen Beschreibung der Silbenstruktur findet sich in einigen Fibeln (vgl. Abb. 8).

Abbildung 8: Piri 1 - Einführung der silbischen Grundstruktur von Wörtern in einer Fibel (Donth-Schäffer u.a. 2008, S. 39)

Im Zentrum jeder Silbe steht ein Vokal oder Diphthong (au, ei, eu, ui), die auch als *„vokalischer Kern"* bezeichnet werden. Umrahmt wird der Kern von Konsonanten, wobei es verschiedene Kombinationsmöglichkeiten gibt. Dieses sprachliche Strukturprinzip wird als Konsonant-/Vokalstruktur (KV) bezeichnet und je nach Komplexität der Silbenstruktur wird diese dann dementsprechend gekennzeichnet, z.B. als KVK oder KVV. Beispiel für eine KV-Struktur wäre also das Wort „Ba - na - ne", wohingegen eine KVK-Struktur bei einem Wort wie „Mut - ter" vorläge. Die Silbenränder sind wie in dem Beispiel „Ba - na - ne" nicht immer besetzt. Da aber die Position des Silbenkerns immer besetzt ist, lässt sich auch leicht feststellen, was jeweils fehlt: Anfangs- oder Endrand. Natürlich gibt es nicht nur zwei- oder dreisilbige Wörter, sondern manchmal besteht ein Wort aus nur einer Silbe wie z.B. bei „Strumpf". Hier sieht man, dass Anfangs- und Endrand auch aus mehr als einem Buchstaben bestehen können (Anfangsrand: str und Endrand: mpf).

Das Beispiel eignet sich gut, um auf ein weiteres Element eines hierarchisch strukturierten Silbenaufbaus hinzuweisen: den Reim (vgl. Ramers/Vater 1992, S. 136). Er umfasst den Silbengipfel und alle folgenden Elemente und ist damit eben der Wortbestandteil, der – wenn er gleich ist, bei ansonsten unterschiedlichem Anfangsrand – zum Reimen führt: Strumpf – Trumpf oder rund – bunt.

Oberhalb der Silbenebene liegt die nächst höhere phonologische Einheit, der sogenannte Fuß. Ein zweisilbiger Fuß kann ein Trochäus oder ein Jambus sein, die sich in der Reihenfolge von betonter oder „starker" (Vollsilbe) und unbetonter oder „schwacher" Silbe (Reduktionssilbe) unterscheiden. Die rechtschriftliche Struktur der unbetonten Silben lässt sich in ihrer Regelmäßigkeit gut erlernen, wenn beachtet wird, dass auch in diesen Reduktionssilben ein vokalischer Kern vorhanden sein muss. Das „e" in unbetonten Silben, wie z.B. der Schwa-Laut, wird häufig nicht gesprochen wohl aber verschriftet als „e" wie in „ha ben", eben nach der Regel „Silben haben immer einen Kern".

Sprech- und Schreibsilbe sind wie schon gesagt nicht identisch, aber die rechtschriftlich korrekte Form der unbetonten Silbe lässt sich in Kenntnis des Silbenaufbaus „herleiten": Man spricht zwar „Mantl" aber unter Beachtung der zweigliedrigen Silbenstruktur ist klar, dass in der unbetonten Silbe auch ein Kern da sein muss: „Man – tel". Auch das Schwa am Endrand kann man so nicht „vergessen" wie in „Sil – be". In Reduktionssilben steht immer ein „e" im Silbenkern.

Unbetonte Silben enthalten häufig grammatische Informationen, wie Hinweise auf Deklination, Konjugation, Pluralendungen oder einen sogenannten Femininmarker wie in „Hün – din".

Silbenkerne in Vollsilben können durch lange oder kurze Vokale gekennzeichnet sein, wobei ein Kurzvokal mit einer Konsonantendoppelung einhergeht. Dies ist geradezu das Paradebeispiel für das silbische Sprechen, mit dem die Mitlautverdoppelung „hörbar“ gemacht werden soll. „Mut-ter“ lässt sich so in zwei Silben sprechen, dass man die Verdoppelung des t-Lautes hört. Schriftkenntnis führt zu neuen Hörerfahrungen und einer „Explizitlautung“, in der alle Silben vorhanden sind und der Silbenkern erkennbar ist (vgl. Hinney 2010, S. 58). Der didaktische Weg führt nicht über das Hören einzelner Laute zum „Verschriften“ und allmählich zum Erwerb von Rechtschreibkompetenz, sondern über die linguistisch basierte Analyse der Merkmale und Baumuster der Wortschreibung zur Entdeckung von Regularitäten der Rechtschreibung (vgl. Bredel u.a. 2011, Röber 2009). Wie das ganz konkret im Unterricht umgesetzt werden kann, lässt sich an folgendem Beispiel[4] für eine Übung zum Wortlesen zeigen:

Vergleich zwischen offenen und geschlossenen Hauptsilben
Die Schüler/innen lesen zunächst die Wörter paarweise, danach umkreisen sie Haupt- und Reduktionssilben blau bzw. rot.

Erkundungsaufgabe 1:
Wie klingt das blaue **e** in **Feder**, wie klingt das blaue **e** in **Felder**?
(Rechtschreibgespräch; Entsprechend für die übrigen Wortpaare.)
Feder raten Rosen Bude sieben
Felder rasten rosten bunte Silben

Erkundungsaufgabe 2:
Weitere Wörter mit den einzelnen Vokalen finden: Welches blaue **e** klingt so wie in *Felder*, welches so wie in *Feder*? Welches **o** klingt so wie in *Rosen*, welches so wie in *rosten*? etc.

Die Orientierung am silbischen Prinzip bietet für den Leselernprozess eine gute Hilfe und manche Fibeln setzen diesen Gedanken bereits um (vgl. hierzu Kap. 8.2.3), indem die Fibeltexte optische Markierungen von Silbensegmenten enthalten (Silbenbögen oder entsprechende farbliche Markierungen oder auch Zwischenräume, vgl. Abb. 9). Grundidee ist dabei, dass das „Zusammenschleifen“ von Einzellauten leichter gelingen kann, wenn durch die visuelle Unterstützung das Erkennen der nächst höheren Wortgliederungsebene erleichtert wird. Die Artikulation der Silben bietet eine Annäherung an den Wortakzent des Zielwortes. Was damit im Einzelnen gemeint ist, sollte sich in der Bearbeitung des nächsten Kapitels erschließen.

4 Dies und weitere Beispiele finden sich unter http://www.francke.de/wie-kinder-lesen-und-schreiben-lernen (Internet).

Abbildung 9: Piri 1 – Beispiel für die Visualisierung der Silbenstruktur von Wörtern als Lesehilfe (Donth-Schäffer u.a. 2008. S. 26)

▶ Zusammenfassung

- Die deutsche Schrift ist eine *lautorientierte* Alphabetschrift.
- Das Verhältnis von gesprochener und geschriebener Sprache lässt sich durch Phonem-Graphem-Korrespondenzen (PGK) klassifizieren.
- PGK bzw. GPK können regelmäßig aber auch unregelmäßig sein, wobei Wörter häufig nicht vollständig regel- bzw. unregelmäßig sind, sondern nur bezüglich einzelner Segment-Korrespondenzen.
- Für eine normadäquate Verschriftung des Deutschen ist die Berücksichtigung komplexer sprachlicher Beziehungssysteme notwendig, wobei zwischen dem phonologischen, morphematischen, grammatischen, semantischen, historischen und dem graphisch-formalen Prinzip unterschieden werden kann.
- Aus sprachwissenschaftlicher Perspektive wird in der Beachtung des phonologischen Prinzips die Bedeutung der Silbe besonders herausgestellt, da sie sowohl die Prozesse der Worterkennung beim Lesen erleichtert als auch die Einsicht in die Bauprinzipien der Schreibsilbe unterstützt, in dem sie einen systematischen Zugang zu den Regularitäten der Wortschreibung ermöglicht.

1.4 Literatur

Berkemeier, A. (2007). Zur Bedeutung der Silbe in der neueren rechtschreibdidaktischen Diskussion: Versuch einer Synopse. *Osnabrücker Beiträge zur Sprachtheorie, 73*, S. 81-96.

Bredel, U., Fuhrhop, N. & Noack, C. (2011). *Wie Kinder lesen und schreiben lernen.* Tübingen: Francke.

Donth-Schäffer, C., Hundertmark, G. & Kollatz-Block, S. (2008). *Piri 1. Silbenfibel.* Stuttgart: Klett.

Dürscheid, C. (2006). *Einführung in die Schriftlinguistik.* Göttingen: Vandenhoeck & Ruprecht.

Eisenberg, P. (2006). *Grundriss der deutschen Grammatik. Bd. 1, Das Wort.* Stuttgart: Metzler.

Eisenberg, P. & Fuhrhop, N. (2007). Schulorthographie und Graphematik. *Zeitschrift für Sprachwissenschaft, 26*, 15-39.

Fuhrhop, N. (2010). Getrennt- und Zusammenschreibung: Kern und Peripherie. Rechtschreibdidaktische Konsequenzen aus dieser Unterscheidung. In U. Bredel, A. Müller & G. Hinney (Hrsg.), *Schriftsystem und Schrifterwerb: linguistisch – didaktisch – empirisch* (S. 235-258). Berlin: De Gruyter.

Hinney, G. (2010). Wortschreibungskompetenz und sprachbewusster Unterricht. Eine Alternativkonzeption zur herkömmlichen Sicht auf den Schriftspracherwerb. In U.

Bredel, A. Müller & G. Hinney (Hrsg.), *Schriftsystem und Schrifterwerb. linguistisch, didaktisch, empirisch* (S. 47-100). Berlin: De Gruyter.
Lewandowski, Th. (1994). *Linguistisches Wörterbuch* (6. Aufl.). Heidelberg/Wiesbaden: Quelle & Meyer.
Maas, U. (1992). *Grundzüge der deutschen Orthographie.* Tübingen: Max Niemeyer.
Naumann, C. L. (1989). Plädoyer für die Arbeit mit Grundwortschätzen. In I. M. Naegle & R. Valtin (Hrsg.), *LRS in den Klassen 1-10* (S. 181-185). Weinheim/Basel: Beltz.
Naumann, C. L. (1998). Chaosbegrenzung durch Lernwegweiser. Hilfen aus der Orthographiestruktur für das Rechtschreiblernen. In I. Büchner (Hrsg.), *Beiträge 1997/1998 der deutschen Gesellschaft für Lesen und Schreiben* (S. 78-99). Hamburg: DGLS.
Naumann, C. L. (1999). *Orientierungswortschatz. Die wichtigsten Wörter und Regeln für die Rechtschreibung Klasse 1-6.* Weinheim/Basel: Beltz.
Naumann, C. L. (2000). Orientierungswortschatz – Ermutigung aus Begrenzung und Struktur der Orthographie. In R. Valtin (Hrsg.), *Rechtschreiblernen in den Klassen 1-6* (S. 82-85). Frankfurt a.M.: Grundschulverband - Arbeitskreis Grundschule e.V.
Primus, B. (2010). Strukturelle Grundlagen des deutschen Schriftsystems. In U. Bredel, A. Müller & G. Hinney (Hrsg.), *Schriftsystem und Schrifterwerb: linguistisch, didaktisch, empirisch* (S. 9-45). Berlin: De Gruyter.
Ramers, K. H. & Vater, H. (1992). *Einführung in die Phonologie.* Hürth: Gabel-Verlag.
Riehme, J. (1974). *Probleme und Methoden des Rechtschreibunterrichts.* Berlin: Volk und Wissen.
Röber, C. (2009). *Die Leistungen der Kinder beim Lesen- und Schreibenlernen. Grundlagen der Silbenanalytischen Methode.* Baltmannsweiler: Schneider Hohengehren.
Thomé, G. (2000). Linguistische und psycholinguistische Grundlagen der Orthographie: Die Schrift und das Schreibenlernen. In R. Valtin, (Hrsg.), *Rechtschreiben lernen in den Klassen 1-6* (Beiträge zur Reform der Grundschule 109, S. 12-16). Frankfurt a.M.: Grundschulverband, Arbeitskreis Grundschule.
Valtin, R. (2000). Schreiben mit der Druckschrift. In R. Valtin (Hrsg.), *Rechtschreiben lernen in den Klassen 1-6. Grundlagen und didaktische Hilfen* (S. 111-115). Frankfurt a.M.: Arbeitskreis Grundschule.
Wiese, R. (2000). *The Phonology of German. Oxford*: Oxford University Press.

Ein Tipp für alle, die sich schnell einen Überblick zu Rechtschreibung und Grammatik des Deutschen verschaffen möchten und auch eine Übungsplattform für Erwachsene (zweiter Link) suchen:
http://www.udoklinger.de/Deutsch/Grammatik/Frame1.htm
http://www.eisinger-schmidt.de/grammatik/

2 Basiswissen zum Schriftspracherwerb und den Schwierigkeiten dieser Lernaufgabe

In den verschiedenen Theorien zur Erklärung und Analyse des Lese- und Schreibprozesses wird immer wieder auf drei Ebenen Bezug genommen:

1. die Ebene der Worterkennung und Wortschreibung
2. die Ebene der syntaktischen und semantischen Rezeption von Wortfolgen auf Satz- und Textebene und die Produktion von orthographisch korrekten Schreibungen.
3. die Ebene der Makrostruktur von Texten, die sich dem Leser nur erschließt, wenn er formale und inhaltliche Strukturen sowie den ggf. vorhandenen verborgenen Gehalt (latente Sinnstrukturen) eines Textes erfassen kann bzw. – bezogen auf den Schreibprozess – in der Lage ist, einen kohärenten, adressaten- und situationsangemessenen Text zu produzieren.

In der wissenschaftlichen Diskussion besteht allerdings kein Konsens darüber, welche dieser Ebenen im Anfangsunterricht angesprochen und welches Fähigkeitsniveau jeweils erwartet werden sollte: Gehört es zur Zielstellung des Anfangsunterrichts orthographisch korrektes Schreiben einzuüben? Welche Bedeutung kommt der Produktion von Texten zu? Gehört das Textschreiben nicht in einen „Aufsatzunterricht" ab der 3. Klasse? Reicht das Lesen von selbst produzierten Texten und Gebrauchstexten oder können von Anfang an, literarische Texte in ihrer Struktur analysiert werden, um auch nicht unmittelbar zugängliche Sinnstrukturen zu erarbeiten? Diese Fragen gehören zu den Kernpunkten didaktischer Auseinandersetzung und bedürfen eines forschungsbasierten Grundwissens, um sie angemessen beantworten zu können.

Die hierzu notwendigen theoretischen Kenntnisse werden in diesem Kapitel so aufbereitet, dass gleichzeitig eine diagnostische Perspektive auf das Lernen der Kinder im Anfangsunterricht aufgebaut werden kann. Durch die Beschreibung der unterschiedlichen Teilprozesse und Entwicklungsstufen, die für einen gelingenden Schriftspracherwerb notwendig sind, sollten die Schwierigkeiten besser verstehbar werden, die Kinder im Schriftspracherwerb meistern müssen.

Ausgangspunkt der Überlegungen sind Modellannahmen über unterschiedliche Zugangsweisen von Leseanfängern im Gegensatz zu erfahrenen Lesern in Bezug auf die Worterfassung (vgl. 2.1) sowie analogen Unterschieden in den Rechtschreibstrategien (vgl. 2.4). Theoretischer Bezugspunkt sind dabei die Zwei-Wege-Modelle des Lese- und Rechtschreibprozesses. Unter dieser Perspektive ist es auch möglich, den Prozess des Lesens sehr differenziert zu beschreiben, so dass Lernprobleme einzelnen Phasen des Leseprozesses zugeordnet werden können.

Um die didaktischen Kontroversen nachvollziehen zu können, die bis heute die grundschulpädagogische Auseinandersetzung über die Methoden des Schriftspracherwerbs bestimmen, ist es unumgänglich, das theoretische Konzept eines stufenförmigen Aufbaus von Lese- und Rechtschreibkompetenz zu kennen. Mit diesen Entwicklungsmodellen für Lesen und Schreiben verbindet sich ein förderdiagnostischer Anspruch, denn wenn eine Lehrkraft in der Lage ist, Lese- und Rechtschreibfehler richtig zu interpretieren, dann kann sie auch das jeweils „entwicklungsgemäße" Lernangebot machen. So schön dieser Gedanke einer 1:1-Entsprechung von Diagnose und Förderung klingt, er ist nicht unumstritten, denn lässt sich aus einem „Fehler" direkt auf die dahinter liegende Ursache schließen? Sind Fehler überhaupt Ausdruck einer bestimmten Entwicklungsstufe oder können sie nicht sehr unterschiedliche Ursachen haben? Welche Struktur haben überhaupt die sogenannten Entwicklungsstufen? Sind sie linear-hierarchisch aufgebaut, so dass eine Stufe erst abgeschlossen sein muss, um in die nächste eintreten zu können oder werden Stufen parallel durchlaufen? Diese kritischen Fragen an eine Schriftsprachdidaktik, die sich als kindgemäß versteht, da sie sich an quasi natürlichen Entwicklungsstufen orientiert, werden abschließend skizziert.

2.1 Zwei-Wege-Modelle des Wortlesens

Anglo-amerikanische Studien haben sich mit dem Vergleich der Leseleistungen von guten und schlechten Lesern beschäftigt (z.B. Cromer 1970, Gutherie 1973). Dabei sind auf der Grundlage von informationstheoretischen Modellen die kognitiven Prozesse beschrieben worden, die beim Worterkennen ablaufen.

Ergebnis dieser Forschungsrichtung ist zunächst einmal die Annahme von Einheiten, die speziell für die Verarbeitung von Schrift ausgebildet sind (vgl. Seidenberg/McClelland 1989). So verfügen geübte Leser über ein „mentales Lexikon", aus dem wortspezifische Informationen unmittelbar abgerufen werden können. Diese Strategie der Verarbeitung von Lesematerial wird als „top-down"-Prozess bezeichnet (Morton 1969), indem ein *direkter* Zugriff auf alle relevanten Informationen wie Schreibweise, Aussprache und Bedeutung eines Wortes besteht. Die wissensgeleiteten top-down-Lesemodelle (z.B. Goodman 1967) weisen der Sinnerwartung beim Lesen für die Entschlüsselung von Wortbedeutungen größte Bedeutung zu. Das sinnerfassende Lesen, das auch als „Dekodieren“ bezeichnet wird, setzt eine visuelle Analyse des gedruckten Wortes voraus. Erleichtert wird dieser Prozess, wenn der Leser aufgrund seiner Leseerfahrung bereits über Sequenzierungsstrategien der Worterfassung verfügt bzw. ganze Wortmuster abgespeichert hat. Die typischen schriftsprachlichen Gliederungseinheiten wie Silben, Morpheme, Endungen und Signalgruppen[1] werden als Basis für den Identifikationsprozess von Wörtern gesehen, aber eben auch Wörter selbst, die bei zunehmender Leseerfahrung abgespeichert und unmittelbar gewusst werden.

Als überholt gilt allerdings die Annahme, dass Wörter als ganzheitliche visuelle Gestalt, sozusagen als „Wortbild“, gespeichert würden. Wörter werden offensichtlich ganz unabhängig von ihrer konkreten optischen bzw. typographischen Form erkannt (vgl. Rayner/Pollatsek 1989). Der geübte Leser verfügt über ein „inneres Lexikon“, das nicht visuell, sondern *kognitiv gesteuert* ist, aus dem die korrekte Wortbedeutung selbst dann abrufbar ist, wenn die optische Repräsentation fehlerhaft ist. Denn natürlich können wir Texte mit Tippfehlern richtig lesen. Insofern können Leseanfänger auch Wörter entziffern, deren Buchstabenbestand sie noch nicht vollständig kennen.[2]

Das innere Lexikon ermöglicht zugleich den Zugriff auf weitere Informationen wie Aussprache und Funktion des Wortes im Satzkontext (vgl. Morton 1969). Der Hinweis auf die kognitive Steuerung des inneren Lexikons ist insofern bedeutsam, als dass damit die Sinnlosigkeit mancher Lesesituationen offensichtlich ist: Kinder, die halb auswendig gelernte Sätze „lesen“, können hieraus nichts für den Aufbau eines inneren Lexikons lernen. Hierzu muss das Einzelwort auch als solches bewusst wahrgenommen und mit der entsprechenden Bedeutung belegt sein, damit es als visuell-semantisch-phonologischer Code abgespeichert werden kann. Christine Mann u.a. (2001) haben diesen Vorgang als „Speicherung von übergeordneten Sprech-Schreibmustern“ beschrieben. Dieser unmittelbare Zugriff auf ein inneres Lexikon gilt als der „direkte“ Weg in dem Zwei-Wege-Modell des Worterkennens (Dual-Route-Model nach Coltheart 1978).

Daneben besteht eine zweite Zugriffsmöglichkeit auf das zu lesende Wort: die „bottom-up“-Strategie“ (McClelland/Rummelhart 1981). Dieser Weg, der typisch ist für den Leseanfänger, besteht darin, ein Wort auf der Ebene der optisch wahrgenommenen Buchstaben sukzessive zu entschlüsseln, zu „rekodieren“, indem eine Graphem-Phonem-Zuordnung erfolgt, die zur Wahrnehmung

1 Als „Signalgruppen“ werden visuell hervorstechende längere Buchstabenkombinationen bezeichnet, z.B. das „elle“ in „Welle“ oder „Delle“, das „utter“ in „Mutter“ oder „Futter“.

2 Diese Feststellung ist unmittelbar praktisch relevant, weil sich hieraus Konsequenzen für die Wortauswahl ergeben, die man Leseanfängern „zumuten“ kann.

von Buchstaben bis zur Worterkennung führt. Es gibt auch Hinweise darauf, dass es neben der phonologischen Rekodierung über die Graphem-Phonem-Korrespondenzen noch einen zweiten Rekodierungszugang über die Silbenstruktur von Wörtern gibt (Patterson/Morton 1985).

Zunächst wurden beide Wege, der direkt-lexikalische und der indirekt-phonologische, als voneinander unabhängig betrachtet. Das heutige Verständnis des Zwei-Wege-Modells der Worterkennung geht aber von der *Interaktion* beider Zugriffsweisen aus: Jedes Mal, wenn eine Buchstabenkombination einem Teil eines realen Wortes entspricht, werden bereits lexikalische Einträge aktiviert, die zu einer Vermutung über die Wortbedeutung führen. „Lesefehler" bzw. „Verlesungen" lassen sich so dadurch erklären, dass hier zu schnell auf die Aktivierung eines lexikalischen Eintrags reagiert wurde, der im Anschluss an eine Buchstabensequenz quasi automatisch produziert wurde. Die dichte Interaktion beider Routen funktioniert aber beim Leseanfänger noch nicht. Er ist auf den indirekten Weg angewiesen und erst mit zeitlicher Verzögerung gelingt die Integration der lexikalischen Route.

Der Ablauf dieses Lernprozesses lässt sich bei Leseanfängern sehr schön beobachten: Sie beginnen das Erlesen eines Wortes, indem sie halblaut Buchstaben für Buchstaben, besser gesagt, Laut für Laut aneinander reihen, aber erkennbar noch keine Vorstellung davon haben, wie das Wort heißen könnte. Es erfolgen nicht selten mehrere Anläufe mit „Probeartikulationen", die aber kein sinnvolles Wort ergeben. Bei gelingenden Leseprozessen kommt dann aber plötzlich doch das korrekte Aussprechen eines sinnvollen Wortes, das offensichtlich auch verstanden wurde, d.h. das Kind hatte das Zielwort bereits in seinem Wortschatz und hat es jetzt wiedererkannt.

Scheerer-Neumann hat bereits in den 1980er Jahren das Zwei-Wege-Modell des Worterkennens in folgender Form in die grundschulpädagogische Diskussion eingebracht (Abb. 1).

Zentraler Gedanke des Zwei-Wege-Modells ist die Annahme eines „inneren Lexikons", das in der „visuellen Analyse" des gedruckten Wortes sofort aktiviert wird (top-down). Der indirekte Weg der visuellen Analyse führt demgegenüber über Graphem-Phonom-Korrespondenzen oder Silbenstrukturen zur Wortsynthese (bottum-up). Ob ein Leser eine top-down oder bottum-up-Strategie anwendet, ist auch von der Leseaufgabe abhängig: Selbst der geübte Leser wird ihm unbekannte, lange Wörter nicht auf „einen Blick" erschließen können, sondern auf eine phonologische Rekodierung zurückgreifen müssen, um zu einer korrekten Aussprache von irregulären Wörtern kommen zu können. Andererseits gibt es selbst im Deutschen und der relativen Regelhaftigkeit der Graphem-Phonem-Zuordnung Wörter, die über eine ausschließlich phonologisch orientierte Entschlüsselungsstrategie schwer zu erschließen sind. Außerdem nutzt der geübte Leser den Satzkontext. In der Forschung ist man deshalb auch der Frage nachgegangen, ob Wörter, die im Satzkontext angeboten werden, schneller gelesen werden können als isoliert angebotene Wörter. Dabei zeigte sich, dass eine Unterstützung der Wortidentifikation in der Tat dann eintrat, wenn auf Grund eines starken Kontexteinflusses die Worterwartung hoch war und gleichzeitig auch eine hohe Worthäufigkeit vorlag (Forschungsüberblick bei Ferstl/Flores d'Arcais 1999). Der Lesevorgang ist damit nicht nur von Bottom-up-Prozessen, der basalen Informationsverarbeitung auf der Wortebene, bestimmt, sondern die höheren Verarbeitungsebenen der Worterkennung werden durch Wortbedeutung („Wortüberlegenheitseffekt"[3]) und Satzkontext ebenfalls beeinflusst (Top-Down-Prozesse).[4]

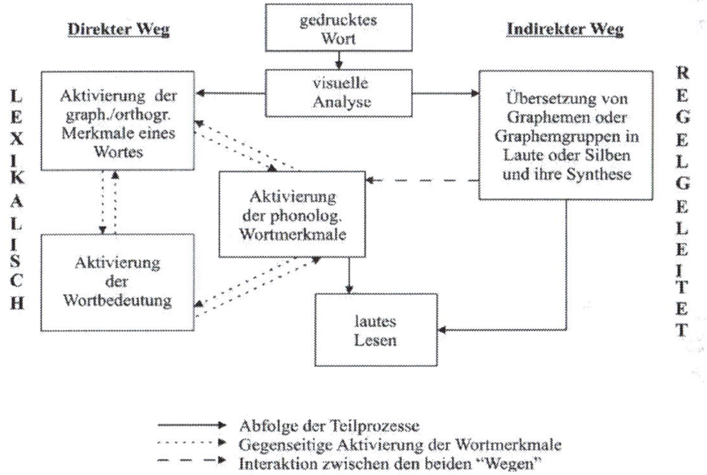

Abbildung 1: Zwei-Wege-Modell des Wortlesens (Scheerer-Neumann 1989, S. 15)

3 Von einem „Wortüberlegenheitseffekt" spricht man, weil sinnvolle Wörter schneller erkannt werden als sogenannte Pseudowörter, d.h. Wörter, die es nicht wirklich gibt, die aber in ihrer Struktur Buchstabenfolgen aufweisen, die für deutsche Wörter typisch sind und daher auch korrekt gelesen werden können, z.B. „gerwofen."

4 Diese Differenzierung wird auch verwendet, um Lesestörungen als Oberflächen- oder Tiefendyslexie zu klassifizieren: Bei einer Oberflächendyslexie gelingt die Zuordnung von Buchstaben und Lauten, nicht aber das Lesen von Wörtern, d.h. die nicht-lexikalische Verarbeitung ist weitgehend unbeeinträchtigt. Gestört ist das Wortsinnverstehen. Bei einer Tiefendyslexie werden semantisch ähnliche Wörter produziert, d.h. es kommt zu Lesefehlern, die in der lexikalischen Ersetzung von Wörtern (z. B. Strumpf durch Socke) bestehen.

2.2 Schwierigkeiten auf den verschiedenen Ebenen des Leseprozesses

Für den Leseanfänger ergeben sich auf allen Ebenen des Leseprozesses weitere Bedingungen für gelingende Leseprozesse, die in den Informationsverarbeitungsmodellen nicht beachtet werden. Dieses Bedingungsgefüge soll hier entwickelt werden, um damit ein erstes Grobraster für die Wahrnehmung von Leseschwierigkeiten zu haben.

2.2.1 Die erste Ebene des Leseprozesses

Man weiß heute, dass sich bereits auf der ersten Ebene des Leseprozesses Differenzen der Lernentwicklung zwischen guten und schwachen Lesern zeigen. Natürlich sind die Leseleistungen der schwachen Leser von Anfang an geringer, sie starten nicht selten, ohne einen Buchstaben zu kennen und ihre Lernentwicklung verläuft langsamer. Es ist aber nicht nur die Lernentwicklung insgesamt, die langsamer verläuft, sondern der Vollzug des basalen „Erlesens" ist langsamer, d.h. die Kinder brauchen schlicht mehr Zeit, um die Graphem-Phonem-Zuordnung zu leisten oder auch Silben zu einem Wort zusammenzufügen und sinnerfassend zu lesen. Darüber hinaus kann man auch qualitative Differenzen zu den Aneignungsstrategien guter Leser ausmachen. Empirische Untersuchungen, in denen man das Lesen schwacher und guter Leser mit gleichem Leseentwicklungsstand[5] verglichen hat, haben gezeigt, dass die Leseentwicklung nicht durch einen linearen, parallelen Anstieg von Fertigkeiten in verschiedenen Teilbereichen des Lesens gekennzeichnet ist. Es lassen sich vielmehr typische Unterschiede in den einzelnen Phasen des Leseprozesses ausmachen. So richten schwache Leser zu Beginn des Lesenlernens ihre Aufmerksamkeit vornehmlich[6] auf einzelne Buchstaben und beachten das Wort als Ganzes nicht (May 1986). Schwache Leser haben vermehrt Probleme in der Aneignung der Phonem-Graphem-Zuordnung und auch in den notwendigen Syntheseleistungen, die zur Worterkennung notwendig sind.

5 Man hat den Lesevorgang von leseschwachen Kindern mit jenem jüngerer, durchschnittlicher Leser verglichen, wobei im Hinblick auf die Leseleistung beide Gruppen sich nicht unterschieden. Dann wurde kontrolliert, mit welchen Zugangsweisen beide Gruppen ihren Leseprozess gestalten und welche Fortschritte sie jeweils erzielen.

6 Mit dieser Argumentation wird die Position vertreten, dass es keine 1:1-Beziehung zwischen Lehren und Lernen gibt. Eine Leselehrmethode schlägt sich nicht unmittelbar in den Zugriffsweisen der Kinder nieder (vgl. Dehn 1998, S. 47), so dass es legitim erscheint, die festgestellten Differenzen in den Zugriffsweisen guter und schwacher Leser nicht als Ergebnis der jeweils praktizierten Leselehrmethode zu sehen, sondern als Hinweis auf unterschiedliche Strategien von Kindern.

Nicht alle Kinder, die zu Beginn Probleme haben, das Lesen zu lernen, werden auch längerfristig zu schwachen Lesern. Ein praktischer Richtwert ist hier eine 3-Monatsmarke: Leseanfänger, die innerhalb der ersten 2-3 Monate Leseunterricht, die Lesesynthese verstehen, nehmen in der Regel eine problemlose weitere Lernentwicklung, wohingegen Leseanfänger, die auch am Ende des ersten Schuljahres unbekannte Wörter noch nicht ohne fremde Hilfestellung erlesen können, nachhaltig in ihrer weiteren Leseentwicklung gefährdet sind (vgl. Klicpera/Gasteiger-Klicpera 1995). Bei diesen Schülerinnen und Schülern werden in den ersten Monaten schon Behaltensprobleme deutlich, d.h. sie können sich bereits die ersten 6-8 Buchstaben nicht merken und speichern auch die im Unterricht häufig gelesenen Wörter nicht fehlerfrei ab (Klicpera u.a. 2010, S. 139). Die Schwierigkeiten der phonologischen Rekodierung von Wörtern scheinen ein persistierendes Merkmal leseschwacher Kinder zu sein.

Jeder Leseanfänger ist auf das *laute* Lesen angewiesen, denn nur so kann er seine Artikulation abhören und zu Sinnhypothesen über das erlesene Wort kommen. Damit ist nicht das „Vorlesen“ vor der Klasse gemeint, sondern das (halb)laute Vorsprechen „vor sich selbst“, d.h. der Leseanfänger muss hören können, was er liest. Leises Lesen ist erst dem geübten Leser möglich, der Lesen als ein „inneres Sprechen“ vollziehen kann. Bei vielen Kindern ist ein sukzessives „Leiser-Werden“ beobachtbar, indem es allmählich zu einer Phase der nahezu lautlosen Lippenbewegungen kommt, d.h. motorisch wird immer noch artikuliert bevor das Lesen komplett „in den Kopf“ wandert.

Lesen gelingt nicht auf Anhieb richtig, sondern braucht dementsprechend ein artikulatorisches und auch gedankliches Probierverhalten, das nicht als Fehler zu unterbinden ist. Insofern ist auch das Vorlesen von bekannten Texten problematisch. Kinder lesen die Texte scheinbar richtig, aber sie haben sie nur auswendig gelernt. Besonders ehrgeizige Mütter muss man hier rechtzeitig ausbremsen, damit die Kinder nicht zu früh zum „schönen Vorlesen“ auswendig gelernter Texte angehalten werden. Lesefehler sind geradezu ein Indikator für „echtes“ Lesen. Entscheidend ist die Würdigung des Korrekturverhaltens, die Kinder gegenüber ihren eigenen Lesefehlern einnehmen. Vorlesen vor der Klasse sollten Kinder nur dann, wenn sie es auch selbst wollen und den Text vorher hinreichend üben konnten.

Unterschiede zwischen guten und schwachen Leseanfängern sind nicht nur lesetechnisch bedingt: Die von schwachen Leseanfängern produzierten Wortvorformen haben häufig weniger Ähnlichkeit mit dem Zielwort als die der guten Leseanfänger und ihr Korrekturverhalten zeigt insbesondere Probleme der Vernetzung von Rekodier- und Dekodierstrategien, d.h. die Verbindung von wortanalytischen Prozessen zu semantisch-syntaktischen Informationen ist erschwert. Wie das in der Praxis aussieht, hat Dehn (2010, S. 116) an einem Beispiel sehr schön verdeutlicht:[7]

▶ Beispiel für Leseschwierigkeiten

Olaf hat ein altes Auto.

Im Januar von Klasse 1 soll Daniel diesen Satz lesen. Der Satz steht unter einem Bild, auf dem ein altes Auto und mehrere Personen zu sehen sind. Neben dem Bild steht das Wort „alt". Das hat Daniel bereits gelesen. Das war nicht schwer für ihn.
Im Satz aber stockt er bei diesem Wort.

1. a:l:u
2. a:l
3. alt – e:s
4. alz:e
5. a:l
6. alle
7. alt
8. alt
9. e
10. alde
11. alz

Daniel braucht dann noch mehrere Schritte, bis er das Wort erliest. Er kommt erst zur richtigen Lösung, nachdem er zum Bild fabuliert hat.

Oa, das sieht aus, als ob sie'ne Panne hat …
Wenn die nicht bei der Tankstelle wären …

12. a:lt – e:s
13. altes
14. altes? ...
15. Olaf hat ein
16. l, la, al:tes, altes
17. Olaf hat ein altes Auto

7 Zur ausführlichen Analyse weiterer Lesebeispiele aus dem Unterricht in der ersten Klasse vgl. Dehn/Hüttis-Graff (2006).

Der Leseanfänger im obigen Beispiel, Daniel, kennt alle Buchstaben und er verfügt auch über den lexikalischen Eintrag von „alt", denn er kann in der bildlich gestützten Lesevorlage das Wort semantisch korrekt entschlüsseln. Trotzdem dauert das Erlesen des Satzes „Olaf hat ein altes Auto" lange. Daniel stolpert immer wieder über das Wort „altes". Diese Schwierigkeit kann man als mangelnde Strukturierungskompetenz auf der Wortebene interpretieren, denn die Grundform „alt" wird zwar korrekt gelesen, die Synthese zu „altes" gelingt nicht. Die kognitive Flexibilität, die nötig wäre, um das Erkennen der Silbe „alt" umzustrukturieren in ein Lesen des zweisilbigen Wortes „altes" mit dem Silbenschnitt vor dem „t", fällt schwer. Durch diese „Verfremdung" des Wortes „alt" wird auch der lexikalische Eintrag „vergessen", die Wortsinnerwartung wird gestört und die Suche nach lexikalischen Einträgen scheint sich immer mehr vom Satzkontext zu entfernen. So werden Wörter wie „ alle", „alz" oder auch Pseudowörter wie „alde" probiert.

Während gute Leseanfänger produktiv mit ihren Lesefehlern umgehen können, indem ihre Modifikationen der Wortvorform zu einer schrittweisen Annäherung an das Zielwort führen, entfernen sich die schwachen Leseanfänger mit ihrem Korrekturverhalten weiter von ihrem Ziel bzw. machen weite Umwege. Sie verfahren nicht stringent, im Gegenteil: Die Wiederholung von Probeartikulationen führt teilweise zu völlig unsinnigen Wortbildungen. Die für ein Gelingen des Leseprozesses notwendige Aufmerksamkeitslatenz auf den Kontext scheint ausgeblendet zu werden. Auch Hilfestellungen durch die Lehrerin können vielfach nicht konstruktiv aufgegriffen werden, was auf einen Mangel an Flexibilität weist (Dehn 1994, S. 34). Der schwache Leseanfänger verharrt nicht selten in der einmal gewählten Entschlüsselungsstrategie, vernachlässigt die *Kombination* von phonologischen, semantischen und syntaktischen Teilaspekten der Wortkonstruktion und resigniert, wenn seine Bemühungen erfolglos bleiben.

Peter May (1986) hat diesen Vorgang eingehend mit Kategorien des Problemlösens analysiert. Dieser Interpretation folgend, entwickelt sich für den schwachen Leseanfänger die Lesesituation zu einer Problemsituation, in der negative Emotionen wie Ärger, Angst oder Depression entstehen, die ihrerseits eine Umschaltung des Verhaltens auf Schnelligkeit bewirken. Begünstigt wird diese Reaktion durch ein ungeduldiges Verhalten der Lehrerin oder der Eltern. Unter diesem Druck gibt es dann nur noch drei Reaktionsmuster:

▶ Beispiele für Problemlösestrategien

1. *Resignation*: Das Kind beendet die Situation dadurch, dass es gar nichts mehr sagt bzw. darauf wartet, dass ihm das Wort vorgesagt wird.
2. *Ausweichmanöver*: Das Kind entzieht sich dem Problemdruck, indem es anfängt zu raten (Ganzwort-Raten).
3. *Kompensationsstrategien*: Das Kind beginnt, sich auf andere situative Elemente zu beziehen und sich durch Ersatzhandlungen der Anforderungssituation zu entziehen (Clownerien, Erzählen von anderen Dingen etc.).

Rekodieren von Wörtern mit richtiger Aussprache des Geschriebenen ist im Sinne einer nur lesetechnischen Übersetzungsleistung möglich, ohne das Ausgesprochene zu verstehen. Dieses Phänomen eines formal-technisch korrekten Lesens ohne Wortsinnverstehen, kann nur entdeckt werden, wenn man von Anfang an auf eine Kontrolle der Sinnerfassung achtet. Nachfragen zur Bedeutung von Wörtern und Texten, zum Umschreiben des Gelesenen „mit eigenen Worten" sollten also selbstverständlich sein.

Schwachen Lesern fällt die Sinnentnahme vielfach auch deshalb schwer, weil es ihnen nicht gelingt, ihre Aufmerksamkeit zu fokussieren. Lesen verlangt nicht nur „Daueraufmerksamkeit" auf den zu lesenden Text, sondern auch einen Arbeitsspeicher für verbale Informationen. Diese Gedächtnisleistungen eines verbalen Kurzzeitgedächtnisses sind notwendig, um die visuellen und phonologischen Informationen, die im Prozess des langsamen „Erlesens" anfallen, sozusagen zwischenspeichern zu können.

2.2.2 Die zweite Ebene des Leseprozesses

Auf der zweiten Ebene des Leseprozesses ist der Zugriff auf ein „inneres Lexikon" entscheidend. Damit stellt sich die Frage, ob bzw. wie eigentlich schwache Leser auf ein „inneres Lexikon" zugreifen können.

Der *Aufbau eines Sichtwortschatzes* gelingt schwachen Lesern nur zögernd, was sich darin zeigt, dass auch häufige bzw. kurze Wörter immer wieder mühselig Laut für Laut synthetisiert werden. Schlecht lesende Kinder lassen sich auch durch leichte Veränderungen der Wortgestalt irritieren wie das obige Beispiel des Leseanfängers Daniel gezeigt hat.

Während gut lesende Kinder im Aufbau ihres inneren Lexikons zugleich auf orthographische Regularitäten achten, scheinen leseschwache Kinder sich eher auf irrelevante Oberflächeninformationen zu stützen. Die Strategien der

Codierung des Lexikons sind damit weniger effizient für die Aneignung der Schriftsprache. Dies zeigt sich insbesondere auch in der Dekodierung längerer Wörter, in denen aufgrund fehlender Segmentierungsstrategien Leseprobleme vermehrt auftreten. Es liegt also kein visuelles Wahrnehmungsdefizit zugrunde, sondern ein kognitives Strategiedefizit, indem die Redundanzen, die unsere Sprache aufweist, die immer wiederkehrenden Silben[8], Morpheme, Signalgruppen etc. nicht als Organisationsprinzip der Codierung aufgegriffen werden. Grissemann (1996, S. 33) hat Leseschwächen deshalb als „Redundanzausnützungsschwäche" bezeichnet, die er auf allen Ebenen des Leseprozesses feststellt.

Wegen dieser fehlenden Sensitivität für Wortbildungsregeln ist die Lesestrategie schwacher Leser vermehrt an der Ausnützung eines direkten Zugriffs auf das „innere Lexikon" orientiert. Die Leseleistung leseschwacher und guter Leser unterscheidet sich dann weniger, wenn es sich um häufige Wörter handelt. Schwache Leser sind auf die Vertrautheit mit den zu lesenden Wörtern und damit auf die Einsatzmöglichkeiten ihres inneren Lexikons ungleich mehr angewiesen als gute Leser.[9]

Christine Mann u.a. (2001) geben wichtige Hinweise darauf, wie schwachen Leseanfängern geholfen werden kann, einen Sichtwortschatz aufzubauen. Sie empfiehlt zunächst die Erarbeitung eines beschränkten Buchstabenbestandes. Konkret: nur sieben bis acht Buchstaben, um damit solange zu üben, bis das Kind die Lesesynthese vollziehen kann. Eine Anhäufung von Buchstabenkenntnissen ist zu vermeiden, da ohne Lesesynthese die Speicherung eines visuell-*semantisch*-phonologischen Codes nicht möglich ist. Damit würde die Basisvoraussetzung für den Aufbau eines „inneren Lexikons" fehlen.

Solange ein Kind nur einzelne Buchstaben unverbunden nebeneinander sieht und nicht mental verbinden kann, gibt es auch keinen Speichereffekt für ein „inneres Lexikon". Genau diese semantische Steuerungskapazität fehlt aber einem Kind, das die Lesesynthese noch nicht beherrscht für die Organisation

8 Selbst ältere leseschwache Kinder haben Schwierigkeiten beim Erkennen der Silbenstruktur (vgl. Scheerer-Neumann u.a. 1978). Dementsprechend beginnen viele Trainingsprogramme für leseschwache Kinder mit einer Einführung in die Silbenstruktur der deutschen Schriftsprache, wie z.B. die Förderkonzepte von Kossow (1972), Reuther-Liehr (2001) oder Scheerer-Neumann (1988).

9 Diese unterschiedliche Dominanz von top-down- und bottom-up-Strategien wird durch die Untersuchungen der Leseleistung bei Pseudowörtern deutlich. Gerade beim Lesen sinnloser Buchstabenfolgen (= Pseudowörter) zeigen leseschwache Kinder besondere Schwierigkeiten. Diese spezifischen Probleme lassen sich dadurch erklären, dass bei diesen Wörtern ein Zugriff auf mentale lexikalische Einträge nicht möglich und ein Lesen nur über das phonologische Rekodieren leistbar ist.

seiner Erfahrung. Es sieht nur die einzelnen Buchstaben und nicht das Wort. Insofern macht es auch keinen Sinn, weitere Buchstaben anzubieten, bevor das Kind nicht sinnerfassend liest. Erst wenn die kognitive Klammer, die Wortbedeutung, parallel abspeicherbar ist, kann das erlesene Wort zum Aufbau des „inneren Lexikons“ beitragen. Diese Erkenntnisse haben unmittelbar Eingang gefunden in Fibel-Lehrkonzepte, die mit einem „Schlüsselwortverfahren“ das Leseprinzip vermitteln, d.h. hier wird bewusst auf den ersten Fibelseiten mit einem geringen Buchstabenbestand und nur wenigen Wörtern gearbeitet (vgl. ausführlich 8.2.1). Grundgedanke ist dabei, dass an diesen „Schlüsselwörtern“ zunächst das Leseprinzip erlernt wird, bevor weitere Buchstaben eingeführt werden. Die Kinder sollen damit von Anfang an nicht nur ein lesetechnisches Prinzip erlenen, Analyse und Synthese von Wörtern, sondern zugleich das erwerben, was sie letztlich zu schnellen Lesern machen wird, das „innere Lexikon“.

2.2.3 Die dritte Ebene des Leseprozesses

Das Verstehen von Sinnzusammenhängen auf Satz- und Textebene, und damit die dritte Ebene des Leseprozesses, ist im Kontext des Schriftspracherwerbs bisher weniger zum Thema gemacht worden. Grund dafür ist, dass leseschwache Kinder nicht primär Verstehensprobleme auf der Textebene haben. Im Gegenteil: Die Ausnutzung des Satzkontextes ist häufig eine Ausweichstrategie, die benutzt wird, wenn die Einzelwortdekodierung zu lange dauert. Positiv formuliert kann man aber auch sagen: *Schlecht lesenden Kindern wird durch den Kontext relativ stärker geholfen.* Denn je stärker die Vorhersagbarkeit bestimmter Wortfolgen ist, umso größer ist der Leistungszuwachs der leseschwachen Kinder. Gerade für diese Kinder ist daher ein gut verständlicher und auch subjektiv bedeutsamer Inhalt von Lesetexten von besonderer Bedeutung.

Zum Verstehen der Bedeutung eines Satzes reicht die Beherrschung der Lesetechnik nicht aus. Ein Zugriff auf den Wortsinn setzt zumindest ein Hörverständnis des gesprochenen Wortes voraus. Der *Wortschatz* eines Kindes ist entscheidend für sein Leseverständnis und erweist sich im Verlauf der Grundschule immer mehr als ein zentraler Aspekt des Unterschieds zwischen guten und schwachen Lesern (vgl. Seigneuric/Ehrlich 2005).

Um Informationen aus Sätzen zu ermitteln, sind zudem grammatische Kenntnisse notwendig. Im Satzkontext müssen Wortfolgen auf der Grundlage semantischer Relationen aufeinander bezogen und zu sogenannten Prädikat-Argument-Strukturen integriert werden (vgl. Richter/Christmann 2002, S. 29). Bei einfachen Sätzen orientiert sich der Leser dabei an der Abfolge der Inhaltswörter im Satz. Nach interaktionistischer Auffassung wird die syntaktische Analyse dabei vom semantischen und pragmatischen Kontext, aber auch dem gegenstandsbezogenen *Vorwissen* bestimmt. Das Leseverständnis ist dementsprechend mit zunehmendem Alter in hohem Maße von leseunspezifischen kognitiven Leistungen abhängig. Dazu kommen mit zunehmender Komplexität der Lesetexte kognitiv-linguistische Kenntnisse, da Informationen auf Satz-, Abschnitts- und Textebene miteinander und mit dem eigenen Vorwissen in Beziehung gesetzt werden müssen. Die Mikro- und Makrostruktur eines Textes muss erarbeitet werden, um einen Text insgesamt verstehen zu können. In schriftlichen Texten wird anders als in mündlichen nicht alles „gesagt", was man wissen muss. Im Unterschied zur mündlichen Kommunikation, in der z.B. aus Mimik, Gestik und gemeinsam geteiltem Handlungskontext Vieles sich erschließt, sind schriftliche Texte sprachlich „verdichtet". Kohäsive Mittel werden eingesetzt, um Beziehungen zwischen Sätzen herzustellen, z.B. durch Konjunktionen, die unterschiedliche temporale oder kausale Beziehungen zum Ausdruck bringen.

Ein Verstehen auf der Textebene setzt die Fähigkeit zur Inferenzbildung voraus, d.h. implizite, verborgene Informationen müssen erkannt werden, um Schlussfolgerungen aus dem Gelesenen ziehen zu können. Während es zu Beginn des Lesenlernens stärker die phonologischen Fähigkeiten und die Geschwindigkeit des Worterkennens sind, die die Leseleistung beeinflussen, werden mit zunehmender Komplexität der Texte die syntaktischen und grammatischen Kompetenzen der Leser entscheidend (Catts u.a. 2006).

Da die Textstrukturen in der Erwerbsphase der Schriftsprache aber relativ einfach strukturiert sind und in der Regel unter den mündlichen Sprachkompetenzen der Kinder liegen, scheinen Probleme auf dieser Ebene des Leseprozesses noch nicht aufzutreten. Manche Verlesungen erweisen sich sogar als unbedeutend für das Sinnverständnis des Satzes.

Obwohl es sicher wichtig ist, das Textverständnis von Kindern zu beachten, so stellt sich doch die Frage, wie eigentlich mit jenen Verlesungen umzugehen ist, die an der Bedeutung der Sätze wenig ändern. Dehn plädiert dafür, derartige Lesefehler zunächst zu ignorieren: Wenn ein Kind z.B. „Koffer" statt „Gepäck" liest, muss das nicht unbedingt korrigiert werden (Dehn 2010, S. 117).

Gute und schwache Leser unterscheiden sich auch in der Fehlersensibilität: Gute Leser merken es, wenn ein Leseergebnis semantisch und syntaktisch nicht stimmig ist und korrigieren sich selbst. Leseschwachen Kindern gelingt diese Selbstkorrektur häufig nicht. In der Interpretation dieser Schwierigkeiten ist aber nicht nur an Probleme zu denken, die durch die Spezifik der Lernaufgabe „Erwerb von Schriftlichkeit" bedingt sind, sondern an weitere Komponenten, die das Leseverstehen beeinflussen, wie Sprachstand, allgemeine kognitive Entwicklung (Intelligenz), Gedächtnisleistungen und soziale Herkunft.

Harald Marx (2007) hat diese Rahmenbedingungen des Lesens in einem Modell berücksichtigt, das den Leseprozess selbst differenziert beschreibt. Er geht davon aus, dass neben den allgemeinen Faktoren weitere spezifische Prozesse des Rekodierens und Dekodierens und die basalen Voraussetzungen des Worterkennens, die phonologischen Fertigkeiten, Buchstabenkenntnis und „Sichtwortschatz" (= Cipher-Bewusstheit) das Leseverstehen bestimmen. Alle diese Aspekte bedingen auch ein bestimmtes Niveau von „Hörverständnis" auf Wort-, Satz- und Textebene (Marx/Jungmann 2000). Damit ist gemeint, dass ein Text nur dann sinnerfassend gelesen werden kann, wenn Wörter und Sätze dieses Textes im Medium der Mündlichkeit verstanden würden: Eine Geschichte, die ein Kind beim Vorlesen durch einen Erwachsenen nicht versteht, wird es auch beim eigenständigen Lesen nicht verstehen. Marx hat in seinem Prozessmodell des Lesens diesem Hörverständnis eine zentrale Rolle zugewiesen[10] (vgl. Abb. 2).

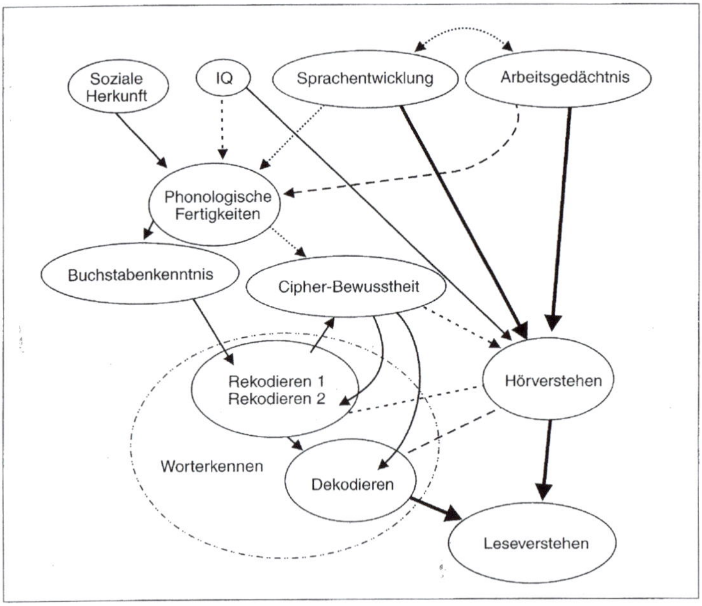

Abbildung 2: Prozessmodell des Lesens (Marx 2007, S. 115)

10 Marx (2007, S. 115) beansprucht keine Vollständigkeit in der Benennung von unspezifischen Merkmalen des Leseprozesses wie soziale Herkunft, IQ, Sprachentwicklung und Arbeitsgedächtnis.

Es gibt gute Gründe dafür, ein beeinträchtigtes Leseverständnis als Ausdruck von Entwicklungsrückständen der mündlichen Sprache zu interpretieren, die auch unabhängig von der Lesesituation bestehen. Verständnisschwierigkeiten basieren häufig auf einem geringen Wortschatz und fehlendem *thematischem* Vorwissen. Dieses „externe Wissen" beeinflusst unabhängig von der jeweiligen Textsorte ganz entscheidend das Textverständnis.
Ferner ist ein „Textstrukturverständnis" hilfreich. Wenn man weiß, welche unterschiedlichen Textformate, welche formalen und inhaltlichen Muster es z.B. für die Gestaltung von Geschichten gibt, dann fällt es leichter, die Pointe einer Geschichte zu identifizieren. So weisen einige Studien darauf hin, dass Kinder mit Schwächen beim Leseverständnis auch Geschichten-Schemata seltener nutzen als gute Leser (vgl. Fitzgerald 1984, Rahman/Brisanz 1986).

Textverständnis setzt eine Verknüpfung formaler und inhaltlicher Textelemente voraus, um Textinterpretationen leisten zu können. Schwachen Lesern gelingt häufig nur ein oberflächliches, wortwörtliches Verständnis, so dass sie Probleme haben, tiefere bzw. latente Sinnstrukturen zu entdecken und Schlussfolgerungen aus dem Text zu ziehen.

Die zentralen Probleme schwacher Leser liegen aber nicht auf diesen höheren Ebenen der Textverarbeitung, sondern treten bereits in der Wortstrukturerfassung auf: beim Erlernen des phonologischen Rekodierens und beim Aufbau eines inneren Lexikons.[11] In den meisten Fällen ist dabei das phonologische Rekodierdefizit das schwerwiegendere und das eigentlich basale Problem. Die meisten leseschwachen Kinder lernen zwar letztlich einigermaßen lesen, aber es bleibt für sie ein sehr mühevoller Vorgang, der immer ein hohes Maß an Aufmerksamkeit erfordert. Dieses auch in der Alltagspraxis hervorstechende Merkmal der älteren leseschwachen Kinder lässt sich dadurch erklären, dass ein automatisierter Leseprozess durch ein nur unzureichend ausgebildetes inneres Lexikon nachhaltig verzögert wird.

2.2.4 Unspezifische Teilkomponenten des Leseprozesses

In der Darstellung der verschiedenen Teilkomponenten des Lesens ist immer wieder auch von Aspekten die Rede gewesen, die den Leseprozess gleichsam situativ rahmen. Gemeint sind damit jene Fähigkeiten bzw. Kenntnisse eines Lerners, die in der konkreten Lesesituation aktiviert und auch latent aufrechterhalten werden müssen. Im Einzelnen sind dies:

11 Wohlgemerkt: Im Aufbau eines inneren Lexikons, nicht im Zugriff darauf, d.h. schwache Leser brauchen viel mehr Übung, um ihren Sichtwortschatz aufzubauen, wenn sie ihn aber haben, können sie ihn abrufen.

- Interesse
- Konzentration
- heuristische Kompetenz
- Gedächtnis
- Kontrollverhalten
- externes Wissen

Diese nicht unmittelbar lesespezifischen aber *aufgabenspezifischen* Komponenten des Leselernprozesses gilt es in der Schulpraxis zu beachten, denn ihre Wirksamkeit zeigt sich auf allen Ebenen und für alle Teilkomponenten des Leseprozesses. Folgende Hinweise sollen diese allgemeinen Voraussetzungen gelingender Lernprozesse präzisieren:

Mit *„Interesse"* wird eine wohl selbstverständliche Voraussetzung für jeden Lernprozess benannt. Da davon ausgegangen werden kann, dass zu Beginn der Schulzeit alle Kinder hoch motiviert sind, Lesen und Schreiben zu lernen, bedarf dieser Aspekt hier keiner weiteren Erläuterung.

Unter *„Konzentration"* ist nicht nur das zu verstehen, was im Alltagsverständnis als Bündelung von Aufmerksamkeit verstanden wird, sondern es ist auch zu beachten, ob das Kind in der Lage ist, seine Aufmerksamkeit auf leserelevante Teilaspekte wie den lautlichen Aspekt eines Wortes einzugrenzen. Fragen wie „Was hörst du am Wortanfang?" sind nur erwartungsgemäß beantwortbar, wenn das Kind nicht mit dem Buchstabennamen (visueller Aspekt) oder orientiert an der Wortbedeutung antwortet. Eine derartige Bezugnahme auf einen erfahrungsorientierten Umgang mit Sprache käme z.B. darin zum Ausdruck, dass das Kind auf eine Frage „Wie fängt denn Zug an?" antwortet: „Mit einer Lokomotive".

Konzentration bedeutet bezogen auf den Leseprozess so etwas wie *Strukturierungskompetenz*, die sich sowohl auf phonologische aber auch auf visuelle, sprachstrukturelle oder semantische Aspekte beziehen kann. Je nachdem in welcher Phase des Leseprozesses sich das Kind befindet, sind spezifische Strukturierungsleistungen nötig: Auf der ersten Ebene des Leseprozesses sind es phonologische und visuelle Aspekte, die für ein Gelingen des Erlesens bedeutsam sind. Im Hinblick auf das weiterführende Lesen, in dem es um die Erfassung des Textganzen geht, werden dann aber ganz andere Konzentrationsleistungen wichtig, wie die inhaltliche Gewichtung einzelner Textaussagen, das Entdecken von Geschichten-Schemata etc.

„Heuristische Kompetenz" wurde bereits in den 1980er Jahren von Peter May als eine zentrale Kategorie für das Gelingen der Schriftaneignung bezeichnet. Er hat hierunter die

> „Selbsteinschätzung eines Subjekts hinsichtlich seiner Fähigkeit (verstanden), eine Aufgabe auch dann lösen zu können, wenn sein unmittelbar verfügbares Wissen nicht ausreicht. (‚Ich weiß nicht, ob ich es kann, aber irgendwie werd' ich es schon schaffen!'). Personen mit hoher heuristischer Kompetenz sind also erfolgsorientiert, optimistisch, selbstsicher, flexibel." (May 1986, S. 49)

Heuristische Kompetenz wird einerseits als Voraussetzung, aber auch als Folge der Schriftaneignung gesehen, indem Lernerfahrungen zu einem mehr oder weniger günstigen „fachbezogenen Selbstkonzept" führen.

Gedächtnisleistungen sind beim Lesen nicht nur als Langzeitgedächtnisleistungen, sondern im Hinblick auf die erste Phase des Leseprozesses insbesondere als Fähigkeiten des Kurzzeitgedächtnisses (Arbeitsgedächtnisses) gefragt.

Kontrollverhalten ist jenes Merkmal des Leseprozesses, das unter der grundschulpädagogischen Forderung nach selbstgesteuertem und -reguliertem Lernen besondere Beachtung verdient. Während unter dem traditionellen Verständnis von Unterricht, Kontrolle und Überwachung des Lernprozesses als eine Aufgabe der Lehrperson gesehen wurden, wird heute ein Unterrichtsverständnis favorisiert, in dem der Lerner seinen Lernprozess selbst steuert und überwacht. Allerdings ist die Idee selbstregulierten Lernens vor allem im Bereich der Erwachsenenbildung und der Berufspädagogik thematisiert worden, weil davon ausgegangen wurde, dass die Bindung an ein bestimmtes Entwicklungsalter vorausgesetzt werden muss. Andererseits gibt es aber für den Bereich des Schriftspracherwerbs auch viele praktikable Vorschläge, wie Selbstinstruktions- und Selbstkontrollstrategien bereits von Anfang an eingesetzt werden können. Gerade der Leselernprozess ist auf zahlreiche Kontrollprozesse angewiesen, die der Lernende selbst vollziehen muss. So muss der Lernanfänger sich die einzelnen Phoneme bzw. Lautketten vorsprechen, abhören, modifizieren, also insgesamt auf Zielgenauigkeit prüfen, kontrollieren, um zu einem befriedigenden Ergebnis zu kommen. Die Präzision, Ausdauer aber auch Flexibilität, mit der diese Kontrollprozesse durchgeführt werden, ist entscheidend für das Worterkennen. Gleiches gilt für die Korrektur von Lesefehlern auf Satzebene, wobei sich hier die Kontrolle auf semantisch-syntaktische Kongruenz von Wortfolgen bezieht.

Externes, themenbezogenes Vorwissen und *sprachlicher Entwicklungsstand* sind schließlich jene Prädiktoren, die das Gelingen von sinnverstehendem Lesen entscheidend beeinflussen.

2.3 Zusammenfassung der Analyseebenen des Leseprozesses

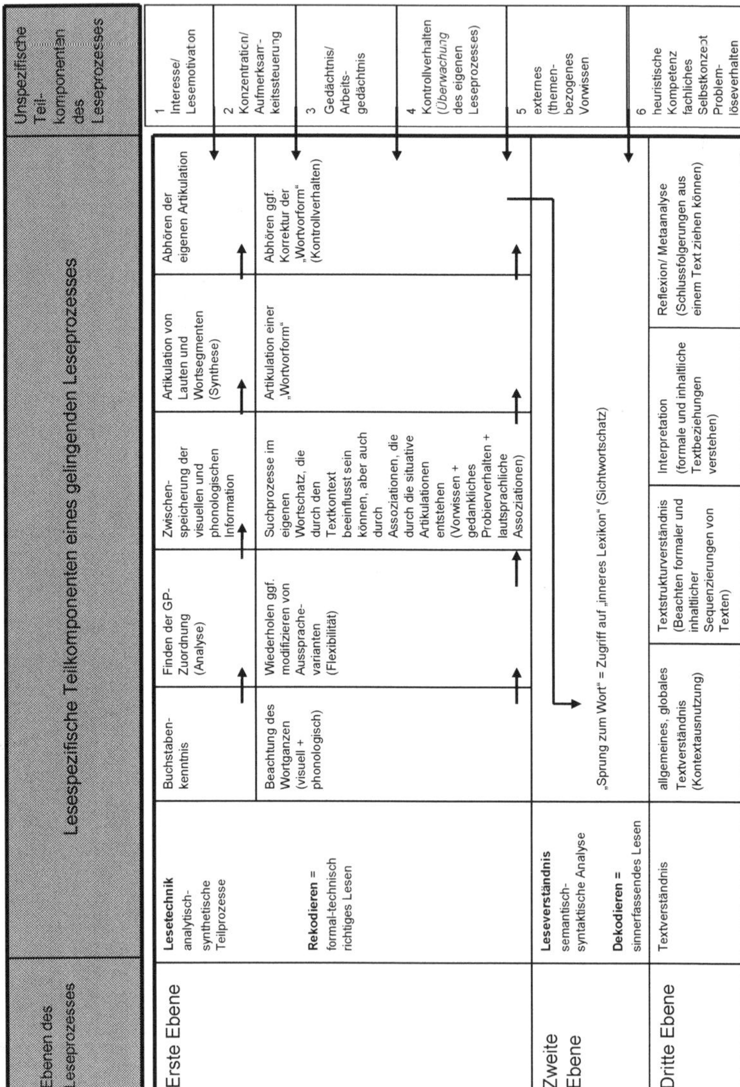

Abbildung 3: Lesespezifische und unspezifische Teilkomponenten des Leseprozesses (eigene Darstellung)

Die bisherigen Ausführungen haben deutlich gemacht, dass Lesen sich auf drei Prozessebenen beschreiben lässt. Es gibt aber gute Gründe, die gerade aufgelisteten unspezifischen Teilkomponenten des Leseprozesses wie Interesse, Konzentration und Aufmerksamkeitssteuerung, heuristische Kompetenz und Problemlöseverhalten, Gedächtnis, insbes. das Arbeitsgedächtnis, Kontrollverhalten und die Überwachung des eignen Lernprozesses, externes, themenbezogenes Vorwissen und sprachlicher Entwicklungsstand, in die Strukturbeschreibung des Lesevorgangs einzubeziehen. Gelingende Leseprozesse werden durch diese Faktoren nachhaltig beeinflusst, so dass es m.E. Sinn macht, sie separat auszuweisen und diagnostisch zu beachten.

Zusammenfassend ergibt sich damit ein analytisches Raster, unter dem man Leseprozesse von Kindern differenziert wahrnehmen, aber auch die dabei auftretenden Schwierigkeiten einzelnen Teilkomponenten des Lesevorgangs zuweisen kann (vgl. Abb. 3).

2.4 Zwei-Wege-Modelle des Rechtschreibens

Dem kompetenten Schreiber sind viele orthographische Regelungen unserer Schriftsprache verfügbar, ohne sie explizit benennen zu können – er schreibt scheinbar intuitiv richtig. Kaum jemand wird noch darüber nachdenken, dass z.B. „Hund" am Ende mit „d" geschrieben wird, obwohl wir „t" sprechen. Das Prinzip der Auslautverhärtung haben wir internalisiert. Diese Wörter schreibt man automatisch korrekt. Wir verfügen über ein inneres orthographisches Lexikon, aus dem die richtigen Schreibweisen unmittelbar abrufbar sind. Wir schreiben ganze Wörter in einem Zug.[12] Gerade die häufigen Funktionswörter wie „und", „ob", „ihn", „mir" etc. schreiben wir, ohne nachdenken zu müssen.

Der routinierte Schreiber verfügt über gespeicherte Schreibschemata (August/Dehn 1998). Ein *Schreibschema* ist *nicht* mit einem Wortbild zu verwechseln. Heutige Theorien des Schriftspracherwerbs gehen davon aus, dass das „innere Lexikon" des kompetenten Schreibers nicht aus visuell gespeicherten Wortbildern besteht, sondern aus mentalen Vernetzungen sprachstrukturellen Wissens über den Aufbau von Wörtern (vgl. Nerius 2007, S. 426). Insbesondere die Morphemstruktur gehört als abgespeicherter Wissensbestand über die Schreibung bestimmter Wortfamilien zum jeweils wortspezifischen Inventar eines Schreibschemas. Der Schreibweg des kompetenten Schreibers funktioniert unmittelbar, direkt:

12 Damit ist nicht der grapho-motorische Aspekt gemeint, sondern der kognitive.

Sprachstrukturbasiertes Vorwissen über Schreibweisen
(inneres wortspezifisches Lexikon) ⇨ normadäquate Schreibung.

Der Schreibanfänger muss sich dieses innere Lexikon erst aufbauen. Er muss zunächst Einsicht in die Phonem-Graphem-Struktur (Lautschema) gewinnen, der er sich durch gedehntes Sprechen annähern kann. Unterrichtspraktische Empfehlungen für die Unterstützung dieses Prozesses sehen so aus (Abb. 4).

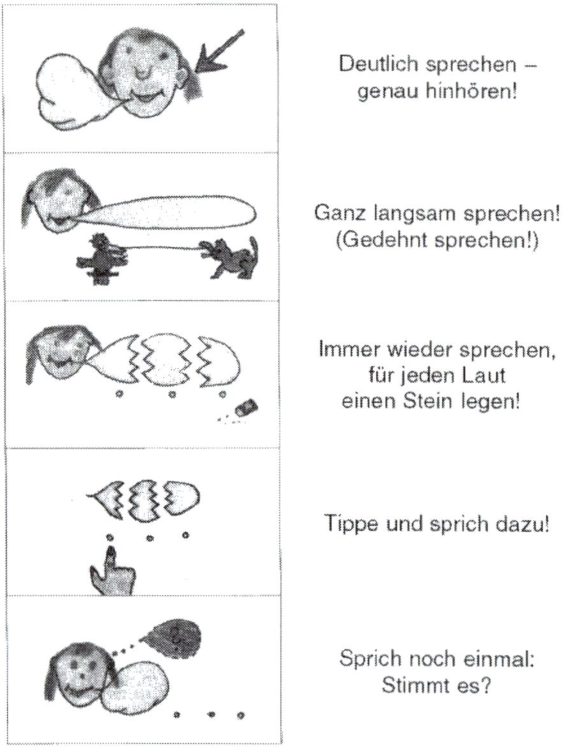

Abbildung 4: Übungsplan zur Sensibilisierung für das Phonem-Graphem-Prinzip nach Forster/Martschinke (2001, S. 49)

Der Anfänger hat also einen anderen Zugangsweg zur Wortschreibung als der kompetente Schreiber: Sein Weg ist indirekt, denn er kann das Wort nicht unmittelbar aufschreiben, er braucht einen Umweg über das Sprechen und Hören:

Sprechen ⇨ Hören ⇨ Schreiben

Damit gibt es – ähnlich wie beim Lesen – im Prinzip zwei Wege, um zu einer Wortschreibung zu kommen, wobei die Zugriffsweise des Schreibanfängers nicht zu einem korrekten Ergebnis führt, sondern nur zu einer lautorientierten Verschriftung (Abb. 5).

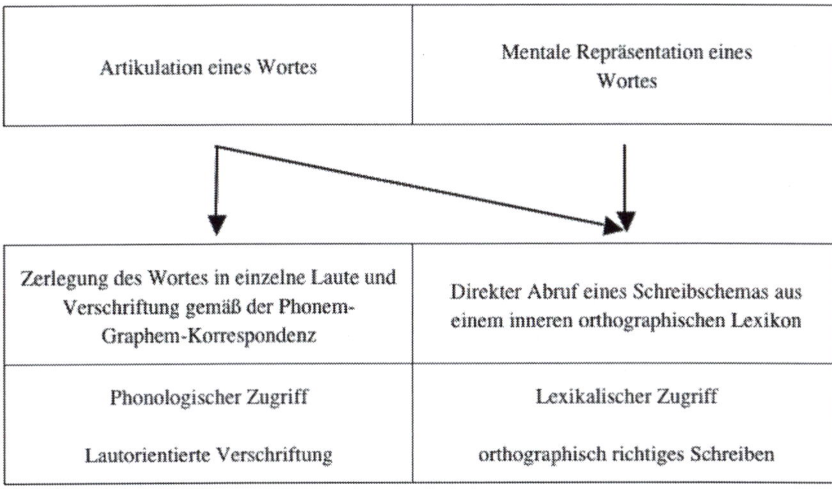

Abbildung 5: Ein Zwei-Wege-Modell des Schreibens in Anlehnung an Augst/Dehn (1998, S. 45)

Klicpera u.a. (2010, S. 54f.) haben darauf aufmerksam gemacht, dass Rechtschreiben aber nicht als „spiegelbildlicher" Prozess zum Lesen verstanden werden darf. Die Anforderungen beim Rechtschreiben sind komplexer als beim Lesen: So gibt es unterschiedliche Rahmenbedingungen für rechtschriftliche Anforderungen: Abschreiben, Schreiben nach Diktat und „Aufsatzschreiben", die auch zu unterschiedlichen Fehlerhäufigkeiten und Fehlertypen führen. Schreiben erfordert Präzision und Konzentration. Selbst der routinierte Rechtschreiber muss jeden Buchstaben korrekt schreiben, wohingegen der geübte Leser ohne Beeinträchtigung des Leseverstehens Wörter „überfliegen" kann.

Ähnlich wie bei den Zwei-Wege-Modellen zum Lesen wird auch bei den Rechtschreibmodellen von einer Interaktion der phonologischen und lexikalischen Route ausgegangen. Das Ziel des Rechtschreibunterrichts besteht – in Analogie zum Lesen – auf der Entwicklung eines quasi automatischen, direkten Zugriffs auf das innere Lexikon. Um dies zu ermöglichen, ist viel Übung für den Aufbau eines auch motorisch gestützten orthographischen Lexikons notwendig. Abschreiben galt hier immer schon als der Königsweg zum Einprägen von korrekten Schreibungen.

Abschreiben ist aber nicht gleich Abschreiben. Dahinter verbergen sich jeweils unterschiedliche Theorien über das, was im Prozess des Abschreibens passiert: Abschreiben – vor allem praktiziert als „verbessertes" Abschreiben der zuvor falsch geschriebenen Wörter – basierte auf der Annahme, dass man nur häufig genug die zuvor falsch geschriebenen Wörter richtig geschrieben haben muss, damit sie sich korrekt einprägen. Man ging also – wiederum ähnlich wie bei älteren Modellvorstellungen über einen visuell gesteuerten „Sichtwortschatz" beim Lesen – davon aus, dass Wortschreibungen vornehmlich visuell-motorisch im Gedächtnis verankert werden müssen. Dieser Überzeugung entspricht auch die große Angst vor Rechtschreibfehlern, da man der Meinung war, dass Falschschreibungen sich sofort einprägen würden.

Im Zuge der in den 1970/80er Jahren verstärkt einsetzenden Schreibentwicklungsforschung wurde das Dogma des Fehlervermeidungsprinzips aufgegeben, da Schreibenlernen als *Denkentwicklung* interpretiert wurde und wird. Wichtig ist „die kognitive Klarheit" im Hinblick auf den Aufbau und die Struktur der Schriftsprache (Valtin 2001, S. 19ff.).[13]

Dieser innovative Aspekt der Schriftaneignung verlangt ein differenziertes Vorgehen im Unterricht, da der Erwerb von Rechtschreibkompetenz über akustische und visuelle Wahrnehmungs- und Gedächtnisleistungen hinausgeht. Rechtschreibaneignung bedeutet einen Verstehensprozess, einen „inneren Regelbildungsprozess" (Eichler 1976). Das Hauptgewicht des Unterrichts liegt nicht mehr primär auf den orthographisch korrekten Lernergebnissen, sondern auf den Lernprozessen, die zu diesem Ergebnis hinführen. Schreibprozesse werden zum Gegenstand von Reflexion (Rechtschreibgespräche),[14] denn nur der ist letztlich ein guter Rechtschreiber, der auch korrekte Schreibungen von Wörtern leistet, die er noch nie zuvor geschrieben hat. Bewusstes und auch gemeinsam mit anderen (Schreibkonferenzen) diskutiertes Nachdenken über rechtschriftliche Zweifelsfälle (Fehlersensibilität) sollen zu einem vertieften Verständnis von Regularitäten der Orthographie führen. Nur so können Transferleistungen auf die Wortschreibung noch unbekannter Wörter erwartet werden.

Während im traditionellen Rechtschreibunterricht Orthographieregeln als „Merksätze" auswendig gelernt wurden, geht es in der heute favorisierten kognitiven Interpretation des Lernprozesses darum, einen *sprachanalytischen* Habitus im Hinblick auf die Struktur der Schriftsprache zu entwickeln. Kin-

13 Welche didaktische Konzeption sich aus dieser Prämisse ergibt, ist aber durchaus nicht unumstritten. Dieses Thema wird in den Kapiteln 6-7 bearbeitet.

14 Rechtschreibgespräche laufen nach dem Muster: „Warum hast du das Wort so geschrieben?"

der sollen Interesse für die „Rätsel der Orthographie" entwickeln, hypothesentestend Schreiben und somit auch Fehlersensibilität entwickeln können. Nur so sind auch zunehmend eigenständige Überarbeitungen des Geschriebenen möglich, denn nur wer Zweifel hat an der rechtschriftlichen Korrektheit eines Wortes wird z.B. im Wörterbuch nachschlagen.

Mit der Annahme eines orthographischen Lexikons korrespondieren grundsätzlich alle rechtschreibdidaktischen Konzepte, die auf den Erwerb eines Grundwortschatzes setzen. Inhaltlich wurde der Begriff „Grundwortschatz" aber im Verlauf der letzten Jahrzehnte unterschiedlich gefüllt: Die zunächst vornehmlich unter sprachstatistischen Gesichtspunkten festgelegten Wörter gerieten als irrelevant für die Kindersprache in die Kritik.

▶ Die 100 häufigsten Wörter der deutschen Sprache (Spitta 2000, S. 77)

Die
Der und
In zu den das
Nicht von sie ist des
Sich mit dem dass er es ein ich
Auf so eine auch als an nach wie im für
Man aber aus durch wenn nur war noch werden
Bei hat wir was wird sein einen welche sind oder um
Haben einer mir über ihm diese einem ihr uns da zum zur
Kann doch vor dieser mich ihn du hatte seine mehr am denn
Nun unter sehr selbst schon hier bis habe ihre dann ihnen seiner alle
Wieder meine Zeit gegen vom ganz einzelnen wo muss ohne eines können sein

Insofern trat neben die sprachstatistisch ermittelten Häufigkeitswörter[15] ein klassenbezogener Wortschatz, in dem Merkwörter aus Themenbereichen des alltäglichen Unterrichts oder auch aus den jeweils eingesetzten Lehrbüchern (Fibeln) aufgenommen wurden. Teilweise wurde dies auch mit einem Plädoyer für einen individuellen Fehlerwortschatz verbunden, damit genau die Wörter geübt werden, die für das jeweilige Kind noch schwierig sind. Andere Empfehlungen laufen darauf hinaus, nicht „defizitorientiert" anzusetzen, sondern eher

15 Ergebnisse der Sprachfrequenzforschung haben gezeigt, dass die 100 häufigsten Wörter rund 50 % eines deutschen Standardtextes ausmachen, bei den 1000 häufigsten Wörtern sind es bereits 80 %.

interessenorientiert vorzugehen, indem ein „Schatzkästchen" angelegt wird mit Wörtern, die dem Kind wichtig sind, um so eine „persönliche" Wortschatzsammlung aufzubauen.

Ganz unabhängig von diesen inhaltlichen Varianten eines Grundwortschatzes wurde das Abschreiben zwar nicht abgeschafft, aber die Grundorientierung beim Üben wurde eine andere: Üben und wiederholtes Abschreiben von Wörtern werden nicht mehr als mechanisches Tun verstanden, sondern als bewusst gesteuerter Prozess, indem ein *wortspezifisches* Üben zum Aufbau von schriftsprachlichem Strukturwissen und Rechtschreibregeln führen soll. Beim Abschreiben sollen „kognitive Zusätze" (Mann 1991, Mann u.a. 2001, S.40ff.) gebildet werden, in denen die rechtschriftliche Schwierigkeit explizit formuliert wird und mit einer individuellen Merkregel für die korrekte Schreibweise verbunden wird. Idealtypisch kann man sich diesen Abschreibprozess dann so vorstellen:

▶ Korrekter Übungsablauf beim Abschreiben in Anlehnung an Mann u.a. 2001, S. 40f.

1. Ausgangspunkt: Korrekt geschriebene Wortvorlage/Wortkarte
2. Das Wort wird in „Rechtschreibsprache" d.h. langsam und deutlich gelesen.
3. Das Kind soll selbst entscheiden, welche Stellen (Buchstabenfolgen) es im Wort schwierig findet.
4. Die Stelle der Schwierigkeit, die „Lupenstelle", wird unterstrichen.
5. Das Kind formuliert einen Merksatz, mit dem es sich die Schreibweise der Lupenstelle merken will („kognitiver Zusatz": z.B. „fahren" mit „h").
6. Die Wortkarte wird verdeckt hingelegt.
7. Das Kind schreibt das Wort auf und denkt dabei an die Lupenstelle.
8. Die Wortkarte wird aufgedeckt.
9. Das Abschreibergebnis wird mit der Vorlage verglichen.
10. Ist das Wort richtig geschrieben, erhält es z.B. einen Smiley.
11. Ist das Wort falsch geschrieben, wird wieder von vorn begonnen.

Was genau unter einer „Rechtschreibsprache" oder „Pilotsprache" oder „Robotersprache" verstanden wird, ist unterschiedlich: Vielfach ist damit ein überdeutliches Sprechen aller Buchstaben gemeint, also auch solcher, die man eigentlich nicht hört wie das „Schwa" – also das „e" in den Endsilben oder das stumme „h" in „gehen". Andererseits wird auch empfohlen, Lernwörter in einer silbengliedernden Sprechweise zu lesen. Das silbenweise Sprechen führt zu besseren Behaltensweisen (vgl. Drake/Ehri 1984), es verhindert das „Vergessen" von Vokalen in unbetonten Silben und verbessert die Schreibung von Doppelkonsonanten.

Ausgehend von den bereits gelernten Wörtern soll auch nach „ähnlichen" Wörtern gesucht werden, z.B. nach weiteren Wörtern, in denen ein „h" vorkommt. Regularitäten der Schriftsprache sollen entdeckt werden, indem Sortieraufgaben gestellt werden, z.B. „Schreibe alle Wörter mit „en" am Wortende untereinander" oder „Schreibe alle Wörter mit „d" am Ende untereinander und verlängere (Hund – Hunde). Wörter werden so zu „*Modellwörtern*" für den Grundregelschatz. In Analogie zur Worthäufigkeit sollen diejenigen Regeln von den Kindern erarbeitet werden, die ihrerseits eine hohe Auftretenswahrscheinlichkeit haben. Aufgrund dieser Verknüpfung von Grundwortschatz und Grundregelschatz wird von „*Orientierungswortschatz*" gesprochen (Naumann 1999[16]), der letztlich auf ein Durchschauen der Ordnung von Wortverwandtschaften (Morphembausteinen) und orthographischen Regeln hinauslaufen soll.

Besonders wichtig für die Entwicklung des orthographisch richtigen Schreibens ist aber nicht zuletzt das Lesen. Dabei muss berücksichtigt werden, dass noch am Ende der ersten Klasse viele Wiederholungen beim Lesen notwendig sind, bis sich ein Wort einprägt. Die Übertragung der Kenntnisse vom Lesen auf das Rechtschreiben ist keineswegs so groß, dass daraus der Schluss gezogen werden könnte, ein expliziter Rechtschreibunterricht sei unnötig. Auch die Praxis einer lautorientierten Verschriftung oder ein wortspezifisches Abschreiben und Üben führen nicht automatisch zu einem orthographischen Lexikon und zu einem inneren Regelbildungsprozess, mit dem letztlich auch die grammatischen Anforderungen der korrekten Schreibung von Sätzen bewältigt werden könnten.

Das Erlernen dieser komplexen Struktur der Schriftsprache ist auf explizite Thematisierung (vgl. Augst/Dehn 1998, Thomé 2003), auf einen *kognitiv aktivierenden Input* angewiesen, der die Kinder in die nächste Schreibentwicklungsstufe führt. Die damit angesprochene *entwicklungsorientierte Sicht* auf das Erlernen der Rechtschreibung wirft viele Fragen auf, denn wie lässt sich ein derartiger Entwicklungsprozess beschreiben? Gibt es in diesem Prozess ähn-

16 In diesem Buch (Naumann 1999) finden sich unter verschiedenen Kriterien aufgestellte Wortlisten, die Auskunft geben über die Häufigkeit des jeweiligen Wortes in der Kinder- und Erwachsenensprache und in der Fehlerstatistik. Darüber hinaus wird das Problemprofil (Phonem-Graphem-Korrespondenz, Vokalquantität, Morphologie) jedes Wortes verdeutlicht. Alphabetische Listen von Wortfamilien und von Verben mit rechtschriftlich schweren Nebenstämmen schließen den Band ab.

lich wie beim Lesen klassifizierbare Schwierigkeiten? In welchem Verhältnis stehen Schreib- und Leseentwicklung? Gibt es für beides typische Abfolgen?

Anders als bei den bisher referierten Zwei-Wege-Modellen zum Lesen und Schreiben, in denen die kognitiven Aktivitäten *während* des Lese- bzw. Schreibvorgangs analysiert wurden, zielen diese Fragen auf die Stufen der Fähigkeitsentwicklung, die ein Lese- und Schreibanfänger nimmt, bis er zum „Könner", zum Experten wird. Die Perspektive wechselt jetzt von der Analyse des Lese- und Schreibprozesses zu den Lernstrategien der Kinder, wie „erobern" sie sich das komplexe System Schriftsprache?

2.5 Entwicklungsstufen des Schriftspracherwerbs

2.5.1 Das Basismodell

Bereits in den 1980iger Jahren sind die ersten Modelle einer stufenförmigen Entwicklung schriftsprachlicher Fähigkeiten entwickelt worden. Als eine der ersten hat Ute Frith (1985) ein dreistufiges Modell des Schriftspracherwerbs vorgeschlagen, in dem der Lernprozess der Kinder in qualitativ unterschiedlichen Zugriffsweisen auf die Schriftsprache beschrieben wird. Jede Phase wird sowohl beim Lesen als auch beim Schreiben durchlaufen, wobei der Eintritt bzw. der Impuls zur nächsten Entwicklungsstufe im Verlauf wechselt wie die Pfeile in der nachfolgenden Abbildung verdeutlichen (Abb. 6).

Die Graphik veranschaulicht, dass Lesen- und Rechtschreibenlernen als sich gegenseitig unterstützende Prozesse gesehen werden. Eine Prämisse, die in der Regel heutzutage auch didaktisch umgesetzt wird, indem Lese- und Rechtschreibunterricht koordiniert werden.[17] Deutlich wird auch die Annahme einer Linearität der Stufenfolge im Sinne eines stetigen Kompetenzzuwachses.

17 Ausnahme ist das Konzept „Lesen durch Schreiben", das in Kapitel 7 vorgestellt wird.

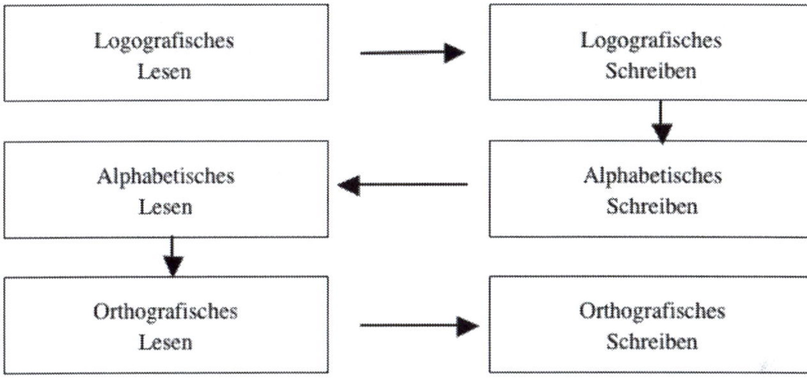

Abbildung 6: Entwicklungsstufen des Schriftspracherwerbs nach Frith (1985)

Auf der ersten, *logographischen oder logographemischen*[18] *Stufe* erkennen Kinder Wörter wieder, die in ihrem Umfeld häufig vorkommen und zumeist emotional bedeutsam sind (z.B. Firmenlogos wie das „M“ für Mac Donalds, der eigene Name). Es ist eine naiv-ganzheitliche Worterfassung anhand einiger *optisch herausstechender Gestaltmerkmale*. Zum Beispiel werden Schriftzüge wie *ESSO*, *CocaCola* oder Ähnliches als Wortgebilde erkannt und richtig „gelesen“. Das Kind kann das Wort nur deshalb lesen, weil es den Schriftzug kennt und sinngemäß zuordnen kann. Eine Buchstabenkenntnis ist dazu nicht erforderlich. Vielleicht konstruiert das Kind auch alterstypische visuelle Gedächtnisstützen und es kann das Wort *Wasser* deshalb lesen, weil die zwei „s“ in der Wortmitte eine Assoziation an Wellenbewegungen hervorrufen. Es wird also irgendeine, aber eben nicht buchstabenorientierte Relation zwischen dem ganzheitlichen Schriftzeichen und seiner Bedeutung hergestellt.

▶ Merksatz

Auf der logographischen Stufe haben Buchstaben nur Signalcharakter als *cues* für die Worterkennung, sie werden von den Kindern nicht in ihrem Lautcharakter entschlüsselt.

Diese Strategie ist natürlich sehr fehlerträchtig, denn nicht nur „Wasser“ hat in der Wortmitte „ss“, sondern auch das Wort „Tasse“ und andere. Derartige Dif-

18 Logographem = arbiträres (künstlich-erfundenes) Schriftzeichen, das einen Begriff symbolisiert.

ferenzen können natürlich bei diesem naiv-ganzheitlichen Lesen nicht wahrgenommen werden. Alle Wörter mit „ss" in der Mitte werden als „Wasser" gelesen. Die Kinder überlegen meist nicht lange, sondern sagen sofort das Wort, das sie zu erkennen glauben (look-and-say-Strategie). Unbekannte Wörter kann man nach dieser Methode natürlich nicht lesen, sondern allenfalls erraten. Mit dieser Lesestrategie ist auch die Kapazität des visuellen Gedächtnisses bald erschöpft, so dass dieser Zugriff letztlich auf das Erkennen einiger schriftähnlicher Zeichen begrenzt bleibt.

Genauso ist es mit dem Schreiben in dieser Phase. Möglicherweise wird *ESSO* gleichsam abgemalt. Das Kind kennt also noch nicht die Buchstaben, sondern weiß nur, dass die oft gesehene Zeichenfolge *ESSO* bedeutet und genauso wird das Wort als Ganzes reproduziert, wie ein Bild, das abgemalt wird.

Der Hinweis auf diese Stufe ist insofern bedeutsam, als dass dadurch die Vorstellung aufgegeben wurde, Schriftspracherwerb würde erst mit der Vermittlung von Buchstabenkenntnissen beginnen. Kinder beginnen in einer schriftkulturell geprägten Gesellschaft schon vor Schuleintritt sich für Schriftzeichen zu interessieren und verstehen, dass Schriftzeichen Symbolcharakter haben. Diese Einsicht in den Symbolcharakter von Schrift und den individuell unterschiedlichen Entwicklungsstand im Hinblick auf dieses Basiswissen für den Schriftspracherwerb hat Dehn (1994) in einer Szene aus dem Anfangsunterricht sehr schön verdeutlich:

> Schulanfänger stehen um einen Tisch auf dem Buchstabenkarten verteilt sind. Plötzlich sagt ein Mädchen: Da steht ja „Sonne" und legt aus den Buchstabenkarten das Wort „Sonne". Ein Junge protestiert: „Das ist doch keine Sonne." Die Lehrerin geht an die Tafel und malt eine Sonne an. „Du meinst: ‚Das ist eine Sonne?'. Der Junge strahlt und nickt: „Ja, das ist eine Sonne!"[19]

In diesem Beispiel werden drei Dinge deutlich:

1. Entwicklungsstufen werden individuell zu unterschiedlichen Zeitpunkten erreicht.
2. Kinder einer Klasse befinden sich auf unterschiedlichen Entwicklungsstufen.
3. Der Junge in diesem Beispiel hat den Symbolcharakter von Schrift noch nicht erkannt.

19 Darstellung der Szene „das soll eine Sonne sein?" in Anlehnung an Dehn 1994, S. 82.

Ein qualitativ neuer Entwicklungsschritt wird mit dem Eintritt in die *alphabetische Stufe* erreicht, in der die Einsicht in das phonetisch-phonologische Prinzip der Verschriftung von Sprache gewonnen wird. Wörter werden jetzt nicht mehr wie ein Logo wahrgenommen, sondern der entscheidende qualitative Sprung besteht darin, dass das Kind die bis dahin wahrgenommenen Schriftbilder in ihrer besonderen Struktur als Aneinanderreihung einzelner Buchstaben wahrnimmt, denen jeweils verschiedene *lautliche Repräsentationen* entsprechen. Kinder können daher in der alphabetischen Phase ihre eigene Artikulation daraufhin abhören, welche Laute sie hören. Zu Beginn werden nicht einmal alle gehörten Laute verschriftet, sondern nur solche, die den Kindern besonders auffallen, z.B.:

MZ für Maus
FT für Pferd
FATA für Vater

Die drei Beispiele weisen auch auf typische Entwicklungsfortschritte innerhalb der alphabetischen Stufe: Während die beiden ersten Verschriftungsbeispiele recht rudimentär wirken, wird in dem letzten Beispiel „FATA" eine phonologisch vollständige und auch korrekte Wiedergabe der typischen Umgangsartikulation geleistet. Die demgegenüber unvollständige Wiedergabe nur einzelner Laute wie in MZ für Maus oder FT für Pferd wird als „Skelettschreibweise" bezeichnet, die ein typisches Durchgangsstadium der alphabetischen Phase ist.[20]

Auch das Lesen ist in dieser Phase noch sehr mühsam, denn die Kinder müssen Buchstabe für Buchstabe, Laut für Laut ein Wort erlesen, „auflautieren" und zusammenschleifen, „synthetisieren" wie man auch sagt. Typisch für diese Phase ist das Rekodieren der einzelnen Buchstaben von links nach rechts, d.h. die Leseanfänger sprechen in einzellautgetreuer Realisierung und haben deshalb Probleme, den „Sprung zum Wort" zu schaffen. Die dominante Lesestrategie ist analytisch segmental, durch die zwar auch neue unbekannte Wörter – anders als in der logographischen Phase – erlesen werden können, aber eben nur sehr langsam und in dem phasentypischen Probierverhalten, indem die vollständige einzellautgetreue Realisierung immer wieder vorgesprochen wird, aber doch seltsam arbiträr klingt. Genau dieses befremdlich wirkende Aussprechen der einzelnen Wörter macht es auch für den Leseanfänger so schwer, den Wortsinn zu finden.

20 Im Anschluss an Frith sind vielfach weitere Differenzierungen des Basismodells erfolgt, indem die drei Stufen in weitere Teilstufen des Entwicklungsprozesses untergliedert wurden (vgl. Kap. 2.5.2). Um Verwirrungen zu vermeiden, erscheint es aber sinnvoll, sich zunächst die gemeinsame Dreiphasigkeit aller Stufenmodelle deutlich zu machen.

Verstehen kann man dieses Problem besser, wenn man sich bewusst macht, dass die Einheiten der Artikulation beim Sprechen von Wörtern eben nicht einzelne Laute, sondern Silben sind. Innerhalb der Silben werden die Laute beim Sprechen auch nicht unmittelbar aneinandergereiht, sondern es gibt immer kontextbedingte kleine Lautnuancen, koartikulierte Aussprechvarianten, Unterschiede in Tonhöhe und -stärke in der Lautabfolge, also prosodische[21] Phänomene, die die jeweils wortspezifische Lautverschmelzung im Detail bestimmen.

▶ Merksatz

Auf der alphabetischen Stufe eignen sich Kinder die Graphem-Phonem-Korrespondenz und die Phonem-Graphem-Korrespondenz der Wortschreibung an. Sie können weitgehend lautgetreue Wörter „erlesen" und lautorientiert schreiben.

In der wissenschaftlichen Diskussion der Stufenmodelle hat es von Anfang an Diskussionen darüber gegeben, wie ausgeprägt und wie notwendig die beiden ersten Phasen der stufenförmig gedachten Entwicklung eigentlich sind. Das Modell von Frith wurde in der Analyse des Erwerbs des Englischen entwickelt, einer Sprache, die im Vergleich zum Deutschen eine unregelmäßigere Orthographie aufweist. Die Strategie eines ganzheitlichen Erfassens von Wörtern liegt somit in dieser Sprache näher.

Eine logographische Strategie könnte auch ein Effekt eines bestimmten didaktischen Vorgehens im Anfangsunterricht sein, denn die „Ganzheitsmethode" arbeitete genau mit dieser Akzentuierung der Worterfassung. Wimmer/Goswami (1994) und Klicpera u.a. (2003) haben daher bezweifelt, ob Kinder im Erwerb der deutschen Schriftsprache überhaupt eine ausgeprägte logographische Phase durchlaufen, wenn der Unterricht mit der Vermittlung der Graphem-Phonem-Korrespondenzen beginnt.

Entscheidend für die seit den 1980iger Jahren geforderte Neuorientierung der Schriftsprachdidaktik ist aber die Annahme einer alphabetischen, lautorientierten Phase des Schriftspracherwerbs. Die für diese Phase typischen Schreib- und Lesefehler wurden nicht mehr als ein Ausdruck von „Nicht-Können", sondern als „entwicklungsgemäße" Fehler betrachtet. Lautorientierte

21 prosodisch = Eigenschaft der Merkmale, die Dauer (Quantität) sowie Tonhöhe und Tonstärke (Qualität) bei sprachlichen Lauten, Akzent und Rhythmus bei Lautfolgen festlegen.

Schreibungen werden nicht unterbunden, sondern als ein Durchgangsstadium in einem kontinuierlichen Entwicklungsprozess toleriert.

▶ **Merksatz**

Fehler, insbesondere auch Rechtschreibfehler, gelten im Konzept der Stufenmodelle nicht als Ausdruck eines Nicht-Könnens, sondern als Zeichen phasentypischer Zugriffsweisen auf Schrift. Orthographisch falsche Schreibungen signalisieren ein bestimmtes Fähigkeitsniveau in einem schriftsprachlichen Entwicklungskontinuum. Fehler sind deshalb auch als „diagnostische Fenster" bezeichnet worden, denn sie geben Auskunft darüber, in welcher Phase des Schriftspracherwerbs ein Kind steht.

In der Grundschuldidaktik ist diese Position auch vielfach als ein Wechsel von einer „defizitorientierten" zu einer „kindzentrierten" Perspektive bezeichnet worden, eine „Könnens-Didaktik", in der sich eine Lehrperson drei Fragen zu stellen hat (vgl. Dehn 1996):

1. Was kann das Kind schon?
2. Was muss es noch lernen?
3. Was kann es als Nächstes lernen?

Mit der ersten Frage wird das Können des Kindes in den Mittelpunkt gestellt. Nicht Fehler sind zu Beginn eines Lernprozesses zu verdeutlichen, sondern das, was jeweils richtig ist. Nur aus dem Erleben des Erfolgs seiner ersten Lernbemühungen kann das Kind Zuversicht für das Gelingen der nächsten Lernschritte beziehen und eine fachbezogene, positive Selbstwirksamkeitserwartung entwickeln. Dies soll keineswegs so verstanden werden, dass fortan alle Kinder nur noch durch eine rosarote Brille betrachtet werden und alles, was sie produzieren, rückhaltlos bewundert werden soll. Die Frage „Was kann das Kind schon?" soll als ein Votum für eine professionelle, sprachwissenschaftlich fundierte Analyse der Lernausgangslage des jeweiligen Kindes gesehen werden. Eine Lehrkraft muss in der Lage sein, Fehler *qualitativ zu interpretieren*, um entwicklungs- und sachgemäße Lernangebote machen zu können.

Die zweite Frage „Was muss es noch lernen?" versteht Dehn als einen Appell an eine klare Leistungsforderung. Ein hoher Anspruch an Unterricht, allerdings ohne Sanktionen, in einer angstfreien und erfolgszuversichtlichen Lernatmosphäre ist Voraussetzung für eine günstige Lernentwicklung gerade auch der langsam lernenden Kinder.

Das Maß dieser Herausforderung wird mit der dritten Frage angesprochen „Was kann das Kind als Nächstes lernen?" Lernen ist immer dann effektiv, wenn das Lernangebot in der „Zone der nächsten Entwicklung" (Wygotski 1964) liegt. Kinder brauchen Anregungen, ihr Lernen weiter entwickeln zu können, und zwar an Lernaufgaben, die „sachstrukturell passend" und herausfordernd sind. Ganz einfach formuliert geht es um die Schritte vom „Leichten zum Schweren". Was aber jeweils „leicht" oder „schwer" ist, muss aus der Analyse der Lernaufgabe erst einmal erschlossen werden. Die „Stufentheoretiker" scheinen zumindest dieser lernpsychologischen Grundthese zu folgen und das lautorientierte Schreiben für das Leichte zu halten, das den ersten Schritt bildet. Ob das auch der Sachstruktur unserer Schriftsprache entspricht, wird aber durchaus kontrovers eingeschätzt (vgl. Bredel u.a. 2011).

Erst mit Eintritt in die *orthographische Phase* gelingt das Lesen immer besser. Das Kind orientiert sich nicht mehr an einzelnen Buchstaben, sondern an immer wiederkehrenden Buchstabenkombinationen, z.B. typischen Wortendungen, Silben, Signalgruppen, kurzen häufigen Wörtern und Morphemen. Diese Gliederungssegmente werden gleichsam auf einen Blick erfasst und mit der entsprechenden Lautkombination wiedergegeben. Die alphabetische Strategie fungiert zwar noch im Hintergrund bei neuen und seltenen Wörtern, aber durch die simultane Erfassung größerer Struktureinheiten eines Wortes wird das Lesen deutlich schneller, flüssiger und zuverlässiger.

Erklärbar ist dieses Lernergebnis durch den Ausbau, die Automatisierung und Integration der Strategien und Verarbeitungsmechanismen der ersten und zweiten Stufe des Entwicklungsmodells im Sinne der Erarbeitung eines *inneren Lexikons.* Mit dem Zugriff auf dieses innere Lexikon können Wörter zunehmend „auf einen Blick erkannt" und eben auch semantisch entschlüsselt werden. Die der orthographischen Stufe entsprechende Lesestrategie wird deshalb auch als „lexikalische Lesestrategie" bezeichnet.[22] Durch den Ausbau eines inneren semantischen Lexikons wird das sinnentnehmende Lesen entscheidend vereinfacht. Die Lesestrategie der orthographischen Stufe integriert damit ganzheitliche und segmentierende Worterkennungsstrategien: Die lexikalische Lesestrategie ist wie die alphabetische in gewisser Weise analytisch, denn Wörter werden in Silben, Morpheme o.ä. segmentiert, aber auch synthetisch, wie die logographemische Strategie, denn unter Zugriff auf das innere Lexikon werden Wörter oder Wortsegmente unmittelbar als Lautkombinationen realisiert.

Im Hinblick auf das Schreibenlernen, stellt die orthographische Phase die entscheidende Schwelle für eine normgerechte Rechtschreibung dar. Die große Leistung, die das Kind in dieser Phase des Schriftspracherwerbs erbringen muss, ist

22 Die Parallelität zu den Annahmen des Zwei-Wege-Modells dürfte deutlich sein.

die Überwindung der „Schreibe-wie-du-sprichst"- Strategie durch die Erarbeitung grundlegender orthographischer Regelmäßigkeiten unserer Schriftsprache.

▶ Merksatz

Auf der orthographischen Stufe entwickeln die Kinder größere Verarbeitungseinheiten der Worterfassung und lösen sich von einem sequenziellen Vorgehen beim Lesen. Sie können direkt auf ein *inneres Lexikon der Worterfassung* zugreifen und schreiben *orthographisch korrekt.*

2.5.2 Mehrstufenmodelle

Günther (1986) erweiterte das Modell von Frith, in dem er eine „präliteral-symbolische" Phase noch vor dem logographischen Lesen annahm. In dieser Phase erwerben die Kinder eine erste Einsicht in die Funktion von Schrift, indem sie lesende und schreibende Erwachsene beobachten. Kinder beginnen dieses Verhalten zu imitieren, sie tun so, als ob sie lesen, sie spielen „Mama oder Papa liest die Zeitung", sie spielen „Schreiben" und kritzeln etwas aufs Papier.

Günther differenziert die sich anschließenden von Frith übernommenen Phasen weiter aus und fügt eine weitere, abschließende Phase hinzu, in der es zu einer Integration von Teilprozessen kommt (vgl. Abb. 7).

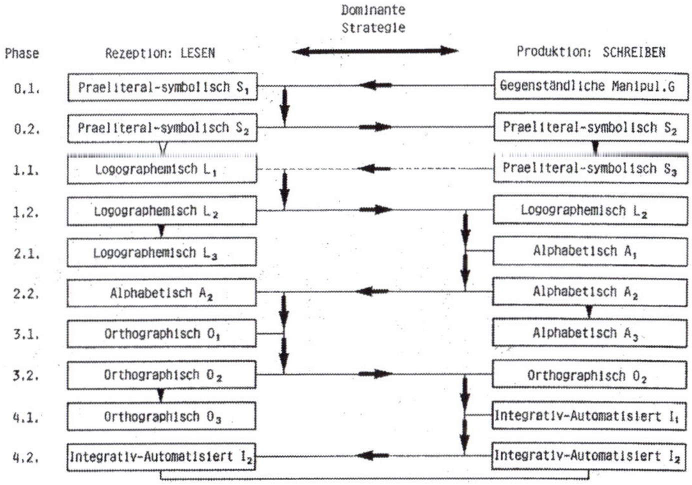

Abbildung 7 : Stufenmodell des Schrifterwerbs (Günther 1989, S. 15)

In der Grundschulpädagogik wurden insbesondere die Stufenmodelle von Scheerer-Neumann (1998, 2004) und Valtin (1997) (vgl. Abb. 8) rezipiert:

Phase	Fähigkeiten und Einsichten	Lesen	Schreiben
1	Nachahmung äußerer Verhaltensweisen	„Als-ob"-Vorlesen	Kritzeln
2	Kenntnis einzelner Buchstaben an Hand figurativer Merkmale	Erraten von Wörtern auf Grund visueller Merkmale von Buchstaben oder -teilen (Firmenembleme werden benannt)	Malen von Buchstabenreihen z.B. Malen des eigenen Namens
3	beginnende Einsicht in den Buchstaben-Laut-Bezug, Kenntnis einiger Buchstaben/Laute	Benennen von Lautelementen, häufig orientiert am Anfangsbuchstaben Abhängigkeit vom Kontext	Schreiben von Lautelementen (Anlaut, prägnanter Laut zu Beginn des Wortes), ‚Skelettschreibungen'
4	Einsicht in die Buchstabe-Laut-Beziehung	buchstabenweises Erlesen Übersetzen von Buchstaben- und Lautreihen, gelegentlich ohne Sinnverständnis	phonetische Schreibungen nach dem Prinzip ‚schreibe, wie du sprichst'
5	Verwendung orthographischer bzw. sprachstruktureller Elemente	fortgeschrittenes Lesen: Verwendung größerer Einheiten (z.B. mehrglied. Schriftzeichen, Silben, Endungen wie -en, -er)	Verwendung orthographischer Muster (z.B. -en, -er; Umlaute) gelegentlich auch falsche Generalisierungen
6	Automatisierung von Teilprozessen	automatisiertes Worterkennen und Hypothesenbildung	entfaltete orthographische Kenntnisse

Abbildung 8: Stufenmodell des Schriftspracherwerbs nach Valtin (1997, S. 83)

Diese differenzierten Modelle sollen den Lehrkräften insbesondere eine diagnostische Hilfestellung anbieten, mit der Fehler den einzelnen Entwicklungsphasen zugeordnet werden können.

Besonders kleinteilig ist dieser Gedanke der entwicklungsorientierten Analyse von Rechtschreibfehlern und jeweils dominanter Lesestrategie von Helbig u.a. (2005, S. 33f., 41f.) ausgeführt worden, indem sowohl die alphabetische als auch die orthographische Stufe jeweils in vier Unterstufen unterteilt werden.

Die beiden folgenden Abbildungen zeigen jeweils einen Auszug aus dem Modell der Einschätzskala zur Bestimmung der dominanten Schreib- bzw. Lesestrategie im Hinblick auf die Beschreibung der orthographischen Phase (vgl. Abb. 9, S. 76 und Abb. 10, S. 77).

Kritiker der Stufenmodelle haben bereits frühzeitig (Günther 1995) darauf hingewiesen, dass die verschiedenen Entwicklungsstufen nicht streng hintereinander durchlaufen werden, sondern, dass sie zum Teil parallel praktizierte Zugriffsweisen der Kinder bezeichnen. Die jeweils dominante Strategie ist auch von der Sachstruktur beeinflusst: Häufig vorkommende Wörter werden schnell nach der orthographischen Strategie geschrieben, wohingegen unvertraute, neue Wörter zunächst alphabetisch gelesen und geschrieben werden. Gerade das Nacheinander und die klare Abgrenzbarkeit einzelner Entwicklungsphasen werden damit in Frage gestellt (so Dürscheid 2006, S. 241, Nerius 2007, S. 421).

Insgesamt muss aber wohl festgestellt werden, dass mit der Popularität der Stufenmodelle des Schriftspracherwerbs umfangreiche didaktische Konsequenzen verbunden waren, die Thema des Kapitels 6 sein werden. Die wohl extremste Fehlinterpretation der Entwicklungsmodelle ist die, den Schriftspracherwerb in Parallelität zum Spracherwerb zu sehen und eine quasi automatische, völlig selbstgesteuerte Weiterentwicklung der Schriftlichkeit von Kindern anzunehmen. Insofern kann es nicht verwundern, dass in der letzten Zeit die Kritik an den Stufenmodellen schärfer geworden ist (z.B: Enders 2007, Bredel u.a. 2011) und gerade auch für die Therapie von Lese-Rechtschwierigkeiten diese theoretischen Modelle nicht als sinnvolle Orientierung gesehen werden (Costard 2011, S. 70ff.). Insbesondere die späte Berücksichtigung des orthographisch korrekten Schreibens wird problematisiert, da es zunehmend Belege dafür gibt, dass ein früher Einbezug der Orthographie sich günstig auf den Schriftspracherwerb auswirkt[23] (Blatt u.a. 2010, Krauß 2010).

23 In den Fibellehrwerken wird dieser frühe Einbezug von Rechtschreibkenntnissen berücksichtigt (vgl. Kap.8).

	Bezeichnung	Kategorienbeschreibung: Schreiben	Beispiele
6	Beginnende orthographische Strategie	Auf **Wort**ebene: Sensibilität für rechtschriftliche Phänomene bei vorwiegend noch lauttreuer Verschriftung – *Verwenden von Wortbausteinen* (dabei oft Anwendung einer „Pilotsprache“, Explizitsprache) – *Orthographische Regeln:* erstes Kennzeichnen von Dehnung, Schärfung ... – *Orthographisches Regelwissen auf morphematischer Ebene*: erstes Anwenden des Ableitungsprinzips, z.B. durch „Verlängerungsregel“ (→ Auslautverhärtung) Auf **Satz**ebene: erste Hypothesen zum Wort- und Satzkonzept (Wortlücken, Groß- und Kleinschreibung, erste Satzzeichen) *Übergeneralisierungen der erkannten RS-Phänomene*	Dehnung/ Schärfung von Vokalen ausgedrückt, jedoch nicht unbedingt orthographisch richtig – Mur*Mel* – ei*er* – Meel – Derhund. Bellt.
7	Teilweise entfaltete orthographische Strategie	Auf **Wort**ebene: erste Regeleinsichten, die bewusst angewandt werden können: – *Wortbausteine*; Erkennen/ Unterscheiden von *Kurzvokalen* – *Orthographisches Regelwissen* auf phonetischer Ebene (Kennzeichnen von Dehnung und Schärfung...) – *orthographisches Regelwissen auf morphematischer Ebene* (Auslautverhärtung, Umlaut, ...) Auf **Satz**ebene: Annäherung beim Wortkonzept in einfachen Sätzen an die orthographische Norm (Wortlücken, erste regelhafte Groß- und Kleinschreibung, Satzzeichen ...)	Wörter mit ein oder zwei rechtschriftlichen Schwierigkeiten werden richtig geschrieben: – Ba*ll* – Mur*mel* – Fl*ie*ge Der Hund bellt.
8	Weitgehend entfaltete orthographische Strategie	Auf **Wort**ebene: Wortbausteine, Ableitungen, Umlaute, silbentrennendes „h“, Dehnung und Schärfung von Vokalen gelingen größtenteils Auf **Satz**ebene: Interpunktion weitgehend berücksichtigt Auf **Text**ebene: Textkonstruktion beeinflusst Satzkonstruktion	Wörter mit mehreren rechtschriftl. Schwierigkeiten werden richtig geschrieben: K*ä tz* ch*en*; Ra*d*fa*h*rer Automatisierter Schreibprozess! Textlänge – Fehlerhäufigkeit!
9	Voll entfaltete orthographische Strategie	– „Der kompetente Rechtschreiber“ (auch schwierige Interpunktionsregeln, Regeln für Getrennt- und Zusammenschreibungen, Ausnahmen der Groß- und Kleinschreibung etc. werden beherrscht)	z.B. Strategien zur Fehlervermeidung und selbstständige Fehlerkorrektur durch Wörterbuch etc.

Abbildung 9: Auszug aus dem Modell der Einschätzskala zur Bestimmung von Schreibstrategien in der orthographischen Phase des Schriftspracherwerbs (Helbig u.a. 2005, S. 34)

Bezeichnung		Kategoriebeschreibung: Lesen	Beispiele
6	Beginnende orthographische Strategie	– Nutzen größerer Verarbeitungseinheiten (mehrgliedrige Grapheme, Schriftzeichen, Silben, Morpheme) Strukturierung des Lesewortes beim Encodieren oft auf Silbenebene: direktes Sichtwortlesen auf Wortteil-Ebene – Erste Sichtwörter (kurze oder häufige Wörter auf einen Blick erfassen und verstehen)	– Ra= pun= zel – Ze= bra – ist, da, und *(Blitzlesen!)*
7	Teilweise entfaltete orthographische Strategie	– Automatisiertes Worterkennen bei *Sichtwörtern* (bei einsilbigen und zweisilbigen häufigen oder einfach strukturierten Wörtern) – *Betonung*: Ein- und zweisilbige (gebräuchliche) Wörter werden „natürlich" ausgesprochen (nicht „mechanisch") – *Sinnerfassendes Lesen auf Satzebene* – Antizipierendes Lesen von *Wörtern* in größeren Sinneinheiten; Verlesungen meist grammatikalisch passend	– *„Blitzlesen" von ein- und zweisilbigen häufigen Wörtern,* z.B. Papier – Sätze werden noch langsam gelesen, teils mit kl. Pausen zw. d. Wörtern – Antizipierendes Lesen, z.B. von Wörtern in kleinen Sätzen (Der Lehrer schreibt an die Tafel)
8	Weitgehend entfaltete orthographische Strategie	– Automatisiertes Worterkennen bei gebräuchlichem Wortschatz (auch drei- und mehrsilbige Wörter) – *Sinnerfassendes Lesen größerer Sinneinheiten* (Texte) – Lesegeschwindigkeit steigt – Anbahnung zielgerichteten Lesens (einen Text mit bestimmter Absicht durchlesen)	– Satzteile und längere Wörter auf einen Blick erfassen („Blitzlesen"), zeilenübergreifendes Lesen – Sinnerfassendes Lesen: z.B. Inhaltsfragen beantworten können – Zielgerichtetes Lesen: z.B. *„Welche Absicht hatte ..."*
9	Voll entfaltete orthographische Strategie	– „Der kompetente Leser"	– z.B. Fachtexte verstehen können, Texte interpretieren, bewerten können (auch: Strategien, sich Hilfen zu holen bei Verständnisproblemen; ...)

Abbildung 10: Auszug aus dem Modell der Einschätzskala zur Bestimmung von Lesestrategien in der orthographischen Phase des Schriftspracherwerbs (Helbig u.a. 2005, S. 42)

Ein Verdienst der entwicklungsorientierten Sicht auf den Schriftspracherwerb ist aber sicher, dass die frühen Lernprozesse, die den Schriftspracherwerb begünstigen, stärkere Aufmerksamkeit erfuhren. So gehört es zu den empirisch gut abgesicherten Erkenntnissen, dass es einen Zusammenhang zwischen verschiedenen Komponenten der phonologischen Informationsverarbeitung und dem Schriftspracherwerb gibt. Kinder, die im Vorschulalter über eine gute „phonologische Bewusstheit" verfügen, sind auch in ihren Lese- und Rechtschreibleistungen besser als Kinder, die diese Fähigkeit nur geringfügig ausgebildet haben (vgl. Schneider u.a. 1998, Schneider/Näslund 1993). Was das im Einzelnen heißt und welche weiteren individuellen Voraussetzungen und Rahmenbedingungen für einen gelingenden Schriftspracherwerb wichtig sind, ist Gegenstand des folgenden Kapitels.

2.4 Literatur

Augst, G. & Dehn, M. (1998). *Rechtschreibung und Rechtschreibunterricht. Können – Lehren – Lernen. Eine Einführung für Studierende und Lehrende aller Schulformen.* Stuttgart/Düsseldorf/Leipzig: Klett.

Blatt, I., Müller, A. & Voss, A. (2010), Schriftstruktur als Lesehilfe. Konzeption und Ergebnisse eines Hamburger Leseförderprojektes in Klass 5 (HeLp). In U. Bredel, A. Müller & G. Hinney (Hrsg.), *Schriftsystem und Schrifterwerb. Linguistisch – Didaktisch – Empirisch* (S. 171-202). Berlin: De Gruyter.

Bredel, U., Fuhrhop, N. & Noack, Ch. (2011). *Wie Kinder lesen und schreiben lernen.* Tübingen: Francke.

Catts, H. W., Adlof, S., & Ellis Weismer, S. (2006). Language deficits in poor comprehenders: A case of for the simple view. *Journal of Speech, Language and Hearing Research, 49*, 278–293.

Coltheart, M. (1978): Lexical Access in Simple Reading Tasks. In: Geoffrey Underwood (Hrsg.), *Strategies of Information Processing.* Academic Press, London 1978, S. 151-216.

Costard, S. (2011). *Störungen der Schriftsprache. Modellgeleitete Diagnostik und Therapie* (2. Aufl.). Stuttgart: Georg Thieme Verlag.

Cromer, W. (1970). The difference model: A new explanation for some reading difficulties. *Journal of Educational Psychology, 61*, 471-483.

Dehn, M. & Hüttis-Graff, P. (2006). Zeit für die Schrift. *Bd. 2: Beobachtung und Diagnose*. Berlin: Cornelsen.

Dehn, M. (1994). *Schlüsselszenen zum Schriftspracherwerb.* Weinheim/Basel: Beltz.

Dehn. M. (1996). Zur Entwicklung der Textkompetenz im Unterricht. In M. Dehn, P. Hüttis-Graff & N. Kruse (Hrsg.), *Elementare Schriftkultur* (S. 112-121), Weinheim/Basel: Beltz.

Dehn, M. (2010). *Kinder & Lesen und Schreiben. Was Erwachsene wissen sollten* (2. Aufl.). Seelze: Kallmeyer in Verbindung mit Klett.

Drake, D.A. & Ehri, L.C. (1984). Spelling aquisition: Effects of pronouncing words on memory for their spellings. *Cognition and instruction I*, 297-320.

Dürscheid, Ch. (2006). *Einführung in die Schriftlinguistik* (3. Aufl.). Göttingen: Vandenhoeck & Ruprecht.

Eichler, W. (1976). Zur linguistischen Fehleranalyse von Spontanschreibungen bei Vor- und Grundschulkindern. In A. Hofer (Hrsg.): *Lesenlernen: Theorie und Unterricht* (S. 246-264). Düsseldorf: Schwann.

Enders, A. (2007). *Der Verlust von Schriftlichkeit: Erziehungswissenschaftliche und kulturtheoretische Dimensionen des Schriftspracherwerbs.* Münster: Lit.

Ferstl, E., & Flores d'Arcais, G. (1999). The reading of words and sentences. In C. M. Brown & P. Hagoort (Eds.), *The neurocognition of language* (pp. 175–210). Oxford: Oxford University Press.

Fitzgerald, J. (1984). The relationships between reading ability and expectations for story structure. *Discourse Process, 7*, 21-42.

Forster, M., Martschinke, S. (2001). *Leichter lesen und schreiben lernen mit der Hexe Susi. Übungen und Spiele zur Förderung der Phonologischen Bewusstheit.* Donauwörth: Auer.

Frith, U. (1985). Beneath the surface of developmental dyslexia. In K.E. Patterson, J.C. Marshall & M. Coltheart (Hrsg.), *Surface dyslexia: Neuropsychological and cognitive studies of phonological reading* (S. 301-330) London: Lawrence Erlbaum Associates.

Goodman, K. (1967). Reading: A psycholinguistic guessing game. *Journal of the Reading Specialist*, 6, 126-135.

Grissemann, H. (1996). *Von der Legasthenie zum gestörten Schriftspracherwerb.* Bern: Huber.

Günther, K.-B. (1986). Ein Stufenmodell der Entwicklung kindlicher Lese- und Rechtschreibstrategien. In H. Brügelmann (Hrsg.), *ABC und Schriftsprache: Rätsel für Kinder, Lehrer und Forscher* (S. 32-35). Konstanz: Faude.

Günther, K.B. (1995). Ein Stufenmodell der Entwicklung kindlicher Lese- und Schreibstrategien. In H. Balhorn & H. Brügelmann (Hrsg.), *Rätsel des Schriftspracherwerbs. Neue Sichtweisen der Forschung (S. 98-121).* Lengwil: Libelle.

Günther, K.-B (1989). Ontogenese, Entwicklungsprozeß und Störungen beim Schriftspracherwerb unter besonderer Berücksichtigung der Schwierigkeiten von lern- und sprachbehinderten Kindern. In K.-B. Günther (Hrsg.), *Ontogenese, Entwicklungsprozeß und Störungen beim Schriftspracherwerb* (S. 12-33). Heidelberg: Heidelberger Verlagsanstalt und Druckerei GmbH.

Gutherie, J.T. (1973). Models of reading and reading disabilities. *Journal of Educational Psychology, 65,* 9-18.

Helbig, P., Kirschock, E.-M., Martschinke, S. & Kummer, U. (2005). *Schriftspracherwerb im entwicklungsorientierten Unterricht.* Bad Heilbrunn: Klinkhardt.

Klicpera, Ch. & Gasteiger-Klicpera, B. (1995). *Psychologie der Lese- und Schreibschwierigkeiten. Entwicklung, Ursachen, Förderung.* Weinheim: Beltz PVU.

Klicpera, C., Schabmann, A. & Gasteiger-Klicpera, B. (2003), *Legasthenie, Modelle, Diagnose, Therapie und Förderung.* München: Ernst Reinhardt.

Klicpera, Ch., Schabmann, A. & Gasteiger-Klicpera, B. (2010). *Legasthenie LRS.* (3. Aufl.). München/Basel: Ernst Reinhardt Verlag.

Kossow, H.-J. (1972). *Zur Therapie der Lese-Rechtschreibschwäche.* Berlin: Deutscher Verlag der Wissenschaften.

Krauß, A. (2010). Orthografieerwerb von Beginn an. Ein silbenorientiertes Konzept für den Anfangsunterricht. In U. Bredel, A. Müller & G. Hinney (Hrsg.), *Schriftsystem und Schrifterwerb. Linguistisch – Didaktisch – Empirisch* (S. 133-150). Berlin: De Gruyter.

Mann, Ch. (1991). *Selbstbestimmtes Rechtschreiblernen. Rechtschreibunterricht als Strategievermittlung.* Weinheim/Basel: Beltz.

Mann, Ch. & Oberländer, H. & Scheid, C. (2001), *LRS – Legasthenie. Prävention und Therapie,* Weinheim/Basel: Beltz.

Marx, H. & Jungmann, T. (2000). Abhängigkeit der Entwicklung des Leseverstehens von Hörverstehen und grundlegenden Lesefertigkeiten im Grundschulalter: Eine Prüfung des Simple View of Reading-Ansatzes. *Zeitschrift für Entwicklungspsychologie und Pädagogische Psychologie, 32,* 81-93.

Marx, Harald (2007). Theorien und Determinanten des Erwerbs der Schriftsprache. In: H. Schöler, H. & Welling, A. (Hrsg.), *Handbuch der Sonderpädagogik. Bd. 1: Sonderpädagogik der Sprache* (S. 92-147). Göttingen: Hogrefe.

May, P. (1986). *Schriftaneignung als Problemlösen.* Frankfurt a.M.: Peter Lang.

McClelland, J.L. & Rumelhart, D.E. (1981). An interactive activation model of context effects in letter perception: Part I An account of basic findings. *Psychological Review,* 88, 375-407.

Morton, J. (1969). Interaction of information in word recognition. *Psychological Review,* 76, 165-178.

Naumann, C. L. (1999). *Orientierungswortschatz. Die wichtigsten Wörter und Regeln für die Rechtschreibung Klasse 1 – 6.* Weinheim/Basel: Beltz.

Nerius, D. (2007). *Deutsche Orthographie.* Hildesheim/Zürich/New York: Georg Olms.

Patterson, K.E. & Morton, J. (1985). From orthography to phonology: an attempt at an old interpretation. In K.E. Patterson, J.C. Marshall & M. Coltheart (Hrsg.), *Surface dyslexia: Neuropsychological and cognitive studies of phonological reading* (S. 15-34). London: Lawrence Erlbaum Associates.

Rahman, T. & Bisanz, G.L. (1986). Reading ability and use of a story schema in recalling and reconstructing information. *Journal of Educational Psychology,* 78, 323-333.

Rayner, K. & Pollatsek, A. (1989). *The psychology of reading.* Engelwood Cliffs, N.J.: Prentice-Hall.

Reuter-Liehr, C. (2001). Lautgetreue Rechtschreibförderung im Verbund mit der Methode des rhythmisch-silbierenden Sprechschreibens als Grundlage für weiteres Fördervorgehen. In G. Schulte-Körne (Hrsg.), *Legasthenie: erkennen, verstehen, fördern* (S. 263-281). Bochum: Dr. Dieter Winkler.

Richter, T. & Christmann, U. (2002). Lesekompetenz: Prozessebenen und interindividuelle Unterschiede. In N. Groeben & B. Hurrelmann (Hrsg.), *Lesekompetenz* (S. 29). Weinheim/München: Juventa.

Scheerer-Neumann, G. (1988). *Rechtschreibtraining mit rechtschreibschwachen Hauptschülern auf kognitionspsychologischer Grundlage: Eine empirische Untersuchung.* Opladen: Westdeutscher Verlag.

Scheerer-Neumann, G. (1998), Stufenmodelle des Schriftspracherwerbs – Wo stehen wir heute? In H. Balhorn, H. Bartnitzky, J. Büchner & A. Speck-Hamdan (Hrsg.), *Schatzkiste Sprache 1: Von den Wegen der Kinder in die Schrift* (S. 14-46). Frankfurt a.M.: Grundschulverband – Arbeitskreis Grundschule e.V.

Scheerer-Neumann, G. (2004), Unterrichtsbegleitenden Diagnostik: Lesen. In R. Christiani (Hrsg.), *Schuleingangsphase neu gestalten* (S. 104-129). Berlin: Cornelsen Scriptor.

Schneider, W., Roth, E., Küspert, P. & Ennemoser, M. (1998), Kurz- und langfristige Effekte eines trainings der sprachlichen (phonologischen) Bewusstheit bei unterschiedlichen Leistungsgruppen: Befunde einer Sekundäranalyse. *Zeitschrift für Entwicklungspsychologie und Pädagogische Psychologie, 8,* 177-188.

Schneider, W. & Näslund, J.C. (1993), The impact of early metalinguistic competencies and capacity on reading and spelling in elementary school: Results of the Munich Longitudinal Study on the Genesis of Individual Competencies (LOGIC). *European Journal for Psychology of Education, 8*, 273-288.

Seidenberg, M.S. & McClelland, J. (1989). A distributed developmental model of word recognition. *Psychological Review, 94*, 523-568.

Seigneuric, A. & Ehrlich, M. (2005). Contribution of working memory capacity to children's reading comprehension: A longitudinal investigation. *Reading and Writing: An Interdisciplinary Journal, 18*, 617-656.

Spitta, G. (2000). Welche Lernvorteile bietet die arbeit mit einem Grundwortschatz? In R. Valtin (Hrsg.): *Rechtschreiben lernen in den Klassen 1-6* (S. 77-80). Frankfurt a.M.: Grundschulverband – Arbeitskreis Grundschule e.V.

Thomé, Günther (Hrsg.) (2003). *Lese-Rechtschreib-Schwierigkeiten (LRS) und Legasthenie. Eine grundlegende Einführung.* Weinheim und Basel: Beltz Verlag.

Valtin, R. (1997). Stufen des Lesen- und Schreibenlernens. Schriftspracherwerb als Entwicklungsprozeß. In D. Haarmann. (Hrsg.), *Handbuch Grundschule* (S. 76-88). Weinheim u. Basel: Beltz.

Valtin, R. (2001). Die Theorie der kognitiven Klarheit – Das neue Verständnis von Lese-Rechtschreib-Schwierigkeiten. In B. Ganser (Hrsg.) (Akademie für Lehrerfortbildung und Personalführung Dillingen), *Lese-Rechtschreib-Schwierigkeiten. Diagnose, Förderung, Materialien* (S. 19-61). Donauwörth: Auer.

Wimmer, H. & Goswami, U. (1994), The influence of orthographic consistency on reading development: World recognition in English and German children. *Cognition, 51,* 91-103.

Wygotski, L. S. (1964). *Denken und Sprechen.* Berlin: Akademie Verlag.

3 Sprachliche Voraussetzungen für den Erwerb von Lesen und Schreiben

Gelingender Schriftspracherwerb ist nach heutigem Kenntnisstand von einem Bündel von Bedingungen abhängig, die weit über die individuellen Lernvoraussetzungen eines Kindes hinausgehen. Die familiäre Situation, die elterlichen Erziehungspraktiken, die peer-group, der Migrationshintergrund, der Unterricht, die Art der Lernangebote, das Lehrer-Schüler-Verhältnis, das Schul- und Klassenklima usw. sind Faktoren, die sich gegenseitig beeinflussen und sich auf den Verlauf des Schriftspracherwerbs auswirken.

Mit Schuleintritt werden mit einem Mal Verhaltensmuster von einem Kind erwartet, die es bis dahin nicht kannte oder zumindest nur in weitaus geringerem Maße erbringen musste. Am leichtesten fällt natürlich dieser Übergang jenen Kindern, die schon in ihrem häuslichen Milieu Regelbewusstsein, Verbindlichkeiten, Ordnung und vor allem Schreib- und Lesekultur[1] erlebt haben. Uns allen ist die Heterogenität dieser Ausgangsbedingungen bei Schulbeginn bewusst.

Trotz dieser Varianz der Bedingungen, unter denen Schriftspracherwerb stattfindet, wird in diesem Kapitel der Blick auf die *sprachlichen* Voraussetzungen des Schriftspracherwerbs gerichtet. Sie sind nicht nur von dominantem Einfluss, sondern stehen auch im Zentrum der Reformmaßnahmen der Schuleingangsphase. Dies gilt insbesondere für die umfangreichen Maßnahmen zur Förderung von Kindern mit Migrationshintergrund.

Die hohe Zahl von Analphabeten[2], das Klagen über die schlechten Leseleistungen deutscher Schülerinnen und Schüler im Anschluss an die PISA Ergebnisse hat – auf den ersten Blick erstaunlich[3] – insbesondere zu vermehrten Anstrengungen im Bereich der Frühförderung geführt. Gleichzeitig ist es zu einer

1 Auf die vorschulischen Erfahrungen der Kinder mit Schrift und Schriftproduktion sind 30–60 % des späteren Leseerfolgs von Kindern zurückzuführen (vgl. Mason/McCormick 1979, Wells/Raban 1978).

2 Im März 2011 berichten Grotlüschen & Riekmann über 7,5 Millionen Erwerbstätige in Deutschland, die keine zusammenhängenden Texte lesen und schreiben können und deshalb als „funktionale Analphabeten" bezeichnet werden. Zugriff am 05.11.2012 http://blogs.epb.uni-hamburg.de/leo/ (Internet).

3 Naheliegend und sicher auch noch zu leisten wäre eine Reform des Sekundarbereichs im Hinblick auf die Förderung der Schülerinnen und Schüler, die in PISA auf den unteren Kompetenzstufen zu finden waren.

Annäherung von vorschulischer und schulischer Förderung gekommen. Während früher Grundschullehrkräfte für die Förderung von „schulfähigen" Schülerinnen und Schülern zuständig waren, gilt diese „Schulfähigkeitsprämisse" jetzt nicht mehr. Die neue Schuleingangsphase, die in vielen Bundesländern mit einer zeitlichen Vorverlegung des Schulanfangs, aber auch mit einer nichtselektiven Einschulungspraxis verbunden ist (vgl. Schründer-Lenzen 2009), erfordert von Lehrkräften eine gute Kenntnis auch über jene basalen Fördermöglichkeiten, die zuvor als Aufgabe des Kindergartens gesehen wurden.

Die Veränderung des Aufgabenbereichs von Lehrkräften findet aktuell eine erneute Erweiterung: Nachdem die Bundesregierung 2009 die UN-Konvention über die „Rechte von Menschen mit Behinderungen" verabschiedet hat, wird der Schulalltag zukünftig weitere Herausforderungen bereit halten:

> „...
> a Persons with disabilities are not excluded from the general education system on the basis of disability, and that children with disabilities are not excluded from free and compulsory primary education, or from secondary education, on the basis of disability;
> b Persons with disabilities can access an inclusive, quality and free primary education and secondary education on an equal basis with others in the communities in which they live;
> c Reasonable accommodation of the individual's requirements is provided
> d Persons with disabilities receive the support required, within the general education system, to facilitate their effective education;
> e Effective individualized support measures are provided in environments that maximize academic and social development, consistent with the goal of full inclusion.
> ..."[4]

Die KMK spricht in ihrem Beschluss vom 20.10.2011 zur „inklusiven Bildung von Kindern und Jugendlichen mit Behinderungen in Schulen" von einem „Perspektivwechsel zum inklusiven Unterricht" (S. 3).

„Integration" wurde in der Regel so verstanden, dass Schülerinnen und Schüler mit und ohne „Behinderung" gemeinsam in einer Klasse sitzen und das „Integrationskind" durch den Sonderpädagogen eine spezielle Unterstützung während und ergänzend zum regulären Unterricht erfährt. Der Unterricht selbst änderte sich damit nicht notwendiger Weise. Integration konnte so als

4 Auszug aus: *Artikel 24 - Education* der *Convention on the Rights of Persons with Disabilities*, Zugriff am 02.02.2012 http://www.un.org/disabilities/convention/conventionfull.shtml (Internet).

Addition sonderpädagogischer Hilfen in einer ansonsten unveränderten Regelschule praktiziert werden.

Das Konzept einer *inklusiven* Pädagogik geht von der grundsätzlichen Verschiedenheit aller Menschen aus und lehnt jede Form von „Besonderung" ab, egal ob sie an Merkmalen wie Geschlecht, Ethnie, Alter, Behinderung etc. festgemacht wird. Pädagogischer Orientierungspunkt ist das *individuelle* Kind mit seinen je spezifischen Stärken und Ressourcen, dem in *jedem* Unterricht angemessene Lernangebote gemacht werden müssen.

Aus wissenschaftlicher Perspektive besteht weitgehend Konsens, dass sich ein Förderbedarf bei „Behinderung", „Beeinträchtigung" oder „Benachteiligung" nicht aus der Wirkung nur einer Faktorengruppe ergibt, sondern als Ergebnis einer häufig längerfristigen Entwicklung in vielfältigen Wechselwirkungsprozessen gesehen werden muss. Schriftspracherwerb ist eine so hochkomplexe Anforderung, dass dafür nicht nur Sprache und Kognition, sondern spezielle Fähigkeiten in fast allen Wahrnehmungsbereichen sowie sensorische Integrationsleistungen erforderlich sind, die ohne weitere psychische Leistungen wie Motivation, Selbstwirksamkeitserwartung, Gedächtnis, Aufmerksamkeit und Konzentration nicht leistbar sind.

In der Sonderpädagogik[5] wird heute von *fließenden Übergängen* zwischen den verschiedenen Formen von Lernschwierigkeiten ausgegangen. Klauer und Lauth (1997, S. 703) haben ein dimensionsanalytisch ausgerichtetes Klassifikationssystem vorgeschlagen, indem z. B. die Lese-Rechtschreibschwäche ausgewiesen wird als „eine partielle, bereichsspezifische Beeinträchtigung, die trotz Behandlung meist nicht gänzlich überwunden werden kann." Diese pessimistische Prognose sollte aber nicht lähmen, sondern zur Prävention und Frühförderung auffordern. Damit Lehrkräfte in der Lage sind, sprachliche Entwicklungsverzögerungen rechtzeitig zu erkennen, werden in diesem Kapitel daher Grundkenntnisse zur kindlichen Sprachentwicklung vermittelt und ausgewählte Verfahren der Diagnose und Förderung der schriftsprachlichen Vorläuferfähigkeiten vorgestellt. Darüber hinaus wird der Spracherwerb unter Migrationsbedingungen angesprochen und mit grundlegenden Überlegungen zur Didaktik des Zeitspracherwerbs verbunden. Insgesamt soll dadurch eine Sensibilisierung für die Heterogenität der sprachlichen Lernvoraussetzungen im Schriftspracherwerb erreicht werden.

5 Zur Vertiefung der Kenntnisse empfehlenswert: Schöler/Welling (2007).

3.1 „Phonologische Bewusstheit" als zentrale Vorläuferfähigkeit des Schriftspracherwerbs

Nach heutigem Forschungsstand sind es Gedächtnis, Aufmerksamkeit und phonologische Bewusstheit, die das Gelingen des Schriftspracherwerbs entscheidend beeinflussen. Allerdings ist bisher den beiden erst genannten Faktoren vergleichsweise wenig Aufmerksamkeit geschenkt worden, obgleich durch entsprechende unterrichtsmethodische Entscheidungen wie verständnisintensives Üben und Unterstützung der Selbstorganisation, die Herausbildung sprachbezogener Gedächtnisleistungen und die Konzentration der Aufmerksamkeit zu beeinflussen wären. Demgegenüber steht die Förderung der „phonologischen Bewusstheit" seit langem im Zentrum des wissenschaftlichen Interesses (vgl. Schneider/Ennemoser 2000, Schnitzler 2012).

Mit phonologischer Bewusstheit ist eine metakognitive Fähigkeit gemeint, mit der es möglich ist, vom Wortsinn zu abstrahieren und sich auf den lautlichen Aspekt von Sprache zu konzentrieren. Nach Lundberg (vgl. 1994) gehören zur phonologischen Bewusstheit Abstraktionsfähigkeit, die Fähigkeit zur Selbstbeobachtung und eine überlegte, explizite Kontrolle. Nur so kann bemerkt werden, ob zwei Wörter sich reimen oder nicht, gelingt eine rhythmisch-melodische Differenzierung eines Wortes bis zur Unterteilung in Sprechsilben und schließlich die richtige Antwort auf die Frage: „Was hörst du am Anfang bei ‚Ananas'?" Alles das kann man als „Einsicht in die Lautstruktur der gesprochenen Sprache" bezeichnen.

▶ Merksatz

Kinder, die Lesen und Schreiben lernen, müssen in der Lage sein, die Aufmerksamkeit vom Inhaltsaspekt der Sprache auf den Laut- und Wortstrukturaspekt zu lenken.

Grundsätzlich wird davon ausgegangen, dass Kinder bereits sehr früh sensibel sind für den Lautaspekt von Sprache. Diese Fähigkeit ist eine Basis des primären Spracherwerbs. Schon im Alter von 1,5 bis 2 Jahren reagieren Kinder auf Korrekturen ihrer sprachlichen Äußerungen und versuchen, artikulatorische Unzulänglichkeiten zu verbessern. Mahlau (2008) sieht in dem Überprüfen, Vergleichen und Korrigieren von eigenen und fremden sprachlichen Äußerungen eine Basis der Wortschatzentwicklung, die in unmittelbarem Zusammenhang mit dem Aufbau der phonologischen Bewusstheit gesehen wird (Abb. 1).

Die frühe Sensibilität für den Lautaspekt von Wörtern lässt sich schulen, indem mit den Kindern Lieder gesungen, Zungenbrecher geübt, Reime und Wortspiele angeboten werden (Küspert 1998). Derartige Trainingsmaßnahmen zur phonologischen Bewusstheit machen aber nicht beliebig lange Sinn. Die „sensible Phase“ für die Förderung liegt im ersten Schuljahr bzw. noch davor, im Vorschulalter (vgl. Roth 1999).

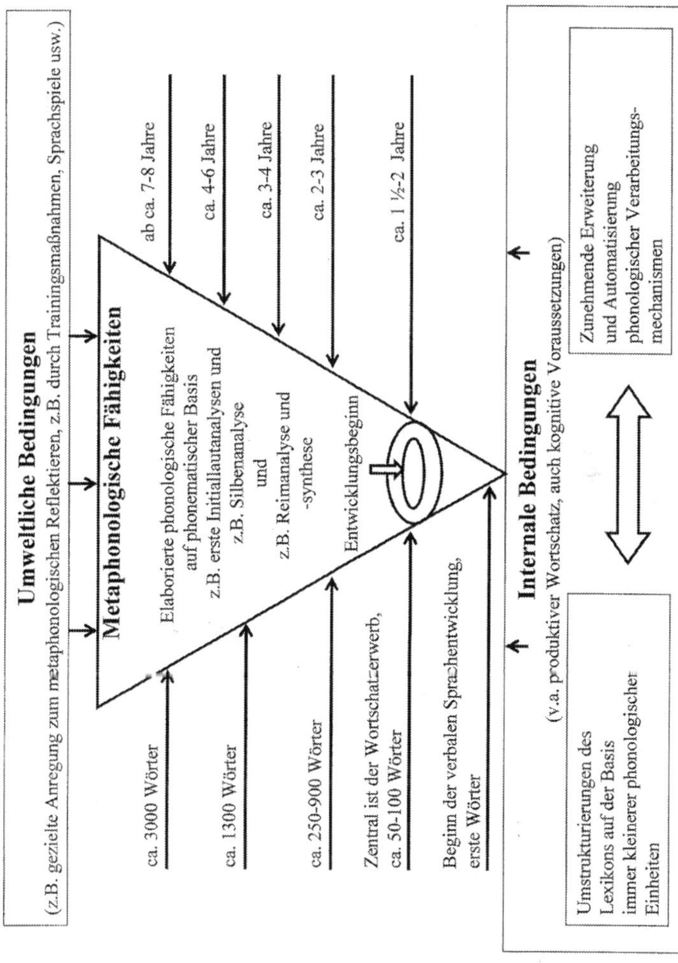

Abbildung 1: Skizzierung einer Verschränkung zwischen der Entwicklung des Wortschatzes und den metaphonologischen Fähigkeiten (Mahlau 2008, S. 83)

Es besteht Konsens über die Bedeutung der phonologischen Bewusstheit, nicht jedoch darüber, was im Detail unter diesem Konstrukt verstanden wird. In der pädagogischen Diskussion wird in der Regel zwischen einer phonologischen Bewusstheit im weiteren und im engeren Sinn unterschieden:

▶ Merksatz

- Phonologische Bewusstheit im weiteren Sinne wird in der Fähigkeit gesehen, Reime zu erkennen, Silben zu segmentieren und zusammenzusetzen.
- Phonologische Bewusstheit im engeren Sinne ist die Fähigkeit, nicht nur Anfangs- und Endlaute in einem gesprochenen Wort identifizieren zu können, sondern das gesamte Wort auf seine lautlichen Bestandteile hin abhören zu können.

Phonologische Bewusstheit ist nicht nur eine wichtige Lernvoraussetzung für den Schriftspracherwerb, sie hat Prognosekraft im Hinblick auf die Entwicklung des Lesens und der Rechtschreibung. Kindern mit einer bereits im Vorschulalter gut entwickelten phonologischen Bewusstheit gelingt es dementsprechend relativ leicht und zügig, sich die Schriftsprache anzueignen, wohingegen Kinder mit einer gering ausgeprägten phonologischen Bewusstheit als potentielle „Risikokinder“ des Schriftspracherwerbs gelten.

In der Fachliteratur wird allerdings die Wirkungsrichtung im Verhältnis von Schriftspracherwerb und phonologischer Bewusstheit nicht einheitlich beschrieben: Teilweise wird der Standpunkt vertreten, dass Kinder, *bevor* sie sich die Schriftsprache aneignen können, über eine phonologische Bewusstheit verfügen müssen. Eine entgegen gesetzte Wirkungsrichtung wird angenommen, wenn phonologische Bewusstheit als *Ergebnis* von schriftsprachlichem Unterricht gesehen wird. Gerade die erfolgreichen Trainingsstudien der phonologischen Bewusstheit sprechen für eine Wechselwirkung von phonologischer Bewusstheit und Schriftspracherwerb: Phonologische Bewusstheit wirkt sich positiv auf den Schriftspracherwerb aus und andererseits führt der Schriftspracherwerb selbst zu einer Verbesserung der phonologischen Bewusstheit.

▶ Merksatz

Schriftspracherwerb hat keine Stunde Null, sondern ist von zahlreichen Vorläuferfähigkeiten abhängig. Zentrale Bedeutung kommt phonologischen Verarbeitungsmechanismen zu, die sich in der Prognosekraft *phonologischer Bewusstheit* auf den ungestörten Schriftspracherwerb nachweisen ließen.

Die Untersuchungen zur phonologischen Bewusstheit zeigen aber nicht nur, dass Kinder mit einer gut entwickelten phonologischen Bewusstheit Vorteile im anschließenden schulischen Erwerb von Lesen und Schreiben haben. Es besteht auch ein enger Zusammenhang zwischen Lese-Rechtschreibstörungen und phonologischen Defiziten (Schnitzler 2008).[6] Gerade weil Lese-Rechtschreibschwierigkeiten trotz intensiver therapeutischer Bemühungen zumeist im Grundschulverlauf nicht ausgeglichen werden können (Juel 1988, Klicpera u.a. 1993, Marx u.a. 1993), kommen der Früherkennung und der Frühförderung entscheidende Bedeutung zu. Beides ist möglich, da es sowohl wissenschaftlich abgesicherte Instrumente der Diagnostik dieser zentralen Vorläuferfähigkeit gibt als auch entsprechende Förderprogramme.[7]

3.1.1 Diagnostische Verfahren

Um Förderbedarf erkennen zu können, ist es zunächst wichtig zu wissen, welche phonologischen Leistungen Kinder im Vorschulalter in der Regel erbringen. So können bereits Vorschulkinder rhythmisch unterstützte Silbengliederungen vornehmen (Lautdiskriminierung), wenn mehrsilbige Wörter durch Klatschen oder Bodypercussion unterstützt werden. Das isolierte Benennen einzelner Silben gelingt aber ohne diese Hilfestellung noch nicht (Jansen/Marx 1999). Diese Differenzen zwischen dem gestützten Erkennen-Können aber noch nicht Benennen-Können zeigen sich auch bei Reimvergleichen (Lautassoziation). Das Heraushören von Anlauten gelingt demgegenüber insbesondere dann, wenn es sich um betonte Vokale am Wortanfang handelt (Jansen/Marx 1999). Lautsynthetische Leistungen, d.h. die Verbindung von einzelnen Lauten zu Sprechsilben oder auch das Hinzufügen von Lauten am Wortanfang ist Vorschulkindern in der Regel noch nicht verfügbar (Marx/Jansen 1999).

Jansen/Marx (1999) haben die Entwicklung der phonologischen Bewusstheit in folgende Abfolge gebracht: lautdiskriminierende und lautassoziative Leistungen (Vorschulalter) und lautkategoriale Leistungen, die mit der Einsicht in die Phonem-Graphem-Korrespondenz verbunden sind (Schulalter)[8]. Aufgaben zur phonologischen Bewusstheit lassen sich damit auch unterschiedlichen

6 Empfehlenswerte Lehrbücher zur Erarbeitung der LRS-Problematik sind Klicpera u.a. (2010), Warnke u.a. (2004) und Akademie für Lehrerfortbildung und Personalführung (2005).

7 Zur Vertiefung der Thematik in Bezug auf die Wirksamkeit der Förderung phonologischer Bewusstheit im Kontext verschiedener Unterrichtskonzeptionen zum Schriftspracherwerb vgl. Kirschhock 2004, S. 71-86.

8 Zur differenzierten Unterscheidung der Fähigkeitsprofile von Vorschul- und Schulkindern vgl. Schnitzler 2008, S. 38ff.

Schwierigkeitsstufen zuordnen. Schnitzler (2008, S. 18) unterscheidet drei Schwierigkeitsstufen:

1. Leichte Aufgaben: Ein vorgegebenes Wort nachsprechen und dabei die Silben klatschen, Reime erkennen.
2. Mittelschwere Aufgaben: Identifikation eines Wortes, das lautlich nicht in die Reihe vorgegebener Wörter passt: Nase – Vase, Hand, Hase oder Mund; für jedes erkannte Phonem in einem Wort einen Stein legen können.
3. Schwere Aufgaben: Schüttelreime: bei einem vorgegebenen Wortpaar die Onsets austauschen: *weich* und *schwach* wird zu *Scheich* und *wach*; Reversionsaufgaben – ein Wort „rückwärts" sprechen.

Mit folgenden Aufgabentypen kann sich eine Lehrkraft sowohl Klarheit über den Entwicklungsstand der phonologischen Bewusstheit verschaffen als auch selbst Übungsformate generieren, die die Entwicklung der phonologischen Bewusstheit unterstützen (vgl. Walter 2001, S.77, Martschinke u.a. 2011):

- *Silben segmentieren*
  Beispiel: Kinder sprechen auf Wortkarten abgebildete Begriffe und klatschen dazu die Silben.
- *Silben zusammensetzen*
  Beispiel: Dem Kind werden mit Bildkärtchen zwei Tiere gezeigt. Jedes Tierbild wird in der Mitte auseinander geschnitten. Durch Zusammenlegen der ersten Hälfte des ersten Tieres mit der zweiten Hälfte des zweiten Tieres entsteht ein neues Phantasietier, das das Kind benennen soll.
- *Endlaute erkennen*
  Beispiel: „Was hörst du am Ende von ‚Fahrrad'?"
- *Umkehrung der Lautsynthese*
  Das Kind soll hierbei ein Wort nicht nur auflautieren, sondern auch rückwärts die vorher ermittelte Lautfolge sprechen.
- *Laut-zu-Wort-Zuordnung*
  Ein vorweg genannter Laut muss in einem gesprochenen Wort wiederentdeckt werden. Beispiel: „*Hörst* du ein /f/ in „werfen?"
- *Wort-zu-Wort-Zuordnung*
  Vorgesprochene Wörter müssen hinsichtlich eines Lautes verglichen werden. Beispiel: „Beginnen ‚Fisch' und ‚Fahrrad' gleich?"
- *Reime erkennen*
  Bei vorgesprochenen Wörtern muss entschieden werden, ob sie sich reimen oder nicht. Beispiel: „Reimt sich ‚Fisch' und ‚Tisch'?"

- *Isolierung*
  Ein Laut, dessen Stellung im Wort benannt ist, soll isoliert gesprochen werden. Beispiel: „Was hörst du bei ‚Fisch' in der Mitte?"
- *Phonemsegmentierung*
  Alle Laute eines Wortes sollen isoliert gesprochen werden.
  Beispiel: „Aus welchen Lauten besteht ‚Tomate'?"
- *Phoneme zählen*
  Die Phoneme (Laute) eines Wortes werden entweder numerisch gezählt oder die erfasste Anzahl wird anders identifiziert (durch Klopfen, Plättchenlegen etc.). Beispiel: „Wieviele Laute hörst du in ‚Fisch'?"
- *Laute verbinden*
  Isoliert gesprochene Laute sollen zusammengefügt und als Wort wiedergegeben werden. Beispiel: „ Welches Wort ist das: /f/, /i/, /sch/?"
- *Phonem weglassen*
  Bei einem vorgesprochenen Wort soll ein gekennzeichneter Laut weggelassen werden und das so entstandene Wort wiedergegeben werden.
  Beispiel: „Sag mal ‚Fisch'. – Jetzt sagst du das Wort ohne den ersten Laut".
  Häufig werden die Items so gewählt, dass wieder reale Wörter entstehen: z.B. Klaus-Laus.
- *Weggelassenes Phonem benennen*
  Angesichts eines vorgegebenen Wortpaares soll entschieden werden, welcher Laut beim zweiten Wort weggelassen worden ist.
  Beispiel: „Sag mal ‚Klaus' ... Jetzt sagst du ‚Laus'. – Welcher Laut fehlt beim zweiten Wort?"
- *Phonem ersetzen*
  In einem vorgegebenen Wort soll ein isoliert gesprochener Laut durch einen anderen, ebenfalls vorgesprochenen, ersetzt werden.
  Beispiel: „ Sag mal ‚Fisch' – Nun sagst du das Wort mit /t/ statt mit /f/."

Es gibt aber auch standardisierte[9] Verfahren zur Feststellung der phonologischen Bewusstheit im Vorschul- und Grundschulalter. Das Bielefelder Screening zur Früherkennung von Lese-Rechtschreibschwierigkeiten (BISC) von Jansen u.a. (2002) dient der vorschulischen Identifikation von Kindern, die auf Grund geringer schriftsprachrelevanter Vorläuferfähigkeiten ein erhöhtes Risiko tragen, eine LRS zu entwickeln. Das Verfahren berücksichtigt sowohl Aufgabenstellungen zur phonologischen Bewusstheit im engeren und weiteren Sinne als

9 Mit „standardisierten" Verfahren sind diagnostische Erhebungsinstrumente angesprochen, die den Gütekriterien wissenschaftlicher Testkonstruktion entsprechen, also objektiv, reliabel und valide sind.

auch Aspekte der visuellen Aufmerksamkeitssteuerung, der Geschwindigkeit der Wortbenennung und des Gedächtnisses. Die Konzeption sieht keine differenzierte Auswertung der Aufgaben im Sinne einer Profilbildung vor, da es sich als „Screening", als ein diagnostisches Grobraster versteht.[10] Es kann zu zwei Messzeitpunkten eingesetzt werden und zwar 10 bzw. 4 Monate vor der Einschulung. Kinder, die in den ersten beiden Schuljahren Schwierigkeiten im Lesen haben, werden mit ungefähr 90 % und im Rechtschreiben mit ungefähr 86 % korrekt vorhergesagt, wenn der Test 4 Monate vor der Einschulung durchgeführt wird. Selbst 10 Monate vor der Einschulung lassen sich bereits um die 80 % der risikobelasteten Kinder korrekt identifizieren.

Für die Hand der Lehrkraft in der Schuleingangsphase ist der „Rundgang durch Hörhausen" (Martschinke u.a. 2011) besonders empfehlenswert: Das Testheft enthält diagnostische Aufgaben zur phonologischen Bewusstheit, die in ein spielerisch-kindgemäßes Setting verpackt sind, in dem Kinder an einzelnen Stationen (z.B. „Besuch im Zoo") Aufgaben lösen müssen[11] (Abb. 2).

Der *Rundgang durch Hörhausen* wird als Einzeltest durchgeführt und dauert ca. 30-40 Minuten. Es gibt Vorlagen für den Spielplan und Bildkärtchen zu den einzelnen Aufgabenstellungen. Eine motivierende Ausgestaltung der Stationen ist durch Rückgriff auf Spielsachen bzw. die Gestaltungsphantasie der Kinder leicht in den Unterrichtsalltag bzw. in Förderstunden zu integrieren.

Ein normiertes[12] Verfahren zur Feststellung der phonologischen Bewusstheit vom Ende der Klasse 1 bis zum Ende der Klasse 4 ist der BAKO 1-4 (Stock u.a. 2004). Er ermöglicht festzustellen, ob die phonologische Bewusstheit von der Norm für die jeweilige Klassenstufe abweicht. Die Aufgabenstellungen sind für alle Klassenstufen gleich.

10 Screeningverfahren intendieren eine Feststellung nach dem Muster Förderbedarf: ja/nein.

11 Weitere Aufgabenbeispiele: Zugriff am 10.12.2012 http://bilder.buecher.de/zusatz/09/09607/09607762_lese_1.pdf (Internet).

12 Der BAKO 1-4 ist - im Vergleich zu den anderen Instrumenten, mit denen die phonologische Bewusstheit erfasst wird - der Test, der teststatistisch am differenziertesten ausgearbeitet ist: Er enthält Prozentrangnormen und T-Werte für jede Klassenstufe.

Der Rundgang durch Hörhausen – Aufgabe 1

Bereich	Phonologische Bewusstheit im weiteren Sinn
Einbettung in den Gestaltungsgedanken	Der Rundgang durch Hörhausen beginnt mit einem Besuch im Zoo. Auf einer Zoovorlage befinden sich verschiedene Kärtchen mit Tierabbildungen Die Kinder sollen die Namen der Tiere nach Silben getrennt aussprechen und dazu klatschen.
Aufgabenstellung	Hier siehst du den Zoo von Hörhausen, in dem verschiedene Tiere wohnen. Wir wollen hier einen Besuch machen und bei den einzelnen Tieren ihre Namen klatschen. Es gibt lange Tiernamen, bei denen man öfter klatschen muss, und ganz kurze, bei denen man vielleicht nur einmal klatschen kann.
Beispiel	Ente En-te
Bewertung	(1) = Aufgabe richtig gelöst (2) = Aufgabe nicht richtig gelöst
Besonderheiten	Zweckmäßig ist es, die Tierkärtchen zunächst umgedreht auf die Zoovorlage zu legen und nur das Kärtchen aufzudecken, dessen Tiernamen das Kind gerade klatschen soll.

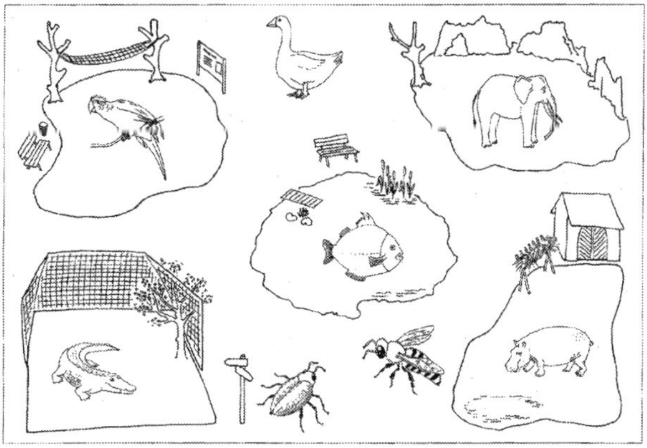

Abbildung 2: Beispiel für eine diagnostische Aufgabenstellung aus „Der Rundgang durch Hörhausen" (Internetquelle siehe Abbildungsverzeichnis)

Das Verfahren besteht aus insgesamt 74 Items, die sich auf folgende Aufgaben beziehen: Pseudowort-Segmentierung, Vokalersetzung, Restwortbestimmung, Phonemvertauschung, Lautkategorisierung, Vokallängenbestimmung und Wortreversionen. Die Bearbeitungszeit liegt bei ca. 30 Minuten. Eine differenzierte Feststellung von Fördererfolgen im Zeitverlauf ist mit diesem Instrument möglich.

Korrespondierend zu den bisher genannten diagnostischen Verfahren gibt es jeweils entsprechende Förderprogramme.

3.1.2 Förderprogramme

Für das Vorschulalter ist es ein an der Universität Würzburg entwickeltes Trainingsprogramm zur phonologischen Bewusstheit - „Hören, Lauschen, Lernen" - (Küspert/Schneider 2006a,b), dessen Wirksamkeit für die Erleichterung des Schriftspracherwerbs vielfach nachgewiesen wurde (Schneider u.a. 1998, Schneider u.a. 1999). Es besteht aus sechs Übungseinheiten, die inhaltlich aufeinander aufbauen und in 20 Wochen mit täglichen Sitzungen von 10-15 Minuten bearbeitet werden:

1. *Lauschspiele*, die die Kinder generell auf Geräusche aufmerksam machen sollen.
2. *Reimspiele*, in denen die Kinder sowohl Parallelitäten in der Wortstruktur von Wörtern entdecken, als auch selbst Reime finden sollen.
3. Ein Übungsabschnitt *Sätze und Wörter*, der darin besteht, dass die Kinder zunächst Wörter in Sätzen durch Hinlegen eines Bauklötzchens markieren und später Wörter zu zusammengesetzten Nomen verschmelzen sollen (Tür – Rahmen).
4. *Silbenspiele* sprechen die nächst feinere Gliederungsebene von Wörtern an.
5. Übungen zur phonologischen Bewusstheit im engeren Sinne mit Aufgaben zur *Anlauterkennung*.
6. In der zweiten Hälfte des Trainingsprogramms steht der Übungsbereich *Lautsynthese und –analyse* im Vordergrund. Hierbei geht es nicht mehr nur um das Identifizieren des Anlautes, sondern auch um die Zerlegung eines Wortes in alle lautlichen Bestandteile bzw. um die Verbindung von Lauten zu einem Wort.

Diese Grundversion des Programms wurde durch einen neuen Übungsbereich „Hören, Lauschen, Lernen 2: Spiele mit Buchstaben und Lauten für Kinder im Vorschulalter" (Plume/Schneider 2004) ergänzt. Zielstellung ist dabei nicht, den Kindern bereits Lesen und Schreiben beizubringen, sondern die Verbindung von Lauten und Buchstaben auch visuell durch Buchstabenkarten zu unterstützen, was nachweislich zu besseren Trainingseffekten insbesondere bei Risikokindern führte (vgl. Schneider u.a. 2000; Roth/Schneider 2002).

Die Einführung der Buchstaben erfolgt anhand von Buchstaben-Laut-Geschichten, wobei die Zahl der Buchstaben auf 12 begrenzt ist. Als Ergänzung des Gruppentrainings liegt eine Multimediaversion des Programms vor, in dem die Spiele und Übungen des Programms interaktiv umgesetzt sind.[13] Evaluationen des Programms haben seine Wirksamkeit auch für Kinder mit Migrationshintergrund gezeigt (Weber u.a. 2007). Insbesondere der Übungsbereich *Spiele mit Buchstaben und Lauten* ist für die Schuleingangsphase als Arbeitsgrundlage für Förderstunden hilfreich.

Ebenso empfehlenswert ist das Förderprogramm „Leichter lesen und schreiben lernen mit der Hexe Susi" (Forster/Martschinke 2008), das in eine kindgerechte Rahmengeschichte eingebettet ist und 4 Übungsbereiche umfasst:

1. Lausch- und Reimaufgaben (u.a. Geräusche hören, Kinder- und Abzählreime, Klatschspiele zum Reimen),
2. Aufgaben zur Silbe einschließlich Wortkonzept (Silben identifizieren, segmentieren, synthetisieren und manipulieren, Silbenpuzzel, Silben-Memory),
3. Aufgaben zur Phonem-Graphem-Zuordnung (Lese- und Schreibtraining),
4. Aufgaben zum schnellen Lesen (u.a. Blitzlesen, Wortbausteine wie Silben, Morpheme, Signalgruppen identifizieren und nutzen).

Die Programmbroschüre enthält zahlreiche Vorschläge für Spiele und Kopiervorlagen, die in der Unterrichtspraxis erprobt wurden.

Praxiserprobt ist auch das Förderkonzept von Bossen (2010, 2012), das auf einer rhythmisch-musikalischen Unterstützung von phonologischer Bewusstheit und Sprachentwicklung insbesondere bei Kindern mit Migrationshintergrund zielt. In einem Materialband (mit Musik CD) sind zahlreiche Lieder zum spielerischen Üben von Vokalen, Diphtongen, Konsonanten und Lautkombinationen zusammengestellt und mit Kommentaren versehen, die sich vor allem an Lehrkräfte richten, die keine musikalische Ausbildung haben. Zielstellung dieses Förderkonzepts ist insbesondere das Hörverständnis und die basale Lesekompetenz zu verbessern. Ein Transfer von phonologischen zu lesespezifischen Fähigkeiten ließ sich allerdings empirisch nicht nachweisen. Gleichwohl haben die Kinder, die an dem Training teilnahmen, zumindest ihr Hörverständnis verbessern können.

13 Eine Demo-Version des Programms ist verfügbar unter: Zugriff am 18.01.2012 http://www.phonologische-bewusstheit.de/programm.htm#multimedia (Internet).

Diese Ergebnisse zeigen auch die Begrenztheit von Fördereffekten, die durch phonologische Trainingsmaßnahmen erreichbar sind: Ein überwiegend phonologisch konzipiertes Training scheint zur Förderung der Lesekompetenz nicht ausreichend zu sein, insbesondere nicht nach der zweiten Jahrgangsklasse. Nach dem bisher vorliegenden Kenntnisstand sind nach dem Erwerb einer basalen Lesekompetenz weitere *lesespezifische* Übungsformate besser geeignet.

Ein Trainingsprogramm, das neben der Verbesserung der phonologischen Bewusstheit insbesondere die Rechtschreibleistungen im Grundschulalter fördert, ist PHONIT (Stock/Schneider 2011). Es besteht aus über 300 Übungen für die Klassenstufen 1-4. Diese können zu einem individuellen Trainingsplan zusammengestellt werden. Neben Übungen zur Förderung der phonologischen Bewusstheit beinhaltet das Programm Aufgaben zur Buchstaben-Laut-Verbindung, phonologische Schreibspiele sowie gezielte Schreibübungen zu verschiedenen Rechtschreibregeln (z.B. Konsonantendopplung, Dehnungs-h, ie-Schreibung, Auslautverhärtung) und Leseübungen. Die Wirksamkeit des Programms wurde in einer Evaluationsstudie empirisch nachgewiesen, wobei Trainingseinheiten von 22-27 Sitzungen in den Klassenstufen 1-3 mit jeweils 45 Minuten durchgeführt wurden.

3.2 Sprachliche Entwicklungsverzögerungen als Risikofaktoren für den Schriftspracherwerb

Phonologische Bewusstheit ist eine zwar zentrale aber eben nur eine der Vorläuferfähigkeiten für einen gelingenden Schriftspracherwerb. Es ist der Aspekt von Sprachkompetenz, der am engsten mit der zu erwerbenden Schriftlichkeit im Anfangsunterricht zusammenhängt. Diese Schriftlichkeit schließt an eine Mündlichkeit an, die insbesondere auch im Hinblick auf Grammatik, Wortschatz und Pragmatik *altersgemäß* entwickeltet sein muss.[14] Sprachentwicklung vollzieht sich in „sensiblen Phasen“ (Locke 1997), die zu Basisqualifikationen in folgenden Bereichen führt (in Anlehnung an Ehlich/Trautmann 2005, S. 47ff.):

- rezeptive und produktive Qualifikation im Bereich von Phonetik, Phonologie und Prosodie (u.a. korrekte Aussprache, Wortakzent und Satzmelodie; Rhythmik der Spracheinheiten)

14 Damit soll nicht in Abrede gestellt werden, dass der Schriftsprachunterricht seinerseits fördernd auf die Mündlichkeit wirkt.

- pragmatische Qualifikation (worunter die Fähigkeit verstanden wird, Sprache im Kontext sozialen Handelns angemessen zu gebrauchen)
- semantische Qualifikation (u.a. Wortschatz und Verstehen von Äußerungen)
- morphologisch-syntaktische Qualifikation (Befähigung, komplexe sprachliche Formen wie Ableitungs- und Flexionsmorphologie, grammatisch relevante Modulationen der Wortstruktur verstehen und produzieren; Form- und Wortkombinationen sowie Kompositionen zu Sätzen und von Sätzen verstehen und produzieren, Grammatik)
- diskursive Qualifikation (u.a. Befähigung zur sprachlichen Kooperation auch in formalen Situationen und damit das Verfügen über unterschiedliche sprachliche Register der Verständigung; Befähigung zur Narration und zum kommunikativen Aufbau von Spiel- und Phantasiewelten)
- literale Qualifikation (u.a. Umsetzung mündlicher in schriftliche Sprachprodukte und umgekehrt; Entwicklung von Schreiben, Lesekompetenz, Orthographie und schriftlicher Textualität).

Der Forschungsstand zur Sprachentwicklung und zu den Sprachentwicklungsstörungen im Kindesalter ist umfangreich und wurde bisher in der grundschulpädagogischen Literatur zum Schriftspracherwerb weniger beachtet. Gleichwohl hat sich in der letzten Zeit eine gesteigerte Aufmerksamkeit für die Entwicklung von Sprachkompetenz ergeben, wenn auch unter anderem Fokus: dem Erwerb von Zweitsprachkompetenz bei Kindern mit Migrationsgrund. Im Zuge dessen sind gerade für den vorschulischen Bereich Sprachstandsmessungen eingeführt worden, die dazu dienen sollen, „Sprachentwicklungsrückstände" festzustellen, um eine frühzeitige Förderung zu ermöglichen.

Interessanter Weise beanspruchen diese institutionell verankerten diagnostischen Instrumente, Förderbedarf „jeglicher Genese" erheben zu können. Es wird nicht unterschieden, ob es sich um Testergebnisse eines monolingual deutschen Kindes, eines bilingual aufgewachsenen Kindes oder eines Kindes mit Migrationshintergrund handelt. Aus pädagogischer Perspektive ist dieses Vorgehen höchst problematisch, da gemessen an Standardnormen für einsprachig aufgewachsende Kinder, alle anderen, die mit mehr als einer Sprache aufgewachsen sind, „defizitär" erscheinen müssen.

Hier sollen aber nicht die wissenschaftlichen Kontroversen über die Bedingungen des Zweitspracherwerbs und den Nutzen einer „Alphabetisierung" in Erst- und/oder Zweitsprache diskutiert werden (vgl. dazu Gogolin/Neumann 2009). Es geht vielmehr darum, bewusst zu machen, dass für *jedes* Kind ein problemloser Schriftspracherwerb an bestimmte sprachliche Vorläuferfähigkeiten gebunden ist, die dringend der Förderung bedürfen, wenn sie nicht hinreichend entwickelt sind. Es macht keinen Sinn, vornehmlich die phonologische Bewusstheit zu fördern, wenn auch andere Aspekte der Sprachentwicklung Rückstände oder Störungen aufweisen. Diese kann eine Lehrkraft nicht bearbeiten, hierzu ist professionelle Sprachförderung durch Logopäden oder Patholinguisten nötig. Eine Lehrkraft braucht allerdings ein Basiswissen, um Eltern beraten zu können, wann diese externe Hilfestellung empfehlenswert ist. Darum werden im Folgenden Grundinformationen zur kindlichen Sprachentwicklung gegeben, um für ein Gespräch mit Eltern einen fachlichen Orientierungsrahmen zu haben. Nicht zuletzt sind diese Kenntnisse auch notwendig, um die „diagnostischen Befunde“[15] einschätzen zu können, die aus der Kindergartenzeit vorliegen.

3.2.1 Meilensteine des frühkindlichen Spracherwerbs

Wendlandt (2010, S. 31) hat die „normale“ Sprachentwicklung in ihrem zeitlichen Ablauf in einer Graphik veranschaulicht (vgl. Abb. 3). Die drei zentralen Bereiche sprachlicher Kompetenzentwicklung, Wortschatz, Artikulation und Grammatik, werden in dieser Abbildung eingerahmt und von Anfang an begleitet durch das *Sprachverständnis*. Damit wird auf ein übergreifendes Entwicklungsprinzip des Spracherwerbs aufmerksam gemacht, das Grimm (2003, S. 44ff.) als „Schrittmacherprinzip“ definiert hat. Es bedeutet, dass das Verstehen und damit die sprachrezeptiven Leistungen nicht nur grundsätzlich den produktiven Leistungen vorausgehen, sondern dass sie immer auch über dem Niveau der Sprachproduktion liegen. Weitere Entwicklungsprinzipien sind:

- Sprachentwicklung schreitet vom impliziten Symbolwissen zum elaborierten Sprachwissen voran.
- Sprachliche Entwicklungsprozesse sind immer das Ergebnis von vorangegangenen Erwerbsprozessen.
- Sprachentwicklung ist an eine „kritische Masse“ gebunden, d.h. Sprachentwicklungsprozesse kommen nur dann voran, wenn stufenspezifische Erwerbsaufgaben mit einer hinreichenden Menge von Spracheinheiten und Sprachregeln erworben wurden. So sind es z.B. 50 Wörter, die mit zwei Jahren aktiv beherrscht werden müssen, um rechtzeitig auf die Stufe der syntaktisch-morphologischen Erwerbsaufgabe zu kommen. Wortschatzentwicklung und Grammatikerwerb verlaufen nicht unabhängig voneinander, vielmehr gibt es Zusammenhänge zwischen der Größe des Wortschatzes und der grammatischen Komplexität (Szagun 2006, S. 126ff).

15 Welche „diagnostischen Befunde“ jetzt in vielen Bundesländern in der Kindergartenzeit als lernprozessbegleitende Dokumentationen angefertigt werden, wird im anschließenden Kapitel vorgestellt.

- Damit hängt letztlich auch das Prinzip der „sensiblen Phase“ zusammen, das besagt, dass Kinder nur bis ungefähr zum sechsten Lebensjahr Zeit haben, ihren primären Spracherwerb erfolgreich abzuschließen. Die Entwicklung einer korrekten Aussprache ist schon früher mit etwa 4,5 Jahren abgeschlossen. Nicht selten kommt es in dieser Altersphase zu einer gewissen Sprechunflüssigkeit, zum „Verhaspeln“, das wie leichtes Stottern wirkt und sich nach einem halben Jahr wieder geben sollte. Schwierigkeiten und Störungen treten dann auf, wenn sich bestimmte Prozesse des Spracherwerbs nicht in den vorgegebenen Zeitfenstern vollziehen.

Mit diesen Prinzipien lässt sich auch rechtfertigen, dass in der Graphik immer auch Altersangaben mit entsprechenden Entwicklungsstufen verknüpft sind. Von einer Sprachentwicklungsverzögerung spricht man, wenn der Rückstand der Sprachentwicklung mehr als ein halbes Jahr beträgt.[16]

▶ Merksatz

„Verzögerte“ Sprachentwicklungen liegen immer dann vor, wenn die expressiven und rezeptiven verbalen Fähigkeiten des Kindes nicht der Altersnorm entsprechen“ (Böhme 2003, S. 48).

Der Forschungsstand zum Spracherwerb macht eindringlich bewusst, dass mit Schulbeginn eigentlich mündlich alles „gekonnt“ wird und unmittelbare Hilfestellung geboten ist, wenn dies nicht der Fall sein sollte.

16 Grobe Richtwerte für eine altersgemäße Entwicklung finden sich bei Wendlandt 2010, S. 35f.).

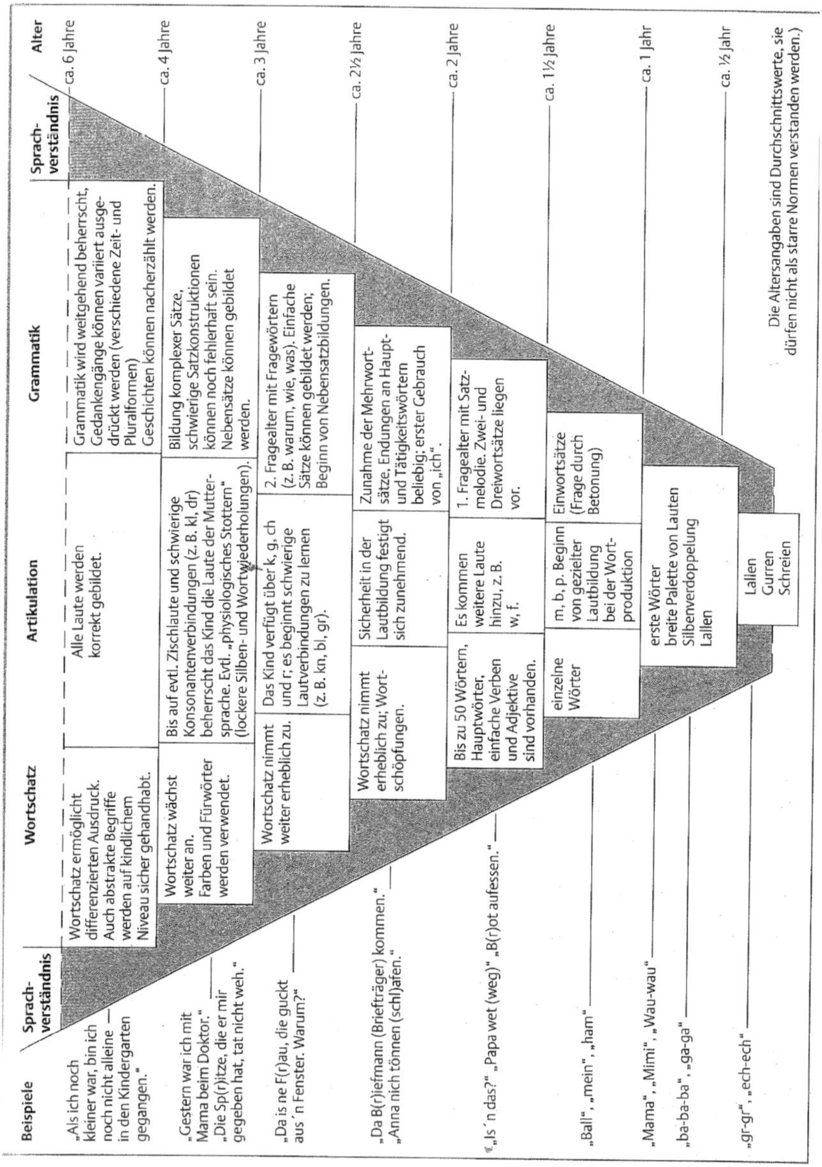

Abbildung 3: Die Sprachpyramide nach Wendlandt (2010, S. 31)

Ein Aspekt des kindlichen Spracherwerbs soll hier noch veranschaulicht werden, da er für das Erkennen von *spezifischen* Sprachentwicklungsstörungen besondere Bedeutung hat: der Erwerb morphologisch-syntaktischer Strukturen. Clahsen (1988) hat die ungestörte Grammatikentwicklung in fünf Phasen eingeteilt (vgl. Tab. 1).

Tabelle 1: Vereinfachte Darstellung der Phasen der Grammatikentwicklung nach Clahsen (1988)[17]

Phasen	Sprachliche Entwicklung (Grammatik)	Alter
1	Vorläufer zur Syntax Einzelne Wörter gelten als Sätze (Einwortstadium), werden in einer Satzbedeutung gebraucht, die Verneinung wird durch „nein" erreicht, Fragesätze werden durch die entsprechende Intonation (Melodieführung und Betonung im Satz) realisiert. Beispiel: „Ba!" Kann bedeuten: Da ist der Ball. Gib mir den Ball usw.	bis ca. 1,6
2	Erwerb des syntaktischen Prinzips Ein-, Zwei- und Mehrwortsätze, erste Fragewörter (Informationsfragen), Verben meist in der Stammform oder im Infinitiv, Sätze sind vielfach noch nicht vollständig (fehlendes Subjekt, fehlendes Verb, auch beides). Beispiel: „Mama kaufen" kann bedeuten: Die Mama soll das für mich kaufen.	ca. 1,6-2,0
3	Vorläufer der einzelsprachlichen Grammatik Jetzt meistens Mehrwortsätze, Verben stehen bereits an der richtigen Stelle oder auch noch am Ende des Satzes, erste Verbflexionen, Verwendung von Hilfs- und Modalverben, erste Kasusmarkierungen (Genitiv-s). Beispiel: „Viele Schenke komm habe" kann bedeuten: Ich habe viele Geschenke bekommen.	ca. 2,0-2,6

17 Sprachförderung in der Kindertagesstätte. Handbuch mit großem Spieleteil 2006, S. 15f. Zugriff am 13.08.2012 http://www.leipzig.de/imperia/md/content/53_gesundheitsamt/handbuch_sprachf__rderung.pdf (Internet).

Tabelle 1 (Fortsetzung)

4	Erwerb einzelsprachlicher syntaktischer Besonderheiten Wortstellung meistens richtig, gebeugte Verben in der Regel an zweiter Stelle im Satz, die „Du-Form“ des Verbs wird erworben, meist noch Nominativ, wenn Akkusativ oder Dativ gefordert sind, Fragen werden durch Umstellungen gebildet. (Beispiel: Hast du...) Beispiel: „Ich spiele mit die Tasse“.	ca. 3,0
5	Komplexe Sätze Angleichung an die Erwachsenensprache, Haupt- und Nebensätze, Konjunktionen werden verwendet, Akkusativformen werden z. T. noch übergeneralisiert, Fragen mit „ob“ werden gebildet. Beispiel: „Ich frage Isabell, ob sie zu meinem Geburtstag kommt.“	ab ca. 3,6

3.2.2 Störungen der Sprachentwicklung

Die Klassifikation von Sprachstörungen orientiert sich vornehmlich an den Oberflächenphänomenen des Sprechens. So werden einerseits Störungen in der Aussprache (Dyslalie), im Redefluss (Stottern, Poltern), im Stimmklang (Näseln), im Wortschatz, der Grammatik, in einem eingeschränkten Sprachverständnis oder auch in Störungen auf der pragmatischen Ebene, in einer Sprechverweigerung (Mutismus) unterschieden. Eine häufige Artikulationsstörung im Grundschulalter ist das Lispeln (Sigmatismus), d.h. die fehlerhafte Aussprache der s-Laute, die sich in der Unfähigkeit zeigt, Laute oder Lautverbindungen richtig auszusprechen („ein doßer Metterling“). Hierbei kann es sich um eine Entwicklungsstörung handeln, die sich in der Planung, Steuerung und Kontrolle der Artikulationsmotorik zeigt (Dyslalie). Derartige Probleme der Lautbildung lassen sich von Störungen des Sprechens unterscheiden, die als Redeflussstörungen folgende Phänomene zeigen:

- Stottern, wobei zu bedenken ist, dass im Einschulungsalter noch ein sogenanntes „entwicklungsbedingtes Stottern“ vorliegen kann, das teilweise ohne Intervention verschwindet.[18]

18 Zwischen Stottern und LRS besteht außerdem kein nachweisbarer Zusammenhang.

- Poltern, worunter eine Überstürzung der Rede verstanden wird, die dem Stottern oberflächlich ähnlich ist. Trotzdem gibt es Unterschiede, denn das Poltern entsteht gerade nicht aus einer Sprechhemmung, sondern aus übergroßer Mitteilsamkeit und kann ebenfalls altersbedingt auftreten.

Derartige Sprachprobleme sind offensichtlich und brauchen hier deshalb nicht weiter zu interessieren, weil sie unschwer zu erkennen sind. Es gibt aber einen Typus von Sprachentwicklungsstörung, der für den Laien schwer erkennbar ist, die *Spezifische Sprachentwicklungsstörung (SSES).* Die Symptome können vielfältig sein und beziehen sich auf mehrere Bereiche des Spracherwerbs:

- Sprachverständnis
- Wortschatz
- Grammatik

Diese Komplexität des Störungsbildes ist auch Grund dafür, dass durchaus kontrovers diskutiert wird, ob es sich bei einer spezifischen Sprachentwicklungsstörung nur um eine Verzögerung der Sprachentwicklung oder um einen auch qualitativ andersartigen Spracherwerb handelt. Hier soll zunächst die *verzögerte* Sprachentwicklung angesprochen werden, da das Vorliegen einer SSES erst im 4. Lebensjahr eindeutig diagnostizierbar ist.

Sprachentwicklungsverzögerungen beginnen bereits auf vorsprachlicher Ebene, d.h., diese Kinder fangen relativ spät an zu sprechen. Sie erlernen auch ihre ersten Wörter nur sehr langsam und schaffen es insbesondere nicht, mit zwei Jahren die 50-Worte-Marke zu erreichen. Auch der Wortschatzspurt – das rapide Anwachsen des aktiven Wortschatzes im zweiten Lebensjahr – fehlt ihnen (Kauschke 2000). Diese *Late Talker* produzieren kaum altersgemäße Zwei-Wort-Sätze und sprechen insgesamt weniger komplex. Mit der verzögerten lexikalischen und syntaktischen Entwicklung sind nicht selten auch Rückstände im Sprachverständnis verbunden.

Diese Form einer verzögerten Sprachentwicklung ist keineswegs selten: Zwischen 13 und 20 % der zweijährigen Kinder werden als *Late Talker* bezeichnet (Grimm 2003). Jungen sind in dieser Gruppe überproportional häufig zu finden. Aber nicht alle *Late Talker* sind noch mit Schuleintritt auffällig. Ein Drittel bis die Hälfte dieser Kinder kann ihren Sprachentwicklungsrückstand im Verlauf des dritten Lebensjahres wieder aufholen und wird als Late Bloomer bezeichnet (Ellis Weismer u.a. 1994). Diese Kinder sind mit Schuleintritt sprachlich unauffällig, aber sie haben sich wohl nur scheinbar der Entwicklung sprachunauffälliger Kinder angepasst. In verschiedenen Studien (vgl. Aram u.a. 1984, Scarborough/Dubrich 1990, Catts 1993) zeigte sich, dass weit über die Hälfte dieser Kinder gravierende Probleme im Schriftspracherwerb hatten und Lese-Rechtschreibprobleme entwickelten.

Dies gilt in noch höherem Maße für die Late Talker, die ihre Sprachentwicklungsrückstände nicht bis zum Schuleintritt aufholen können. Sie werden dann auch jener Gruppe von Kindern zugeordnet, bei denen eine *Spezifische Sprachentwicklungsstörung (SSES)* oder *Entwicklungsdysphasie* (Grimm 1994) vorliegt. Gemäß dem Internationalen Klassifikationssystem der Weltgesundheitsorganisation (ICD-10, Dilling u.a. 2011) wird von einer *umschriebenen Entwicklungsstörung des Sprechens und der Sprache* gesprochen, wenn im Wesentlichen nur sprachliche Leistungen zum Störungsbild gehören. Es handelt sich um Kinder, die *keine*

- Sinnesbeeinträchtigungen,
- neurologischen Erkrankungen,
- emotionalen Schädigungen,
- kognitiven Beeinträchtigungen oder
- Sozialisationsdefizite aufweisen.

In diesem Sinne ist auch die Titulierung als „spezifisch" zu verstehen, da das Störungsbild als ein selektives Störungsbild im Sprachbereich verstanden wird. Dies gilt natürlich nur für die Entstehung des Störungsbildes, nicht für den weiteren Verlauf, da Kinder mit diesem Sprachproblem häufig emotionale und psychische Probleme entwickeln.

Schaut man sich die einzelnen Leistungsbereiche an, die bei einer SSES betroffen sein können, versteht man besser, warum der Schriftspracherwerb dieser Kinder problembehaftet ist. Ihre auditive Merkspanne bzw. ihr auditives Kurzzeitgedächtnis ist geringer entwickelt, die Identifikations- und Diskriminierungsleistungen in der Lauterkennung sind herabgesetzt. Sprachentwicklungsgestörte Kinder können prosodische Strukturen schwerer erfassen (Schecker u.a. 2007, S. 196ff.). Besonders auffällig und gravierend sind die Defizite im morpho-syntaktischen Bereich, der auch zu der Bezeichnung „Dysgrammatismus" für dieses Störungsbild geführt hat. Er wird an drei Diskrepanzen festgemacht (Grimm 2003):

Nonverbaler IQ	>	als die Sprachfähigkeit
Verstehen	>	Sprechen
Grammatik	<	Pragmatik

Noch im Vorschulalter sprechen diese Kinder in stark vereinfachten Sätzen, bei denen das Verb häufig in Infinitivform gebraucht wird und die Satzstellung

„durcheinander" wirkt: „*Ich in Schule gehen.*" „*Die Sonne scheint nach immer regne.*" (Die Sonne scheint, nachdem es immer geregnet hatte.) Die Kinder können auch grammatisch korrekt vorgesprochene Sätze *nicht nachsprechen.* Im Gegenteil: Sie formen das korrekt Vorgesprochene „in ihre Sprache" um. Sie verweigern auch die Korrektur, obwohl die Bedeutung des Satzes ihnen eigentlich geläufig ist (vgl. Grimm 2003, S. 132ff.).

Mit einer entsprechend fachkundigen und intensiven Betreuung kann dieses Störungsbild abgemildert werden, besonders bei frühem Therapiebeginn. Lässt man die sprachlichen Auffälligkeiten hingegen unbeachtet, so wirkt sich die zunächst nur auf die Sprache bezogene Beeinträchtigung bald umfassender aus. Selbst die allgemeine kognitive Entwicklung kann ungünstig beeinflusst werden (Dannenbauer 2001, S.106). Gerade für diese Kinder ist es wichtig, eine *Kombination* von Sprachförderung und Lese-Rechtschreibförderung durchzuführen. Diese Forderung gilt in gleicher Weise auch für Kinder mit Migrationshintergrund – wenn auch aus ganz anderen Gründen.

3.3 Zweitspracherwerb: Von der Alltagssprache zur „schulischen Bildungssprache"

Während der Erwerb der Muttersprache sich selbst bei nicht optimalem Sprachinput als relativ „robust" erweist, ist der Erwerb einer zweiten Sprache offensichtlich störanfälliger, von Stagnation bedroht und durch große interindividuelle Leistungsunterschiede gekennzeichnet. Was aber sind die Ursachen dafür, dass manche Kinder problemlos mit zwei oder mehr Sprachen aufwachsen und andere keine hinreichenden Deutschkenntnisse erwerben?

Eine der prominentesten Thesen, um den geringen Schulerfolg von Migrantenkindern zu erklären, wurde von Toukomaa/Skutnabb-Kangas (1977) bereits vor 35 Jahren entwickelt und als Schwellen- und Entwicklungsinterdependenzhypothese bezeichnet. Ausgangspunkt der Argumentation ist dabei die Überlegung, dass die sprachliche und kognitive Entwicklung eines Kindes nicht unabhängig voneinander sind. Bei einem zweisprachig aufwachsenden Kind ist dementsprechend das Kompetenzniveau beider Sprachen zu berücksichtigen. Entscheidend für eine gelingende Bildungskarriere von Migrantenkindern ist die Chance, in beiden Sprachen, der Herkunftssprache und der Zweitsprache, einen elaborierten Sprachstand zu erreichen. Nur so kann es zur Stimulierung der allgemeinen kognitiven Entwicklung kommen. Wird hingegen in beiden Sprachen nur ein geringes Kompetenzniveau erreicht („doppelte Halbsprachigkeit"), dann sind ungünstige Effekte auf die allgemeine kognitive Entwicklung erwartbar. Ein typisches Beispiel hierfür wären jene Migrantenkinder, die zu Hause nur eine rudimentäre Variante einer Herkunftssprache sprechen und in die Mehrheitskultur nur ungenügend integriert sind bzw. keine Sprachlernsituation vorfinden, die ihnen den Erwerb der Verkehrssprache ermöglichen würde. Hier kann der Zweitspracherwerb auch zu negativen Einflüssen auf die Erstsprachentwicklung führen, indem es zu einer „subtraktiven" Sprachlernsituation kommt: Sprachliches Wissen der Herkunftssprache wird schneller vergessen als die Sprachentwicklung in der Zweitsprache voranschreitet. Kognitiv neutral ist nur die hohe Sprachkompetenz in wenigstens einer der beiden Sprachen, wobei es unerheblich ist, ob dies die Erst- oder Zweitsprache ist. Oberhalb dieser Standardsituation, die typischer Weise beim schulischen Erlernen einer ersten Fremdsprache vorliegt, wird eine Schwelle angenommen, die bei einer hohen Sprachkompetenz in beiden Sprachen zu einer positiven Beeinflussung der allgemeinen kognitiven Entwicklung führt (Abb. 4).

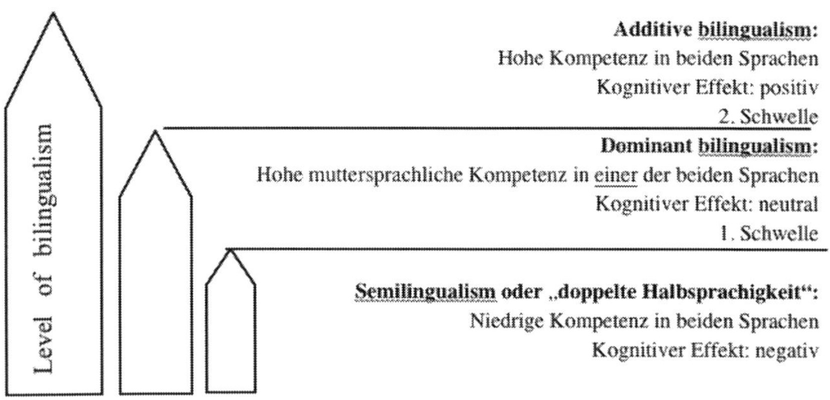

Abbildung 4: Kognitive Effekte unterschiedlicher Formen von Zweisprachigkeit (nach Toukomaa/Skutnabb-Kangas 1977)

Interdependenz der Entwicklung wird aber nicht nur für die Beziehung zwischen Sprache und Kognition angenommen, sondern auch für die Dynamik der Lernentwicklung in den unterschiedlichen Sprachen. Cummins (1991) argumentiert dabei mit einer sozusagen starken Transferannahme, indem er davon ausgeht, dass es einen positiven Transfer von Sprachstrukturen und sprachlich-konzeptuell gebundenen Wissensbestandteilen zwischen den Sprachen gibt, die ein Lernender zur Verfügung hat. Die Interdependenz des Sprachlernens in zwei und ggf. mehreren Sprachen gilt dabei als besonders günstig, wenn in der Erstsprache ein elaborierter Sprachstand, eine Cognitive Academic Language Profiency (CALP) entwickelt wurde, auf die eine andere Sprache aufbauen kann. Unter Rekurs auf diese Hypothesen wird vielfach für eine bilinguale Alphabetisierung und eine schulbegleitende Förderung der Herkunftssprache plädiert. Diese ideale Vorstellung hat sicher vor dem Hintergrund der starken emotionalen und motivationalen Abhängigkeit des Sprachlernens seine Berechtigung, sie steht aber aus der Sicht der linguistischen Spracherwerbsforschung in der Tradition einer überholten Theoriebildung (vgl. Roche 2005).

Zwischen 1960 und 1980 hat es ausgehend von der Kontrastivhypothese zahlreiche Untersuchungen gegeben, die sich mit den strukturellen Unterschieden zwischen Sprachen beschäftigt haben. Ausgangspunkt war dabei die Annahme, dass die Erstsprache sozusagen die Basis für den Erwerb weiterer Sprachen bildet und dementsprechend Fehler, die so genannten Interferenzfehler, dann auftreten, wenn Erst- und Zweitsprache sich strukturell unterscheiden. In diesem Fall kommt es zu einem negativen Transfer, indem die formale Struktur der Erstsprache auf die Zweitsprache übertragen wird und zu Fehlern führt. Dieses Erklärungsmuster hat aber nur bedingt Gültigkeit, denn Fehler treten häufig auch bei ähnlichen Sprachstrukturen auf und viele vermeintliche Interferenzfehler traten nach intensiverer Analyse dieses Phänomens bei Lernern unterschiedlicher Erstsprache auf. Als hartnäckige und generalisierbare Fehler erwiesen sich insbesondere jene, die durch die Struktur der jeweils zu erlernenden Zielsprache zu erklären sind. Im Deutschen sind es z.B. die in acht unterschiedlichen Formen gebildeten Pluralendungen, die für alle Deutschlernenden eine Hürde sind. Insofern ist es aus didaktischer Perspektive sehr bedeutsam, sprachsystematisches Wissen über das Deutsche zu haben.

Ein weiterer Aspekt ist für eine Schwerpunktsetzung der Förderung des Deutschen bedeutsam: Aus linguistischer Perspektive gilt die Notwendigkeit des Erreichens einer bestimmten Schwelle oder Niveaustufe der Sprachkompetenz in der Erstsprache nicht mehr als Voraussetzung für einen erfolgreichen Zweitspracherwerb (Tracy 2005, S. 67).

Kinder können sehr wohl mit zwei Sprachen gleichzeitig aufwachsen und bedürfen offensichtlich nicht einer prioritär entwickelten elaborierten Erstsprachkompetenz. Grundsätzlich geht es in dieser Auseinandersetzung um die Frage einer sprachspezifischen oder einer sprachübergreifenden Abspeicherung von Sprache(n). Neurologische Befunde zur Sprachverarbeitung von Erst- und Zweitsprache können zeigen, dass bereits ab sechs Jahren eigene Verarbeitungszentren zur Prozessierung grammatischer Informationen aufgebaut werden. Die bildgebenden Verfahren der Hirnforschung erklären zwar nicht wie Sprache verarbeitet wird, sie veranschaulichen aber, welche Hirnareale bei der Verarbeitung von Sprache aktiviert werden. Dementsprechend ist bereits ab dem 6. Lebensjahr der Zweitspracherwerb auf eine „kompensatorische Ressourcennutzung“ (vgl. Grießhaber 2002) von Hirnarealen angewiesen, die eigentlich nicht für diese Aufgabe spezialisiert sind. Insbesondere die Verarbeitung grammatischer Informationen erfolgt bei späterem Zweitspracherwerb für beide Sprachen getrennt, während sie bei simultanem Erwerb von zwei Sprachen (Bilingualismus) im Wesentlichen integriert verläuft.

Bereits mit Schuleintritt bedeutet damit der Erwerb einer zweiten Sprache einen höheren kognitiven und emotionalen Aufwand als der Erstspracherwerb im privilegierten frühkindlichen Sprachlernfenster. Die Untersuchungen von Hakuta u.a. (2000) zeigen, dass selbst Migrantenkinder, die der Mittelschicht angehören, fünf bis zehn Jahre brauchen, um ein muttersprachliches Sprachniveau zu erreichen. Damit ist die Beherrschung der Verkehrssprache auf einem schulsprachlichen Niveau gemeint, das auch den spezifischen Anforderungen von Fachsprache und Schriftlichkeit genügt.

Es ist nicht die alltagssprachliche, kommunikative Kompetenz, die für Migrantenkinder eine Herausforderung darstellt, sondern die kompetente Teilhabe an der „schulischen Bildungssprache“ (Gogolin/Lange 2010). Darunter wird ein elaborierter, konzeptionell schriftlicher Code verstanden (vgl. Koch/Oestereicher 1985), der für alle Bereiche der Spracherwerbsaufgabe, Hörverständnis, Sprechen, Lesen und Schreiben, eine über die lebensweltbezogene Verständigung hinausgehende Integration von kulturell verankertem Welt- und Fachwissen verlangt[19] (vgl. Abb. 5).

Ehlich (2005) plädiert dafür, Sprache nicht auf „Grammatik“ und „Wortschatz“ zu reduzieren, sondern den Handlungscharakter von Sprache zu berücksichtigen und die sprachliche Qualifizierung dementsprechend als einen „Qualifikationsfächer“ zu fassen. Dieses Votum für ein breites, pragmatisch akzentuiertes Konzept der Sprachaneignung findet sich auch in der handlungsorientierten Fremdsprachendidaktik wieder, wie sie von Piepho (2003) vertreten wurde. Sein Konzept favorisiert einen interaktiven Spracherwerb, der in der Form von „Lernszenarien“ schulisch umgesetzt werden soll. Lernszenarien werden dabei als ein offenes Lernangebot verstanden, das ausgehend von realen Lebenssituationen sprachliches Handeln ermöglicht. Im Mittelpunkt des Unterrichtsgeschehens sollen der kommunikative Zweck und die Sprachan-

19 Damit wird Bezug genommen auf eine Unterscheidung von Äußerungen, die sich an sprachlichen Merkmalen und Kommunikationsbedingungen festmacht. Unabhängig vom Medium der Botschaft, ob also eine Äußerung schriftlich vorliegt oder nur mündlich übermittelt wird, ist die Art und Weise der Äußerung entscheidet, d.h. sowohl eine schriftliche als auch eine mündliche Äußerung kann „konzeptionell“ sein. Ein wissenschaftlicher Vortrag ist z.B. hochgradig „konzeptionell“ mündlich. Das Telefonat mit der besten Freundin nicht. Die Klassifikation als „konzeptionell“ mündlich oder schriftlich liegt damit jeweils auf einem Kontinuum von mehr oder weniger ausgeprägt. Schulische Bildungssprache verlangt grundsätzliches beides: konzeptionelle Mündlichkeit und konzeptionelle Schriftlichkeit.

wendung stehen, denn die Vertreter einer Szenariendidaktik gehen davon aus, dass sich die Grammatik beim Spracherwerb „fast von alleine" mit entwickelt, solange der Input stimulierend ist (Hölscher u.a. 2006, S. 7).

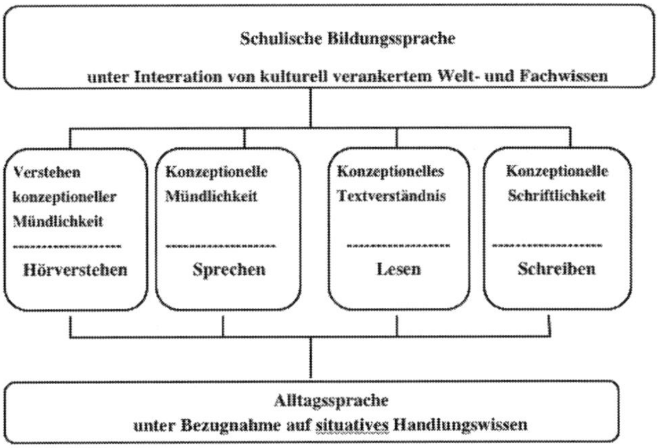

Abbildung 5: Von der Alltagssprache zur schulischen Bildungssprache (eigene Darstellung)

Die Grundidee des Konzepts basiert damit auf der Dominanz *impliziter* Spracherwerbsprozesse, die insbesondere von den unterschiedlichen Sprachniveaus der Kinder in einer Klasse profitieren, indem Schülerinnen und Schüler unterschiedlicher Herkunftssprachen voneinander lernen. In Lernszenarien soll der muttersprachliche Deutschunterricht mit dem Sprachwachstum in der Zweitsprache verbunden werden (Hölscher u.a. 2006). Man kann sich allerdings die Frage stellen, ob dieses weitgehend ungesteuerte und auf die situative, mündliche Kommunikation ausgerichtete Lernen in Szenarien hinreichend ist für den Spracherwerb von Migrantenkindern, die relativ schnell über eine gute alltagssprachliche Kompetenz verfügen. Insofern scheint das Szenarien-Konzept allenfalls für das Vorschulalter bzw. den Schulanfang geeignet bzw. für solche Lerner, die erst über rudimentäre Sprachkenntnisse verfügen. Hier mag die Adaptation eigentlich fremdsprachendidaktischer Vorgehensweisen für den DaZ[20]-Förderunterricht geeignet sein, eine langfristig Erfolg versprechende Perspektive für das *gemeinsame Lernen* von muttersprachlich deutschen Kindern und Kindern nicht deutscher Herkunftssprache ist damit wohl nicht gegeben.

20 DaZ = Deutsch als Zweitsprache.

Die Befunde der empirischen Spracherwerbsforschung zeigen, dass Erst- und Zweitspracherwerb im Wesentlichen gleich verlaufen, wobei die Erwerbschronologie im ungesteuerten Zweitspracherwerb eine typische Abfolge zeigt. Diehl u.a. (2000, S. 364) haben die Erwerbssequenzen des Deutschen für den Verbalbereich, Kasusmorphologie und Syntax in mehreren Stufen beschrieben. In der Fremdsprachendidaktik verbindet sich diese Analyse von Erwerbssequenzen mit dem Begriff der *Interlanguage*, der einen jeweils phasentypischen Lernstand und damit auch eine spezifische Fehlertypik signalisiert. Viele Fehler können als Zeichen einer bestimmten Stufe der Lernersprache gesehen werden und verschwinden teilweise ohne weiteres Zutun im Verlauf der weiteren Sprachentwicklung (Roche 2005, S. 116).

Didaktisch entscheidend ist in diesem Kontext die von Pienemann (1989) formulierte Teachabilityhypothese, die besagt, dass der Erwerb sprachlicher Strukturen durch entwicklungsproximalen Input beeinflussbar ist. Der Erwerb von grammatischen Strukturen, die eine Stufe über dem bereits erreichten Sprachstand liegen, kann durch Unterricht positiv beeinflusst werden. Wenn jedoch das Lernangebot Sprachstrukturen enthält, die mehr als eine Stufe über dem jeweils aktuellen Sprachniveau liegen, dann ist der Unterricht bestenfalls wirkungslos, wenn nicht sogar kontraproduktiv. Diese pessimistische Einschätzung wird aber durch neuere Forschungsergebnisse aufgeweicht, indem die Wirksamkeit eines sprachsystematischen Inputs grundsätzlich unterstrichen wird und in gewissem Rahmen sogar zu einer Beschleunigung des Erwerbsverlaufs führen kann (Doughty 2003, Ellis 2002).

An diese Position knüpft Rösch (2003, S.36ff.) mit ihrem sprachsystematischen Konzept der Sprachförderung von Kindern mit Migrationshintergrund an, indem sie insbesondere die Notwendigkeit der gezielten Unterstützung der grammatischen Kompetenz der Zweitsprachlernenden unterstreicht. Gerade die Gefahr der Stagnation oder Fossilierung von Sprachentwicklung und die typischen Vermeidungsstrategien gegenüber komplexeren sprachlichen Formen können nur in einem *explizit auf Sprachlernen ausgerichteten Unterricht* überwunden werden (so auch Belke/Geck 2007). Damit ist nicht nur eine systematische Orientierung des Unterrichts an den empirisch ermittelten „Stolpersteinen" der deutschen Sprache gemeint, wie z.B. Artikel und Genuskonkordanz, Pluralbildung, Präpositionen, Vergangenheitsformen der unregelmäßigen Verben etc., sondern auch das Prinzip eines „integrativen Sprachunterrichts". Im Hinblick auf die heterogene Schülerschaft der Regelklasse wird integrativer Sprachunterricht zunächst als die Einbindung der spezifischen DaZ-didaktischen Elemente in *jeden* Unterricht verstanden.

Insbesondere die „Stolpersteine" der deutschen Sprache sollen als Spiralcurriculum mit „systematischer", nicht „linearer" Progression im binnendifferenzierten Unterricht aufgegriffen werden (Rösch u.a. 2001, S. 62). Es wird davon ausgegangen, dass in der Förderung der Zweitsprachlernenden nicht mit der strengen Progression des Fremdsprachenunterrichts gearbeitet werden muss, da die Migrantenkinder sich immer auch in einer lebensweltlichen, ungesteuerten Sprachlernsituation befinden. Sprachliche Strukturen und Regeln sollen in Form eines Spiralcurriculums mit erkennbarer *systematischer Progression* immer wiederkehrend aufgegriffen werden (Engin u.a. 2004). Damit ist nicht gemeint, sprachliche Sachverhalte zu isolieren, sondern im situativen Kontext, handlungs- und inhaltsorientiert zu bearbeiten. Ein Schwerpunkt wird in der Verbindung von Sprache und Literatur als den beiden großen Bereichen des Deutschunterrichts gesehen.

Dieser Ansatz ist in besonderer Weise von Belke (2003, 2007) ausgearbeitet worden, die den kreativen Umgang mit Texten, insbesondere Gedichten, als Grundlage für den Erwerb grammatischer Strukturen sieht. Ihr Förderkonzept will die Nähe von Poesie und Grammatik nutzen, um sprachliche Lernprozesse für alle Kinder attraktiv zu gestalten. Während das vielfach für den Anfangsunterricht propagierte „freie" Schreiben die Gefahr des Einschleifens einer fossilierenden Interlanguage birgt, plädiert sie für ein „generatives" Schreiben auf der Grundlage poetischer Texte. Dieses Schreiben ist durch die literalen Originaltexte vorstrukturiert, so dass die Kinder die Chance haben, sprachlich richtige Strukturen kennen zu lernen und in leicht abgewandelter Form selbst zu produzieren. Diese Verknüpfung der Textproduktion mit dem Grammatik- und Rechtschreibunterricht kommt auch den deutschen Schülern aus schriftarmen Milieus zu Gute (Belke 2007, S. 13).

Für die Grundschule zeigt sich, dass zunehmend nicht nur Kinder mit Migrationshintergrund, sondern auch einsprachig aufwachsende Kinder Schwierigkeiten haben, „die Sprache der Schule" zu verstehen und zu gebrauchen. Schriftsprachunterricht wird daher immer auch Sprachunterricht sein müssen.[21]

▶ Merksatz

Der Heterogenität der sprachlichen Voraussetzungen für den Schriftspracherwerb muss durch einen Unterricht Rechnung getragen werden, in dem die Entwicklung sowohl schriftsprachlicher als auch bildungssprachlicher Kompetenzen systematisch unterstützt wird.

21 Der aktuelle Forschungsstand weist zumindest für English as a second language aus, dass explizite, sprachstrukturorientierte Sprachförderprogramme den impliziten, handlungsorientierten Programmen insbesondere bei älteren Lernern überlegen sind. Erste evidenzbasierte Befunde für den Zweitspracherwerb im Grundschulalter bestätigen diesen Trend (Darsow u.a. 2012).

3.4 Literatur

Akademie für Lehrerfortbildung und Personalführung (2005). *Lese-Rechtschreib-Schwierigkeiten. Diagnose – Förderung – Materialien* (3. Aufl.). Donauwörth: Auer.

Aram, D. M., Ekelman, B. L. & Nation, J. E. (1984). Preschoolers with language disorders: 10 years later. *Journal of Speech and Hearing Research, 27*, 232-244.

Belke, G. (2003). Methoden des Sprachunterrichts in multilingualen Lerngruppen. In U. Bredel, H. Günther, P. Klotz, J. Ossner & G. Siebert-Ott (Hrsg.), *Didaktik der deutschen Sprache. Bd. 2* (S. 840-853). Paderborn: Schöningh.

Belke, G. (2007). *Poesie und Grammatik. Kreativer Umgang mit Texten im Deutschunterricht mehrsprachiger Gruppen, Textkommentar.* Hohengehren: Schneider.

Böhme, G. (2003). *Sprach-, Sprech-, Stimm- und Schluckstörungen. Band 1, Klinik* (4. Aufl.). Stuttgart: Urban & Fischer.

Bossen, A. (2010). *Das BeLesen-Training ein Förderkonzept zur rhythmisch-musikalischen Unterstützung des Schriftspracherwebs in multilingualen Lerngruppen. Theorieband.* Essen: Die blaue Eule.

Catts, H. W. (1993). The relationship between speech-language impairments and reading disabilities. *Journal of Speech and Hearing Research, 36*, 948-958.

Clahsen, H. (1988). *Normale und gestörte Kindersprache.* Amsterdam/Philadelphia: John Benjamins Publishing Company.

Cummins, J. (1991). Interdependence of first- and second-language proficiency in bilingual children. In E. Bialystok (Hrsg.), *Language Processing in Bilingual Children* (S. 70-89). Cambridge: Cambridge Press.

Dannenbauer, F. H. (2001). Chancen der Frühintervention bei spezifischer Sprachentwicklungsstörung. *Die Sprachheilarbeit, 46*, 106.

Darsow, A., Paetsch, J., Stanat, P. & Felbrich, A. (2012). Ansätze einer Zweitsprachförderung: Eine Systematisierung. *Unterrichtswissenschaft, 40*, 1/12, 64-82.

Diehl, E., Christen, H., Leuenberger, S., Pelvat, I. & Struder, T. (Hrsg.) (2000). *Grammatikunterricht: Alles für die Katz?* Tübingen: Niemeyer.

Dilling, H., Mombour, W. & Schmidt, M.H. (2011). *Internationale Klassifikation psychischer Störungen: ICD-10 Kapitel V (F). Klinisch-diagnostische Leitlinien* (8. Aufl.). Bern: Huber.

Doughty, C. J. (2003), Instructed SLA: constraints, compensation, and enhancement. In C. J. Doughty & M. H. Long (Hrsg.), *The handbook of second language acquisition* (S. 256-310). Malden MA: Blackwell.

Ehlich, K.(2005). Eine Expertise zu „Anforderungen an Verfahren der regelmäßigen Sprachstandsfeststellung als Grundlage für die frühe und individuelle Förderung von Kindern mit Migrationshintergrund". In I. Gogolin, U. Neumann & H.-J. Roth (Hrsg.), *Sprachdiagnostik bei Kindern und Jugendlichen mit Migrationshintergrund* (S. 33-50). Münster: Waxmann.

Ehlich, K. & Trautmann, C. (2005). Sprachaneignung beobachten, Sprachstand erheben: linguistische Sicht. In H. Bartnitzky & A. Speck-Hamdan (Hrsg.), *Deutsch als Zweitsprache lernen* (S. 44-52). Frankfurt a.M.: Grundschulverband – Arbeitskreis Grundschule e.V.

Ellis, R. (2002). Does form-focused instruction affect the acquisition of implicit knowledge? A review of research. Studies *in Second Language Acquisition, 24* (2), 223-236.

Ellis Weismer, S., Miller, J. & Murray-Branch, J. (1994). A Prospective Longitudinal Study of Language Development in Late Talkers. *Journal of Speech and Hearing Research, 37*, 852-867.

Engin, H., Müller-Boehm, E., Steinmüller, U. & Terhechte-Mermeroglu, F. (2004). *Kinder lernen Deutsch als zweite Sprache. Prinzipien, Sequenzen, Planungsraster, Minimalgrammatik*. Berlin: Cornelsen Scriptor.

Forster, M. & Martschinke, S. (2008). *Diagnose und Förderung im Schriftspracherwerb, neue Rechtschreibung. Bd.2: Leichter lesen und schreiben lernen mit der Hexe Susi* (8. Aufl.). Donauwörth: Auer.

Gogolin, I. & Neumann, U. (2009) (Hrsg.): *Streitfall Zweisprachigkeit – The Bilingualism controversy*. Wiesbaden: VS-Verlag.

Gogolin, I. & Lange, I. (2010). Bildungssprache und Durchgängige Sprachbildung. In S. Fürstenau & M. Gomolla (Hrsg.), *Migration und schulischer Wandel: Mehrsprachigkeit* (S. 107-127). Wiesbaden: VS-Verlag.

Grießhaber, W. (2002). Erwerb und Vermittlung des Deutschen als Zweitsprache. In *Deutsch in Armenien* Teil 1: 2001/1, S. 17-24; Teil 2: 2001/2, S. 5-15 Jerewan: Armenischer Deutschlehrerverband. Zugriff am 01.02.2012 http://spzwww.uni-muenster.de/griesha/sla/gri/ZSE-Jerewan.html (Internet).

Grimm, H. (1994). Sprachentwicklungsstörung: Diagnose und Konsequenzen für die Therapie. In H. Grimm & S. Weinert (Hrsg.), *Intervention bei sprachgestörten Kindern: Voraussetzungen, Möglichkeiten und Grenzen* (S. 3-32). Stuttgart: Fischer.

Grimm, H. (2003). *Störungen der Sprachentwicklung* (2. Aufl.). Göttingen: Hogrefe.

Hakuta, K., Butler, Y. G. & Witt, D. (2000). *How long does it take English learners to attain profiency?* Stanford: The University of California Linguistic Minority Research Institute.

Hölscher, P., Piepho, H.-E. & Roche, J. (2006): *Handlungsorientierter Unterricht mit Lernszenarien*. Oberursel: Finken. Zugriff am 01.02.2012 http://www.finken.de/pdf/Grundschule/W17163.pdf (Internet).

Jansen, H. & Marx, H. (1999). Phonologische Bewusstheit und ihre Bedeutung für den Schriftspracherwerb. *Forum Logopädie, 13*, Heft 2, 7-16.

Juel, C. (1988). Learning to read and write: A longitudinal study of 54 children from first through fourth grades. *Journal of Educational Psychology, 80*, 437-447.

Kauschke, C. (2000). *Der Erwerb des frühkindlichen Lexikons. Eine empiriche Studie zur Entwicklung des Wortschatzes im Deutschen*. Tübingen: Gunter Narr.

Kirschhock, E.-M. (2004). *Entwicklung schriftsparchlicher Kompetenzen im Umgang mit Anfangsunterricht*. Bad Heilbrunn: Klinkhardt.

Klauer, K. J. & Lauth, G. W. (1997). Lernbehinderungen und Leistungsschwierigkeiten bei Schülern. In F. E. Weinert (Hrsg.), *Psychologie des Unterrichts und der Schule* (S. 701-738). Göttingen: Hogrefe.

Klicpera, Ch., Gasteiger-Klicpera, B. & Schabmann, A. (1993). *Lesen und Schreiben. Entwicklung und Schwierigkeiten*. Bern: Huber.

Klicpera, Ch., Schabmann, A. & Gasteiger-Klicpera, B. (2010). *Legasthenie – LRS*. (3. Aufl.). München/Basel: Ernst Reinhardt Verlag.

Koch, P. & Oesterreicher, W. (1985). *Sprache der Nähe – Sprache der Distanz. Mündlichkeit und Schriftlichkeit im Spannungsfeld von Sprachtheorie und Sprachgeschichte. Romanistisches Jahrbuch, 36* (S. 15-43). Berlin/New York: Walter de Gruyter.

Küspert, P. (1998). *Phonologische Bewußtheit und Schriftspracherwerb. Zu den Effekten vorschulischer Förderung der phonologischen Bewußtheit auf den Erwerb des Lesens und Rechtschreibens.* Frankfurt/Main: Peter Lang.

Locke, J. L. (1997). A theory of neurolinguistic development. *Brain and Language, 58*, 265-326.

Lundberg, I. (1994). Reading difficulties can be predicted and prevented. In Ch. Hulme & M. Snowling (Hrsg.), *Reading development and dyslexia* (S. 180-199). London: Whurr.

Mahlau, Kathrin (2008): *Metaphonologische Fähigkeiten und ihre Bedeutung für den Schriftspracherwerb bei spezifisch sprachentwicklungsgestörten Kindern.* Frankfurt a. M.: Peter Lang.

Mason, J. M. & McCormick, C. (1979). Testing the development of reading and linguistic awareness. *Technical reports, Nr. 224.* Center for the Study of Reading – University of Illinois: Urbana.

Marx, H., Jansen, H., Mannhaupt, G., Skowronek, H., Näslund, J.C. & Schneider, W. (1993). Prediction of difficulties in reading and spelling and the basis of the bielefeld screening. In H. Grimm & H. Skowronek (Hrsg.), *Language acquisition problems and reading disorders aspects of diagnosis and intervention* (S. 219-241). Berlin: De Gruyter.

Marx, H. & Jansen, H. (1999). Möglichkeiten und Grenzen der Früherkennung und Vorhersage von Lese-Rechtschreibschwierigkeiten. *Forum Logopädie, 13,* Heft 6, 7-16.

Pienemann, M. (1989). Is language teachable? Psycholinguistic experiments and hypotheses. *Applied Linguistics, 10(1)*, 52-79.

Piepho, H.-E. (2003). „ Von der Übungs- und Aufgabentypologie zur Sezenariendidaktik – es hat sich etwas entwickelt". In M. Legutke & M. Schocker-v. Ditfurth (Hrsg.), *Kommunikativer Fremdsprachenunterricht: Rückblick nach vorn* (S. 59-68). Tübingen: Narr.

Roche, J. (2005). *Fremdsprachenerwerb – Fremdsprachendidaktik.* Tübingen/Basel: A. Francke.

Rösch, H., Ahrenholz, B., Ahrens, R., Grassau, U., Röhner-Münch, K. & Thimm, M. (2001): *Handreichung Deutsch als Zweitsprache.* Senatsverwaltung für Schule, Jugend und Sport, Berlin.

Roth, E. (1999). *Prävention von Lese- und Rechtschreibschwierigkeiten. Evaluation einer vorschulischen Förderung der phonologischen Bewusstheit und der Buchstabenkenntnis.* Frankfurt a. M.: Peter Lang.

Roth, E. & Schneider, W. (2002). Langzeiteffekte einer Förderung der phonologischen Bewusstheit und der Buchstabenkenntnis auf den Schriftspracherwerb. *Zeitschrift für Pädagogische Psychologie, 16*, 99-108.

Scarborough, H. S. & Dubrich, W. (1990). Development of children with early language delay. *Journal of Speech, and Hearing Research, 33*, 70-83.

Schecker, M., Hennighausen, K., Christmann, G., Kohls, G., Maas, V., Rinker, T. & Zachau, S. (2007). Spezifische Sprachentwicklungsstörungen. In H. Schöler & A. Welling (Hrsg.), *Sonderpädagogik der Sprache* (S. 190-212). Göttingen: Hogrefe.

Schneider, W., Roth, E., Küspert, P. & Ennemoser, M. (1998). Kurz- und langfristige Effekte eines Trainings der sprachlichen (phonologischen) Bewußtheit bei unterschiedlichen Leistungsgruppen: Befunde einer Sekundäranalyse. *Zeitschrift für Entwicklungspsychologie und Pädagogische Psychologie 30(1),* 26-39.

Schneider, W., Roth, E. & Küspert, P. (1999). Frühe Prävention von Lese-Rechtschreibproblemen: Das Würzburger Trainingsprogramm zur Förderung sprachlicher Bewusstheit bei Kindergartenkindern. *Kindheit und Entwicklung, 8*, 147-152.

Schneider, W., Roth, E. & Ennemoser, M. (2000). Training phonological skills and letter knowledge in children at risk for dyslexia: A comparison of three kindergarten intervention programmes. *Journal of Educational Psychology, 92*, 284-295.

Schnitzler, C. (2008). *Phonologische Bewusstheit und Schriftspracherwerb.* Stuttgart/ New York: Thieme.

Schnitzler, C. (2012). Phonologische Bewusstheit und Schriftspracherwerb am Schulanfang und in der Schuleingangsphase. In S. Ringmann & J. Siegmüller (Hrsg.), Handbuch Spracherwerb und Sprachentwicklungsstörungen, Bd. 1 Schuleingangsphase (S. 3-21). München: Urban & Fischer.

Schründer-Lenzen, A. (2009): Die „neue Schuleingangsstufe". In: H. Merkens, A. Schründer-Lenzen & H. Kuper (Hrsg.), Ganztagsorganisation im Grundschulbereich (S. 57-76). Münster/New York/München/ Berlin: Waxmann.

Schöler, H. & Welling, A. (Hrsg.) (2007). *Handbuch der Sonderpädagogik, Band 1 Sonderpädagogik* der *Sprache*. Göttingen: Hogrefe.

Szagun, G. (2006). *Sprachentwicklung beim Kind. Ein Lehrbuch.* Weinheim und Basel: Beltz.

Toukomaa, P. & Skutnabb-Kangas, T. (1977). *The intensive teaching of the mother tongue to migrant children of pre-school age.* Report written for Unesco. Tampere: University of Tampere, Dept of Sociology and Social Psychology, Research Reports 26, 79 p.

Tracy, R. (2005). Spracherwerb bei 4- bis 8jährigen Kindern. In: T. Guldimann & B. Hauser (Hrsg.): *Bildung 4- bis 8jähriger Kinde*r (S. 59-75). Münster: Waxmann.

Walter, J. (2001). *Förderung bei Lese- Rechtschreibschwäche.* Göttingen: Hogrefe.

Warnke, A, Hemminger, U. & Plume, E. (2004). *Lese-Rechtschreibstörungen.* Göttingen: Hogrefe.

Weber, J., Marx, P. & Schneider, W. (2007). Die Prävention von Lese-Rechtschreibschwierigkeiten bei Kindern mit nichtdeutscher Herkunftssprache durch ein Training der phonologischen Bewusstheit. *Zeitschrift für Pädagogische Psychologie, 21*, 65-76.

Wells, C. G. & Raban, B. (1978). *Children learning to read. Final report to Social Science Research Concil.* Bristol: University of Bristol.

Wendlandt, W. (2010). *Sprachstörungen im Kindesalter* (6. Aufl.). Stuttgart: Thieme.

3.4.1 Verfahren zur Diagnose und Förderung der phonologischen Bewusstheit

Fröhlich, L. P., Metz, D. & Petermann, F. (2010). *Förderung der phonologischen Bewusstheit und sprachlicher Kompetenzen.* Göttingen: Hogrefe.

Jansen, H., Mannhaupt, G., Marx, H. & Skowronek, H. (2002). *Bielefelder Screening zur Früherkennung von Lese-Rechtschreibschwierigkeiten.* Göttingen: Hogrefe.

Küspert, P., Schneider, W. (2006a). *Hören, lauschen, lernen. Sprachspiele für Kinder im Vorschulalter.* Göttingen: Vandenhoeck & Ruprecht.

Küspert, P. & Schneider, W. (2006b). *Hören, lauschen, lernen – vorgespielt. Anleitung zur Durchführung des Trainingsprogramms (DVD mit Booklet).* Vandenhoeck & Ruprecht.

Martschinke, S., Kirschhock, E.-M. & Frank, A. (2011). *Diagnose und Förderung im Schriftspracherwerb, neue Rechtschreibung. Bd.1: Der Rundgang durch Hörhausen. Erhebungen zur phonologischen Bewusstheit.* Donauwörth: Auer.

Martschinke, S., Kirschhock, E.M., Frank, A., Kammermeyer, G., King, M. & Forster, M. (2005). *Anlaute hören, Reime finden, Silben klatschen: Erhebungsverfahren zur phonologischen Bewusstheit für Vorschulkinder und Schulanfänger.* Donauwörth: Auer.

Plume, E. & Schneider, W. (2004). *Hören, lauschen, lernen 2. Spiele mit Buchstaben und Lauten für Kinder im Vorschulalter.* Würzburger Buchstaben-Laut-Training. Göttingen: Vandenhoeck & Ruprecht.

Stock, C., Marx, P. & Schneider, W. (2004). Basiskompetenzen für Lese- und Rechtschreibleistungen (BAKO 1-4). Ein Test zur Erfassung der phonologischen Bewusstheit im Grundschulalter. Göttingen: Hogrefe. Zugriff am 06.02.2012 http://www.testzentrale.de/programm/basiskompetenzen-fur-lese-rechtschreibleistungen.html (Internet).

Stock, C. & Schneider, W. (2011). *PhoniT. Ein Trainingsprogramm zur Verbesserung der phonologischen Bewusstheit und Rechtschreibleistung im Grundschulalter.* Göttingen: Hogrefe. Zugriff am 06.02.2012 http://www.testzentrale.de/programm/ein-trainingsprogramm-zur-verbesserung-der-phonologischen-bewusstheit-und-der-rechtschreibleistung-im-grundschulalter.html (Internet).

3.4.2 Sprachstandsdiagnostik und Förderung von Kindern mit Deutsch als Zweitsprache

Belke, G. & Geck, M. (2007). *Das Rumpelfax: Singen, Spielen, Üben im Grammatikunterricht. Handreichungen für den Deutschunterricht in mehrsprachigen Lerngruppen* (3. Aufl.). Baltmannsweiler: Schneider Verlag Hohengehren.

Belke, G. (2007a). *Mit Sprache(n) spielen.* Baltmannsweiler: Schneider Verlag Hohengehren.

Belke, G. (2007b). *Poesie und Grammatik. Kreativer Umgang mit Texten im Deutschunter-richt mehrsprachiger Lerngruppen.* Baltmannsweiler: Schneider Verlag Hohengehren.

Bossen, A. (2012): *Sprachförderung mit Musik. Ein Themenkatalog praxiserprobter Lieder, Bewegungsspiele und anderer musikalischer Bausteine.* Essen: Die blaue Eule.

Dirim, I. (2003). Beobachtungsbogen für die gezielte Sprachförderung in Hinblick auf die Stolpersteine der deutschen Sprache. In H. Rösch (Hrsg.), *Deutsch als Zweitsprache. Grundlagen, Übungsideen, Kopiervorlagen* (S. 209-212). Braunschweig: Schroedel.

Hobusch, A., Lutz, N. & Wiest, U. (1999). *Sprachdiagnostiküberprüfung und Förderdiagnostik für Aussiedler- und Ausländerkinder im 2., 3. und 4. Schuljahr.* Bremen.

Jeuk, S. (2010). *Deutsch als Zweitsprache in der Schule. Grundlagen – Diagnose – Förderung.* Stuttgart: Kohlhammer.

Kaltenbacher, E. & Klages, H. (2007). Deutsch für den Schulstart: Zielsetzungen und Aufbau eines Förderprogramms. In B. Ahrenholz (Hrsg.), *Deutsch als Zweitsprache* (S. 135-150). Freiburg: Fillibach.

Leonhard, M., Quehl, T. & Röhner-Münch, K. (Hrsg.). (2003). *Werkstatt Deutsch als Zweit-sprache.* Braunschweig: Schroedel.

Montanari, E. (2006). *Spiel mit Deutsch. Kinder als Sprachforscher und Entdecker.* Freiburg: Herder.

Reich, H., Roth, H.-J. & Gantefort, Ch. (2008). ‚Der Sturz ins Tulpenbeet'. Deutsche Sprach-version. Auswertungsbogen und Auswertungshinweise. In T. Klinger, K. Schwippert & B. Leiblein (Hrsg.), *Evaluation im Modellprogramm* FÖRMIG. FÖRMIG *Edition Band 4* (S. 209-237). Münster: Waxmann.

Rösch, H. (Hrsg.) (2003): *Deutsch als Zweitsprache. Grundlagen, Übungsideen, Kopiervorlagen zur Sprachförderung.* Hannover: Schroedel.

Schulz, P. & Tracy, R. (2011). *LiSe-DaZ. Linguistische Sprachstandserhebung – Deutsch als Zweitsprache.* Göttingen: Hogrefe.

Tracy, R. (2003). *Sprachliche Frühförderung - Konzeptuelle Grundlagen eines Programms zur Förderung von Deutsch als Zweitsprache im Vorschulalter.* Mannheim: Universität Mannheim, Forschungs- und Kontaktstelle Mehrsprachigkeit.

Ulich, M. & Mayr, T. (2003). *Sismik. Sprachverhalten und Interesse an Sprache bei Migran-tenkindern in Kindertageseinrichtungen (Beobachtungsbogen und Begleitheft).* Freiburg: Herder.

Ulich, M. & Mayr, T. (2006). *Seldak. Sprachentwicklung und Literacy bei deutschsprachig aufwachsenden Kindern (Beobachtungsbogen und Begleitheft).* Freiburg: Herder.

4 Sprachstandsfeststellung und Sprachförderung im Vorschulalter

Seit der Jahrtausendwende haben sich die institutionellen Rahmenbedingungen unter denen der Schriftspracherwerb stattfindet umfassend verändert. Dies betrifft in besonderer Weise den frühpädagogischen Bereich, in dem die Trias von Erziehung, Bildung und Betreuung in den letzten zehn Jahren eine entscheidende Akzentverschiebung erfahren hat. Zwischen 2002 und 2006 wurden in allen Bundesländern Bildungspläne für Kindergarteneinrichtungen entwickelt (vgl. Diskowski 2008). Trotz der Orientierung an dem „Gemeinsamen Rahmen der Länder für die frühe Bildung in Kindertageseinrichtungen" unterscheiden sich die Bildungspläne der einzelnen Bundesländer im Hinblick auf die Ausführlichkeit und Reichweite der Darstellung von Qualitätsaspekten, die in den Einrichtungen erwartet werden. Gleichzeitig gibt es eine hohe Übereinstimmung hinsichtlich der inhaltlichen Domänen, auf die sich die vorschulische Bildungsarbeit beziehen soll. Neben der Förderung mathematischer und naturwissenschaftlicher Vorläuferfähigkeiten, musisch-ästhetischer Erfahrungen, Persönlichkeitsentwicklung, Bewegung und Motorik werden immer auch Sprache, Kommunikation und Schriftkultur als ein Bildungsbereich benannt. Die Parallelität der frühpädagogischen Arbeitsfelder zu den späteren Schulfächern ist offensichtlich. Grundgedanke ist dabei aber nicht eine Vorverlegung des Fachunterrichts, sondern die Gewährleistung der Anschlussfähigkeit von Bildungsprozessen zwischen den verschiedenen Bildungseinrichtungen. Exemplarisch für diese bildungspolitische Neuausrichtung ist das seit 2005 in Berlin, Brandenburg, Bremen, Nordrhein Westfalen und Thüringen durchgeführte Verbundprojekt *TransKiGs* (vgl. Lenkungsgruppe TransKiGs 2009). Ziel dieses Projekts ist die Entwicklung von transferfähigen Strukturen, Strategien und Instrumenten zur Gestaltung des Übergangs von der KITA in die Grundschule.

Ein Kernpunkt des Modellprogramms war die Nutzung von Lern- und Entwicklungsdokumentationen im Übergang zur Grundschule sowie die Kooperation im Kontext des verbindlichen Sprachfeststellungsverfahrens *Delfin 4* in Nordrhein-Westfalen. Dies ist eines der mittlerweile 17 Verfahren zur Sprachstandsmessung von 4- bis 6jährigen Kindern, die in 14 Bundesländern verbindlich zum Einsatz kommen. Die als sprachförderbedürftig eingestuften Kinder werden in nahezu allen Ländern zur Teilnahme an zusätzlichen Sprachfördermaßnahmen verpflichtet. Der zeitliche Umfang dieser Maßnahmen liegt zwischen 2 und 15 Stunden pro Woche über einen Zeitraum von 3 bis 18 Monaten.

Empfehlungen, auf welche Weise Kinder in dieser Zeit durch Erzieherinnen und Erzieher, Grundschullehrerinnen und -lehrer oder andere Fachkräfte sprachlich gefördert werden sollen, sind bisher nur in einigen Ländern vorhanden.[1] Teilweise werden im letzten Jahr vor der Einschulung auch gemeinsame Förderstunden von KITA und Grundschule praktiziert. Noch vereinzelt finden verschiedene Dokumentationsformen der Sprachentwicklung mit den zentralen schriftsprachlich relevanten Vorläuferfähigkeiten wie phonologische Bewusstheit, Wortschatz und sprachliche Handlungsfähigkeit Anwendung, um eine förderdiagnostische Kontinuität zwischen KITA und Grundschule zu gewährleisten. Diese Aufgabe stellt sich nicht nur für Kinder mit Migrationshintergrund, sondern auch für Kinder mit Deutsch als Erstsprache. Damit eine Lehrkraft an diese Informationen der Schuleingangsphase anschließen kann, werden die aktuell praktizierten diagnostischen Instrumente hier in einem ersten Abschnitt vorgestellt. Dabei zeigt sich, dass es mittlerweile ein nahezu flächendeckendes Angebot an diagnostischen Instrumenten gibt, aber kaum Förderkonzepte, die hierauf unmittelbar Bezug nehmen. Sprachförderung findet zwar in allen Bundesländern statt, die Koordinierung von diagnostischen Befunden und individueller Förderung steckt aber noch in den Anfängen. Wie effektiv ist diese Sprachförderung nach dem „Gießkannenprinzip"? Diese Frage wird zum Schluss des Kapitels auf der Basis bisher vorliegender Evaluationsstudien erörtert.

Die Zielstellungen dieses Kapitels liegen auf mehreren Ebenen: Es geht zunächst darum, einen Überblick über die zahlreichen Instrumente der Sprachstandsdiagnostik und der Sprachförderung zu geben, denn Vieles davon ist auch noch in der Schulanfangsphase brauchbar. Darüber hinaus sollen die institutionellen Weichenstellungen für eine *durchgängige* förderdiagnostische Orientierung im Schriftspracherwerb verdeutlicht werden. Damit verbindet sich die Aufforderung, dass Grundschullehrkräfte, die den Schriftspracherwerb der Kinder begleiten, die Kooperation mit dem pädagogischen Personal des Elementarbereichs als Teil ihres professionellen Selbstkonzepts betrachten sollten.[2]

1 Zugriff am 13.08.2012 http://www.bildungsbericht.de/daten2010/wichtige_ergebnisse_presse2010.pdf (Internet). Zur Dokumentation der Sprachfördermaßnahmen in den einzelnen Bundesländern vgl. Lisker 2010, 2011.

2 Beispiele für gelungene Kooperationen im Übergang KITA – Grundschule sind im Rahmen des Modellprogramms FörMig (siehe www.foermig.uni-hamburg.de) in verschiedenen Bundesländern insbesondere zur sprachlichen Frühförderung und durchgängigen Sprachbildung von Kindern mit Migrationshintergrund entwickelt worden.

4.1 Verfahren der Sprachstandsmessung in den einzelnen Bundesländern

In den meisten Bundesländern werden die Kinder unabhängig vom Besuch einer Kindertagesstätte durch eine Sprachstandsfeststellung im Vorschulalter erfasst. Obwohl in Deutschland keine Verpflichtung zum Besuch einer Kindertageseinrichtung besteht, ist es mit dem Nationalen Aktionsplan „Für ein kindgerechtes Deutschland 2005-2010“ (BFSFJ 2006) in vielen Bundesländern zu einer Veränderung der Schulgesetze gekommen, um eine vorschulische Sprachstandsmessung und Sprachförderung verbindlich zu machen. Erhebung und Förderung des kindlichen Sprachstandes finden generell in der KITA oder in der Grundschule statt und werden von dem pädagogischen Personal der Kindertageseinrichtung oder von Grundschullehrkräften wahrgenommen.[3]

Sprachstandsfeststellungen lassen sich nach unterschiedlichen Kriterien klassifizieren. Man kann z.B. Verfahren nach Zielgruppen unterscheiden: Geht es um eine Sprachstandsmessung von Kindern mit Deutsch als Erst- bzw. Zweitsprache oder geht es um die Identifikation von sprachentwicklungsgestörten Kindern? Damit hängt eng ein weiteres Unterscheidungskriterium zusammen: Geht es um eine präzise Beschreibung des Sprachentwicklungsstandes im Hinblick auf einzelne Dimensionen von Sprachkompetenz (Profilanalyse) oder nur um ein Grobscreening[4] zur Feststellung eines generellen Förderbedarfs? Wie eng ist die konzeptionelle Verbindung zwischen Sprachstandsmessung und anschließender Förderung?

Sprachstandstests unterscheiden sich auch im Hinblick auf die verschiedenen sprachlichen Dimensionen, die sie jeweils erfassen. Die von Lisker erarbeitete Übersicht über die in den verschiedenen Bundesländern eingesetzten Verfahren übernimmt die von Ehlich beschriebenen sprachlichen Basisqualifikationen[5] zur Klassifikation der Erhebungsverfahren (vgl. Tab. 1). Ein weiteres Unterscheidungsmerkmal sind die Erhebungsmethoden, mit denen jeweils gearbeitet wird – mit standardisierten Tests (T), Screenings (S) oder Beobachtungsverfahren (B).

---

3 Eine Ausnahme ist Baden-Württemberg, wo die Sprachstandsmessung vom Kinder- und Jugendärztlichen Dienst der Jugendämter übernommen wird, vgl. Lisker 2010, S. 23.

4 Typisch für Screeningverfahren sind sogenannte Abbruchkriterien, d.h., das Testverfahren wird beendet, wenn bereits in ersten Aufgabenstellungen deutlich wird, dass das Kind mit den Anforderungen überfordert ist. Es geht eben nur darum, einen Förderbedarf festzustellen, ohne die einzelnen Dimensionen der sprachlichen Schwierigkeiten zu klassifizieren.

5 Diese Basisqualifikationen nach Ehlich/Trautmann 2005 wurden bereits in Kap.3, S. 13 erläutert.

Exkurs:
Etwas vereinfacht kann man in der Sprachstandsdiagnostik insbesondere drei Typen von Erhebungsinstrumenten unterscheiden:

Beobachtungsverfahren, die auch als „informelle" Verfahren bezeichnet werden und auf den Aufzeichnungen von Erzieherinnen und Erziehern oder Lehrkräften beruhen. Für die Systematik der Aufzeichnungen gibt es vielfach Kriterien oder Auswertungsbögen, die z.B. in bestimmten Zeitabständen oder bei Auftreten definierter Merkmale ausgefüllt werden. Diese praxisnahen Systematisierungshilfen für Lernbeobachtungen sind von „standardisierten" Testverfahren und Screenings zu unterscheiden.

Standardisierte Testverfahren entsprechen den statistischen Gütekriterien der Objektivität, Reliabilität und Validität. Sie bieten empirisch abgesicherte Normen für ein relativ breites Leistungsspektrum, d.h., sie ermöglichen z.B. die Platzierung von Schülerinnen und Schülern in einem oberen, mittleren oder unteren Leistungsbereich. Es handelt sich hierbei um Verfahren, durch die das Testergebnis einer Klasse bzw. einer Schülerin oder eines Schülers auch mit dem Leistungsstand einer sogenannten Eich- oder Normstichprobe verglichen werden kann.

Screeningverfahren richten sich auf die Erfassung des unteren Leistungsbereichs. Sie überprüfen, ob die sprachlichen Fähigkeiten ober- oder unterhalb einer bestimmten Schwelle liegen, die erreicht sein muss, um im Anfangsunterricht erfolgreich lernen zu können. Es geht damit insbesondere um die Identifizierung von „Risikokindern". Die Entwicklung von Screeningverfahren ist damit an einen hohen Anspruch von prognostischer Validität gebunden. Sie sollen sicher stellen, dass kein Kind „übersehen" wird, das vielleicht förderbedürftig ist.

Lisker hat alle aktuell in den verschiedenen Bundesländern eingeführten Sprachstandserhebungsverfahren unter Benennung der Erhebungsinstrumente und der sprachdiagnostischen Dimensionen aufgelistet (vgl. Tab. 1).

Tabelle 1: Übersicht der Sprachstandserhebungsverfahren in den Bundesländern nach Art des Verfahrens und den jeweils erfassten sprachlichen Dimensionen (Basisqualifikationen) (Lisker 2011, S. 52)

			Basisqualifikationen				
Land	*Verfahren*	*Art des Verfahrens*	Phonetik-Phonologie	Morphologie-Syntax	Semantik-Lexikon	Pragmatik-Kommunikation	Literacy
Baden-Württemberg	HASE -Heidelberger Auditives Screening in der Einschulungsdiagnostik (2008)	S	x	x	x	-	-
	SETK 3-5 – Sprachentwicklungstest für drei-bis fünfjährige Kinder (2010)	T	-	x	x	-	-
Bayern	SISMIK – Sprachverhalten und Interesse an Sprache bei Migrantenkindern im Kindergarten (2004)	B	x	x	x	x	x
	Kenntnisse in Deutsch als Zweitsprache erfassen (2005)	S	-	-	x	x	-
Berlin	QuaSta (2008)	B	x	-	x	x	x
	Deutsch Plus 4 (2008)	S	-	-	x	x	-
Branden-Burg	WESPE – „Wir Erzieherinnen schätzen den Sprachstand unserer Kinder ein" (2006)	S	x	x	x	x	-
	KISTE -Kindersprachtest für das Vorschulalter (1994)	T	-	x	x	x	-
Bremen	CITO-Sprachtest (2004)	T	x	-	x	-	-
Hamburg	Bildimpuls	S	k. A.				
	HAVAS-5 – Hamburger Verfahren zur Analyse des Sprachstandes bei 5-jährigen (2003)	B	x	x	x	x	-

Tabelle 1 (Fortsetzung)

Hessen	KiSS – Kindersprachscreening (2009)	S	x	x	x	x	-
Nieder-sachsen	Fit in Deutsch (2006)	S	-	x	x	x	-
Nordrhein Westfalen/ Sachsen-Anhalt	Delfin 4 – Diagnostik, Elternarbeit und Förderung der Sprachkompetenz Vierjähriger in NRW (2008)	S	x	x	x	x	-
Rheinland-Pfalz	VER-ES -Verfahren zur Einschätzung des Sprachförderbedarfs von Kindern im Jahr vor der Einschulung (2008)	S	x	-	x	x	-
Saarland	Früh Deutsch lernen (2004)	S	-	-	x	x	-
Sachsen	SSV - Sprachscreening für das Vorschulalter (2003)	S	x	x	-	-	-

Im Folgenden werden konzeptionelle Komponenten und jeweils dominante Schwerpunktsetzungen einiger Programme zur Sprachstandsfeststellung verdeutlicht. Die Auswahl orientiert sich daran, exemplarisch jeweils ein Programm vorzustellen, das vornehmlich rezeptive (CITO) bzw. produktive (KISTE) sprachliche Basisqualifikationen erfasst. Beide Programme sind zudem für verschiedene Zielgruppen besonders geeignet:

- Der CITO-Test ist auch in einer türkischen Sprachversion erhältlich, so dass auch ohne Türkisch-Kenntnisse eines Testleiters der Sprachstand des Kindes in der Erstsprache Türkisch erfasst werden kann.
- KISTE ist ein Verfahren, das insbesondere Sprachentwicklungsrückstände bei monolingual deutsch sprechenden Kindern diagnostizieren kann.

Unter Bezug auf die vorschulische Sprachstandsfeststellung in Berlin kann darüber hinaus ein Instrument vorgestellt werden, bei dem neben phonologischer Bewusstheit und Sprachhandeln auch „literacy“ als eine schriftsprachlich relevante Vorläuferfähigkeit beachtet wird. Damit wird ein Begriff aufgenommen, der mit „Lesekompetenz“ nur unzureichend übersetzt wird, denn er meint mehr. Die Verwendung des literacy-Begriffs signalisiert, dass der Lesekompetenz eine Schlüsselqualifikation für die Teilhabe am gesellschaftlichkulturellen Leben zugemessen wird. Wird dieser Begriff nun bereits für das Vorschulalter benutzt, soll damit auf eine Vorlesekultur hingewiesen werden, die es Kindern ermöglicht, über Texte kulturelle Bildung zu erfahren.[6] An dem Berliner Beispiel lässt sich verdeutlichen, wie die institutionelle Unterstützung einer kontinuierlichen diagnostischen Orientierung im Übergang von der KITA in die Grundschule aussehen kann.

4.1.1 CITO – Computergestützte Sprachstandsfeststellung in Deutsch und Türkisch (Bremen)

In Bremen wird der CITO-Test[7] flächendeckend für alle Kinder eingesetzt. Der Test kann am Computer durchgeführt werden und liegt in zwei Testsprachen, Deutsch und Türkisch, vor.[8] Daraus ergeben sich viele Vorteile. Indem beide Sprachen, Erst- und Zweitsprache eines Kindes erhoben werden, können Differenzen des Sprachentwicklungsstandes festgestellt werden. Weist ein Kind Sprachentwicklungsrückstände in beiden Sprachen auf, könnte dies ein Hinweis auf eine Sprachentwicklungsstörung sein, die diagnostisch weiter abgeklärt werden müsste. Ein zentraler Vorteil dieses Verfahrens ist seine Ökonomie: Es können parallel mehrere 100 Kinder getestet werden und das Ergebnis wird sofort vom Programm generiert. Es enthält Information über den Förderbedarf in folgenden Bereichen:

- passiver Wortschatz (erhoben werden Verben und Substantive)
- kognitive Begriffe (getestet wird das Benennen von Farben, Formen, Mengen und Größen sowie deren Zusammenhang)
- phonologische Bewusstheit (Unterscheiden klangähnlicher Laute und Erkennen von klanggleichen Lauten)
- Textverständnis (es geht hier um Hörverständnis, indem Fragen zu kleinen Geschichten beantwortet werden müssen)

Die genannten Sprachbereiche bilden vornehmlich *rezeptive* sprachliche Fähigkeiten ab, wobei nicht nur auf der phonologischen Ebene operiert werden

6 Ein sehr engagiertes Votum für die Bedeutung von Literalität im Kontext des Schriftspracherwerbs findet sich bei Enders 2007, S. 23 ff.; zum Vorlesen als basale Leseförderung vgl. Belgrad/Schünemann 2011.

7 Aktuelle Demo-Version Zugriff am 13.08.2012 http://www.bildung.bremen.de/sixcms/detail.php?gsid=bremen117.c.4431.de#14 (Internet).

8 Eine differenzierte Erfassung von Erst- und Zweitsprache bei Kindern mit Migrationshintergrund ist auch mit dem Instrument HAVAS 5 möglich. Es basiert auf der Transkription von kindlichen Äußerungen zu einer Bildergeschichte. Die Auswertung der Sprachdaten ist relativ aufwändig und verlangt sprachwissenschaftliche Grundkenntnisse.

muss, sondern auch auf der semantisch-lexikalischen. Die Kinder werden spielerisch und – motiviert durch eine Clownfigur namens Primo – durch das Programm geführt (vgl. Abb. 1).

Abbildung 1: Kindgemäße Programmerklärung im CITO-Test (Internetquelle siehe Abbildungsverzeichnis)

Die neueste Programmversion ist optimiert worden, so dass insbesondere die Testdauer einzelner Bereiche deutlich gekürzt wurde, um einem Motivationsverlust der Kinder vorzubeugen.

Im Ergebnis wird für jeden Subtest ein Punktwert ermittelt und automatisch für jedes Kind ein individuelles Sprachstandsprofil erstellt. Aus diesem diagnostischen Befund lassen sich Förderschwerpunkte ableiten. Die Auswertungsprozeduren wie die Bedienung des gesamten Programms sind kinderleicht. Sollte das Kind Förderbedarf haben, ist die Teilnahme an besonderen schulischen oder außerschulischen Sprachfördermaßnahmen verpflichtend. Da das Verfahren sich an Kinder im Alter von vier bis sieben Jahren richtet, kann der Einsatz dieses Programms durchaus auch noch in einer ersten Klasse sinnvoll sein.

4.1.2 KISTE – Kindergartensprachtest für das Vorschulalter (Brandenburg)

Ganz anders als in Bremen sind die Sprachstandsmessungen und Förderkonzepte in Brandenburg organisiert. Diagnose und Förderung finden ausnahmslos kita-integriert statt und Mehrsprachigkeit findet keine explizite[9] Beachtung.

9 Hierbei ist sicherlich zu berücksichtigen, dass nicht nur in Brandenburg, sondern in allen neuen Bundesländern der Anteil an Kindern mit Migrationshintergrund immer noch sehr gering ist.

Die Sprachstandsmessung mit dem Instrument KISTE wird dann eingesetzt, wenn das Kind keine KITA besucht (sogenannte Hauskinder) oder wenn bereits Sprachauffälligkeiten festgestellt wurden.[10] Diese Basisdiagnostik beruht auf Beobachtungen der Kinder durch die Erzieherinnen und Erzieher. Dafür gibt es kriterienorientierte Beobachtungsraster, „Grenzsteine der Entwicklung", die für bestimmte Altersstufen jeweils ausgewiesene Entwicklungsstufen beschreiben und das Screening WESPE. Anders als diese Grobscreeenings intendiert der KISTE-Test eine differenzierte Diagnostik im Bereich von Sprachentwicklungsrückständen und überprüft die *aktive* Sprachverwendung eines Kindes im semantischen, morphologisch-syntaktischen und kommunikativ-pragmatischen Bereich.

Zielgruppe des Landesprogramms zur „kompensatorischen Sprachförderung im Jahr vor der Einschulung" sind Kinder mit Sprachrückständen, die primär sozial bedingt sind, da sie in Familien aufwachsen, die nicht in der Lage sind, für eine hinreichende Sprachanregung zu sorgen. Die Teilnahme der Kinder an der Sprachstandsfeststellung und der Sprachförderung wurde 2007 durch eine Änderung des Brandenburgischen Schulgesetzes verpflichtend gemacht. Die KITAs übermitteln den Grundschulen, welche Kinder von der Sprachstandsfeststellung befreit waren und welche Kinder mit KISTE getestet wurden. KISTE ist ein standardisiertes Testverfahren, das in der Anwendung sehr aufwändig ist. Es kann nur im Einzeltest durchgeführt werden und verlangt eine Schulung der Tester.

Für die Sprachfördermaßnahmen gibt es in Brandenburg kein verbindliches Programm. Es wird aber vielfach eine Kombination aus dem Würzburger Trainingsprogramm zur Verbesserung der phonologischen Bewusstheit und dem Programm „Handlung und Sprache" (Häuser/Jülisch 2006a) praktiziert. Letzteres zielt auf eine Erweiterung des aktiven Wortschatzes und auf eine Verbesserung der Sprachverarbeitung und Sprachproduktion, indem die Kinder darin unterstützt werden, sich insbesondere auch grammatisch korrekt auszudrücken.

Für die Umsetzung dieser Sprachfördermaßnahmen sind in den letzten Jahren aus den etwa 1.450 Kindertagesstätten in staatlicher Trägerschaft jeweils mindestens eine Erzieherin oder ein Erzieher speziell für die Sprachförderung qualifiziert worden. Ihre Aufgabe besteht nicht nur in der Durchführung der Sprachstandsmessung und anschließenden Förderung, sondern auch in der Kooperation mit den Eltern. In Elterngesprächen und Elternabenden soll versucht werden, auch im häuslichen Umfeld des Kindes eine Verbesserung seiner

10 In Brandenburg lag der Anteil von Kindern mit Sprachauffälligkeiten in den Schuleingangsuntersuchungen der letzten Jahre bei durchschnittlich 17-19 % (vgl. Klevanz 2007, S. 8).

sprachlichen Entwicklungsbedingungen zu erreichen. Häuser und Jülisch haben dafür auch Materialien entwickelt, wie diese Elternarbeit konkret umgesetzt werden kann (vgl. Abb. 2).

4.1.3 QuaSta - Qualifizierte Statuserhebung der Sprachentwicklung vierjähriger Kinder in Kindertageseinrichtungen und Kindertagespflege (Berlin)

In Berlin ist im Rahmen der Schuleingangsuntersuchung eine Sprachstandsfeststellung mit dem Instrument *Deutsch Plus* vorgeschrieben, das der Zuweisung zu verbindlichen Sprachfördermaßnahmen dient. Nicht dieses Screeningverfahren soll hier näher erläutert werden, sondern die Konzeption eines weiteren diagnostischen Vorgehens, das letztlich auf eine vollständige Erfassung der sprachlichen Basisqualifikationen bereits im Vorschulalter hinausläuft. An diese Basisinformation könnte der Schriftsprachunterricht gut anschließen. Könnte – denn in der schulischen Praxis ist die Vernetzung der vorschulisch erhobenen Informationen über die Sprachentwicklung eines Kindes mit den Lernangeboten des Anfangsunterrichts ein gravierendes Problem.

In Berlin wird versucht, die Schwierigkeiten der Kontinuität förderdiagnostischer Maßnahmen dadurch zu lösen, dass es für beide Bereiche, KITA und Grundschule, diagnostische Verfahren gibt, die mit vergleichbaren Kategorien arbeiten. Eingeführt werden die Kategorien im KITA-Bereich durch das „Instrument *QuaSta*", das eigentlich kein Test- bzw. Beobachtungsverfahren ist, denn es funktioniert ohne Testsituation. Es gibt vielmehr einen „Bogen", in den die Erzieherin oder der Erzieher summarisch die Ergebnisse ihrer Erfahrungen mit dem Kind einträgt und zum Schluss die Punktzahl aus folgenden diagnostischen Bereichen addiert:

A Basale Fähigkeiten (Grob- und Feinmotorik, Mundmotorik, auditive Wahrnehmung)
B Phonologische Bewusstheit (auditive Merkfähigkeit, Reimbildung)
C Sprachhandeln (Artikulation, Wortschatzerweiterung, Verständigungs- und Orientierungshilfen, Gespräche, Erzählen, Aufträge)
D Erste Erfahrungen mit Bild- und Schriftsprache (Leseinteresse, Zuhören, Inhalte erschließen)

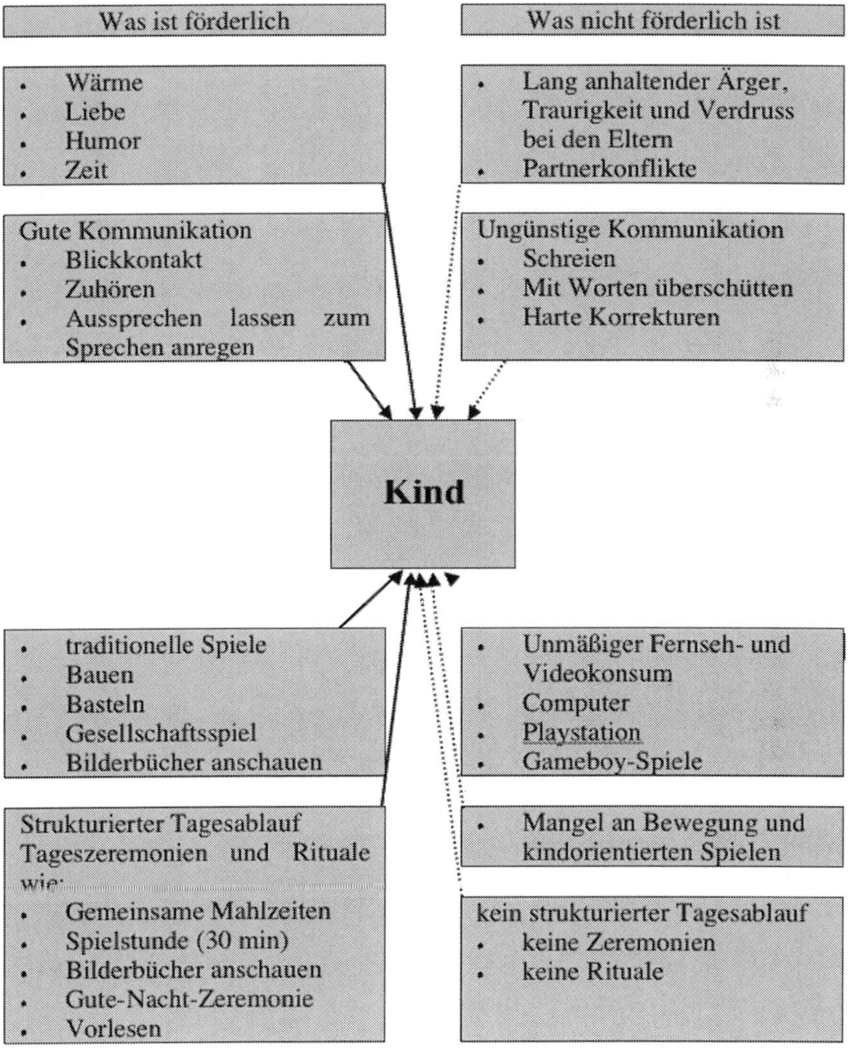

Abbildung 2: Vorschlag für die Gestaltung eines Elternabends (Häuser/ Jülisch 2006b, S. 69)

Der Bedarf an Sprachfördermaßnahmen wird mit diesem Bogen bei 4 bis 5,4 Jahre alten Kindern festgestellt (vgl. Abb. 3).

Leseinteresse aufbauen	**gern Geschichten vorlesen lassen** *meistens* ☐ *häufig* ☐ *selten* ☐ *nie* ☐	**selbst Bilderbücher ansehen** *meistens* ☐ *häufig* ☐ *selten* ☐ *nie* ☐
Zuhören	**beim Vorlesen zuhören** *meistens* ☐ *häufig* ☐ *selten* ☐ *nie* ☐	**sagen, was an einer Geschichte gefällt** *meistens* ☐ *häufig* ☐ *selten* ☐ *nie* ☐
Inhalte erschließen	**auf Personen und Handlungen in einer Geschichte eingehen** *meistens* ☐ *häufig* ☐ *selten* ☐ *nie* ☐	**erzählen, was auf den Bildern geschieht** *meistens* ☐ *häufig* ☐ *selten* ☐ *nie* ☐
	Fragen zur Geschichte stellen *meistens* ☐ *häufig* ☐ *selten* ☐ *nie* ☐	**den Inhalt mit eigenen Erlebnissen verbinden** *meistens* ☐ *häufig* ☐ *selten* ☐ *nie* ☐

Maximale Punktzahl: 24 **Erreichte Punktzahl:**
GESAMTERGEBNIS der erreichten Punktzahl:

Das Kind benötigt
☐ **keine besondere Sprachförderung (56 bis 93 Punkte)**
☐ **eine Sprachförderung (bis 55 Punkte) insbesondere in folgenden Bereichen:**
☐ **Teil A** ☐ **Teil B**
☐ **Teil C** ☐ **Teil D**

Abbildung 3: Ausschnitt D: Erste Erfahrungen mit Bild- und Schriftsprache aus der „Qualifizierten Statuserhebung (*QuaSta*) Sprachentwicklung vierjähriger Kinder in Kindertageseinrichtungen und Kindertagespflege" in Berlin.[11]

11 Das vollständige Beobachtungsinstrument ist verfügbar unter: Zugriff am 13.08.2012 http://www.berlin.de/imperia/md/content/sen-bildung/bildungswege/vorschulische_bildung/sprachstand_kita.pdf (Internet).

Die Erzieherin/der Erzieher soll sich in der Bearbeitung dieses Bogens auf ein *Sprachlerntagebuch*[12] stützen, das für jedes (!) Kind zu führen ist und dessen Mustervorlage fast 100 (!) Seiten umfasst. Es ist gemeinsam von Kind und Erzieherin/Erzieher zu führen. Einerseits soll das Kind hier „Bilder, Collagen, erste Schreibversuche" einheften, andererseits dokumentiert die pädagogische Fachkraft hier Befragungen, Gespräche, Interviews mit den Eltern und dem Kind. Zum Schluss gibt es einen Bogen zur „Lerndokumentation" im Multiple-Choice-Format, der sich auf den Sprachstand unmittelbar vor Schuleintritt bezieht. Die Kategorien des *QuaSta*-Bogens werden erneut aufgegriffen aber auch erweitert, indem ein Bereich E „Sprachstrukturen" aufgenommen wird. Die Fragen orientieren sich dabei an linguistischen Modellen, die den (Zweit-)spracherwerb über die Progression in der Satzstruktur beschreiben:

Auszug aus dem Berliner Sprachlerntagebuch (S. 94): Entwicklungsstufen bei der Satzbildung

Satzstufe 1: Einfache Hauptsätze mit einteiligem Prädikat
Die ersten verständlichen Wörter z.B.: Papa weg, ich Auto fahr, Papa Auto. Als nächstes werden oft zwei Elemente mit dem Verb „sein" verbunden. Z.B.: Der Ball ist kaputt. Das ist ein Pirat. Stehen dem Kind zunehmend mehr Verben zur Verfügung, beginnt es, einfache Hauptsätze zu bilden. Einfache Hauptsätze sind definiert durch zwei Merkmale: Am Anfang des Satzes steht das Subjekt. Das Prädikat steht an zweiter Stelle und ist einteilig, d.h. es besteht nur aus einem Wort. Z.B.: Ich schreibe. Peter malte.

Satzstufe 2: Sätze mit mehrteiligem Prädikat (Verbklammer)
Nach den einfachen Hauptsätzen lernen die Kinder, Sätze mit mehrteiligen Prädikaten zu bilden. Das Prädikat eines Satzes ist entweder einteilig oder mehrteilig, z.B.: Er schreibt einen Brief. Dieser Satz hat ein einteiliges Prädikat, weil nur ein Wort zum Prädikat gehört. In den folgenden drei Sätzen ist das Prädikat mehrteilig: Er *hat* einen Brief *geschrieben*. Er *will* einen Brief *schreiben*. Er *liest* den Brief *vor*. Man spricht dabei von der Verbklammer, weil die Prädikatsteile einen Teil des Satzes wie mit einer Klammer umrahmen. Die Verbklammer ist charakteristisch für die deutsche Sprache. Mit dem aktiven Gebrauch der Verbklammer haben die Kinder eine neue Entwicklungsstufe in

12 Sprachlerntagebuch Zugriff am 13.08.2012 http://www.berlin.de/imperia/md/content/senbildung/bildungswege/vorschulische_bildung/meinsprachlerntagebuch.pdf? start&ts=1210964054&file=meinsprachlerntagebuch.pdf (Internet).

ihrem Sprachlernen erreicht. Implizit haben die Kinder ein neues Strukturmerkmal der Sprache verstanden und können damit Sprachanregungen anders aufnehmen als bisher.

Satzstufe 3: Sätze mit vertauschtem Subjekt und Verb (Inversion)

In der deutschen Sprache muss bei bestimmten Satzbildungen die Reihenfolge von Subjekt und Prädikat verändert werden. Das Subjekt steht dann hinter dem Prädikat. Diese Satzstellung heißt in der Fachsprache „Inversion“.

Folgende Beispiele zeigen, wann dieser Tausch notwendig ist: Bei Fragen ohne Fragewort und bei Fragen mit Fragewort. Z.B.: Möchtest du ein Eis? Wo wohnst du? Bei Sätzen mit vorangestellten Satzteilen, z.B.: Am Montag spiele ich Fußball.

Für Kinder, die Deutsch als Zweitsprache lernen, ist die Inversion schwierig, weil sie nicht dem Sprachrhythmus ihrer Herkunftssprache entspricht. Das Problem ist dabei nicht, ein Satzglied (z.B. Am Montag) nach vorne zu ziehen, sondern der Tausch von Subjekt und Prädikat. Es entstehen dann Sätze wie: „Danach ich bin nach Hause gegangen“.

Satzstufe 4: Verbindung von Haupt- und Nebensatz

Die Verbindung von Haupt- und Nebensätzen wird beim Sprachlernen erst am Schluss erworben, dann wenn alle Varianten des Hauptsatzes (einfache Hauptsätze, Hauptsätze mit mehrteiligen Prädikaten, Inversionen) zur Verfügung stehen. Das ist folgerichtig, weil bei der Bildung eines Satzgefüges von Haupt- und Nebensatz große Anforderungen an die mentale Vorausplanung gestellt werden. Erst wenn die Kinder die Konstruktionen für Hauptsätze erfasst haben, können sie diese mentalen Anforderungen bewältigen. Das gilt für Kinder, die Deutsch als Muttersprache lernen ebenso wie für die Kinder, die Deutsch als Zweitsprache lernen.

Dieser Originalausschnitt aus dem Sprachlerntagebuch verdeutlicht auch die „Multifunktionalität“ des administrativ eingeführten diagnostischen Instruments: Es ist nicht nur ein Portfolio von kindlichen Annäherungen an die Schriftsprache und Dokumentations- und Beurteilungsmedium von anamnestischen Daten aus Elterngesprächen, sondern dient – wie in diesem Textausschnitt offensichtlich – auch der diagnostischen Qualifizierung der Erzieherinnen und Erzieher.

Über das Sprachlerntagebuch werden die sprachlichen Basisqualifikationen zumindest auf der Ebene von Beobachtungsdaten sehr differenziert im Vorschulalter erfasst. Seit dem Schuljahr 2007/08 wechseln die Kinder mit diesem Sprachlerntagebuch in die Schule, so dass an diese vorschulische Arbeit der

Kindertageseinrichtungen direkt angeknüpft werden kann. Die Lernausgangslage in Klasse 1 wird über einen Diagnosebogen (*LauBe*)[13] erhoben, der die diagnostischen Dimensionen von *QuaSta* aufgreift und um die Aufgabenfelder des sprachlichen Anfangsunterrichts, Lesen, Texte schreiben und Rechtschreibung, ergänzt. Dokumentiert wird auf vier Niveaustufen, die abbilden wie selbständig die jeweiligen Anforderungen vom Kind bewältigt werden.

Die sprachliche Förderarbeit wird durch umfangreiche praxisnahe Materialien zum Sprachlernen unterstützt, Materialien, die sowohl für den Einsatz in der KITA als auch in der Grundschule vorgesehen sind.[14] Es handelt sich nicht um ein spezifisches Förderprogramm, sondern um ein weitgehend offenes Konzept, das in der Berliner Senatsverwaltung für die einschlägig bekannten Bereiche sprachlicher und schriftsprachlich relevanter Fähigkeiten entwickelt wurde.

In Anbetracht der Fülle aber auch Unterschiedlichkeit der Verfahren zur frühen Diagnose und Förderung der Sprachentwicklung stellt sich die Frage, welche Wirksamkeit diese Maßnahmen haben.

4.2 Zur Wirksamkeit vorschulischer Sprachfördermaßnahmen

Die hier skizzierten Verfahren CITO und KISTE identifizieren die sprachlichen Bereiche, in denen ein Kind zu fördern wäre. Die in den meisten Bundesländern eingesetzten Screenings ermöglichen diese Präzisierung des Förderbedarfs nicht. Aus der nur globalen Kenntnis über die Notwendigkeit einer Sprachförderung folgt eine unspezifische Förderung, d.h., die der Sprachförderung zugewiesenen Kinder werden „irgendwie" gefördert. Es gibt eine Fülle von Materialien und Handreichungen, aber was die Erzieherin oder der Erzieher letztlich auswählt, welchem Kind was angeboten und wie es gemacht wird, ist administrativ nicht geregelt.

Die organisatorischen Rahmenbedingungen der Sprachförderung wie Dauer und Umfang der Fördermaßnahmen sind demgegenüber in den einzelnen Bundesländern festgelegt – wenn auch durchaus unterschiedlich.[15] Einige Bundesländer favorisieren ein eher ganzheitliches Sprachförderkonzept, indem den

13 Der Diagnosebogen *LauBe* ist verfügbar unter: Zugriff am 26.11.2012 http://www.berlin.de/sen/bildung/schulqualitaet/lernausgangsuntersuchungen/ (Internet.

14 In Niedersachsen ist festgelegt, dass die Grundschulen die Durchführung der Sprachförderung in den Kindertagesstätten organisatorisch und inhaltlich begleiten.

15 Tabellarische Übersichten zur Organisation, eingesetzten Fördermaterialien und sprachlichen Förderschwerpunkten in den einzelnen Bundesländern finden sich in Lisker 2011, S. 71ff.

Erzieherinnen und Erziehern Materialien oder Leitfäden an die Hand gegeben werden, die integriert in das Alltagshandeln der Kindertageseinrichtung zur Anwendung kommen sollen (*unspezifisches Förderkonzept*). Davon lassen sich jene Sprachfördermaßnahmen unterscheiden, die sprachstrukturell ausgerichtet sind und einzelne oder mehrere Sprachebenen, z.B. Wortschatz, Satzbildung oder phonologische Bewusstheit, systematisch und gezielt fördern (*spezifisches Förderkonzept*).

Während der generell positive Einfluss frühkindlicher Bildung auf die weitere Schulkarriere evident ist (Aktionsrat Bildung 2007, S. 38) und insbesondere für Kinder aus bildungsfernen Familien und aus Familien mit Migrationshintergrund gilt, sind empirische Befunde zur Wirksamkeit zusätzlicher Sprachfördermaßnahmen rar. Wie im vorherigen Kapitel bereits erwähnt, ist eine nachhaltige Wirksamkeit von Förderkonzepten, die die unmittelbaren (proximalen) Vorläuferfähigkeiten des Schriftspracherwerbs trainieren, wie das Würzburger Trainingsprogramm zur phonologischen Bewusstheit (Schneider u.a. 1999), empirisch gesichert. Allerdings zeigt sich auch bei diesem Programm, dass die Trainingseffekte geringer ausfallen, wenn es nicht im kontrollierten Setting eines Forschungsprojekts, sondern unter den alltäglichen Bedingungen einer KITA durchgeführt wird. Hier erweist sich die Qualität der Durchführung häufig als problematisch, wenn keine spezielle Schulung der Erzieherinnen und Erzieher stattgefunden hat und auch die Regelmäßigkeit und vorgeschriebene Dauer der Fördermaßnahmen nicht durchgängig gewährleistet werden können (Roos/Schöler 2007).

Andere Sprachförderkonzepte, die speziell auf die Sprachförderung von Kindern mit Migrationshintergrund abzielen (Tracy 2003, 2004 und Kaltenbacher/Klages 2006, 2007), konnten bisher keine nachweislichen Effekte erreichen (Gasteiger-Klicpera u.a. 2007, Schakib-Ekbatan u.a. 2007). Jüngste Evaluationen des im experimentellen Treatment erfolgreichen Programms „Handlung und Sprache" (Häuser/Jülisch 2006a) können nachhaltige Fördereffekte unter Alltagsbedingungen ebenfalls vorerst nicht nachweisen (Wolf u.a. 2010).[16]

Mit der Einschränkung „vorerst" verbindet sich folgender Anspruch an die Wirksamkeit der vorschulischen Förderprogramme: Sie sollen nicht nur unmittelbar nach Durchführung der Sprachförderung eine Verbesserung der Sprachentwicklung zeigen, sondern es sollten sich auch „Transfereffekte" nachweisen lassen, d.h., ein vorschulisches Förderprogramm wird nur dann als „effektiv"

16 Ob das in Brandenburg landesweit eingeführte Programm Wirkungen auf die schriftsprachliche Lernentwicklung der geförderten Kinder im Anfangsunterricht haben wird, müssen die laufenden Evaluationen noch zeigen.

eingeschätzt, wenn sich auch eine Verbesserung der schriftsprachlichen Leistungen zumindest in den ersten beiden Schuljahren nachweisen lässt. Es kann also nicht genügen, dass unter dem Einfluss von Sprachfördermaßnahmen Kinder sich „irgendwie“ sprachlich weiter entwickeln. Sprachliche Progression ist in diesem Alter selbstverständlich. Die Erwartungshaltung an die Wirksamkeit vorschulischer Sprachförderung liegt deutlich höher: Ein *kompensatorischer* und ein *schriftsprachspezifischer* Effekt sollten nachweisbar sein.

▶ Merksatz

Der *kompensatorische* Anspruch bezieht sich auf das Erreichen eines Sprachstandes, der hinreichend ist, um erfolgreich im Anfangsunterricht lernen zu können. Das bedeutet auch das Erreichen des Leistungsdurchschnitts der nicht förderbedürftigen Kinder (Egalisierung von vorschulischen Leistungsdifferenzen; vertiefend vgl. Sasse/Valtin 2006).
Der *schriftsprachspezifische* Anspruch bezieht sich auf den Nachweis von besseren Lese- und Rechtschreibleistungen im Sinne einer Transferwirkung von mündlicher Sprachkompetenz auf den Erwerb von Schriftsprache.

Die Heterogenität der Sprachfördermaßnahmen im vorschulischen Bereich hat dazu geführt, dass es bisher kaum Untersuchungen gibt, die einzelne Förderkonzepte im Vergleich getestet haben. Ebenso rar sind Untersuchungen, die die Langzeiteffekte von institutionalisierten Fördermaßnahmen im Sinne der Transferwirkung auf den Erwerb der Schriftsprache überprüft haben. Die Frage, welches der eingeführten sprachlichen Förderkonzepte die nachweislich besten Effekte auf die schriftsprachliche Leistungsentwicklung erzielt, hat gleichwohl hohe praktische Relevanz. Deshalb ist hier auf eine Evaluationsstudie zur Sprachförderung von Vorschulkindern (EVAS, vgl. Roos u.a. 2010) hinzuweisen, die diesen Fragen nachgegangen ist.

In Baden-Württemberg wurde von 2002-2010 das Programm „Sag mal was – Sprachförderung für Vorschulkinder“ durchgeführt, um insbesondere Kinder, für die Deutsch Zweitsprache ist, zu fördern. In der wissenschaftlichen Begleitung des Projekts wurde die Lernentwicklung von 544 Kindern aus Kindertageseinrichtungen vom Beginn des Vorschuljahres bis zum Ende der 2. Schulklasse längsschnittlich untersucht. Knapp die Hälfte dieser Kinder erhielt im Rahmen des Programms „Sag‘ mal was“ eine spezielle Sprachförderung. Ihre Leistung wurde mit der von Kindern verglichen, die ebenfalls einen Sprachförderbedarf aufwiesen, aber nicht an den speziellen Maßnahmen teilnahmen sowie mit weiteren Kindern ohne Sprachförderbedarf.

Die spezielle Sprachförderung erfolgte durch Sprachförderkräfte, die nach den Programmen von Penner (2003), Tracy (2003) oder Kaltenbacher und Klages (2005) geschult worden waren. Die genannten Förderkonzepte beinhalten jeweils folgende Schwerpunkte:

Zvi Penner: „Neue Wege der sprachlichen Frühförderung von Migrantenkindern“: Anders als der Titel des Programms es erwarten lässt, richtet sich das linguistisch basierte Förderprogramm an *alle* Kinder mit sprachlichen Schwierigkeiten oder Spracherwerbsstörungen und nicht nur an Kinder, die Deutsch nicht als Erstsprache erworben haben. Das Förderkonzept sieht folgende aufeinander aufbauende Schwerpunkte vor: Sprachrhythmus, Wortbildung, Grammatik und Sprachverstehen. Diese vier Teilbereiche werden multimedial (Audio- und Videomaterial, PC-Lernspiele)[17] verknüpft, um so eine motivierende Lernumgebung zu schaffen und die Kontextreduziertheit des Programms ein wenig zu mildern. Die einzelnen Übungseinheiten sollen drei bis fünf Mal wöchentlich für ca. zehn Minuten durchgeführt werden. Die Schulung der Sprachförderkraft erfolgt über sechs halbtägige Sitzungen.

Das Konzept von Rosemarie Tracy „Sprachliche Frühförderung“ konzentriert sich auf die Qualifizierung der Erzieherinnen und Erzieher, die sprachwissenschaftlich fundierte Hilfestellungen für die Schaffung kommunikativer Lerngelegenheiten erhalten. Es werden keine konkreten Materialien oder Übungseinheiten vorgegeben. Zielgruppe sind Kinder, die Deutsch als Zweitsprache erwerben. Ihnen soll durch das entwicklungsproximale Sprachverhalten der Erzieherinnen und Erzieher ein lernförderlicher Sprachinput gegeben werden. Die theoretische Annahme ist dabei, dass durch die strukturierte Kommunikation mit der Sprachförderkraft sprachliche Regelmäßigkeiten der Zielsprache erkannt und von den Kindern für den Erwerb der Zweitsprache genutzt werden können. Tracy möchte mit diesem Programm für Kinder mit Migrationshintergrund eine Sprachlernsituation schaffen, in der sie die Zweitsprache noch mit den Ressourcen des primären Spracherwerbs meistern. Das Programm setzt daher idealerweise bereits bei der Förderung von dreijährigen Kindern an, die zwar eine gut entwickelte Erstsprache haben, aber über praktisch keine Kenntnisse im Deutschen verfügen. Die Kinder sollen täglich eine Stunde in kleinen Gruppen von maximal drei Kindern gefördert werden. Die Aufgabe der Sprachförderkraft besteht darin, den Kindern in dieser Zeit eine zunächst durch Mimik und Gestik unterstützte intensive sprachliche Interaktion zu bie-

17 Die Materialen sind nicht über den Buchhandel beziehbar, sondern nur über: Zugriff am 13.08.2012 www.bildung-von-anfang-an.de (Internet).

ten, aus der sich die Kinder *intuitiv* die sprachlichen Strukturen des Deutschen erschließen. Vorausgesetzt wird dabei, dass sich auch im Zweitspracherwerb – wenn er denn früh genug beginnt – die syntaktisch-morphologischen Erwerbsstufen zeigen, die für den Erstspracherwerb typisch sind.[18]

Das Sprachförderprogramm von Erika Kaltenbacher und Hanna Klages „Deutsch für den Schulstart“ richtet sich nicht ausschließlich an Kinder mit Migrationshintergrund, sondern ist für alle Kinder aus bildungsfernen Schichten gedacht. Es konzentriert sich mit insgesamt 180 Förderstunden auf das letzte Jahr vor der Einschulung, wobei einzelne Materialien auch im ersten und zweiten Schuljahr noch sinnvoll eingesetzt werden können. Grundsätzlich wird hier von einer täglich einstündigen Förderung in Kleingruppen während der Kindergartenzeit ausgegangen. Das multimedial gestaltete Programm (Videos, Bewegungsspiele, Bildkarten, CD etc.)[19] umfasst 400 Spiele zu folgenden Förderbereichen: Wortschatz, Grammatik, Textverständnis, phonologische Bewusstheit (Segmentierung von Sätzen, Silben und einzelnen Lauten) und mathematische Vorläuferfähigkeiten.

Der Vergleich dieser drei Förderkonzepte, die alle auf einer Unterstützung intuitiver Sprachlernprozesse basieren, führt zu keinen unterschiedlichen Effekten. Die Ergebnisse der Evaluationsstudie zeigen vielmehr, dass sich alle Gruppen im Laufe des letzten Kindergartenjahres in ihrer sprachlichen Leistung verbessert haben. Die Kinder, die eine zusätzliche strukturierte Sprachförderung nach einer der drei skizzierten Sprachförderprogramme erhalten hatten, erzielten allerdings keine besseren Leistungen als jene Kinder, die ohne spezifische Förderung den Kindergarten besuchten. Dies gilt sowohl für die Prüfung der sprachlichen Leistungen unmittelbar nach Abschluss der Förderung am Ende des Vorschuljahres als auch für die Schulleistungsbeurteilungen durch die Lehrkräfte am Ende des 1. und 2. Schuljahres sowie die Ergebnisse von standardisierten Schulleistungstests am Ende des 2. Schuljahres. Insbesondere zeigen sich in den ersten beiden Schuljahren persistierende Leistungsrückstände der bereits im Kindergartenalter förderbedürftigen Kinder (Roos u.a. 2010, S. 71). Die erhofften kompensatorischen Effekte blieben aus: Unabhängig von der Art der Förderung erreichten die Kinder mit Sprachförderbedarf zu keinem Zeitpunkt das Leistungsniveau der Kinder ohne vorschulischen Förderbedarf (vgl. Roos u.a. 2010, S. 6). Dieses Ausbleiben egalisierender Wirkun-

18 Konkret geht es um die professionelle Beachtung der Muster der Satzprogression wie sie hier bereits als Auszug aus dem Berliner Sprachlerntagebuch vorgestellt wurden.

19 Die Materialien sind verfügbar unter Zugriff am 13.08.2012 http://www.xn--deutsch-fr-den-schulstart-nwc.de/index.html (Internet).

gen der vorschulischen Förderung wird auch in anderen Studien bestätigt (z.B. Gasteiger-Klicpera u.a. 2010).

Gründe für diese unbefriedigenden Förderergebnisse im vorschulischen Bereich werden u.a. in der Durchführungsqualität, der Frequenz und Dauer der Sprachfördermaßnahmen gesehen (z.B. Reich 2008, Mierau u.a. 2008, Schröder/Schründer-Lenzen 2012).

4.3 Literatur

Aktionsrat Bildung (2007). *Bildungsgerechtigkeit. Jahresgutachten 2007*, Wiesbaden: GWV Fachverlage GmbH.

Belgrad, J. & R. Schünemann (2011). Leseförderung durch Vorlesen: Ergebnisse und Möglichkeiten eines Konzepts zur basalen Leseförderung. In B. Eriksson & U. Behrens (Hrsg.), *Sprachliches Lernen zwischen Mündlichkeit und Schriftlichkeit* (S. 144-171). Bern: hep verlag.

Berliner Senatsverwaltung für Bildung, Wissenschaft und Forschung (2007). *Mein Sprachlerntagebuch*. Berlin: Oktoberdruck AG. Zugriff am 13.02.2012 http://www.berlin.de/imperia/md/content/sen-bildung/bildungswege/vorschulische_bildung/meinsprachlerntagebuch.pdf?%20start&ts=1210964054&file=meinsprachlerntagebuch.pdf (Internet).

Diskowski, D. (2008). Bildungspläne für Kindertagesstätten – ein neues und noch unbegriffenes Steuerungsinstrument. In H. G. Rossbach & H. P. Blossfeld (Hrsg.), *Frühpädagogische Förderung in Institutionen. Zeitschrift für Erziehungswissenschaft. Sonderheft 11* (S. 47-61). Wiesbaden: VS Verlag.

Enders, A. (2007). *Der Verlust von Schriftlichkeit. Erziehungswissenschaftliche und kulturtheoretische Dimensionen des Schriftspracherwerbs*. Berlin: Lit Verlag.

Gasteiger-Klicpera, B., Knapp, W. & Kucharz (2010). *Abschlussbericht der Wissenschaftlichen Begleitung des Programms „Sag' mal was – Sprachförderung für Vorschulkinder"*. Weingarten: Pädagogische Hochschule. Zugriff am 13.02.2012 http://www.sagmalwas-bw.de/media/WiBe%201/pdf/PH-Weingarten_Abschlussbericht_2010.pdf (Internet).

Gasteiger-Klicpera, B., Knapp, W., Kucharz, D., Patzelt, D. & Vomhof, B. (2007). *Wissenschaftliche Begleitung des Projektes „Sag' mal was": Untersuchungsdesign und erste Ergebnisse* (Zwischenbericht: 31. Januar 2007). Weingarten: Pädagogische Hochschule.

Häuser, D. & Jülisch, B.-R. (2006a). *Handlung und Sprache. Das Sprachföderprogramm*. Berlin: NIF.

Häuser, D.& Jülisch, B.-R. (2006b). *Sprachentwicklung, Sprachstörung, Sprachförderung. Ein Praxistext für Erzieherinnen*. Berlin/Weimar: Das Netz.

Kaltenbacher, E. & Klages, H. (2005). *Sprachförderung im Vorschulalter. Entwicklung und Erprobung eines Programms zur sprachlichen Integration von Vorschulkindern*. Heidelberg: Institut für Deutsch als Fremdsprachenphilologie.

Kaltenbacher, E. & Klages, H. (2006). Sprachprofil und Sprachförderung bei Vorschulkindern mit Migrationshintergrund. In B. Ahrenholz (Hrsg.), *Kinder mit Migrationshintergrund. Spracherwerb und Fördermöglichkeiten*. Freiburg: Fillibach.

Kaltenbacher, E. & Klages, H. (2007). Deutsch für den Schulstart: Zielsetzungen und Aufbau eines Förderprogramms. In B. Ahrenholz (Hrsg.), *Deutsch als Zweitsprache – Förderkonzepte und Perspektiven.* Freiburg: Fillibach.

Klevenz, U. (2007). Landesprogramm zur „kompensatorischen Sprachförderung im Jahr vor der Einschulung“ in Kindertagesstätten. In Ministerium für Bildung, Jugend und Sport Brandenburg: *Worte, Sätze und Geschichten. Sprache, Sprechen und Sprachförderung.* KITA Debatte 1/2007, S. 8-16.

Lenkungsgruppe TransKiGs (Hrsg.) (2009). *Übergang Kita – Schule zwischen Kontinuität und Herausforderung. Materialien, Instrumente und Ergebnisse des TransKiGs-Verbundprojekts.* Weimar: Verlag das Netz.

Lisker, A. (2010) *Sprachstandsfeststellung und Sprachförderung im Kindergarten sowie beim Übergang in die Schule. Expertise im Auftrag des Deutschen Jugendinstituts.* München. Zugriff am 15.02.2012 http://www.dji.de/bibs/Expertise_Sprachstandserhebung_Lisker_2010.pdf (Internet).

Lisker, A. (2011). *Additive Maßnahmen zur Sprachförderung im Kindergarten – Eine Bestandsaufnahme in den Bundesländern. Expertise im Auftrag des Deutschen Jugendinstituts.* München. Zugriff am 15.02.2012 http://www.dji.de/bibs/Expertise_Sprachfoerderung_Lisker_2011.pdf (Internet).

Mierau, S., Lee, H.-J. & Tietze, W. (2008). *Zum Zusammenhang von pädagogischer Qualität in Kindertageseinrichtungen und Familien und dem Sprachstand von Kindern.* Berlin: Pädagogische Qualitäts-Informations-Systeme GmbH - Kooperationsinstitut der Freien Universität Berlin.

Penner, Z. (2003). *Forschung für die Praxis. Neue Wege der sprachlichen Förderung von Migrantenkindern.* Frauenfeld: Kon-lab GmbH.

Reich, H. H. (2008). *Sprachförderung im Kindergarten: Grundlagen, Konzepte und Materialien.* Weimar: Verlag das Netz.

Roos, J. & Schöler, H. (2007). *Zur Wirkung des Trainings der phonologischen Bewusstheit im Vorschulalter auf den Schriftspracherwerb: Abschlussbericht des Projektes EVES.* Zugriff am 13.02.2012 http://www.ph-heidelberg.de/wp/schoeler/datein/Abschlussbericht-Stadt-%20Heidelberg_Januar%202007.pdf (Internet).

Roos, J., Polotzek, S. & Schöler, H. (2010). *EVAS – Evaluationsstudie zur Sprachförderung von Vorschulkindern. Wissenschaftliche Begleitung der Sprachfördermaßnahmen im Programm „Sag' mal was – Sprachförderung für Vorschulkinder“.* Abschlussbericht. Heidelberg und Stuttgart. Zugriff am 13.02.2012 http://www.sagmalwas-bw.de/media/WiBe%201/pdf/EVAS_Abschlussbericht_Januar2010.pdf (Internet).

Sasse, A. & Valtin, R. (Hrsg.) (2006). *Schriftspracherwerb und soziale Ungleichheit. Zwischen kompensatorischer Erziehung und Family Literacy.* Berlin: Deutsche Gesellschaft für Lesen und Schreiben.

Schakib-Ekbatan, K., Hasselbach, P., Roos, J. & Schöler, H. (2007). *Evaluationsstudie zur Sprachförderung von Vorschulkindern: Die Wirksamkeit der Sprachförderung in Mannheim und Heidelberg auf die Sprachentwicklung im letzten Kindergartenjahr* (Zwischenbericht April 2007). Heidelberg: Pädagogische Hochschule.

Schneider, W., Ennemoser, M., Roth, E. & Küspert, P. (1999). Kindergarten Prevention of Dyslexia: Does Training in Phonological Awareness Work for Everybody? *Journal of Learning Disabilities, 32(5),* 429-436.

Schröder, M./Schründer-Lenzen, A. (2012): Zur Wirksamkeit von Sprachförderung im Elementarbereich. *Zeitschrift für Grundschulforschung, 5,* 20-33.

Tracy, R. (2003). *Sprachliche Frühförderung - Konzeptuelle Grundlagen eines Programms zur Förderung von Deutsch als Zweitsprache im Vorschulalter.* Mannheim: Universität Mannheim, Forschungs- und Kontaktstelle Mehrsprachigkeit.

Tracy, R. (2004). *Entscheidungshilfen für eine differenzierte Sprachförderung.* Mannheim: Universität Mannheim, Forschungs- und Kontaktstelle Mehrsprachigkeit.

Wolf, K., Stanat, P. & Wendt, W. (2010). *EkoS – Evaluation der kompensatorischen Sprachförderung.* Zweiter Zwischenbericht. Zugriff am 13.02.2012 http://www.isq-bb.de/uploads/media/ekos-bericht-2-endfassung.pdf) (Internet).

4.3.1 Diagnostische Verfahren zur vorschulischen Sprachstandsfeststellung

CITO (2004). *Test Zweisprachigkeit.* National Institute for Educational Measurement. Arnheim, NL.

DeKeyser, R. (2003). *Sprachstandsfeststellung und Sprachförderung im Kindergarten.* DJI München.

Deutsches Jugendinstitut (Hrsg.) (2002). *Sprachförderung im Vor- und Grundschulalter. Konzepte und Methoden für den außerschulischen Bereich.* München: Deutsches Jugendinstitut.

Eichhorn, M. & Liebe, M. (2006). *WESPE. Der Sprachbeobachtungsbogen zur Identifikation sprachauffälliger Kinder.* Berlin.

Euler, H. A., Holler-Zittlau, I., van Minnen, S., Sick, U., Dux, W. & Neumann, K. (2007). *Kinder-Sprach Screening (KiSS). Das hessische Verfahren zur Feststellung des Sprachstandes 4-jähriger Kinder.* Zugriff am 13.02.2012 http://www.uni-kassel.de/fb4/psychologie/personal/euler/Sprachscreening.pdf (Internet).

Fried, L. (2008). *Delfin 4 – Diagnostik, Elternarbeit und Förderung der Sprachkompetenz Vierjähriger in NRW.* Dortmund.

Friedrich, G. (1998). *Teddy-Test. Verbale Verfügbarkeit zwischenbegrifflicher semantischer Relationen.* Göttingen.

Grimm, H. & Doil, H. (2000). *Elternfragebögen für die Früherkennung von Risikokindern (EL-FRA-1 und ELFRA-2).* Göttingen: Hogrefe.

Grimm, H., Aktas, M. & Kießig, U. (2003). *Sprachscreening für das Vorschulalter (SSV).* Kurzform des SETK 3-5. Göttingen: Hogrefe.

Grimm, H., Aktas, M. & Frevert, S. (2010). *SETK 3-5. Sprachentwicklungstest für drei bis fünfjährige Kinder. Diagnose von Sprachverarbeitungsfähigkeiten und auditiven Gedächtnisleistungen* (2. Aufl.). Göttingen: Hogrefe.

Häuser, D., Kasielke, E. & Scheidereiter, U. (1994). *KISTE - Kindersprachtest für das Vorschulalter.* Weinheim: Beltz.

Hessisches Ministerium für Arbeit, Familie und Gesundheit (2009). *KiSS – Kindersprachscreening.* Zugriff am 28.02.2012 http://www.kindervorsorgezentrum.com/kiss/ (Internet).

Hobusch, A., Lutz, N. & Wiest, U. (2009). *Sprachstandsüberprüfung und Förderdiagnostik für Ausländer- und Aussiedlerkinder (SFD)* (3. Aufl.). Horneburg: Persen.

Holler-Zittlau, I., Dux, W. & Berger, R. (2003). *Marburger Sprach-Screening für 4- bis 6-jährige Kinder (MSS). Ein Sprachprüfverfahren für Kindergarten und Schule.* Horneburg: Persen.

Jansen, H., Mannhaupt, G., Marx, H., Skowronek, H. (2002). *Bielefelder Screening zur Früherkennung von Lese-Rechtschreibschwierigkeiten BISC* (2. Aufl.). Göttingen: Hogrefe.

Jampert, K., Best, P., Guadatiello, A., Holler, D. & Zehnbauer, A. (2007). *Schlüsselkompetenz Sprache. Sprachliche Bildung und Förderung im Kindergarten. Konzepte, Projekte, Maßnahmen.* Weimar: Verlag das Netz.

Kammermeyer, G., Roux, S. & Stuck, A. (2008). *Einschätzung des Sprachförderbedarfs von Kindern ohne Kindergartenbesuch (VER-ES). Überprüfung der Endfassung 2007.* Landau.

Kiese-Himmel, C. (2005). *Aktiver Wortschatztest für 3- bis 5-jährige Kinder - Revision (AWST-R).* Göttingen.

Martschinke, S., Kammermeyer, G., Pickelein, M. & Forster, M. (2005). *Anlaute hören, Reime finden, Silben klatschen (ARS). Phonologische Vorläuferfähigkeiten erkennen.* Donauwörth: Auer.

Ministerium für Bildung, Wissenschaft, Jugend und Kultur Mainz (2008). VER-ES - Verfahren zur Einschätzung des Sprachförderbedarfs von Kindern im Jahr vor der Einschulung.

Ministerium für Schule und Weiterbildung des Landes Nordrhein-Westfalen (2008). *Delfin 4 – Diagnostik, Elternarbeit und Förderung der Sprachkompetenz Vierjähriger in NRW.* Zugriff am 29.02.2012 http://www.lvr.de/media/wwwlvrde/jugend/service/rundschreiben/dokumente_96/sprachfoerderung/Nr554_durchfuehrungsanleitung.pdf (Internet).

Niedersächsisches Kultusministerium (Hrsg.) (2006). *„Fit in Deutsch" - Feststellung des Sprachstandes.* Hannover: Autor. Zugriff am 13.02.2012 http://www.nibis.de/nli1/fid/pdf/fit%20in%20deutsch_010306.pdf (Internet).

Petermann, F., Metz, D. & Fröhlich, L.P. (2010). *SET 5-10. Sprachstandserhebungstest für Kinder im Alter zwischen 5 und 10 Jahren.* Göttingen: Hogrefe.

Reich, H. & Roth, H.-J. (2003). *Hamburger Verfahren zur Analyse des Sprachstandes bei 5-Jährigen HAVAS.* Landau: Universität Koblenz-Landau, Institut für Interkulturelle Bildung.

Schöler, H. & Brunner, M. (2008). *HASE – Heidelberger Auditives Screening in der Einschulungsdiagnostik* (2. Aufl.). Wertingen.

Senatsverwaltung für Bildung, Wissenschaft und Forschung Berlin (2008). *Erläuterungen zur „Qualifizierten Statuserhebung vierjähriger Kinder in Kitas und Kindertagespflege" (QuaSta).* Zugriff am 15.02.2012 http://www.berlin.de/imperia/md/content/sen-bildung/bildungswege/vorschulische_bildung/sprachstand_kita.pdf (Internet).

Senatsverwaltung für Bildung, Wissenschaft und Forschung Berlin (2008). *Erhebungsinstrument DEUTSCH PLUS 4.* Berlin

Ulich, M. & Mayr, T. (2003). SISMIK. *Sprachverhalten und Interesse an Sprache bei Migrantenkindern in Kindertageseinrichtungen.* Freiburg: Herder.

Ulich, M. & Mayr, T. (2006). SELDAK. *Sprachentwicklung und Literacy bei deutschsprachig aufwachsenden Kindern.* Freiburg: Herder.

4.3.2 Diagnostische Verfahren zum Schriftspracherwerb

Bäuerlein, K., Beinicke, A., Faust, G., Franz, U., Jost, M. & Schneider, W. (2011). Fähigkeitsindikatoren Primarschule (FIPS) – Erprobung und Weiterentwicklung einer internationalen computerbasierten Schulanfangsdiagnose. In M. Hasselhorn & W.

Schneider (Hrsg.), *Frühprognose schulischer Kompetenzen. Tests und Trends, N.F. Band 9* (S. 85-108). Göttingen. Hogrefe.
Diehl, K. & Hartke, B. (2012). *IEL-1: Inventar zur Erfassung der Lesekompetenzen im 1. Schuljahr. Ein curriculumsbasiertes Verfahren zur Abbildung des Lernfortschritts.* Göttingen: Hogrefe.
Glück, C. W. (2007). *Wortschatz- und Wortfindungstest für 6- bis 10-Jährige.* Göttingen: Hogrefe.
Lenhard, W. & Schneider, W. (2006). *ELFE 1-6. Ein Leseverständnistest für Erst- bis Sechstklässler.* Göttingen: Hogrefe.
Marx, H. (1998). *Knuspels-L. Knuspels Leseaufgaben.* Göttingen: Hogrefe.
Mayringer & Wimmer (2003). *Salzburger Lese-Screening für die Klassenstufen 1-4.* Bern: Hans Huber.
Schneider W., Küspert, P., Faust, V. & Blanke, I. (2011). *Die Würzburger Leise Leseprobe* (Revision). Göttingen: Hogrefe.

4.3.3 Konzepte und Materialien zur Förderung von Sprache und Schriftspracherwerb

Best, P., Laier, M., Jampert, K., Sens, A. & Leuckefeld, K. (2011). *Dialoge mit Kindern führen. Die Sprache der Kinder im dritten Lebensjahr beobachten, entdecken und anregen.* Weimar: Verlag das Netz.
Brinkmann, E. (2008). *ABC-Lernlandschaft: Unkel. Ein ungewöhnliches Buch.* Stuttgart: Klett.
Buschmann, A., Simon, S., Jooss, B. & Sachse, S. (2010). Ein sprachbasiertes Interaktionstraining für ErzieherInnen („Heidelberger Trainingsprogramm") zur alltagsintegrierten Sprachförderung in Krippe und Kindergarten – Konzept und Evaluation. In K. Fröhlich-Gildhoff, I. Nentwig-Gesemann & P. Strehmel (Hrsg.), *Forschung in der Frühpädagogik III. Schwerpunkt: Sprachentwicklung und Sprachförderung* (S. 107-133). Freiburg: Verlag FEL.
Forster, M. & S. Martschinke (2008). *Leichter lesen und schreiben lernen mit der Hexe Susi* (8. Aufl.). Donauwörth: Auer Verlag.
Häuser, D. & Jülisch, B.-R. (2006). *Handlung und Sprache. Das Sprachförderprogramm.* Berlin: NIF.
Hartmann, E. (2010). Wirksamkeit von Interventionen zu Leseflüssigkeit bei Kindern und Jugendlichen mit Lernbehinderung: Synopse systematischer Übersichtsarbeiten. *Vierteljahresschrift für Heilpädagogik und ihre Nachbargebiete, 3*, 224-238.
Kaltenbacher, E. (2009). Deutsch für den Schulstart. Zugriff am 28.02.2012 http://www.deutsch-für-den-schulstart.de/index.html (Internet).
Kammermeyer, G. (2007). Mit Kindern Schriftsprache entdecken. Entwicklung, Diagnose und Förderung (schrift-)sprachlicher Fähigkeiten in Kindertagesstätte und Anfangsunterricht. Beobachtungsbogen zur Entwicklung des Schriftspracherwerbs. In Stiftung Bildungspakt Bayern (Hrsg.), *KiDZ – Das Programm* (S. 205-263). Köln: Wolters Kluwer.
Kirschhock, E.-M. & Munser-Kiefer, M. (2012). *Lesen im Leseteam trainieren. Materialordner und Zusatzmaterialien.* Donauwörth: Auer Verlag.
Philipp, M. (2012). Was wirkt? Zehn Prinzipien einer nachweislich effektiven Lese- und Schreibförderung. In M. Philipp & A. Schilcher (Hrsg.), *Selbstreguliertes Lesen. Ein Überblick über wirksame Leseförderansätze.* Seelze: Klett/Kallmeyer.

Rosebrock, C., Nix, D., Rieckmann, C. & Gold, A. (2011). *Leseflüssigkeit fördern. Lautlese-Verfahren für die Primar- und Sekundarstufe*. Seelze: Kallmeyer.

Tacke, G. (1999). *Flüssig lesen lernen. Übungen, Spiele und spannende Geschichten. Ein Leseprogramm für den differenzierenden Unterricht, für Förderkurse und für die Freiarbeit. Je ein Heft für Klasse 1-2, 2-3 und 4-5* (2. Aufl.). Donauwörth: Auer.

Tacke, G. (2005). *Flüssig lesen lernen – Ein Leseprogramm für Klasse 2 und 3 der Grundschule*. Donauwörth: Auer.

4.3.4 Maßnahmen und Materialien zur Sprachförderung in den Bundesländern[20]

Baden-Würtemberg

Landesinstitut für Schulentwicklung. *Intensive Sprachförderung im Kindergarten (ISK)*. Zugriff am 30.11.2012 http://www.schule-bw.de/vorschule/isk/teilnahmebedingungen/ (Internet).

Bayern

Bayerisches Staatsministerium für Arbeit und Sozialordnung, Familie und Frauen. Vorkurs *„Deutsch 240“ - „Handreichung Lernszenarien – Ein neuer Weg, der Lust auf Schule macht“* Zugriff am 30.11.2012 http://www.stmas.bayern.de/kinderbetreuung/gaerten/vorkurs.php (Internet)

Berlin

Senatsverwaltung für Bildung, Jugend und Sport. *Materialien zum Sprachlernen in Kitas und Grundschulen*. Zugriff am 30.11.2012 http://www.foermig-berlin.de/materialien/Fortbildungsmodule.pdf und http://www.foermig-berlin.de/materialien.html (Internet)

Brandenburg

Häuser, D. & B.-R. Jülisch (2006). Küspert, P. & Schneider, W. (2006). *Hören, Lauschen lernen. Handlung und Sprache und Würzburger Trainingsprogramm.*

Bremen

Landesinstitut für Schule Bremen. *„Bremer Sprachschatz“ und Arbeitsmaterialien für die Sprachförderung im Elementarbereich*. Zugriff am 30.11.2012 http://www.lis.bremen.de/sixcms/media.php/13/Veroeffentlichung_DrHolstel.pdf (Internet).

20 Zusammenstellung in Anlehnung an Lisker 2010 und 2011: Lisker, A. (2010). Sprachstandsfeststellung und Sprachförderung im Kindergarten sowie beim Übergang in die Schule. Expertise im Auftrag des Deutschen Jugendinstituts. Zugriff am 16.11.2012 http://www.dji.de/bibs/Expertise_Sprachstandserhebung_Lisker_2010.pdf (Internet) Lisker, A. (2011): Additive Maßnahmen zur Sprachförderung im Kindergarten – Eine Bestandsaufnahme in den Bundesländern, S. 73f. Zugriff am 16.11.2012: http://www.dji.de/bibs/Expertise_Sprachfoerderung_Lisker_2011.pdf (Internet).

Hamburg

Landesinstitut für Lehrerbildung und Schulentwicklung Referat Ästhetische Bildung und Sprachen. *Materialien zur Frühkindlichen Sprachförderung.* Zugriff am 30.11.2012 http://www.foermig-berlin.de/materialien/Fortbildungsmodule.pdf (Internet).

Hessen

Hessisches Kultusministerium. *Handreichung „Deutsch - Frühförderung in Vorlaufkursen".* Zugriff am 30.11.2012 http://www.kultusministerium.hessen.de/irj/HKM_Internet?cid=d1e57257c6c5c51d318b9fde96fd1847 (Internet).

Mecklenburg-Vorpommern

Keine landesweiten Sprachfördermaßnahmen.

Niedersachsen

Niedersächsisches Kultusministerium. *Didaktisch-methodischen Empfehlungen für die Sprachförderung vor der Einschulung (Kon-Lab-Programm und „Osnabrücker Materialien".* Zugriff am 30.11.2012 http://nibis.ni.schule.de/nli1/fid/pdf/rrlgs_sprache.pdf (Internet).

Nordrhein-Westfalen

Lilian Fried. *Sprachförderung anhand der Förderempfehlung von Delfin 4. Delfin 4 – Diagnostik, Elternarbeit und Förderung der Sprachkompetenz Vierjähriger in NRW* (2008). Zugriff am 30.11.2012 http://www.lvr.de/media/wwwlvrde/jugend/service/rundschreiben/dokumente_96/sprachfoerderung/Nr554_durchfuehrungsanleitung.pdf (Internet).

Rheinland-Pfalz

Landessprachförderprogramm. Zugriff am 30.11.2012 http://kita.bildung-rp.de/fileadmin/downloads/Neufassung_VV_Sprachf_rderung_29_01_2008.pdf (Internet).

Saarland

Ministerium für Bildung, Kultur und Wissenschaft des Saarlandes. *Früh Deutsch lernen* (2004). Zugriff am 30.11.2012 http://www.saarland.de/12840.htm und http://www.saarland.de/dokumente/thema_bildung/FruehDeutschLernen.pdf (Internet).

Sachsen

Berufsbildungswerk Leipzig für Hör- und Sprachgeschädigte GmbH (2011). *Landesmodellprojektes „Sprache fördern".* Zugriff am 30.11.2012 http://www.bbw-leipzig.de/index.php?id=700 (Internet).

Sachsen-Anhalt

Lilian Fried. *Sprachförderung anhand der Förderempfehlung von Delfin 4. Delfin 4 – Diagnostik, Elternarbeit und Förderung der Sprachkompetenz.* Zugriff am 30.11.2012 http://www.lvr.de/media/wwwlvrde/jugend/service/rundschreiben/dokumente_96/sprachfoerderung/Nr554_durchfuehrungsanleitung.pdf (Internet).

Schleswig-Holstein

Ministerium für Bildung und Frauen des Landes Schleswig-Holstein (Hrsg.). *SPRINT (Sprachintensivförderung) unterstützt durch: Fördephon und „Arbeitshilfen zur Sprachförderung im Elementarbereich und Handreichung: Lernszenarien – Ein neuer Weg, der Lust auf Schule macht.* Zugriff am 30.11.2012 http://www.schleswig-holstein.de/MSGFG/DE/Kindertageseinrichtungen/Sprachfoerderung/SPRINT/SPRINT_node.html und http://www.schleswig-holstein.de/MSGFG/DE/Service/Broschueren/Kita/ArbeitshilfenElementarbereich__blob=publicationFile.pdf (Internet).

Thüringen

Keine landesweiten Sprachfördermaßnahmen.

5 Zur historischen Entwicklung von Lese- und Schreiblehrmethoden (bis 1980)

Wenn vor fast 500 Jahren Valentin Ickelsamer seine Lesedidaktik mit den Worten einführte „Die rechte weis aufs kürtzist lesen zu lernen", dann ist damit eine Zielrichtung vorgegeben, die keineswegs selbstverständlich ist. Einerseits glaubte man immer wieder bereits die „rechte weis" gefunden zu haben und andererseits ist das Kriterium „auf kürtzist", der Effizienz des Leselehrgangs, nicht unumstritten, denn natürlich kann man andere Zielsetzungen für wesentlich halten. Beide Aspekte sind auch nicht unabhängig voneinander: Wenn nicht die Schnelligkeit des Lernerfolgs, sondern beispielsweise Kommunikationsfähigkeit, Persönlichkeitsentwicklung, Enkulturation oder selbstgesteuertes Lernen als Zielkategorie Priorität haben, dann ergeben sich auch jeweils unterschiedliche Interpretationen für das, was als „rechte weis" angesehen wird.

Die Kontroversen um die zentral angezielten Fähigkeitsdimensionen beim Schriftspracherwerb spiegeln sowohl allgemein bildungstheoretische und -politische Auseinandersetzungen als auch fachdidaktische Überlegungen zum Stellenwert von Mündlichkeit und Schriftlichkeit, von Lesen und Rechtschreiben, zum methodischen Fokus der Unterrichtskonzeption zwischen Lehr- und Lernorientierung und schließlich der sprachlichen Einheit, von der der Anfangsunterricht ausgehen sollte: dem Buchstaben/Laut, der Silbe,[1] dem Wort oder Satz. Gerade der letzte Punkt, die Diskussion der geeigneten sprachlichen Einheit für die Alphabetisierung, hat historisch gesehen zunächst im Vordergrund der Auseinandersetzungen gestanden.

Begonnen wird in diesem Kapitel mit einem kurzen historischen Rückblick auf die *lesedidaktischen* Konzepte, mit denen grundlegende Strategien der Worterfassung vermittelt wurden. Mit der Frage, ob Kinder angehalten werden sollen, ein Wort Buchstabe für Buchstabe oder Laut für Laut zu „erlesen" oder ob nicht vielmehr das visuelle Gedächtnis zu schulen ist, damit man die Wörter als Wortbild abspeichern kann, darüber haben Didaktiker sich nicht nur viele Gedanken gemacht, sondern auch heftig gestritten.

1 Eine silbenorientierte Schwerpunktsetzung im Erwerb basaler Schriftlichkeit ist erst in den letzten Jahren verstärkt in die Diskussion gekommen, wobei es dabei um Schreibenlernen im Sinne von orthographisch korrektem Schreiben geht (dazu mehr in Kap. 8). Die Silbe als Strukturierungshilfe für den Leseprozess ist demgegenüber bereits in älteren Leselehrgängen berücksichtigt worden.

Ein *erster Methodenstreit* ist 1960/1970 um ganzheitliche, wortorientierte (analytische) und einzelheitliche, lautorientierte (synthetische) Leselehrmethoden feststellbar. Diese unterschiedlichen Orientierungen spiegeln sich in den Fibellehrwerken der Zeit, die entweder synthetisch *oder* analytisch aufgebaut waren. Unstrittig aber war, dass die Fibel sozusagen *das Leitmedium* des Anfangsunterrichts war.

Die Diskussion von *Schreiblehrgängen* soll hier zunächst den langen Weg von verbundenen Schriften zur heute gültigen Praxis des Druckschrift-Schreibens als Erstschrift aufzeigen, um damit ein Verständnis für die immer wieder erneut geführte Auseinandersetzung um bestimmte Formen von Ausgangsschriften entwickeln zu können.[2]

Didaktische Konzepte zum schriftsprachlichen Anfangsunterricht lassen sich auch durch verschiedene Gewichtungen von Lesen, Schreiben und Rechtschreiben und durch Unterschiede in der Reihenfolge von Lese- und Schreiblehrgang kennzeichnen. Nicht zuletzt sind die Perspektiven jeweils andere, unter denen die Funktion des Erstschreibens gesehen wird. Zielstellung dieses Kapitels ist, diese Klassifizierung von didaktischen Konzepten zum Lese- und Schreibunterricht herauszuarbeiten, um so Voraussetzungen für eine wissensbasierte Einordnung der Kontroversen über den schriftsprachlichen Anfangsunterricht zu schaffen.

5.1 Leselehrmethoden

5.1.1 Von der Buchstabier- und Lautiermethode zur Ganzheitsmethode

Heute kaum noch vorstellbar, bestand Leseunterricht lange Zeit darin, Buchstabennamen und ihre Schreibweise mechanisch einzuprägen. Diese „*Buchstabiermethode*“ berücksichtigte nicht den Lautwert der einzelnen Buchstaben und bestand in einem hierarchisch geordneten Lehrgang: Zuerst mussten die Buchstabennamen auswendig gelernt werden, dann wurden Silben zusammengelesen (Syllabieren) und schließlich erfolgte nach jahrelangem Unterricht das Lesen ganzer Wörter und Texte. So blieb „die Kunst des Lesens“ bis zum Beginn der Neuzeit ein Privileg.

Valentin Ickelsamer setzte sich zu Beginn des 16. Jahrhunderts dafür ein, die umständliche Buchstabiermethode durch die Bezugnahme auf die Lautung von Buchstaben und die Aneinanderreihung von Lauten zum Wortganzen zu über-

2 Zur aktuellen Diskussion der Einführung einer neuen Druckschriftvariante, der „Grundschrift“, und dem damit verbundenen Verzicht auf einen ergänzenden Schreibschriftlehrgang vgl. Kap. 8.

winden. Auch Comenius forderte ein Jahrhundert später ein lautsynthetisches Verfahren, indem die Buchstaben teilweise über Tierlaute eingeführt wurden bzw. ihr Behalten über die Assoziation mit entsprechenden Lauten leichter sein sollte wie Abbildung 1 veranschaulicht: z.B. „die Gans gackert: *ga ga*". Interessanterweise ist diese Laut-Buchstaben-Tabelle auch eine „zweisprachige" Tabelle, Neuhochdeutsch-Latein. Die Buchstaben werden gleichzeitig als Groß- und Kleinbuchstaben eingeführt und sie werden teilweise auch aus dem Anfangslaut einer Silbe gewonnen „*ga ga, ga ga*" für /g/.

Abbildung 1: Laut-Buchstabentabelle aus dem Orbis sensualium pictus von Comenius aus dem Jahre 1658 (Internetquelle siehe Abbildungsverzeichnis)

Beachtenswert ist, dass der erste große Didaktiker bereits eine Verbindung von Lese- und Schreiblehrgang im Auge hatte. So heißt es in der „didactica magna":

> „Lese- und Schriftübungen werden jederzeit in passendem Zusammenhange stehen. Denn selbst für die ABC-Schüler kann es kaum einen wirksameren Stachel und Reiz geben, als wenn man sie die Buchstaben mittels des Schreibens lernen läßt." (Comenius 1657/1902, S. 151f.)

Überlegungen zur Verbindung von Lese- und Schreiblehrgang finden sich auch später immer wieder, so z.B. bei Trapp, Tesch, Böhme und Graser (vgl. Topsch 2003, S. 507). Die Begründungen für diese Integration der Lehrgänge waren im Verlauf des 18./19. Jahrhunderts durchaus unterschiedliche: Einerseits war es die Referenz an den kindlichen Wunsch nach konkretem Tun, da das „abstrakte" Denken beim Lesen durch das praktische Handeln mit Knete, Kreide und Stift beim Schreiben ergänzt werden sollte. Andererseits war es der Bezug auf lernpsychologische Überlegungen, indem davon ausgegangen wurde, dass Lesen und Schreiben eine ähnliche kognitive Aktivität bedeuten (Produktion und Rezeption von Buchstaben), die sich durch paralleles Üben besser einprägen kann. Ähnlich modern wirkt auf den ersten Blick die Schreiblesemethode von Graser (1891), der den Zusammenhang von Mündlichkeit und Schriftlichkeit besonders herausstellte. Allerdings kam er dadurch zu recht seltsamen Vorstellungen der Einführung von Schrift, indem die Buchstaben als Abbild der verschiedenen Mundstellungen beim Sprechen in einer eigenen „Vorläuferschrift" gewonnen wurden. Dieses zeitaufwändige Verfahren mag ein Grund dafür gewesen sein, dass sich das Konzept nicht gegen die Buchstabier- und Lautiermethoden der Zeit durchsetzen konnte. Nicht zuletzt hatte die Verbindung von Lese- und Schreiblehrgang in Klassen mit bis zu 80 Kindern einen ganz pragmatischen Grund: Während die eine Abteilung Lautierübungen machte, musste die andere Abteilung schreiben üben – damit war sie ruhig und beschäftigt.

Obwohl Stephani bereits 1802 seine erste Fibel nach der Lautiermethode herausgegeben hat, kam es erst 1872 in Preußen zu einem Verbot der Buchstabiermethode. Historisch lassen sich verschiedene *Lautiermethoden* unterscheiden, und zwar je nachdem, ob die Laute aus dem Anlaut als eigenem Sinnträger oder durch Nachahmung von Geräuschen gewonnen wurden.

Die heute noch übliche *Anlautmethode*, bei der die Lautgewinnung über das Abhören des ersten Phonems eines Wortes erfolgt, wurde bereits von Ickelsamer im 16. Jahrhundert vorgeschlagen. Da die Bezugnahme auf einen Laut wenig kindgemäß erschien, kam man aber schon bald zur *Sinnlautmethode*, bei der jedes Phonem mit einem eigenen Empfindungs- oder Naturlaut belegt wurde, beispielweise das „I" mit dem Krähen des Hahns, das „M" für das Muhen der Kuh. Wurden die Laute auch auf menschliche Äußerungen bezogen, wie beispielsweise das „O" für Staunen, dann wurde das Verfahren auch als „*Interjektionsmethode*" bezeichnet. In der Unterrichtspraxis wurde viel Wert auf die emotionale Ladung der Lautgeschichten gelegt, da hierin die entscheidende Stütze für den Gedächtniseintrag gesehen wurde. Genau dies erwies sich aber als hinderlich, weil vor lauter emotionaler Aufladung der Blick auf die Lautstruktur eines Wortes letztlich verstellt wurde: Soll ein nach der Sinnlautmethode unterrichtetes Kind beispielsweise das Wort „Hase“ lesen, dann muss es folgende Assoziationen verarbeiten: „H’ haucht der Hund, wenn er schnell läuft, ‚a’ ruft die Mutter, wenn sie an den Maiglöckchen riecht, ‚s’ summt die Blume, ‚e’ ruft der Fuhrmann dem durchgehenden Esel zu. Diese Vielfalt von Vorstellungen lässt den eigentlichen Sinn des Wortes ‚Hase’ nicht aufkommen“ (Reinhard 1962, S. 24). Gleichwohl lassen sich derartige „Merkhilfen“ immer wieder in Fibellehrgängen finden (vgl. Abb. 2).

Abbildung 2: Sinnlautmethode in Fibellehrgängen des 20. Jahrhunderts (Internetquelle siehe Abbildungsverzeichnis)

Der großen Schwierigkeit bei lesesynthetischen Verfahren, dem Zusammenlesen einzelner Phoneme zu Wörtern, versuchte man durch weitere Hilfskonstruktionen zu begegnen. Einige setzten auf das immer raschere Zusammenlesen, als ob sich aus dem schnelleren Sprechen einzelner Laute rein additiv ein Wort ergäbe. Andere versuchten, in der Tradition des Taubstummenlehrers Grosselin, das Problem des Zusammenlesens durch Lautgebärden zu visualisieren. Obwohl *Lautgebärdensysteme* bis heute – insbesondere im Sonderschulbereich[3] – Verwendung finden, ist ihr Nutzen für den Regelunterricht empirisch nicht gesichert.

Die *Vokalisationsmethode* von Richard Lange versuchte, über das Üben eines sprechtechnischen Vorgangs die Wortbildung zu erleichtern. Er ordnete den einzelnen Konsonanten keine Phoneme zu, sondern ließ sie mit einem für sie typischen Namen benennen: „H“ galt als Haucher, „L“ als Laller usw. Die auf diese Weise bezeichneten Konsonanten sollten nun sofort mit jeweils einem Vokal verbunden werden. Die Anweisung des Lehrers lautete dann „Hauche das ‚A‘, summe das ‚E‘“ und dann, so wurde erwartet, konnte der Schüler „Hase“ sagen. Diese Beispiele zeigen, dass streng lesesynthetische Verfahren zu einer Überbetonung der Lesetechnik neigen, die letztlich das Erfassen der Wortbedeutung erschwert.

Während die *synthetischen* Methoden mit sinnneutralen Elementen, den Lauten, anfangen ein Wortlesen aufzubauen, beginnen die *analytischen Methoden* mit ganzen Wörtern (*Ganzwortmethode*), Wortgruppen oder kurzen Sätzen (*Ganzsatzmethode*). Sie beschreiten also einen *semantisch-lexikalischen* Weg beim Wortlesen. Die erste Lernphase besteht in dem Einprägen ganzer Wortbilder, ohne dass die Kinder bereits über Buchstabenkenntnisse verfügen würden. Bereits 1770 empfahl Friedrich Gedike zum ersten Mal einen ganzheitlichen Erstleseunterricht. Er war sich allerdings der Notwendigkeit bewusst, die Schüler neben dem Wortbildlesen auch mit dem Lautwert der einzelnen Schriftzeichen vertraut machen zu müssen. Dieser sollte sich allerdings auf Grund des Analogiegefühls allmählich von selbst einstellen.

Christian Trapp (1745-1818) war ebenfalls ein Vertreter einer ganzheitlichen Vorgehensweise, wobei hier durch seine philanthropische Argumentation deutlich wird, wie die Präferenz einer bestimmten Methode mit anderen, nicht primär fachdidaktischen Entscheidungen verknüpft wird. Für ihn standen, wie für viele nach ihm, das ganzheitliche Sprachlernen und die ganzheitliche Wahrnehmung des Lebens in unmittelbarem Zusammenhang.

Kennzeichen einer streng *lautanalytischen Methode*, die auch als „*Normalwortmethode*“ bezeichnet wird, war der Ausgang vom Inhalt eines Wortes. Typisch für die unterrichtspraktische Realisierung war, dass das mit diesem

3 Vgl. den Kieler Leseaufbau von Dummer-Smoch/Hackethal (2002) oder Reuther-Liehr (2001), siehe auch Kapitel 8.2.3, insbesondere Abbildung 13.

„Normalwort" bezeichnete Objekt konkret präsentiert wurde, entweder als Gegenstand oder zumindest als Abbildung oder Tafelbild. Das Wort wurde als Bezeichnung der Abbildung vom Lehrer an die Tafel geschrieben und von den Kindern abgeschrieben. Das Merkwort wurde in gedehnter Sprechweise vorgelesen, so dass die einzelnen Phoneme hörbar wurden. Darauf wurde das Wort visuell analysiert und aus den so erarbeiteten Lauten und Buchstaben wurden zusätzliche Wörter zum Ausgangswort gebildet. Damit sich das Normalwort und seine ergänzenden Ableitungen gut einprägen konnten, wurden sie in Verse oder Lieder eingebettet.

Für die auditiv-visuelle Analyse waren natürlich nur lautgetreue Wörter geeignet und die Vertreter dieser Methode setzten bald ihren Ehrgeiz daran, mit möglichst wenigen Wörtern, alle regulären Phonem-Graphem-Korrespondenzen zu repräsentieren. Damit geriet letztlich auch dieser methodische Ansatz zu einem eher technischen Leselehrverfahren, in dem der semantische Gehalt von Wörtern und Sätzen eher zweitrangig war. Gleichwohl war diese Methode bis zum Beginn des 20. Jahrhunderts weit verbreitet und wurde durch Fibeln unterstützt, die soweit „elementarisiert" waren, dass sie auf den ersten Seiten nur einzelne Vokale einführten.

Im Kontrast dazu steht die „*Ganzheitsmethode*", die zwar auch von einem Merkwortbestand ausgeht, der aber gerade nicht auditiv oder visuell analysiert wird. Der Reformpädagoge Georg Kerschensteiner hatte in Amerika[4] die Methode kennengelernt, beim Lesenlernen von einem einheitlichen Wortganzen auszugehen und mit einer Phase „naiv-ganzheitlichen" Lesens zu beginnen;[5] erst danach erfolgten eine Erarbeitung von Laut-Buchstaben-Beziehungen und dann das selbständige Lesen. Bereits ab 1920 entstanden die ersten „Ganzwortfibeln" (vgl. Abb. 3).

Das ganzheitlich-analytisch-synthetische Leseverfahren stand deutlich unter den theoretischen Prämissen der Gestaltpsychologie, die das kindliche Wahrnehmen in einer Entwicklungslinie von ganzheitlich-naiven „undifferenzierten" hin zu stärker gegliederten „Gestalten" sah. Brückl (1926, 1933), Wittmann (1929/1967) und die Brüder Kern (1937) sahen im Lesevorgang kein summatives Aneinanderreihen einzelner Laute zu Silben und Wörtern, son-

4 Da das Englische weitaus weniger „lautgetreu" ist als das Deutsche, ist dieses methodische Vorgehen für einen Erstleselehrgang im Englischen auch nicht überraschend. Es hat sich in den USA im Anschluss an Goodman (1967) im Rahmen eines „whole-language-approach" erneut verbreitet. Dieser Ansatz ist zunächst auch mit einer Ganzwortmethode in englischsprachigen Fibeln verbunden.

5 Unter Bezug auf die Stufenmodelle des Schriftspracherwerbs (vgl. Kap. 2.5.1) könnte man sagen, dass es ein Verfahren ist, das auf der logographischen Stufe des Leselernprozesses beginnt.

dern vielmehr einen einmaligen, ganzheitlichen Wahrnehmungsprozess der Wortgestalt.

Eine besondere Blüte erfuhr diese Methode in der Nachkriegszeit, so dass es 1950/60 zu einem Nebeneinander von analytischen und synthetischen Fibellehrgängen kam. Große Akzeptanz fand das Konzept der Kerns (1963), das bereits einen detaillierten Phasenplan des Lesenlernens enthielt:

- naiv-ganzheitliches Lesen, d.h. die Sinnfindung erfolgte nur aufgrund des Kontextes nicht der Buchstabenkenntnis,
- optische Analyse, d.h. Durchgliederung des Wortes durch markante Zeichen der äußeren Form,
- akustische Analyse, d.h. Zuordnung der Laute zum Schriftbild, wobei die Kerns (vgl. 1963, S. 32) explizit ein Anlautverfahren vorschlugen,
- Synthese, insbesondere durch Wortaufbau- und Satzergänzungsübungen
- Erlesen unbekannter Wörter, wobei Sinnrahmen und Antizipation wichtige Hilfestellungen für das Entziffern fremder Texte bieten sollten.

In der Phase des „naiv-ganzheitlichen Lesens“ wird mit den Kindern ein ganzheitlicher *Merkwortbestand* erarbeitet und regelrecht auswendig gelernt. In der „Durchgliederung“ werden die Buchstabenzeichen und ihre lautlichen Entsprechungen gelernt, um so Einsicht in die Buchstaben-Laut-Beziehung zu erlangen. Die Übungsformen, die dabei eingesetzt wurden, der Wortauf- und -abbau finden sich noch heute in vielen Fibeln.

Ganzheitliche (analytische) Methoden betonen den semantischen Aspekt der geschriebenen Sprache. Der Sinn des Gelesenen soll Ausgangspunkt des kindlichen Lernprozesses sein – er kann es aber nur sehr bedingt sein, denn mit der naiv-ganzheitlichen Lesestrategie werden die Kinder „zum Raten verführt“. In der Unterrichtspraxis wurde der Phase ganzheitlichen Lesens und der visuellen Verarbeitung von Buchstabenmerkmalen große Bedeutung zugemessen, da man der Überzeugung war, dass sich „Wortbilder“ unmittelbar einprägen würden und somit sowohl zu korrektem Lesen als auch zu richtigem Schreiben führen würden.

Abbildung 3: Fibel mit Ganzheitsmethode von Artur Kern (Internetquelle siehe Abbildungsverzeichnis)

5.1.2 Methodenintegration

Es kann nicht erstaunen, dass es mit dem Nebeneinander von zwei sehr unterschiedlichen Leselehrverfahren in der Nachkriegszeit zum ersten „Methodenstreit" des Schriftspracherwerbs kam: Die Auseinandersetzung zwischen den Synthetikern und den Vertretern der Ganzheitsmethode wurde über zwei Jahrzehnte erbittert geführt und durch empirische Untersuchungen beigelegt, die die Effektivität beider Methoden verglichen (vgl. Müller 1964, Schmalohr 1961, Ferdinand 1970, 1972). Fazit dieses Methodenvergleichs war eine kurzfristige Überlegenheit synthetisch unterwiesener Schüler und auch eine höhere Lerneffektivität dieser Methode für leistungsschwächere Schüler (Müller 1964). Gleichwohl zeigte sich aber, dass sich spätestens bis zum Abschluss der Grundschulzeit die Methodeneffekte neutralisiert hatten.

Dieses Ergebnis überrascht, denn gerade Ferdinand hatte auf die Konzeption eines experimentellen Forschungsdesigns besondere Sorgfalt gelegt, um potentielle Differenzen exakt bestimmen zu können: Die Ausgangsleistungen der Stichprobe (22 Klassen) wurden durch Schulreife- und intelligenztests kontrolliert. Die Ordnungsgemäßheit der methodischen Durchführung wurde von den zuständigen Schulräten überwacht und in regelmäßigen Teambesprechungen gesichert (vgl. Ferdinand 1970, S. 38). *Eine* Lehrerin unterrichtete jeweils zwei Klassen, und zwar eine nach dem synthetischen und die andere nach dem analytischen Verfahren. Selbst die persönliche Methodenpräferenz der Lehrerinnen wurde kontrolliert, d.h., je fünf Lehrerinnen gaben jeweils an, eigentlich mehr die ganzheitliche bzw. die synthetische Methode zu favorisieren. So hoffte man, ein äußerst faires Arrangement für den Vergleich gefunden zu haben.

Aus heutiger Perspektive erscheint die Annahme gerechtfertigt, dass eine methodische Differenz gerade deshalb nicht sichtbar werden konnte, weil beide Varianten durch ein und dieselbe Person durchgeführt wurden und somit der Einfluss durch die Lehrperson jeweils stärker wirksam werden konnte als die methodische Varianz. Diese Interpretation lässt sich durch Untersuchungen zur Unterrichtsqualität stützen, die zeigen, dass erfolgreich unterrichtende Lehrkräfte im Anfangsunterricht weder durch ein homogenes Verhaltensmuster noch durch ein bestimmtes methodisches Vorgehen beschreibbar sind (vgl. May 2001). Vielmehr gibt es eine gewisse individuelle Varianz von Mustern guten Unterrichts. So ist es plausibel, dass ggf. auch Schwächen eines bestimmten methodischen Verfahrens durch eine kompetente Lehrkraft ausgeglichen werden. Außerdem darf man nicht übersehen, dass beide methodischen Ansätze zu Beginn zwar differieren, im weiteren Verlauf des Schriftspracherwerbs aber sowohl synthetische als auch analytische Prozesse beinhalten.

Der kurzfristige Vorteil des synthetischen Verfahrens könnte dafür sprechen, dass unter diesem methodischen Zugriff eher Übungsformen Gewicht haben, die das phonologische Bewusstsein schulen. Die Orientierung auf „Wortbilder" setzt die Kinder demgegenüber zunächst auf eine falsche Fährte, indem sie lernen, sich an letztlich irrelevanten Phänomenen der optischen Gestalt von Wörtern zu orientieren.

Im Ergebnis haben die methodischen Kontroversen zu einer *Methodenkombination* geführt, indem Leselehrgänge von Anfang an sinnvolle Wörter anbieten, die *vollständig* in ihrer Graphem-Phonem-Beziehung durchgliedert werden. Die Kinder lesen damit von Anfang an ganze Wörter. Diese ersten Wörter sind einfach strukturiert und „lautgetreu" wie <Oma > oder <Fu> und dienen als „Schlüsselwörter", die mit allen Sinnen bearbeitet werden:

Die Wörter werden nicht nur Laut für Laut „erlesen", sondern gleichzeitig sprechmotorisch bewusst gemacht, visuell analysiert, mit Wortkarten gelegt, geschrieben und durch Bilder in der Sinnentnahme gestützt.

Die ersten analytisch-synthetischen Fibellehrgänge entstanden ab ca. 1970 und sind bis heute weit verbreitet. Beispiele für aktuelle methodenintegrierte Konzepte sind die Fibeln „*Fara und Fu*" oder auch die „*Tobi-Fibel*".

Kennzeichen der integrativen Fibellehrwerke ist die *Verbindung von Lese- und Schreiblehrgang*, d.h., alle Buchstaben und Wörter der Fibel werden weitestgehend zeitlich synchron auch im begleitenden Schreiblehrgang eingeführt und geübt (vgl. Menzel 1977). Dies bedingt ein langsames Vorgehen des Leselehrgangs und eine gewisse Textarmut der ersten Fibelseiten. Je nachdem wie schnell ein Leselehrgang in der Einführung von Buchstaben vorangeht, werden Lehrwerke auch danach unterschieden, mit welchem „Steilheitsgrad" sie arbeiten, d.h., ein Lehrgang wird dann als besonders „steil" bezeichnet, wenn sehr viele Buchstaben bereits in den ersten Fibelseiten eingeführt werden.

Dieses Merkmal macht auf einen weiteren Aspekt aufmerksam, das step-by-step der Einführung von Buchstaben. Es folgt sowohl schreibtechnischen als auch linguistischen Überlegungen, denn die Reihenfolge, mit der die Buchstaben eingeführt werden, ist keineswegs beliebig. So sind die ersten Buchstaben jeweils die, die relativ leicht geschrieben werden können und außerdem am Wichtigsten sind, um schnell zu vielen Wörtern zu kommen. So fällt die Wahl zunächst auf Vokale und „kindgemäße" Wörter wie „Oma" oder führt zu den typischen lautgetreuen Fibelnamen wie *„Fara"*. Selbst in den methodenintegrierten Fibeln kommt es zwangsläufig immer noch zu einem etwas stereotypen Vokabular auf den ersten Fibelseiten. Vielleicht ist das aber auch die Perspektive des Erwachsenen, denn die Kinder werden durch die professionell gestalteten „Lesebilderbücher" sicher auch in ihrer Lesemotivation angesprochen.

▶ Merksatz

Methodenintegrierte Fibellehrwerke gehen von sinnvollen Spracheinheiten aus und intendieren eine direkte, lineare und systematische Hinführung zur Struktur der Schriftsprache, wobei durch vielfältige bildliche und graphische Gestaltungselemente zum Üben motiviert werden soll.

5.2 Schreiblehrmethoden

5.2.1 Von den verbundenen Schriften zur Druckschrift als Erstschrift

Schreiben zu können, galt lange Zeit als Kunst. Sie wurde nur von Wenigen wie den Schreibmeistern des 16.-18. Jahrhunderts beherrscht. Erst mit der allmählichen Durchsetzung der allgemeinen Schulpflicht (1717-1835) kam es zu explizit schulischen Lehrgängen des Schreibunterrichts. Das Vorgehen des als „genetische" Methode bezeichneten Schreiblehrgangs war gekennzeichnet durch die Einführung von Schreibbewegungsübungen, da neben der Form der Buchstaben auch der Bewegungsfluss erlernt werden sollte. Eingeführt wurde die Schiefertafel, mit der Schreiben elementarisiert auf Vorformen von Buchstaben („eine Wellenreihe mit dem Griffel schreiben") beliebig oft geübt werden konnte. Daneben bzw. im Anschluss gab es die Stahlfeder, mit der möglichst schön, in unterschiedlichen Strichführungen zu schreiben war (vgl. Schorch 2003, S. 274).

Die ästhetische und bewegungsdynamische Zielstellung war bis ins Kleinste geregelt an Hand von Musteralphabeten und Schreibvorlagen, die den Schriftzug in Form und Bewegungsablauf vorschrieben.

Ein vergleichbares Insistieren auf normativen Vorgaben findet sich bezogen auf das Rechtschreiben. Hatte man sie bis ins 18. Jahrhundert als eine Konvention verstanden, „der gegenüber man sich Abweichungen gestatten konnte" (Glöckel 1979, S.113), so wurde das orthographisch korrekte Schreiben jetzt hoch bedeutsam – bis zur Stilisierung als Indiz für Anstand und Sitte (vgl. Neuhaus-Siemon 1981). Für die Rechtschreibdidaktik wurde das Höre-wie-du-schreibst-Prinzip entdeckt, denn Mohr stellte 1891 fest, dass über 90 % aller Wörter eine regelmäßige Schreibung haben:

> „Das Prinzip der Erlernung der Orthographie ergibt sich jetzt von selbst. Dasselbe besteht für 68,5 % unseres Sprachschatzes in der Befolgung der Regel: Setze für jeden Laut, den du hörst, das ihm zukommende Schriftzeichen; für 26,8 % desselben lautet es: Richte dich in der Schreibung nach der in einem gegebenen Falle anzuwendenden orthographischen Regel; 4,7 % endlich sind Ausnahmen einer phonetischen oder nach Regeln bestimmbaren Schreibung eben auch als Ausnahmen zu merken" (Mohr 1891, S. 51).

Die Verbindung zwischen Schreiben und Rechtschreiben wird jetzt sehr eng, denn die Betonung der Buchstaben-Lautbeziehung legt auch eine Elementarisierung der Schrifteinführung auf Buchstaben und Formelemente nahe. Der moralische Impetus der Rechtschreibung findet sich ebenso bezogen auf den Schreibunterricht, der zum Mittel disziplinierender Erziehung wurde. Schorch (2003, S. 275) bringt die normative Begründung dafür treffend auf die Kurzform „Von der Schreibzucht zur Selbstzucht". Neben Auge und Ohr wurde die Bedeutung der Handmotorik für das Einschleifen eines bestimmten Schreibbewegungsmusters als Hilfsmittel der Rechtschreibung entdeckt:

> „In Fällen wo uns die Orthographie eines Wortes zweifelhaft ist, lassen wir von der Hand verschiedene Wortbilder eines und desselben Wortes entwerfen und vergleichen dieselben mit dem motorischen Wortbilde" (Wawrzyk 1881, S. 78).

Aus dieser Überlegung erklärt sich auch das Votum für die Schreibschrift als Erstschrift, denn nur durch die verbundenen Schriftzüge lässt sich diese motorische Gedächtnisspur für das Wort legen. Abschreiben gilt als die beste orthographische Übung (Lay 1897, S. 172).

Im Zuge der Reformpädagogik kommt es vermehrt zur Betonung der Druckschrift im Anfangsunterricht. Zu denken ist dabei nicht nur an die Freinet-Druckerei, sondern auch an Fritz Kuhlmann, der bereits 1917 dafür plädiert, die

Kinder nach dem „Schreibdrucken“ eine verbundene Schrift selbst finden zu lassen.

In der didaktischen Diskussion ist das Schreiben immer wieder unter der Frage diskutiert worden, welche Funktion es *für etwas anderes*, nämlich für Rechtschreiben, für Lesen, für den Schreibenden als Person oder für Kommunikation hat. Das lag nicht zuletzt daran, dass es lange einen Konsens darüber gab, was beim Schreibenlernen wichtig ist: zunächst das Üben von vorgegebenen Form- und Bewegungsmustern, um letztlich zu einer schönen, fließenden und gut lesbaren persönlichen Handschrift zu gelangen.

Von welcher Form einer verbundenen Schrift man dabei ausging, hat sich allein in den letzten 100 Jahren mehrmals geändert: Sütterlinschrift (ab 1920), Deutsche Schreibschrift (bis 1941), Deutsche Normalschrift (ab 1941), Lateinische Ausgangschrift (1953), Vereinfachte Ausgangsschrift (1973), Schulausgangsschrift (in der DDR ab 1968, in den alten Bundesländern ab 1990).

Unter Bezugnahme auf Weinert u.a. (1966) und Glöckel (1967/1976) lassen sich die Vorgehensweisen beim Schreiben in Analogie zu den Leselehrgängen unterscheiden in synthetische und eher ganzheitliche Schreiblehrgänge.

▶ Merksatz

Synthetische Ansätze des Schreibunterrichts konzentrieren sich zunächst auf das Erlernen von einzelnen Buchstaben oder auch nur Formelementen von Buchstaben.
Analytische Ansätze gehen ganzheitlich vor, beginnen mit dem „Abmalen“ ganzer Wörter in einer verbundenen Schrift, mit der Zielstellung, das Wort „in einem Zuge“ schreiben zu können.

Sütterlin (um 1917) hielt für das Erlernen der nach ihm benannten Schrift einen Vorkurs für nötig, der im Nachzeichnen von Druckschriftgroßbuchstaben bestand. Danach erst erfolgte das eigentliche Erlernen der Sütterlinschrift (siehe hierzu Busch/Stoltefuß 1925), die auch im Rahmen einer ästhetischen Erziehung gesehen wurde. Methodisch wurde synthetisch verfahren, indem die Buchstaben in ihre Einzelteile zerlegt wurden und in jeweils bestimmter Form und vorgeschriebenem Bewegungsablauf zu reproduzieren waren („Normalduktus“). Lese- und Schreiblehrgang verliefen getrennt.

Das methodische Konzept, mit dem eine Schrift im Unterricht eingeführt wurde, stand in der Regel im engen Bezug zum jeweils dominanten Leselehrgang. Wurde im Leselehrgang synthetisch verfahren, galt das ebenso für den Schreiblehrgang. Kompliziert wird die Sache allerdings dadurch, dass es Abweichungen von dieser eigentlich erwartbaren Parallelität des methodischen Vorgehens gab: Vertreter einer Ganzheitsmethode im Lesen wie Brückl (um 1922) empfahlen für das Schreiben einen an einzelnen Elementen orientierten Schreiblehrgang. Erklären lässt sich diese scheinbare Widersprüchlichkeit dadurch, dass Brückl's Lehrgang von einer Druckschrift ausging, die zum Lesen ohne Zweifel besser geeignet ist als eine Schreibschrift. Der Schreiblehrgang begann mit sehr elementarisierten „Vorformen" von Buchstaben, dem Ball (für das „O"), dem zerbrochenen Reifen (für das „C"), dem Spazierstock (z.B. für das „m"), der Schlange (für das „S") und der Turnstange (für das „H"). Diese fünf Zeichen wurden zunächst geübt – sie sind noch heute im Handel als „Alphabetisierungsmaterial" erhältlich. Selbst in aktuellen Lehrplänen finden sich noch Hinweise auf die Formelemente der Druckschrift: Strich, Bogen und Oval und die der verbundenen Schrift: Oval, Arkade, Girlande, Schleife, Ecke, flache Welle.[6]

Gleichwohl wurde dieses schreibtechnische Vorgehen schon damals als „Schreibturnen" kritisiert, da die Kinder ohne Bezug zu Buchstaben, Lautung oder Sinn eines Wortes einfach nur mechanisch und formal „gedrillt" wurden.

Weite Verbreitung fand zwischen 1950 bis 1970 das Konzept der Brüder Kern, die das Ganzheitsprinzip nicht nur für den Lese- und Rechtschreibunterricht, sondern auch für das Schreiben mit der Hand propagierten. Sie gingen von einer *stufenförmigen Entwicklung des Handschreibens* aus, die bereits vor Schuleintritt mit dem Kritzeln beginnt. Danach folgt eine Phase des „Gestaltschreibens" bis hin zum „Richtigschreiben-Können" mit der individuellen Handschrift. In die Vorstellung eines „Gestaltschreibens" fließen gestaltpsychologische Vorstellungen ein, indem Schreiben als ein komplexes psychomotorisches Gesamtgeschehen verstanden wird, an dem unterschiedliche Wahrnehmungskanäle beteiligt sind und zusammenwirken.

Mit der Annahme einer stufenförmigen Entwicklung des Schreibens verbindet sich die methodische Empfehlung einer Übungsabfolge von der Grob- zur Feinmotorik. Der Schreiblehrgang beginnt dementsprechend mit Kneten, Fingerspielen, Legeübungen von Perlen etc. und dem Abmalen ganzer Wörter. Von Anfang an sollen Wörter „in einem Zug" geschrieben und als „Gesamtgestalt" erzeugt werden und sich auf diese Weise sowohl schreibmotorisch als auch rechtschriftlich einprägen können. Geschrieben und gelesen wird in lateinischer Ausgangsschrift. Schönschreibunterricht wird eingeführt, da das Abmalen der Wortganzheiten natürlich auch zu ungünstigen Bewegungsformen

6 Vgl. Gesamtlehrplan Grundschule, Anhang, S. 2. (gültig seit 2000), Zugriff am 13.11.2012 http://www.isb.bayern.de/isb/download.aspx?DownloadFileID=2475dcf0f0c0e1534c4299f54 01b288a (Internet).

führen kann, die hier in richtige Form und schreibmotorisch günstigen Ablauf gebracht werden. Das Schreiben einer Druckschrift ist nicht vorgesehen. Sie wird als Leseschrift zwar zum Ende des ersten Schuljahres eingeführt aber ausdrücklich nicht geschrieben. Der Bewegungsfluss des Schreibens könnte – so dachte man – durch das Schreiben der „abgehackten" Druckbuchstaben Schaden nehmen und zu einem „Schreibstottern" führen (Gramm 1971).

Diese Ansicht vertrat auch der Iserlohner Schreibkreis, der ebenfalls die Druckschrift als Erstschrift ablehnte. Allerdings äußerte dieser Kreis Bedenken gegenüber der ganzheitlichen Methode der Kerns, denn es wurde als zu schwer angesehen, Kinder gleich mit dem Abschreiben von ganzen Wörtern beginnen zu lassen. Der Iserlohner Schreibkreis plädierte vielmehr für eine „Bewegungsmethode", die ab 1960 Verbreitung fand. Schwungübungen, Girlanden und Arkaden dienten als „Vorkurs" für das Schreiben.

In der ehemaligen DDR wurde bereits 1968 eine stärker an der Druckschrift orientierte „Schulausgangsschrift" (SAS) eingeführt und in der Bundesrepublik wenige Jahre später die „Vereinfachte Ausgangsschrift" (VA).

Bis heute sind – mit unterschiedlichen Regelungen in den einzelnen Bundesländern – folgende Schreibschriften zugelassen (vgl. Abb. 4).

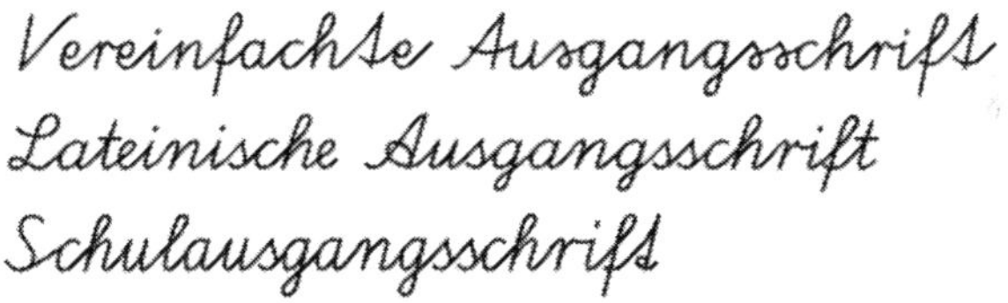

Abbildung 4: Zugelassene Schreibschriften (Internetquelle siehe Abbildungsverzeichnis)

An der Lateinischen Ausgangsschrift gab es schon früh Kritik, indem die häufigen Drehrichtungswechsel, geschlossenen Rundformen, wenigen Unterlängen und insbesondere die schreibmotorisch schwierigen Großbuchstaben etc. für die miserablen Schülerhandschriften verantwortlich gemacht wurden.

Mitglieder der Arbeitsgemeinschaft Schreiberziehung im Arbeitskreis Grundschule entwickelten die „Vereinfachte Ausgangsschrift" (vgl. Abb. 5), die sich durch gute Lesbarkeit, prägnante Buchstabenformen, Verzicht auf „schmückendes Beiwerk", strukturierte Bewegungsabläufe, erhöhte Schreibgeläufigkeit, Annäherung an die Druckschrift-Versalien und starke Reduzierung der Deckstriche und Drehrichtungswechsel auszeichnet.

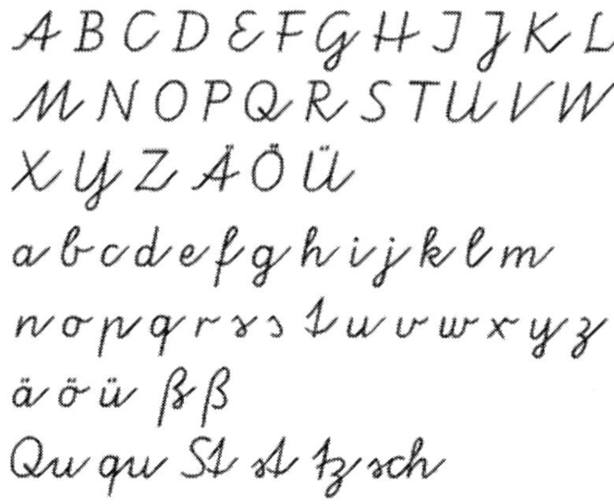

Abbildung 5: Groß- und Kleinbuchstaben der VA (Internetquelle siehe Abbildungsverzeichnis)

Ein Vergleich von LA, VA und SAS zeigt (vgl. Abb. 6), dass die Vereinfachte Ausgangsschrift eine konsequent synthetische Schrift ist, d.h., die Verbindungen zu einem Wort ergeben sich durch das Zusammenrücken der Buchstaben. Während die Lateinische Ausgangsschrift immer wieder Verbindungslinien, An- und Abstriche zwischen den Buchstaben verlangt, kommt es in der VA vermehrt zu sogenannten Luftsprüngen. Man kann also den Stift immer wieder neu ansetzen, was eine motorische Entlastung bietet.[7] Diese Ähnlichkeit mit dem Schreiben von Druckschrift wird auch durch die Formähnlichkeit der Großbuchstaben unterstrichen. Anders als bei der LA wird auf Wellenlinien bei den Großbuchstaben verzichtet.

7 Selbst die Schrift eines Erwachsenen ist durch dieses Absetzen innerhalb einer Wortschreibung gekennzeichnet.

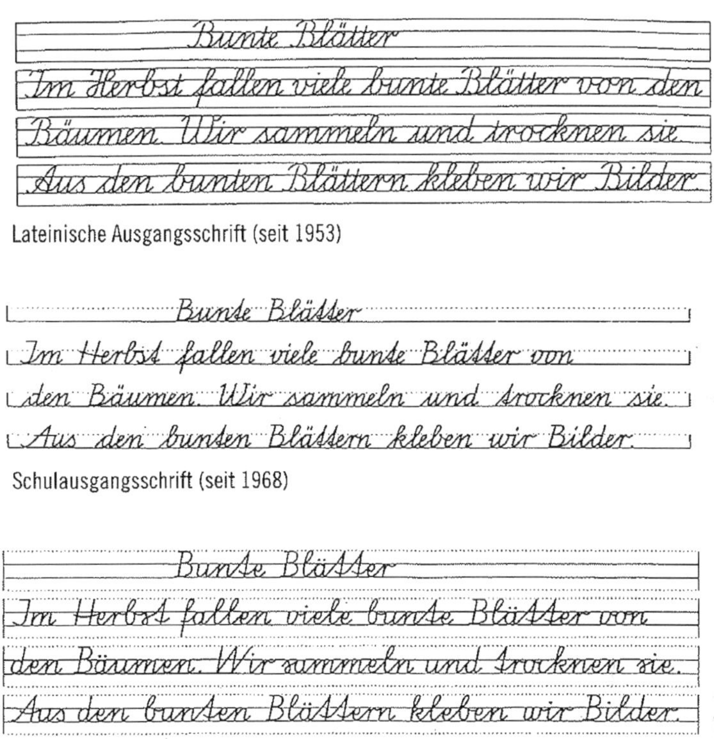

Abbildung 6: Vergleich der Ausgangsschriften (Dehn 2012, S. 85)

Die Kleinbuchstaben der LA sind dreigliedrig: Anstrich, Grundform, Endstrich. Die VA ist nur noch zweigliedrig, indem auf die Anstriche verzichtet wird. Hierin wird eine weitreichende Vereinfachung gesehen, weil in der LA die Kleinbuchstaben an unterschiedlichen Stellen anfingen bzw. endeten. Je nach Kombination mit anderen Buchstaben waren unterschiedliche Verbindungen herzustellen. Bei der VA dagegen beginnen und enden fast alle Kleinbuchstaben an der Oberkante des Mittelbandes. Alle Buchstaben der VA behalten in unterschiedlichen Verbindungen die gleiche Form. Das Üben schwieriger Buchstabenverbindungen entfällt. Flüssiges Schreiben wird erleichtert, wobei nicht alle Buchstaben eines Wortes in einem einzigen Zug verbunden werden müssen. Auch bei zunehmendem Schreibtempo ist die Vereinfachte Ausgangsschrift durch ihre klare Linienführung weniger störanfällig. Lesbarkeit, Geläufigkeit und Ästhetik sind die Kriterien, nach denen die Kinder ihre persönliche Handschrift aus der Ausgangsschrift entwickeln sollen.

Die Schulausgangsschrift (SAS) wurde nach der Wende auch in einigen alten Bundesländern zugelassen. Diese Schrift ähnelt in den Großbuchstaben wie die VA der Druckschrift, sieht aber in den Verbindungen der Kleinbuchstaben variable Anfangs- und Endpunkte innerhalb der Lineatur vor und gleicht darin der LA. SAS und LA beinhalten damit beide schwer zu schreibende Deckstriche und zusätzliche Richtungswechsel und stellen hohe schreibmotorische Ansprüche.

In der Auseinandersetzung um eine Reform der LA ging es aber nicht nur um eine Formvereinfachung und damit leichtere Erlernbarkeit der Schrift, sondern immer auch um das Argument, dass mit der VA auch eine Verbesserung der Rechtschreibleistungen einherginge. Hierfür gibt es aber keine empirische Basis (Topsch 1996), im Gegenteil: Es gibt Untersuchungen, die zeigen, dass die LA zu signifikant besseren Leistungen führt als die VA (Richter 1997). Dieser Effekt könnte auf die größere Übungsintensität des Schreibens zurückzuführen sein, die sich bei Klassen notwendiger Weise einstellt, wenn sie die LA erlernen sollen.

Ein weiterer Aspekt sollte Beachtung finden: Wie die Bezeichnung der Verbundenen Schriften als „Ausgangsschrift" signalisiert, waren sie ursprünglich als *Erst*schriften konzipiert. Gerade die „Vereinfachungsargumente" sind in diesem Kontext nachvollziehbar, aus heutiger Sicht aber nicht zwingend, da es sich bei den Schreibschriften um Folgeschriften *nach* dem Erlernen der Druckschrift handelt.

Die starke Beachtung einer schreibmotorischen Perfektion und das damit verbundene Ausufern der verschiedenen „Vorkurse" zum Schreiben, führten zu einer immer stärkeren zeitlichen Verschiebung von Lese- und Schreiblehrgang. Die Kinder malten Girlanden oder „Wortgebilde" ohne den Sinn des Geschriebenen zu erfassen. Um Lesen zu können, ist die Druckschrift nötig, die zudem wesentlich leichter zu erlernen ist als die Schreibschrift. Der sich abzeichnende Konflikt zwischen den verschiedenen Schreibschriften entspannte sich dadurch, dass ein Konsens in der Druckschrift als Erstschrift gefunden und die Bedeutung des Schreibschriftlehrgangs damit insgesamt zurückgedrängt wurde.

Die Priorität der Druckschrift wurde durch die kommunikative Wende in der Deutschdidaktik weiter unterstützt. Indem der Mitteilungscharakter von Schrift verstärkt Beachtung fand, war es nur konsequent, den Kindern zuerst die Schrift nahezubringen, in der in unserer Kultur Informationen transportiert werden: in Druckschrift, und zwar in der Kombination von Groß- und Kleinbuchstaben (Gemischtantiqua).

Selbst hierüber hat es unter Didaktikern des Schriftspracherwerbs Diskussionen gegeben, denn immer wieder wurde dafür eingetreten, zunächst nur mit

Großbuchstaben zu beginnen. Ein zentrales Argument war dabei die gegenüber den Kleinbuchstaben leichtere Schreibweise der Großbuchstaben. Ein Schreibbeginn nur mit großen Druckbuchstaben, einer „Steinschrift“, war schon in den 20er Jahren des vorigen Jahrhunderts als Fibelschrift praktiziert worden. Erneute Befürwortung fand dieses Prinzip, Beginn mit Großantiqua, dann Gemischtantiqua und erst gegen Ende der ersten Klasse oder noch später Übergang zur Schreibschrift, im Verlauf der 1980/90er Jahre (u.a. Spitta 1988, Günther 1989, Valtin 2000). Dieser Vorschlag hat sich aber nicht generell durchsetzen können, so dass die Einführung der Druckschrift in den Fibellehrgängen in der Regel mit der zeitgleichen Einführung von Groß- und Kleinschreibweise eines Buchstabens verbunden ist. So müssen die Kinder von Anfang an ein zentrales Prinzip der Rechtschreibung im Schreiben beachten: die Unterscheidung von groß und klein geschriebenen Wörtern.

Mit der Durchsetzung der Druckschrift als Erstschrift verschwanden sukzessive die in Schreibschrift verfassten Fibeln der Ganzheitsmethodiker vom Markt und neben Schreibschriftlehrgängen wurden Lehrgänge für die Druckschrift als Erstschrift entwickelt. Bis heute finden sich in Ergänzung zu den Fibellehrwerken, Druckschriftlehrgänge und Schreiblehrgänge in verbundener Schrift bzw. in verschiedenen Schreibschriften. Hierbei handelt es sich jeweils um Abschreibübungen, für die ein bestimmter Form- und Bewegungsablauf in zumeist dreibändiger Lineatur vorgegeben wird (vgl. Abb. 7, *Lollipop* Druckschriftlehrgang, S. 2). Das Üben von Groß- und Kleinbuchstaben verläuft parallel. Da die Übungswörter in allen Fibelmaterialien die gleichen sind, ergibt sich mit dem schreibmotorischen Training auch der Aufbau eines begrenzten Fibel-Grundwortschatzes.

Abbildung 7: Auszug aus einem Druckschriftlehrgang mit dreibändiger Lineatur (Blendinger u.a. 2006, S. 59)

Die Lineaturvorlagen markieren häufig das Mittelband, da die Lesbarkeit einer Schrift vor allem von der Sorgfalt in diesem Bereich abhängt. Teilweise werden auch Lineaturen angeboten, die nur aus einem Mittelband-Balken bestehen. Durch Markierungspunkte oder -pfeile wird in den Vorlagen die Erarbeitung einer schreibmotorisch geläufigen Bewegungsabfolge unterstützt.

Beim Schreibbeginn mit der Druckschrift kann auf Vorübungen weitgehend verzichtet werden. Insgesamt wird der Druckschriftlehrgang selbst als hinreichende Vorübung für den sich anschließenden Schreiblehrgang gehalten.

▶ Zusammenfassung

Entscheidende Argumente für den Beginn mit der Druckschrift sind, dass Schreiben im Vollzug des Schreibens *sinnvoller* Wörter erworben wird und durch die Synchronizität von Lese- und Schreiblehrgang eine *wechselseitige Stützung* beider Lernprozesse ermöglicht wird.

5.2.2 Schrift-, Methoden- und Funktionsvielfalt von Schreiblehrgängen und die Konstanz des Ab- und Aufschreibens

Die Methodenvielfalt von Schreiblehrgängen ist verwirrend komplex. Nicht nur verschiedene Schriften wurden entwickelt, sondern praktisch jede denkbare Varianz und Kombination von Lese- und Schreiblehrgang hat man ausprobiert und vor dem Hintergrund unterschiedlicher Funktionszuweisungen gerechtfertigt. Es erscheint deshalb sinnvoll, diese Vielfalt zusammenfassend zu systematisieren, um auch das zu benennen, was bis zur radikalen didaktischen Neuorientierung ab 1980 unumstritten war: die Bedeutung des Abschreibens und des sich daraus entwickelnden richtigen Schreiben-Könnens im Sinne des orthographisch korrekten Schreibens.

In der Argumentation für die Einführung bzw. Beurteilung einer verbundenen Schrift finden sich immer wieder bestimmte Dimensionen und Kriterien, mit denen für eine jeweils neue, andere Schrift geworben wird:

- ästhetische Dimension: Schönheit der Schrift
- funktionale Dimension: Lesbarkeit und Formklarheit der Schrift
- pragmatische Dimension: Schreibökonomie und Bewegungsdynamik der Schrift unter der Zielstellung einer „zügigen“, „geläufigen“ und „ flüssigen“ Handschrift

Der aktuelle Konsens, dass ein Schreiblehrgang letztlich auf die Entwicklung einer individuellen, *persönlichen Handschrift* zielt, ist historisch betrachtet keineswegs selbstverständlich. Lange galt die Einübung in einen „Normalduktus", die individuelle Realisierung eines jeweils bestimmten *Form- und Bewegungsideals*, als das Ziel des schulischen Schreibunterrichts.

Methodische Varianz der Schreiblehrgänge ergibt sich zunächst daraus, ob einzelne Buchstaben oder Wörter als Schreibbeginn gewählt werden. In beiden Ansätzen finden sich mehr oder weniger intensive Vorübungen einzelner Formelemente bzw. -gruppen der verbundenen Schrift. Die weitaus größte Varianz innerhalb der Schreibschriftlehrgänge ergibt sich aber aus der je unterschiedlichen Kombination mit der Druckschrift. Folgende Abfolgen lassen sich finden:

- Druckschrift (Gemischtantiqua oder Steinschrift/Gemischtantiqua) – Schreibschrift (nach Abschluss des Druckschriftlehrgangs)
- Druckschrift und Schreibschrift parallel
- Druckschrift – individuelle Entwicklung einer Handschrift (kein Schreibschriftlehrgang)
- Schreibvorübungen - Schreibschrift – Druckschrift (nur als Leseschrift)

Die Druckschrift hat sich als Erstschrift durchsetzen können, da sie sich unter folgenden Aspekten als vorteilhaft erweist:

- Integration von Lese- und Schreiblernprozessen
- leichte Erlernbarkeit, gute Lesbarkeit der Druckschrift
- Druckbuchstaben unterstützen das Durchgliedern eines Wortes auf der Buchstaben-Lautebene
- gute Vorbereitung auf die Schreibschrift
- Erfahrung des Mitteilungscharakters von Schrift von Anfang an
- Druckschrift ist die nahezu ausschließliche Schriftform in der heutigen Gesellschaft und ist insofern wichtig aber auch „lebensnah", da sie den Kindern eher vertraut ist als die Schreibschrift

In der Frage der Kombination von Schreib- und Leselehrgang finden sich unterschiedliche Kombinationen und Reihenfolgen:

- erst Lesen, dann Schreiben in jeweils separaten Lehrgängen (Ganzheitsmethode)
- Lesen- und Schreibenlernen zugleich
- Schreiben vor Lesen (Ansätze in der Reformpädagogik bei Montessori, Freinet, Waldorfpädagogik)

Die Funktion von Schreiblehrgängen reicht weit über schreibmotorische und -technischen Aspekte des Schreibenlernens hinaus. Schriftlehrgänge haben sich insbesondere legitimiert über die kulturelle Bedeutung von Schrift, wobei der Handschrift eine sehr spezifische Rolle zugemessen wurde:

- für die Selbstdarstellung der Person (persönliche Handschrift)
- für die Beziehungsdefinition zu anderen (z.B. drücke ich Wertschätzung aus, wenn ich jemandem einen handgeschriebenen Brief schreibe)
- für die Selbstdisziplinierung (Schreibzucht)

Schreibenlernen war historisch gesehen immer mit dem Abschreiben einer korrekten Vorlage verbunden und hatte insofern auch eine Funktion für das Erlernen der Rechtschreibung. Um den Bruch verstehen zu können, der sich nach 1980 vollzog, soll hier explizit auf die zuvor „herrschende Meinung" zum Rechtschreiblernen des Schulanfängers eingegangen werden.

Grundsätzlich wurde von drei „Vorstellungstypen" ausgegangen, die rechtschriftliche Fragen visuell, akustisch oder motorisch zu lösen versuchen. Alle drei Lösungswege werden zwar für wichtig gehalten, allerdings in einem deutlich unterschiedlichen Maß:

> „Dabei hat die visuelle Erfassung und Vorstellung bedeutungsmäßig und zeitlich den Vorrang. Basis aller sicheren Rechtschreibung ist der feste, jederzeit abrufbare Bestand an klaren Wortbildvorstellungen einiger tausend Stammwörter bzw. Wortstämme. Diese Wortbildvorstellungen müssen die sog. ‚Schemastufe' erreicht haben, d.h. auf einen Auslösereiz hin mit Selbstverständlichkeit ohne bewußte Überlegung reproduziert werden können. Die Wiedergabe wird wesentlich unterstützt durch das motorische Gedächtnis, d.h. durch die noch in stärkerem Maße unbewußt ablaufenden, da weitgehend automatisierten ‚Bewegungsfiguren' (...) der einzelnen Wörter. Hinzu kommt selbstverständlich die akustische Vorstellung des Wortes; denn Schrift ist Symbol für Sprache, die akustische Isolierung der Laute und ihre Verknüpfung mit den Buchstabensymbolen ist eine Voraussetzung für das Lesen, (...). Gleichwohl ist wegen der Eigenart der deutschen Rechtschreibung die Klangbildvorstellung nicht immer eine Hilfe, oft eine Gefahr für die richtige Schreibung" (Glöckel 1979, S. 130).

Das System der deutschen Rechtschreibung erschien als weitgehend unregelmäßig, undurchschaubar und für Kinder als Lerngegenstand nicht passend. Die „geistige Welt" des Kindes galt als geprägt durch „Schauen und Tun" (Neuhaus 1962). Insofern sollte vornehmlich ein sicherer Bestand an Wortbildern eingeübt werden und erst später die Vermittlung von Rechtschreibregeln einsetzen. Das Lernpensum war beachtlich, denn die Lehrpläne schrieben für das erste Schuljahr einen Grundwortschatz von 100-200 Wörtern und für das zweite

Schuljahr 400-1000 Wörter vor. Auf folgende rechtschriftliche Besonderheiten sollte dennoch geachtet werden (Glöckel 1979, S. 133):

- Großschreibung von Dingwörtern und Satzanfängen
- Kleinschreibung von Tätigkeits- und Eigenschaftswörtern
- Trennen nach Sprechsilben
- Punkt hinter Erzählsatz, Fragezeichen hinter Fragesatz
- Ableitung von Umlauten
- einfache Ableitungen aus dem Wortstamm

Für den Anfangsunterricht galt als „oberster Grundsatz, daß Fehler soweit überhaupt möglich vermieden werden, nichts Falsches geduldet, das Gelernte zur absoluten Sicherheit gebracht wird" (Glöckel 1979, S. 145).

Explizit wurde für das Prinzip „weniger ist mehr" eingetreten, denn gerade weil die Kinder in einer Klasse unterschiedlich schnell lernen, ist es notwendig, nicht zu rasch vorzugehen, damit es nicht zu Frust und Unsicherheit kommt. Empfohlen wurde eine Übungsform, die über das *Abschreiben* des Richtigen zum *Aufschreiben* des Richtigen führen sollte:

> „Jedes *neue* Wort wird in einem eigenen Arbeitsgang erworben. Der Lehrer führt Buch über die neu eingeprägten Wörter und sorgt für planmäßige Wiederholung. Das Einzelwort wird gewonnen durch inhaltliche Klärung, deutliches Aussprechen, Klärung der Form- und Bewegungseigenart, Nachfahren, zur Sicherung des Bewegungsablaufs, Spuren aus der Vorstellung, Aufschreiben, Überprüfen der Richtigkeit unter besonderer Beachtung der Oberzeichen, Endungen usw. wiederholtes Richtigschreiben. Die Kinder sollen möglichst aus der Vorstellung schreiben, dürfen aber nachschauen oder vom Nachbarn abschauen, wenn sie sich unsicher fühlen. (...) Aus dem einen Wort werden kleine Ausdrücke und Sätze mit zwei, drei oder mehr Wörtern, von denen immer nur eines neu oder schwierig sein soll. Die Zeit zwischen Auffassen und Reproduzieren wächst, aus dem Ab- wird ein *Aufschreiben*. (...) *Klassennachschriften* haben frühestens im zweiten Jahr einen Platz, und dann auch nur als gründlich vorbereitete Übungs- nicht als unvorbereitete Prüfungsdiktate, mit denen Fehler geradezu erzeugt werden. (...) Das *Niederschreiben* in freier Formulierung, in kleinen „Aufsätzchen" o.ä. mag den schriftlichen Ausdruck fördern, verführt aber zur Verwendung rechtschriftlich ungesicherter Wörter und damit zur Überbetonung der akustischen Lösungsmethode, wenn nicht überhaupt zur Nichtbeachtung des Rechtschreibens und schadet diesem. Es ist in den ersten beiden Schuljahren nicht oder jedenfalls nur dort am Platze, wo der Wortschatz beschränkt und rechtschriftlich gründlich vorbereitet wird. (...) Es dürfte klar geworden sein, daß Rechtschreiben nicht nur die Leistung des Intellekts, sondern weithin eine Sache der *Gewöhnung* an richtiges Verhalten, ja darüber hinaus der *Haltung* ist. Wenn die Regel „Es wird nichts Falsches geschrieben" von Lehrer und Schülern als Haltung geteilt wird, ist die beste Grundlage für den weiteren Rechtschreibunterricht geschaffen" (Glöckel 1979, S. 145ff; Hervorhebungen im Original).

Das Zitat verdeutlicht, wie über das visuell-motorische Gedächtnisprinzip des Schreibens eine *Fehlervermeidungsstrategie* sowohl für den Rechtschreibunterricht als auch für das Textschreiben entwickelt wird. Da mit dieser Argumentation ein „Aufsatzschreiben" erst ab der dritten Klasse beginnen konnte, war viel Zeit für das Rechtschreiben übrig.

Die Lehrpläne der 1970er Jahre sahen dieses intensive Üben der Rechtschreibung vor, und zwar in Form von Diktaten. Wer hier scheiterte, hatte kaum eine Chance für eine Gymnasialempfehlung. Diese hohe Relevanz der Rechtschreibleistungen wurde zum Politikum, indem hierin ein soziales Selektionskriterium gesehen wurde. Durch die Überbetonung von sprachlichen Leistungen sah man gerade Arbeiterkinder in ihrer Bildungskarriere benachteiligt, so dass Forderungen nach einer radikalen Rechtschreibreform auch aus diesem Grunde laut wurden. Diese Debatte kann hier nicht im Einzelnen nachgezeichnet werden, aber sie bedarf deshalb der Erwähnung, weil damit auf eine letzte Schreibvariante aufmerksam gemacht werden soll: die *durchgängige Kleinschreibung*. Von Deutschdidaktikern wurde diese Forderung nicht zuletzt damit begründet, dass Fehler in der Groß- und Kleinschreibung einen Großteil der Rechtschreibfehler ausmachen.

Diese Reformvorschläge haben sich zwar nicht durchsetzen können, aber sie mögen ein Hinweis darauf sein, dass in den kontroversen Auseinandersetzungen über den „Königsweg" im Anfangsunterricht immer wieder Anschluss an Argumentationen genommen wurde, die sich auf „Vereinfachung" bezogen. Die „rechte weis aufs kürtzist" lesen und schreiben „beybringen" zu können, hat als Argumentationsfigur über 500 Jahre Bestand gehabt.

5.3 Literatur

Brückl, H. (1926). *Anschauungsunterricht als Unterlage des elementaren Gesamtunterrichts.* Ansbach: Prögel.

Brückl, H. (1933). *Der Gesamtunterricht im ersten Schuljahr.* München: Oldenbourg Verlag.

Busch, U. & Stoltefuß, E. (Bearb.)(1925). *Die Sütterlin-Schreibweise. Schrift, Schreiben und Schreibunterricht nach den Grundsätzen des Arbeitsschulgedankens.* Osterwiek/Harz & Leipzig: Verlag A. W. Zickfeldt.

Comenius, J. A. (1657/1902). *Große Unterrichtslehre mit einer Einleitung: J. Commenius, sein Leben und Wirken. Einleitung, Übersetzung und Commentar von Gustav Adolf Lindner.* Wien.

Dummer-Smoch, L. & Hackethal, R. (2002). *Kieler Leseaufbau.* Kiel: Veris.

Ferdinand, W. (1970). *Über die Erfolge des ganzheitlichen und des synthetischen Lese-(Schreib-) Unterrichts in der Grundschule.* Essen: Verlag Neue Deutsche Schule.

Ferdinand, W. (1972). Über die Erfolge des ganzheitlichen und des synthetischen Schreib-(Lese)Unterrichts in der Grundschule. *Zeitschrift für Entwicklungspsychologie und pädagogische Psychologie 4(2)*, 105-117.

Glöckel, H. (1967/1976). *Schreiben lernen – Schreiben lehren.* Donauwörth: Auer.

Glöckel, H. (1979). Erstschreibunterricht – Schreiben und Rechtschreiben. In R. Rabenstein (Hrsg.), *Erstunterricht*. Bad Heilbrunn: Klinkhardt.S. 111- 157.

Goodman, K. (1967). Reading: A psycholinguistic guessing game. *Journal of the Reading Specialist*, 6, 126-135.

Gramm D. (1971). *Entwicklungsgemäßes Schreibenlernen*. Hannover: Zwickfeldt.

Graser, J. B. (1891). *Gang der wahren Unterrichtsmethode für den ersten Schreib- und Leseunterricht*. Langensalza: Hermann Beyer & Söhne.

Günther, K.-B. (1989). Schrift und Schreiben in der frühen Phase des Schriftspracherwerbs. In: K.-B. Günther (Hrsg.), *Ontogenese, Entwicklungsprozess und Störungen beim Schriftspracherwerb* (S. 206-288). Heidelberg: HVA - Edition Schindele.

Kern, A. & Kern, E. (1937). Lesen *und Lesenlernen. Eine psychologisch-didaktische Darstellung.* Freiburg: Herder.

Kern, A. & Kern, E. (1963). *Praxis des ganzheitlichen Lesenlernens*. Freiburg: Herder.

Lay, W. A. (1897). *Führer durch den Rechtschreibunterricht. Neues, naturgemässes Lehrverfahren gegründet auf psychologische Versuche und angeschlossenen an die Entwicklungsgeschichte des Rechtschreibunterrichts*. Karlsruhe.

May, P. (2001). *Lernförderlicher Unterricht. Teil II: Wege zum Lernerfolg in der Grundschule. Elf Porträts von Klassen mit hohem Lernerfolg*. Frankfurt a.M. et al.: Peter Lang.

Menzel, W. (1977). Zur Integration der Methoden beim Lesen- und Schreibenlernen. In K. Meiers (Hrsg.), *Erstlesen* (S. 125-132). Bad Heilbrunn: Klinkhardt.

Mohr, J. (1891). *Unsere Methode der Rechtschreibung. Kritik derselben und Vorschläge zu ihrer Umgestaltung*. Flensburg: Westphalen.

Müller, H. (1964). *Methoden des Erstleseunterrichts und ihre Ergebnisse*. Meisenheim am Glan: Anton Hain KG.

Neuhaus, W. (1962): *Der Aufbau der geistigen Welt des Kindes*. München 1962.

Neuhaus-Siemon, E. (1981) (Hrsg.). *Schreibenlernen im Anfangsunterricht der Grundschule*. Königstein/Ts: Scriptor.

Reinhard, L. (1962). *Grundlagen und Praxis des Erstunterrichts im Lesen und Schreiben*. München: Bayerischer Schulbuchverlag.

Reuther-Liehr, C. (2001). *Lautgetreue Lese- und Rechtschreibförderung. Bd. 1. Eine Einführung in das strategische Lernen zum Training von Phonemstufen auf der Basis des rhythmischen Syllabierens*. Bochum: Winkler.

Richter, S. (1997). Bessere Rechtschreibleistung durch die Vereinfachte Ausgangsschrift? *Deutsche Lehrerzeitung 11(3/4)*, 11.

Schmalohr, E. (1961), *Psychologie des Erstlese- und Schreibunterrichts*. München/Basel: Ernst Reinhardt.

Schorch, G. (2003). Geschichte der Didaktik des Handschreibens. In U. Bredel, H. Günther, P. Klotz, J. Ossner & G. Siebert-Ott (Hrsg.), *Didaktik der deutschen Sprache. 1. Teilband.* Paderborn et al.: Schöningh.

Spitta, G. (1988a). Schreiblehrmethoden in Deutschland – Ein historischer Abriß. In H. Balhorn (Hrsg.), *Rechtschreibreform und Rechtschreiblernen* (S. 58-81) Berlin: DGLS-Beiträge.

Spitta, G. (1988b). *Von der Druckschrift zur Schreibschrift*. Frankfurt a.M.: Cornelsen Verlag Scriptor GmbH & Co.

Topsch, W. (1996). *Das Ende einer Legende. Die Vereinfachte Ausgangsschrift auf dem Prüfstand*. Donauwörth: Auer.

Topsch, W. (2003). Geschichte der Didaktik des Lesens. In U. Bredel, H. Günther, P. Klotz, J. Ossner & G. Siebert-Ott (Hrsg.), *Didaktik der deutschen Sprache. 1. Teilband* (S. 501-512). Paderborn et al.: Schöningh.

Valtin, R. (2000). Schreibenlernen mit der Druckschrift. In *Rechtschreiblernen in den Klassen 1-6. Grundlagen und didaktische Hilfen* (S. 111-115). Frankfurt a.M.: Grundschulverband – Arbeitskreis Grundschule e.V.

Wawrzyk, J. (1881). *Die Methode des Rechtschreibunterrichts.* Wien: Stricker.

Weinert, F. u.a. (1966). *Schreiblehrmethode und Schreibentwicklung.* Weinheim: Beltz.

Wittmann, J. (1929/1967). *Theorie und Praxis eines ganzheitlichen Unterrichts* (4. Auflage 1967). Dortmund: Crüwell. Original (1929): *Theorie und Praxis eines analytischen Unterrichts in Grundschule und Hilfsschule.* Kiel: Universität Kiel.

6 Didaktische Neuorientierung: Der Spracherfahrungsansatz (ab 1980)

Zunächst muss man sich bewusst machen, dass es bis in die 1970er Jahre zwar Auseinandersetzungen über Leselehrmethoden und Ausgangsschriften gegeben hat, dass es aber eigentlich sehr begrenzte Kontroversen waren: Weder standen das zentrale Unterrichtsmedium der Zeit, die Fibel, zur Disposition, noch die Organisation des Unterrichts, der lehrerzentrierte Frontalunterricht, noch das Verständnis kindlicher Lernprozesse, die rezeptiv-additiv über das Abspeichern von Wortbildern zu funktionieren schienen.

Die in den 1970er Jahren einsetzende Kritik an der Fibel, die über Jahrhunderte zentrales Medium des Leseunterrichts gewesen war, ist eigentlich nur als Auslöser für eine weitaus umfassendere Auseinandersetzung zu verstehen. Zunächst war die Kritik an der Fibel, mit ihren Geschichten und Bildern einer heilen und ideologisch verbrämten Welt, Teil der allgemeinen Lesebuchdiskussion (vgl. Helmers 1969, zusammenfassend Meiers/Schwartz 1977). Als Reaktion hierauf entstanden seit Mitte der 1970er Jahre Neufassungen von Fibellehrwerken, die auch zunehmend durch Fibelbegleitmaterialien wie Arbeits-, Schreib- und Lesehefte und Lehrerhandbücher ergänzt wurden. Trotzdem war man sich relativ schnell einig, dass neue Fibeln noch keinen besseren Unterricht gewährleisten (vgl. Meiers/Schwartz 1977).

In den 1980er Jahren bekam dann dieses Unbehagen an der herrschenden Unterrichtspraxis eine neue Dimension, indem die Berechtigung von Fibel*lehrgängen* grundsätzlich in Frage gestellt wurde. Gefordert und weitgehend umgesetzt wird seitdem eine völlige Neuorganisation des schriftsprachlichen Anfangsunterrichts, in dem in expliziter Abgrenzung gegen traditionelle Unterrichtskonzepte von folgenden Grundüberlegungen eines „Spracherfahrungsansatzes" ausgegangen wird:

- Veränderung der Organisation von Unterricht: vom Frontalunterricht zur Öffnung von Unterricht,
- kognitiv-konstruktivistische Sicht auf Lernen: Kinder können nicht belehrt werden, Lernen vollzieht sich in aktiven und sozialen Konstruktionsprozessen; Kinder müssen Einsicht in das System der Schriftsprache gewinnen können und in konkreten Handlungsvollzügen ihren individuellen Zugang zur Schrift finden,

- Analogie von Sprach- und Schriftsprachentwicklung: Ablehnung einer „Stunde Null" des Schulanfangs und Beschreibung kontinuierlicher schriftsprachlicher Entwicklungsprozesse, die in ihrer Erwerbsdynamik dem frühkindlichen Spracherwerb vergleichbar sind,
- Schriftspracherwerb durch Schriftsprachgebrauch: vom memorierenden Einüben korrekter Wortbilder zum quasi natürlichen und selbstgesteuerten Erlernen von Lesen und Schreiben,
- neue Sicht auf das System der Orthographie: von der Annahme einer fehlenden Systematik der Rechtschreibung zur Annahme einer phonographischen Schrift, die in erster Linie lautliche Eigenschaften der gesprochenen Sprache notiert (Dependenzhypothese von Sprache und Schrift[1]),
- vielfältige Wechselbeziehungen zwischen Lesen und Schreiben: Schriftspracherwerb wird nicht als Addition von Teilleistungen, sondern als komplexes Zusammenspiel individuell geprägter schriftsprachnaher (Vorläufer-) Fähigkeiten verstanden,
- Ablehnung einer traditionellen Lehrerrolle: vom Schriftspracherwerb durch Instruktion zur Beobachtung und Unterstützung kindlicher Lernstrategien im eigenaktiven Erwerb der Schriftsprache,
- Kombination von fachlichen und pädagogischen Zielstellungen des Anfangsunterrichts: vom fachdidaktischen Diskurs über die Vermittlung von Lesen und Schreiben (analytische versus synthetische Methoden) zu einer Dominanz pädagogischer Zielstellungen des schriftsprachlichen Anfangsunterrichts wie Lernfreude, selbstständiges Tun, positives Selbstkonzept und gemeinsames Lernen.

Die Pioniere „offener" Unterrichtsmethoden für den Schriftspracherwerb wie Hans Brügelmann, Erika Brinkmann oder Heiko Balhorn haben ihr Plädoyer für einen Spracherfahrungsansatz im Verlauf der Zeit immer klarer strukturiert, indem sie konkrete Unterrichtshilfen (vgl. Ideenkiste, Regenbogen-Lesehefte, Spiele etc.[2]) auf den Markt gebracht haben, die den Lehrkräften helfen sollen, offene Unterrichtssituationen zu strukturieren.

Das Konzept „*Lesen durch Schreiben*" von Jürgen Reichen wird zwar auch als „offene" Unterrichtsmethode bezeichnet, als ein „lernwegs-" oder „ent-

1 Vertreter des Spracherfahrungsansatzes sind vielfach von einer Abhängigkeit der geschriebenen Sprache von der mündlichen Sprache ausgegangen und meinten, dass Kinder eine „Übersetzbarkeit" von Sprache in Schrift verstehen sollten (vgl. Brügelmann 1983, S. 175). Später ist diese sprachwissenschaftlich falsche Annahme zumindest von Brügelmann/Brinkmann (vgl. 1998, S. 133ff.) revidiert worden.

2 Eine vollständige Auflistung dieser Materialien ist unter Zugriff am 24.08.2012 http://www.vpm-verlag.de/index.php/ideen_produktdetail/items/18 auffindbar (Internet).

wicklungsorientiertes" Verfahren, gleichwohl gibt es zwischen ihm und den Vertretern des Spracherfahrungsansatzes klare Meinungsunterschiede (vgl. Valtin 1996, Scheerer-Neumann 1995, Balhorn 1998).

Beide Konzepte haben zu einer deutlichen Veränderung der Unterrichtspraxis an Grundschulen geführt. Sie haben in zentralen Aspekten Eingang in die Rahmenlehrpläne gefunden und letztlich auch die Konzeption von aktuellen Fibellehrgängen beeinflusst. Es ist nicht leicht, in dieser Vielfalt didaktischer Orientierungen die Übersicht zu behalten. Um die unterschiedlichen Schwerpunktsetzungen der didaktischen Konzepte zu verstehen und die jeweils in der Praxis vorfindbaren Realisierungsformen des Anfangsunterrichts letztlich auch kritisch einschätzen zu können, werden in diesem und dem folgenden Kapitel die Grundstrukturen dieser umwälzenden Neuorientierung seit den 1980er Jahren herausgearbeitet. Im achten Kapitel wird es dann um die neuen Fibelkonzepte gehen, die diese Veränderungen ein Stück weit aufgreifen, sich aber gleichzeitig auch in ihren fachdidaktischen Zugängen ausdifferenzieren, indem z.B. einmal die Phonem-Graphem-Korrespondenz und einmal die Silbe zum Ausgangspunkt des Fibellehrgangs wird.

Der Leser braucht also einen „längeren Atem", um unterschiedliche didaktische Konzepte über drei Kapitel zu verfolgen. Diese Zumutung erfolgt, um die einzelnen didaktischen Konzepte auch praxisnah vorstellen zu können. Jetzt aber geht es zunächst um den Spracherfahrungsansatz, seine lerntheoretische Begründung und seine Vorschläge für eine strukturierte Öffnung von Unterricht. Zu dieser „Öffnung mit System" gehört auch der Einsatz diagnostischer Verfahren, um von Anfang an den individuellen Entwicklungsstand jedes einzelnen Kindes wahrnehmen und entsprechende Lernangebote machen zu können. Diese Passung von Lernstand und Lernangebot ist bereits ein Qualitätskriterium, das man an einen geöffneten Anfangsunterricht stellen kann. Weitere werden zum Abschluss dieses Kapitels aufgezeigt.

6.1 Entwicklungsorientierte Basisorientierung

Es ist nicht ganz leicht, den Spracherfahrungsansatz klar zu beschreiben, denn es ist ein Konzept, das sich seit 1980 immer weiter ausdifferenziert hat. Einzelne Aspekte des Schriftspracherwerbs wurden von verschiedenen Wissenschaftlern besonders intensiv bearbeitet, so z.B. von Gudrun Spitta das Freie Schreiben, von Gerheid Scheerer-Neumann das Lesen, von Renate Valtin und Ingrid Naegele das Rechtschreiben, von Mechthild Dehn und Petra Hüttis-Graff insbesondere die Prävention von Schwierigkeiten des Schriftspracherwerbs. Hinzu kommt, dass Vieles auch durch die in der Praxis arbeitenden

Lehrkräfte in die Diskussion eingebracht wurde. Besonderer Beliebtheit erfreuten sich „Fallstudien", in denen nicht selten durch die Beobachtung der eigenen Kinder „eigenaktive" Zugriffsweisen auf Schrift beschrieben wurden. Zielstellung dieser minutiösen Analyse von Beobachtungsdaten war u.a. die Lernfortschritte der Kinder zu würdigen und den individuellen Weg einer gelingenden Annäherung an die Schriftsprache zu verdeutlichen.

▶ **Merksatz**

Mit der entwicklungsorientierten Sicht auf den Schriftspracherwerb ändert sich der Blick auf die Lernentwicklung der Kinder im Anfangsunterricht: Es ist die Absage an eine defizitorientierte Wahrnehmung und das Votum für eine „Könnens-Diagnostik" der schriftsprachlichen Entwicklung von Kindern.

Diese Prämisse des Spracherfahrungsansatzes hat eine weitere Implikation, denn sie ist nicht unabhängig von Annahmen über die Struktur von Schriftlichkeit. Dies soll bezogen auf den Schreiberwerb konkretisiert werden:

Die entwicklungsorientierte Interpretation des Schriftspracherwerbs hat eine radikale Neubewertung von Rechtschreibfehlern zur Folge. Sie gelten nicht länger als Ausdruck des Nicht-Könnens, sondern als Zeichen phasentypischer Zugriffsweisen auf Schrift. Sie werden zumindest grob als „alphabetische" oder „orthographische *Strategie*" bezeichnet und signalisieren ein bestimmtes Fähigkeitsniveau. Fehler werden deshalb auch als „diagnostische Fenster" bezeichnet, denn sie geben Auskunft darüber, auf welcher Stufe des Schriftspracherwerbs sich ein Kind befindet. Entscheidend für diese in der Piagetschen Tradition stehende Modellannahme ist, dass Leistungszuwachs einerseits kontinuierlich aber auch, aufgrund kognitiver Umstrukturierungen, in qualitativen Sprüngen erfolgt.

▶ **Merksatz**

Fehler haben als „diagnostische Fenster" eine besondere Bedeutung für die Einschätzung und Förderung der Lernentwicklung.

Peter May (2000, S.120) hat die Entwicklung des Rechtschreibkönnens in fünf aufeinanderfolgenden Stufen beschrieben und die dabei jeweils dominanten Strategien des kindlichen Zugriffs auf die Schriftsprache formuliert (vgl. Tab. 1).

Tabelle 1: Entwicklungsstufen des Schriftspracherwerbs und jeweils dominante Rechtschreibstrategien (May 2000, S. 120)

Entwicklungsstufen	**Kindliche Rechtschreibstrategien**
Logographemische Strategie	*„Merke dir die Form und die Anordnung der Zeichen (Buchstaben)."*
Alphabetische Strategie	*„Achte auf die eigene Aussprache und schreibe für jeden Laut einen Buchstaben."*
Orthographische Strategie	*„Merke dir die von der Lautung abweichende Schreibung oder nutze eine dir bekannte Vorschrift (‚Regel') für die Schreibung."*
Morphematische Strategie	*„Gliedere die Wörter in ihre Bausteine, suche nach verwandten Wortstämmen und leite die Schreibung von diesen ab."*
Wortübergreifende Strategie	*„Leite die Schreibung unter Einbeziehung des Satzes bzw. Textes ab, um Groß-, Zusammenschreibung, Kommasetzung, wörtliche Rede u.a. satzabhängige Regelungen zu bestimmen."*

Fehler sind dementsprechend ein Hinweis auf den jeweiligen Stand der „Theoriebildung" des Schülers. Fehler spiegeln jene Gedanken, die sich Kinder über die Struktur und den Aufbau der Schrift machen bzw. machen können. Fehler haben also einen subjektiven Sinn, sie sind aber auch sinnvoll im Sinne von entwicklungsnotwendig. Insofern ist ein sensibler und „könnensorientierter" Umgang mit den fehlerhaften Schreibweisen wichtig. Dehn (2010, S. 77) empfiehlt hierzu Folgendes: Das Kind wird aufgefordert, seine Schreibweise mit einer richtigen Vorlage zu vergleichen und dabei alles zu unterstreichen, was bereits richtig geschrieben wurde. Jeder korrekte Buchstabe wird „gepunktet".

Fehlertoleranz und Absage an eine „Defizitorientierung" führen auch zu einer anderen Klassifikation von leserechtschreibschwachen Kindern, denn auch sie befinden sich auf einer bestimmten Entwicklungsstufe und sind dementsprechend als „langsame Lerner" interpretiert worden (vgl. Scheerer-Neumann 1989, Valtin 1995). Sie sind nur „zum falschen Zeitpunkt normal".

Eine weitere Prämisse des Spracherfahrungsansatzes besteht in der Annahme einer strukturellen Parallelität zwischen frühkindlichem Spracherwerb und Schriftspracherwerb. Schriftlichkeit ist Bestandteil der Sprachaneignung des Kindes, denn nicht zufällig bietet die Bezeichnung „Schrift*spracherwerb*" auch die Assoziation zum Begriff des Spracherwerbs. Lesen- und Schreibenlernen werden als *sprachkonstruktive* Operationen einer höheren Entwicklungsstufe des Sprechens gesehen. „Sprachkonstruktiv" meint dabei, dass der Lernprozess des Kindes als eine selbstaktive, kreative Tätigkeit verstanden wird.

Sprechenlernen ist nicht Nachplappern. Sprechenlernen bedeutet die sukzessive Herausbildung (Generierung) eines inneren Regelsystems. Niemand würde einem Kleinkind sagen: „Sätze werden in der Form ‘Subjekt, Prädikat, Objekt‘ gebildet.“ Diese Regel wird vom Kind unbewusst im Sprachvollzug erworben, allerdings in einem langen Prozess fehlerhaften Sprechens. Sprechen beginnt mit unvollständigen Äußerungen, fehlerhaften semantischen Generalisierungen, denn vielleicht werden alle Spielsachen eine Zeitlang als Auto bezeichnet, weil es genau dieses Objekt ist, das dem Jungen wichtig ist.

Eine Übergeneralisierung lässt sich auch in der Rechtschreibentwicklung nachweisen: Haben Kinder erst einmal verstanden, dass das Endungsmorphem von „Vater“ auch in „Mutter“ oder „Futter“ vorkommt, dann schreiben sie plötzlich auch „SOFER“ statt „SOFA“, weil sie richtig verstanden haben, dass eine Artikulation des [a] am Wortende mit „er“ verschriftet wird. Insofern signalisiert die falsche Wortschreibung bei „SOFER“, dass das Kind erkannt hat, dass es Regularitäten von Schreibweisen gibt, die man nutzen kann. Das Kind ist – trotz Fehler – auf dem richtigen Weg.

Das kindliche Sprechen ist auch morphologisch-syntaktisch zunächst fehlerhaft und es dauert eine Zeit, bis eine korrekte Reihenfolge und Flexion von Wörtern beherrscht wird. Gleichwohl kommt niemand auf den Gedanken, Kindern das Sprechen zu verbieten, und zwar so lange, bis sie es richtig, also fehlerfrei können.

▶ Merksatz

Kinder brauchen Kommunikation, um richtig Sprechen zu lernen – Kinder brauchen Schriftgebrauch, um richtig Schreiben zu lernen.

Genau diese Argumentation steckt in der neuen Interpretation der Rechtschreibfehler. Rechtschreibfehler gelten als entwicklungsnotwendig, da nur über die Schreib*erfahrung* sich letztlich eine korrekte Verwendung der Schriftsprache einstellt.

▶ Position des Spracherfahrungsansatzes

Die Produktion von orthographisch falschen Schreibweisen wird im Anfangsunterricht toleriert.

Für die Anfangsphase des Schriftspracherwerbs bedeutet dies die Akzeptanz lautorientierter Verschriftungen nach dem Prinzip „schreibe, wie du sprichst".

Mit der These einer strukturellen Parallelität zwischen frühkindlichem Spracherwerb und Schriftspracherwerb verbindet sich gleichzeitig die Absage an ein Lehrgangskonzept für das Erlernen von Lesen und Schreiben, denn kein Kind der Welt hat in einem Lehrgang Sprechen gelernt. „Natürliche" Lernprozesse sind vielmehr dadurch gekennzeichnet, dass sie aufgrund der aktiven Auseinandersetzung des Lernenden mit einem entsprechenden Angebot im Vollzug erworben werden (learning by doing). Das Unterrichtskonzept des Spracherfahrungsansatzes versteht sich dementsprechend handlungsorientiert und erfahrungsbezogen. Kinder brauchen „Zeit für die Schrift" (Dehn 1988) und müssen die kommunikative Funktion des Geschriebenen erleben können.

▶ Position des Spracherfahrungsansatzes

Schriftspracherwerb ist ein Entwicklungsprozess, der dem primären Spracherwerb vergleichbar ist im Hinblick auf eine Reihe kognitiver, sprachlicher und interaktiver Aspekte.
Typisch für beide Erwerbsprozesse sind *Fehler, die als entwicklungspsychologische Notwendigkeit* angesehen werden.

Vertreter des Spracherfahrungsansatzes haben die Entwicklung von Frühlesern nachgezeichnet und darauf verwiesen, dass es Kindern aus schriftnahem Elternhaus gelingen kann, sich das Lesen schon vor der Schule selbst beizubringen. Die orthographische Norm der Schrift ist allerdings so komplex, dass alle Kinder hierfür Zeit und Lernsituationen brauchen, die über akzidentelles Lernen hinausgehen. Die in den 1970/80er Jahren verstärkt einsetzende Schreibentwicklungsforschung zeigte aber aufgrund der Analyse von Spontanschreibungen, dass Kinder auch unabhängig von lehrender Vermittlung ihre Schreibungen weiterentwickeln. Sie nähern sich im Verlauf immer mehr der rechtschriftlichen Norm an, so dass im Spracherfahrungsansatz „Schreibenlernen als Denkentwicklung" interpretiert wurde. Die deutsche Orthographie wird als weitgehend regelhaft interpretiert. Diese Regelhaftigkeit soll durch das Kind selbst „entdeckt" und „konstruiert" werden. Anfangsunterricht zielt dementsprechend auf „die kognitive Klarheit im Hinblick auf den Aufbau und die Struktur der Schriftsprache" (Valtin 2001, S. 19ff.). Das Kind muss praktisch die Einsichten in die Sprache, die die Erfinder des Schriftsystems besaßen, für sich neu entdecken. Nur so kann es zu der notwendigen gedanklichen

Klarheit in Bezug auf Funktion und Aufbau der Schrift gelangen (vgl. Valtin 2001, S. 19).

▶ Merksatz

Im Anfangsunterricht sind Sprach- und Schreibanlässe anzubieten, die es dem Kind ermöglichen, *Einsicht in die Systematik der Schrift* zu gewinnen.

Dieser kognitiv-konstruktive Aspekt der Schriftaneignung verlangt ein differenziertes Vorgehen im Unterricht, da der Erwerb von Rechtschreibkompetenz über akustische (Lautprinzip) und visuelle (orthographisches Lexikon) Wahrnehmungs- und Gedächtnisleistungen hinausgeht. Rechtschreibaneignung bedeutet einen Verstehensprozess, d.h., das Hauptgewicht des Unterrichts liegt nicht auf den orthographisch korrekten Lernergebnissen, sondern auf den Lernprozessen, die zu diesem Ergebnis hinführen. Schreibprozesse werden zum Gegenstand von Reflexion (Rechtschreibgespräche[3]), denn nur der ist letztlich ein guter Rechtschreiber, der auch korrekte Schreibungen von Wörtern leistet, die er noch nie zuvor geschrieben hat. Bewusste und auch gemeinsam mit anderen (Schreibkonferenzen) diskutierte Reflexion rechtschriftlicher Zweifelsfälle (Fehlersensibilität) führen zu einem vertieften Verständnis von Regularitäten der Orthographie, das Basis für Transferleistungen ist.

Der gute Rechtschreiber hat Wortschreibungen eigenaktiv konstruiert, hat bei seinen Fehlern nach Begründungen gesucht, die seinem Sprachwissen jeweils entsprechen und hierdurch zumindest vorläufige Regeln für sein Richtigschreiben abgeleitet. Dies sind nicht die Regeln der Duden-Grammatik, sondern die (Eigen-)regeln der Lernenden. Die Vorläufigkeit derartiger Regeln sollte den Lernenden durchaus bewusst sein, denn viele Rechtschreibfehler werden gerade dadurch nicht vermieden, dass der Lernende kein Gespür für Zweifelsfälle erworben hat. Damit ist nicht gemeint, dass in Bereichen, die eindeutig entscheidbar sind, unnötige Zweifel genährt werden sollen, sondern es geht darum, das regelorientierte Lernen im Rechtschreibprozess anders zu akzentuieren:

Während im traditionellen Rechtschreibunterricht Orthographieregeln wie Merksätze vermittelt wurden, soll es jetzt darum gehen, einen *sprachanalytischen Habitus* im Hinblick auf die Struktur der Schriftsprache zu entwickeln.

3 Rechtschreibgespräche laufen nach dem Muster: „Warum hast du das Wort so geschrieben?" Man sollte aber nicht nur falsch geschriebene Wörter zum Gegenstand solcher Gespräche machen, sondern auch nach Begründungen für korrekte Schreibweisen fragen.

Es gibt keinen bestimmten Rechtschreiblehrgang, der eine formale Orthographie und Grammatik vermittelt, sondern die Kinder erhalten Strukturierungshilfen auf der Basis eines gemeinsamen und individuellen Wortschatzes (Hanke 1997, S. 39).

▶ Position des Spracherfahrungsansatzes

Kinder sollen Interesse für die „Rätsel der Orthographie" entwickeln, hypothesentestend Schreiben und Fehlersensibilität aufbauen können.

Nur so sind auch zunehmend selbstständige Überarbeitungen des Geschriebenen möglich, denn nur wenn man auch Hypothesen für Andersschreibungen hat, lässt sich ein Wort im Wörterbuch nachschlagen.
Schreiben ist aber nicht vornehmlich für den Erwerb orthographischer Strukturprinzipien wichtig. Der Spracherfahrungsansatz misst der frühen Einsicht in die kommunikative Funktion des Schreibens hohe Bedeutung zu. Die traditionelle Trennung zwischen Rechtschreibunterricht und Aufsatzunterricht wird aufgegeben und durch das Konzept eines „Freien Schreibens" ersetzt. Propagiert wird die „Gleichzeitigkeit von spontanem (Aufsatz-)Schreiben und Rechtschreib-Lernen" (Erichson 1986, S. 4). Kinder sollen offen und unbelastet von Zwängen, Texte zu selbstbestimmten Themen, zu frei gewählten Zeiten, auf ihre eigene Weise schreiben dürfen.

Ausgangspunkt derartiger Schreibprozessmodelle[4] sind die Motive und Zielsetzungen des kindlichen Textproduzenten, für die der Lehrende vielfältige Schreibanlässe bereithält. Im nächsten Schritt wird die eigentlich konzeptionelle Arbeit des Schreibprozesses geleistet: Das „Autorenkind" erstellt einen Textentwurf in einer „freien Schreibzeit", woran sich folgende „Textüberarbeitungsschritte" vornehmlich ab Klasse 3 anschließen (vgl. Tab. 2, Folgeseite).

4 Zu einem weiteren Schreiblernprozess-Modell vgl. Kochan 1995 in Spitta 1998.

Tabelle 2: Regeln für Schreibkonferenzen nach Spitta (1992, S. 49ff.)

Schritt 1	Vorlesen – Spontanreaktion zum Inhalt Das Autorenkind liest den „Mitarbeitern der Schreibkonferenz" seinen Text vor. Diese äußern sich spontan zustimmend oder ablehnend zum Inhalt des Textes, Erklärungen des Autorenkindes folgen.
Schritt 2	Satzweises Durchgehen des Textes unter sprachlichen und inhaltlichen Aspekten Hier werden auch Schreibtipps aus dem Unterricht (Wortwahl, Satzbau etc.) von den Kindern aufgegriffen und dem Autorenkind angeboten.
Schritt 3	Satzweise Rechtschreibkontrolle Gemeinsame Rechtschreibkorrektur auch unter Nutzung von Wörterbüchern und nochmaliges Bearbeiten des Entwurfs durch das Autorenkind.
Schritt 4	Endredaktion Der aus Sicht der Kinder endkorrigierte Text wird der Lehrkraft übergeben, um ggf. noch vorhandene Fehler zu korrigieren. Inhaltliche oder stilistische Hinweise werden nur auf Anfrage gegeben. Kinder übertragen die von der Lehrerin oder dem Lehrer korrigierte Endfassung auf spezielles „Veröffentlichungspapier", von dem dann in der „Autorenstunde" vorgelesen werden soll.
Schritt 5	Veröffentlichungsstunde Vorlesen und anschließende Diskussion aller im Verlauf der Woche erstellten Schreibprodukte im Klassenverband („Dichterlesung").

Kennzeichnend für Schreibkonferenzen sind die starke Betonung der Co-Konstruktion von Text bzw. Überarbeitung und die eher randständige Funktion der Lehrkraft. Sie ist nur Moderator der „Schülerkonferenzen", denen eine besondere pädagogische Funktion zugeschrieben wird: die Erfahrung von Selbstwirksamkeit und Wertschätzung.

> „Einerseits ist die Autorenlesung in den meisten Klassen eine feierliche Angelegenheit: ein neuer Text wird vorgestellt! Da sitzen die Kinder dicht beisammen im Kreis, in machen Klassen sogar bei Kerzenlicht oder Blumenstrauß, in andern bei Saft und Keksen – und warten neugierig auf die neuesten Produktionen der Klasse. Das ‚Autorenkind' sitzt im ‚Dichterstuhl' und hat alle Aufmerksamkeit nur für sich – der Lohn der Mühe!" (Spitta 1992, S. 60).

Die rechtschriftliche Norm steht beim Freien Schreiben (vgl. Abb. 1) nicht am Anfang, sondern am Ende des Produktionsprozesses. Im Mittelpunkt steht die Förderung des kreativen Schreibentwurfs, und zwar vom ersten Schultag an.

Es war einmal ein Hase und eine Maus und die lebten zusammen in einem Haus. Sie kriegten ein Baby zur Hälfte Hase, zur Hälfte Maus.

Abbildung 1: Beispiel für Freies Schreiben – Februar Klasse 1 (Dehn 2010, S. 134)

Während das Konzept der „Schreibkonferenzen" den orthographisch korrekten Text explizit vorsieht, gilt dies nicht in gleichem Maße für das „Freie Schreiben" in der Schulanfangsphase. Texte, die zur „Veröffentlichung" vorgesehen sind, sollten korrekt sein, aber die ersten Schreibideen müssen nicht vollständig korrigiert werden. *Einzelne* Fehler sollten „könnensorientiert" zur Korrektur aufgegeben werden (durch Punktung der richtigen Buchstaben), aber nicht mehr als drei bis fünf Wörter, um die Schreibmotivation nicht zu zerstören und das Gedächtnis nicht zu überfordern. Die Lehrkraft soll mit Korrekturen bei Spontanschreibungen warten können, bis das Kind selbst merkt, dass es etwas nicht richtig geschrieben hat. Das Kind soll zunächst einmal vielfältige Erfahrungen mit Schrift sammeln, damit sich ein Rechtschreibproblem überhaupt stellen kann.

Gerade die Notwendigkeit, beim konzeptionellen Schreiben von der Schreibidee zum Aufschreiben zu kommen, macht den Schreibanfängern das Problem der orthographischen Norm erst bewusst, so dass, wie Dehn (1988, S. 137) argumentiert, sie die „Lerngegenstände des Schreiblehrgangs aufmerksamer aufnehmen und handhaben können". Kinder sollen so auch ein persönliches Interesse am Richtigschreiben entwickeln.

Wichtiger ist aber für den Spracherfahrungsansatz ein anderer Aspekt: das *was* die Kinder geschrieben haben, also der Inhalt, die sprachliche Formulierung, der Aufbau des Textes, die Kohärenz der Argumentation (Dehn u.a.

2011). Dafür gibt es verschiedene Kriterienlisten, die teilweise die rechtschriftliche Norm integrieren, wie es bei Dehn (2010, S. 97) zu finden ist:

1. Ist eine Schreibidee erkennbar?
2. Entspricht sie der Aufgabenstellung?
3. Wie differenziert ist die Schreibidee ausgeführt? Macht die Reihenfolge Sinn? Ist die Perspektive eingehalten? Passen die Zeitformen?
4. Ist der Text verständlich, so ausführlich wie nötig, aber nicht langweilig?
5. Sind die Wörter und Sätze und Satzverbindungen richtig?
6. Passen sie zur Schreibidee und zur Aufgabenstellung?

Trotz der eingangs teilweise euphorisch vorgetragenen Hoffnungen, die sich mit dem Konzept des „Freien Schreibens“ verbanden, setzte sich doch zunehmend die Einsicht durch, dass *„Rechtschreiben von Anfang an integrierter Teil der Schreibentwicklung ist“* (Bartnitzky 2000, S. 50) und auch der Systematisierung durch angeleitete und wiederholende Übungsphasen bedarf. Der Aufbau und die Sicherung eines Grundwortschatzes werden empfohlen, in dem „eigene“ und „wichtige“ Wörter gesammelt werden. Über „Modellwörter“ werden Rechtschreibmuster kennengelernt.

▶ Zusammenfassung

Der Spracherfahrungsansatz will nicht auf eine Systematisierung des Lernens verzichten, sie ergibt sich aber nicht aus einem für alle Kinder gültigem Lernziel. Die Systematik des Lernens ist vielmehr eine stets individuelle, die in dem Voranschreiten auf den Stufen des Schriftspracherwerbs klassifizierbar wird.

6.2 Öffnung und Strukturierung des Unterrichts

Mit dem Verzicht auf ein gleichschrittiges Lehrgangskonzept für alle Kinder ist notwendiger Weise eine „Öffnung“ von Unterricht verbunden. Sie ist unterrichtspraktische Voraussetzung, um überhaupt die fachdidaktischen Konzepte umsetzen zu können, die sich aus der neuen Sicht auf den Erwerb von Lesen und Schreiben ergaben. Brügelmann (1997, S. 45ff.) unterscheidet drei Dimensionen einer Öffnung von Unterricht:

1. methodisch-organisatorische Öffnung des Unterrichts
2. didaktisch-inhaltliche Öffnung von Unterricht
3. pädagogisch-politische Öffnung der Schule

Eine *methodisch-organisatorische* Öffnung besteht zunächst einmal in einer Binnendifferenzierung von Unterricht, z.B. durch Stationenlernen oder Wochenplanarbeit, die aber grundsätzlich mit einer deutlichen Lenkung bzw. Vorplanung durch die Lehrperson verbunden ist. Es ist eine gleichsam „von oben" verordnete Öffnung, in der für die Lerngruppe insbesondere die Lerninhalte obligatorisch bleiben. Im Kontext des Spracherfahrungsansatzes wird demgegenüber für eine Öffnung *„von unten"* plädiert, indem die Kinder *echte* Wahlmöglichkeiten erhalten, wie beispielsweise in Phasen von Freiarbeit. Hier können die Kinder wählen, mit wem sie was, wann und wie lernen möchten. Der Unterricht erhält durch die Orientierung an der Lebenswelt der Kinder vielfach einen fächerübergreifenden Charakter, indem ein projektorientiertes Lernen erfolgt bzw. Themen in Exkursionen vorbereitet werden.

Unter einer *didaktisch-inhaltlichen* Öffnung wird verstanden, dass die Aufgabenstellungen selbst offen sind, wie dies in besonderem Maße beim Freien Schreiben realisiert wird. Ausgangspunkte des Schreiblernprozesses sind sowohl der „Buchstabe der Woche" als auch die Arbeit mit der Anlauttabelle. Das Voranschreiten innerhalb dieses Lernraumes wird durch das Kind bestimmt. Der soziale Kontext des Schriftsprachgebrauchs, die Einbettung des Schreibens in reale Schreibsituationen und anspruchsvolle Aufgaben, werden als Motor des Schriftspracherwerbs gesehen (Brügelmann 1997, S. 47).

Eine inhaltliche Öffnung kann auch in der Struktur des Grundwortschatzes gesehen werden, denn hier finden jene Wörter Aufnahme, die für die Kinder wichtig sind. Die Wahl richtet sich nach der subjektiven Bedeutsamkeit, nicht nach sprachstatistischen Häufigkeiten. Zentral ist aber sicher der Ersatz der Fibel durch Kinderbücher und Lesehefte. Das Vorlesen von Kinderliteratur, die die Kinder auch selbst aussuchen können, spielt eine große Rolle.

Mit *pädagogisch-politischer* Öffnung von Schule ist gemeint, die Kinder in die Mitverantwortung für das soziale Zusammenleben in der Schule zu nehmen. Schule wird als Entwicklungsraum für das Lernen von Demokratie verstanden. Von Lehrkräften wird die Bereitschaft erwartet, sich selbst als Lernende, als Kooperationspartner im Kollegium und als Vertreter einer Institution zu begreifen, die in das Gemeinwesen hineinwirkt. Eine so verstandene Öffnung von Unterricht führt notwendig zu einem veränderten Rollenverständnis der Lehrperson. Lehrkräfte sind nicht nur Organisatoren kindlicher Lernprozesse, helfen, unterstützen und fördern, sondern „kritische Begleiterinnen und Begleiter von Lernprozessen, in die sie zwar bestimmte Inhalte einbringen, deren

Wirkung auf die Schülerinnen und Schüler sie aber nie determinieren wollen“ (Brügelmann 1997, S. 50). Kinder sollen herausgefordert werden, Fragen zu stellen, Lösungen zu suchen und Verantwortung für andere zu übernehmen.

Öffnung von Unterricht wird als ein Prozess verstanden, in dem Prinzipien grundschulpädagogischen Handelns wie Lebensnähe, Kindgemäßheit, Selbsttätigkeit und pädagogisch-didaktische Elementarisierung umgesetzt werden. Dies bedeutet aber nicht den Verzicht auf Systematik. Die angebotenen Strukturierungshilfen beschreiben einen Lernraum, in dem verschiedene Wege möglich sind, die sich aber innerhalb eines „Koordinatensystems“ von vier Feldern bewegen (vgl. Abb. 2).

Spracherfahrung soll nach dieser Modellvorstellung *parallel* in vier Bereichen ermöglicht werden:

1. Freies Schreiben eigener Texte,
2. Gemeinsames (Vor-)Lesen von Kinderliteratur,
3. Systematische Einführung von Schriftelementen und Leseverfahren sowie
4. Aufbau und Sicherung eines Grundwortschatzes.

Eingebettet wird dies in einen kindgemäßen Erlebnisrahmen durch Projekte, Ausflüge, Kindertheater etc. Besondere Bedeutung haben Fortsetzungsgeschichten wie „Die kleine weiße Ente“ (Mauthe-Schonig 2000), mit denen das Konzept einer „*Eigenfibel*“ initiiert wird (Spitta 1997, Dräger 1995). Der Leselernprozess wird von diesen Geschichten begleitet, die zum Ausgangspunkt des Verfassens eigener Geschichten und Bilder werden sollen. Typisch ist dabei folgendes Vorgehen in der Herstellung einer Eigenfibel:

- Vorlesen
- Gespräche über den Text
- Textdiktat an die Lehrerin
- Autorenkind schreibt den Text ab
- vom Kind gestaltetes Bild wird dazu geklebt
- Sammeln und – zum Schuljahresende – binden der Geschichtensammlung

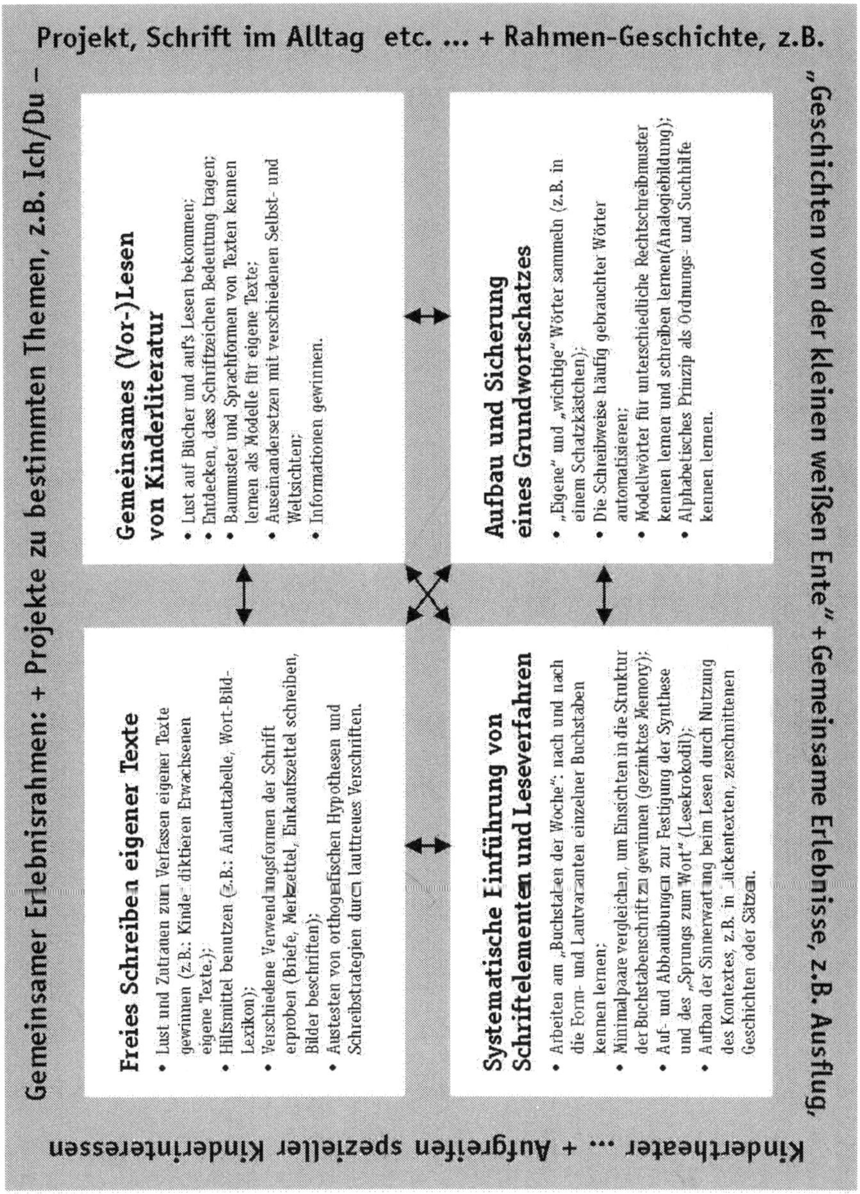

Abbildung 2: Vier-Säulen-Modell für den schriftsprachlichen Anfangsunterricht (Brinkmann/Brügelmann 1999, S. 27)

Die Fibel steht dementsprechend nicht am Anfang des Lernprozesses, sondern am Ende als „Eigenprodukt“, das den individuellen Lernweg dokumentiert.

Besondere Wichtigkeit hat das Vorlesen von Büchern zunächst durch die Lehrperson und zunehmend dann auch durch die Kinder selbst. Für die freien Lesestunden stehen viele „gute“ Kinderbücher zur Verfügung mit spannenden und unterhaltsamen Geschichten, die sprachlich nicht allzu komplex sein sollen. Natürlich finden auch Sachbücher und später der Computer (Kochan 1988) Einzug in die Lese- bzw. Schreibecke. Neben der Ermöglichung individueller Lernphasen und kooperativer Arbeitsformen in der Freiarbeit, wird im Spracherfahrungsansatz der Morgenkreis zur „Initiierung von Gruppenerlebnissen“ genutzt und ergänzt durch die vielfach praktizierten emotionalen Rahmungen von Vorlesesituationen („Lesethron“, „Dichterlesungen“, „Lesenächte“ etc.).

Durch die Öffnung von Unterricht soll eine personelle und materielle Umgebung arrangiert werden, die einen selbstbestimmten Gebrauch der Schrift durch die Lernenden anregt und unterstützt. Lernumgebungen sind dabei nicht nur im engeren Sinne als „Klassenraumgestaltung“ zu verstehen, sondern im Sinne ökologischer Feldmodelle (vgl. Graves 1983) als Einbezug der jeweiligen Lebenswelt zu sehen. Lesen und Schreiben sind Handlungen in einem nicht nur kognitiv, sondern auch *emotional bedeutsamen* Feld. Letztlich wird damit auf ein „ökologisches Modell“ der Aneignung und des Gebrauchs von Schriftsprache abgezielt (vgl. Schneider u.a. 1995, S. 23ff.).

Der Spracherfahrungsansatz ist durch den Entwurf einer „Didaktischen Landkarte“ weiter strukturiert worden (Brügelmann/Brinkmann 1998, 2001). Grundgedanke ist dabei, der Linearität der Fibellehrgänge eine *flexible Organisationsform* entgegenzusetzen, indem die Themen und Aufgaben des Schriftspracherwerbs in acht Lernfeldern angeboten werden, die nicht step-by-step durchlaufen werden sollen, sondern als *Lernspirale* gedacht sind (vgl. Abb. 3).

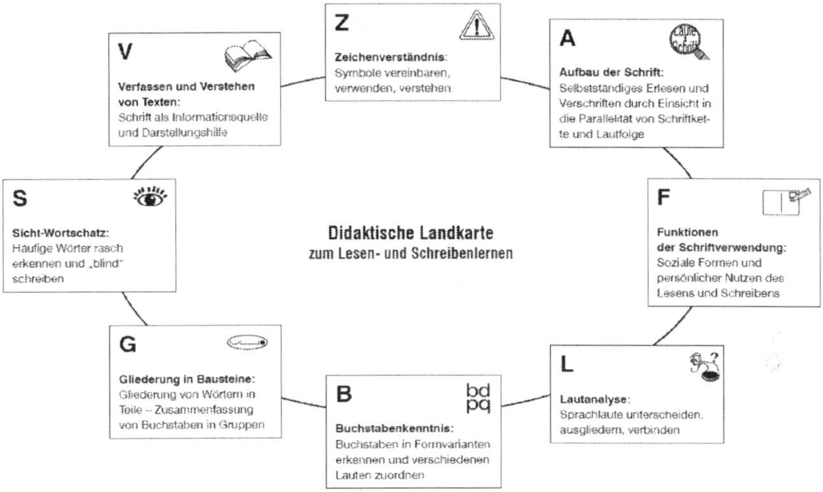

Abbildung 3: Didaktische Landkarte zum Lesen- und Schreibenlernen (Brügelmann/Brinkmann 1998, S. 107) (Internetquelle siehe Abbildungsverzeichnis)

Die Lernangebote zu den einzelnen Lernfeldern finden sich in einer „Ideenkiste", in der für jedes einzelne Lernfeld 20 Vorschläge mit Varianten und weiterführenden Arbeitsaufträgen auf Karteikarten gesammelt sind.[5] Dieses Materialpaket bietet allerdings nur eine Orientierung für die Lehrkraft, die diese Ideen dann in Arbeitsmaterial für die Schülerinnen und Schüler umsetzen muss.

Jede dieser Karteikarten enthält einen didaktischen Kommentar, der den Stellenwert und theoretischen Hintergrund der jeweiligen Übung erläutert. Hilfreich sind auch die Beobachtungsfragen, die jedem Lernfeld vorangestellt sind und jeweils deutlich machen, welche typischen Schwierigkeiten der Lernentwicklung in diesem Bereich des Schriftspracherwerbs erwartbar sind.

Die „Ideenkiste" ist damit ein Hilfsmittel zur Binnendifferenzierung, da die Kinder zeitgleich an unterschiedlichen Lernfeldern arbeiten können. Es gibt weitere Materialien zur Individualisierung und Differenzierung, z.B. für den Leseunterricht eine „Regenbogen-Lesekiste". Sie besteht aus 40 verschiedenen Geschichten, die nach Schwierigkeitsstufen geordnet sind. Wortlisten, Spiele und Anlaut-Materialien gibt es in verschiedenen Sprachen (Türkisch und Englisch).[6] Durch die Bereitstellung von Entwicklungsmaterialien soll eine „Sicherung" der Öffnung gewährleistet werden. Daneben wird die Strategie

5 Alle Lehrmaterialien sind zu finden unter www.vpm-verlag.de.

6 Alle Unterrichtsmaterialien sind zu finden unter www.vpm-verlag.de.

verfolgt, die geöffneten Phasen des Unterrichts für Lernbeobachtungen und -dokumentationen zu nutzen. Diese diagnostische Schwerpunktsetzung wird von Scheerer-Neumann (2004, S. 105) explizit als ein Bereich in den „vier Säulen der Lesedidaktik" benannt:

▶ Vier Säulen der Lesedidaktik

1. Vorlesen von Kinder- und Jugendliteratur
2. Selbstständiges Lesen leseleichter Kinderbücher/-texte
3. Unterrichtsbegleitende Diagnostik der Leseentwicklung
4. Spezifische Förderung von Teilprozessen des Lesens

Wenn Scheerer-Neumann in ihrem Vier-Säulen-Modell von einer *unterrichtsbegleitenden* Lesediagnostik spricht, dann signalisiert dies bereits, dass im Spracherfahrungsansatz ein spezifisches Verständnis von Diagnostik entwickelt wurde.

6.3 Diagnostische Zugänge zu den Lernprozessen der Kinder

Der Spracherfahrungsansatz hat sich gegen Diagnostik im Sinne einer „Statusdiagnostik" und Kontrolle von Lern*produkten* ausgesprochen. Mit der entwicklungsorientierten Perspektive auf das Kind wurden die Lern*prozesse* zum Gegenstand der Analyse. Ihre Interpretation folgt dem durch die Stufenmodelle des Schriftspracherwerbs vorgegebenen Klassifikationssystem mit der Grundstruktur einer Abfolge von logographischer, alphabetischer und orthographischer Strategie. Damit versteht sich Diagnostik im Spracherfahrungsansatz insbesondere als eine *pädagogisch-qualitative* Beobachtung von individuellen Lernentwicklungen. Das Erkenntnisinteresse richtet sich auf domänenspezifisch relevante Informationen, um im Anschluss Lernumgebungen und -aufgaben individualisierend und entwicklungsfördernd gestalten zu können.

▶ Merksatz

Diagnostische Zugänge im Spracherfahrungsansatz verfolgen ein pädagogisch-didaktisches Interesse an Lernentwicklungen, nicht ein empirisch-analytisches an Lernergebnissen.

Vertreter des Spracherfahrungsansatzes haben daher auch viele Beispiele von Lernsituationen publiziert, in denen die unterschiedlichen Lernvoraussetzungen in der Schulanfangsphase als „Schlüsselszenen" beschrieben und interpretiert werden (Dehn 1994, 2010), um eine „diagnostische Sensibilisierung" in der Lehrerbildung zu leisten. Derartige Analysen von Lernsituationen richten sich – wie die bereits erwähnten „Rechtschreibgespräche" oder auch die „Lehrerhilfen bei Leseschwierigkeiten (Dehn 1998, Wedel-Wolff 2003) – auf das *Verstehen* kindlicher Lernprozesse im Schriftspracherwerb. Es wurden aber auch eine Reihe von Aufgabenstellungen entwickelt, die *gezielt* Einblicke zur Lernausgangslage ermöglichen, wie z.B. die „Leere-Blatt-Aufgabe" und das „Gezinkte Memory" (Dehn/Hüttis-Graff 2006):

▶ Beispiel für diagnostische Aufgabenstellungen

„Leere Blatt-Aufgabe"
Die Kinder sollen ihren Namen aufschreiben und alles dazu schreiben oder malen was sie möchten. Die Bearbeitungszeit wird nicht begrenzt. Die Auswertung wird nach folgenden Kriterien vorgenommen (vgl. Füssenich/Löffler 2008, S. 38):

- Eigenes geschrieben (freie Verschriftungen)
- auswendig Gelerntes geschrieben (z.B. der korrekt geschriebene eigene Name)
- einzelne Buchstaben geschrieben
- keine Buchstaben/Wörter geschrieben
- Nichts geschrieben (ein leeres Blatt abgegeben)

„Gezinktes Memory"
Bei diesem Memory ist das zum Bild passende Wort jeweils auf die Rückseite der Memorykarte geschrieben (Brügelmann 1989, S. 124-134). Hier lässt sich beobachten, ob die Kinder bereits die Korrespondenz von Bild- und Wortkartenteil nutzen können.

Vorgeschlagen wurden auch „Buchstabendiktate", da bekannt ist, dass die Buchstabenkenntnis zu Beginn der 1. Klasse ein aussagekräftiger Indikator für vorschulische Schrifterfahrungen ist. Diese kann auch durch die Aufgabe „Embleme lesen" (vgl. Abb. 4) überprüft werden, eine Aufgabenstellung, die die Lesefähigkeiten auf der logographischen Stufe erfasst:

BP	PB	BR	BP	RP
Maggi	Haggi	iggaM	Maqqi	Maggi
FANTA	FHNTA	FANTA	EANTA	ATNAF
ARAL	ARAE	LARA	ARAL	ABAL
Coca-Cola	CocaCola	ColaCoca	OocaColo	aloCacoC
ARD	DRA	ABD	ARO	ARD
Post	Posl	Post	Past	tsoP
OPEL	OPEL	QPEL	LEPO	OPFL
iglo	olgi	jglo	iglo	igto
Langnese	Lampnase	Langnese	esengnaL	Jangnesa

Abbildung 4: Embleme lesen (Richter/Brügelmann 1994, S. 64)

Als Beobachtungskriterien werden von Brügelmann (1987, S. 144) folgende Aspekte benannt:

- Woran erkennen Kinder Schrift?
- Erlesen sie die Buchstabenfolgen?
- Benennen sie einen vertrauten Schriftzug?

Eine Fundgrube für eine pädagogische Diagnostik des Schriftspracherwerbs sind die Analysen von Dehn (1990, S. 210ff.), wo sich als Schreibaufgabe auch der berühmte SOFA-Test (vgl. Abb. 5) findet. Den Schülerinnen und Schülern wird dabei zu drei unterschiedlichen Zeitpunkten des ersten Schuljahres immer wieder die Aufgabe gestellt, Bildvorlagen zu verschriften, so dass im Zeitverlauf Schreibentwicklungsprozesse deutlich werden können.

Abbildung 5: Der SOFA-Test (Dehn 1990, S. 210ff.)

Die Schreibprodukte können dann nach Brügelmann (1988) so interpretiert werden:

1. Stufe: kein Buchstabe wird verschriftet bzw. nur ein Buchstabe, der keinen Lautbezug zu dem Wort hat (willkürliche Schreibung)
2. Stufe: ein Laut wird korrekt wiedergegeben (häufig der Anlaut)
3. Stufe: zwei bis drei Laute werden korrekt verschriftet (Lautskelett)
4. Stufe: fast lautgetreue Verschriftung, d.h., mehr als drei Buchstaben werden korrekt wiedergegeben; u.U. in falscher Reihenfolge oder vermischt mit nicht lautadäquaten Buchstaben
5. lautgetreue Verschriftung ggf. mit „übergenauen" eigentlich überflüssigen Buchstaben, die auf eine orthographische Orientierung hindeuten (z.B. falsches Dehnungs-h)
6. Stufe: orthographisch korrekte Schreibung

Dieses Interpretationsprinzip, die Auswertung von Schreibprodukten in Analogie zu den Stufenmodellen des Schriftspracherwerbs, findet schließlich auch Anwendung in einem standardisierten Rechtschreibtest, der Hamburger Schreibprobe (May 2002). Die Auswertung der Rechtschreibleistungen versteht sich als eine „Strategiediagnose" (May 2009, S. 75), da davon ausgegangen wird, dass die Regeln, die die Kinder entdecken, bestimmten Prinzipien zugeordnet werden können.[7]

Zur diagnostischen Erfassung der orthographischen Kompetenz liegen Testinstrumente Klasse 1-11 vor. Frühestens kann der Test nach dem ersten Halbjahr der ersten Klasse eingesetzt werden, wobei nur einzelne Wörter und ein kurzer Satz verschriftet werden müssen. Die Auswertung der rechtschriftlichen Leistung ist insofern anders als bei üblichen Rechtschreibtests, da nicht die Rechtschreibfehler gezählt werden, sondern „richtige Wörter" und „Graphemtreffer". Konkret bedeutet dies, dass auch dann, wenn ein Wort falsch geschrieben ist, die Anzahl der *lautlich korrekten* Verschriftungen „positiv verpunktet" wird. Der Test setzt die eingangs erwähnte „Könnensdiagnostik" des Spracherfahrungsansatzes theoriekonform um. Hierdurch wird es möglich, selbst Testergebnisse ohne eine einzige rechtschriftlich korrekte Wortschreibung auswertbar zu machen, so dass die Hamburger Schreibprobe gerade für die Erfassung von Schreibleistungen im unteren Leistungsbereich gut geeignet ist. Im Ergebnis werden ein individuelles Strategieprofil und eine differenzierte Auswertung nach Rechtschreibstrategien festgestellt, die in der Online-Version automatisch generiert werden.[8]

Im Kontext des Spracherfahrungsansatzes sind für die Beobachtung und Dokumentation der Leseentwicklung vielfach Protokollbögen vorgeschlagen worden, die ebenfalls die theoretische Prämisse einer stufenförmigen Entwicklung des Schriftspracherwerbs diagnostisch umsetzen (vgl. Tab. 3).

7 Vgl. hierzu die Tabelle 1: Entwicklungsstufen des Schriftspracherwerbs und jeweils dominante Rechtschreibstrategien in diesem Kapitel.

8 Der Rechtschreibtest (Normierung 2010) ist verfügbar unter: Zugriff am 24.08.2012 http://www.dideon.de/index.html (Internet). In Korrespondenz zur Hamburger Schreibprobe gibt es die Hamburger Leseprobe für die Klassen 1-4 (May/Arntzen 2000). Das Verfahren analysiert in der Einzelbeobachtung den Prozess des Erlesens und der Sinnerfassung des Gelesenen.

Tabelle 3: Diagnosebogen zur Leseentwicklung im ersten Schuljahr (Brinkmann/Brügelmann 1993, S. 8f.)

Anfang (der 1. Klasse) Halbjahr Ende der ersten Klasse Das Kind kann:	nicht	In Ansätzen	Mit Hilfe	selbständig	geläufig
Laut-Ebene	○	○	○	○	○
Wörter in Silben sprechen	○	○	○	○	○
Einfach strukturierte Wörter lautieren	○	○	○	○	○
Gedehnt gesprochene Wörter synthetisieren	○	○	○	○	○
Wörter nach einem gegebenen Anlaut unterscheiden	○	○	○	○	○
Reime zu vorgegebenen Wörtern finden	○	○	○	○	○
Buchstabenebene					
Buchstaben in gleicher Schrifttype einander zuordnen	○	○	○	○	○
Buchstaben in verschiedener Type einander zuordnen	○	○	○	○	○
Die häufigen (ca. 15) Buchstaben benennen	○	○	○	○	○
Seltenere Buchstaben benennen	○	○	○	○	○
Den Buchstabennamen verwenden	○	○	○	○	○
Den Lautwert verwenden	○	○	○	○	○
Buchstaben auch bei kurzzeitiger Darbietung erkennen	○	○	○	○	○
Schrift auch in kleiner Type unterscheiden/lesen	○	○	○	○	○
Buchstaben auch beim Erlesen von Wörtern benennen	○	○	○	○	○
Lautvarianten von Buchstaben beim Erlesen ausprobieren	○	○	○	○	○
Baustein-Ebene					
Den Lautwert mehrgliedriger Schriftzeichen angeben	○	○	○	○	○
Mehrgliedrige Schriftzeichen auf einen Blick erkennen	○	○	○	○	○
Wörter in Silben erlesen	○	○	○	○	○
Wörter in bedeutungstragende Wortteile/Morpheme gliedern	○	○	○	○	○
Häufige Bausteine in Wörtern erkennen	○	○	○	○	○
Graphisch gegliederte drei- und mehrsilbige Wörter erlesen	○	○	○	○	○
Längere Wörter ohne graphische Gliederung erlesen	○	○	○	○	○
Wortebene					
Schriftlich vertraute Wörter erlesen	○	○	○	○	○
Vertraute Wörter auf einen Blick lesen	○	○	○	○	○

Tabelle 3 (Fortsetzung)

Anfang (der 1. Klasse) Halbjahr Ende der ersten Klasse Das Kind kann:	nicht	In Ansätzen	Mit Hilfe	selbständig	geläufig
Schriftlich unbekannte Wörter mit langem Stammvokal erlesen	○	○	○	○	○
Unbekannte Wörter mit kurzem Stammvokal, aber ohne Konsonantenhäufung erlesen	○	○	○	○	○
In einem Lückenwort (mit Bildstütze) fehlende Buchstaben einsetzen	○	○	○	○	○
Kunstwörter lautgerecht vorlesen	○	○	○	○	○
Die Bedeutung von Wörtern (ohne Kontext) richtig angeben	○	○	○	○	○
Druckfehler bei Wörtern im Text finden	○	○	○	○	○
Satz-Ebene					
Bekannte Wörter auch im Satz lesen	○	○	○	○	○
Unbekannte Wörter im Satz leichter als ohne Kontext erlesen	○	○	○	○	○
Passende Wörter in Lückensätze einfügen	○	○	○	○	○
Zerschnittene Sätze stimmig zuordnen	○	○	○	○	○
Semantisch unpassende Wörter in Sätzen entdecken	○	○	○	○	○
Syntaktische Fehler in Sätzen entdecken	○	○	○	○	○
Text-Ebene					
In einem vorgelesenen Text Fehler entdecken	○	○	○	○	○
Zu einem stumm gelesenen Text Faktenfragen beantworten	○	○	○	○	○
In einem Text Beziehungen zwischen Aussagen herstellen	○	○	○	○	○
Aus einem Text Folgerungen ziehen	○	○	○	○	○
Einen geübten Text sinngestaltend vortragen	○	○	○	○	○

Das wohl differenzierteste Verfahren einer lernprozessbegleitenden Diagnose des Schriftspracherwerbs ist von Kretschmann u.a. (1999) im Kontext der Schulbegleitforschung im sonderpädagogischen Bereich entwickelt worden. Die verschiedenen Dimensionen von Schriftsprachkompetenz werden dabei kindnah und dialogisch erhoben, indem die Lehrkraft viele der Aufgaben im Gespräch mit dem Kind erarbeitet. Gleichzeitig ist das Verfahren lernwegsbegleitend konzipiert, da unterschiedliche Erhebungsinstrumente für *beide ersten* Schuljahre entwickelt wurden.

Entscheidend für dieses Verfahren ist ein systemisch-entwicklungsökologisches Verständnis von Diagnostik, indem davon ausgegangen wird, dass Störungen des Schriftspracherwerbs von einer Vielzahl von Wirkfaktoren hervorgerufen werden. Folgende Bereiche sind Gegenstand einer Diagnostik, die im Kontext „sonderpädagogischer“ Förderbedarfe beachtet werden:

- Allgemeinentwicklung
- Sozial- und Konfliktverhalten
- Lernverhalten
- Motivation[9]
- emotionale Einstellung zum Lesen- und Schreibenlernen
- Erfahrungen zum Schriftgebrauch – Verhältnis zu Büchern, Texten, Geschichten
- Sprachentwicklung und Sprechen,
- Phonem-Graphem-Kompetenz
- phonologisches Operieren
- technisches Lesen
- sinnerfassendes Lernen
- technisches Schreiben
- Schreiben im Sinnzusammenhang

Für alle hier aufgelisteten Punkte gibt es Kopiervorlagen, Fragebögen und Aufgabensammlungen, um entwicklungshemmende und -förderliche Bedingungen in einer *Kind-Umfeld-Diagnostik* zu erschließen. Pädagogisches, fachdidaktisches und psychologisches Hintergrundwissen sind zu vernetzen, um Krisensymptome frühzeitig zu erkennen und ggf. eine weitergehende differenzielle Diagnostik und externe Beratung einzuholen.

In Anlehnung an Kretschmann/Arnold (1999) lassen sich die *Prinzipien einer auf Förderung orientierten Diagnostik* auflisten:

- Passung der Angebote an die Lernausgangslage des Kindes
- Lernen am Gegenstand Schriftsprache
- Bereitstellung subjektiv bedeutsamer Lese- und Schreibangebote
- ausreichende Lernzeit und Zeit für Wiederholungen zur Automatisierung des Gelernten
- Verringerung von äußerer und innerer Ablenkung
- Vermittlung von Lern- und Arbeitsstrategien

9 Für die Diagnose und Förderung bei Motivationsproblemen haben Kretschmann/Rose (2000) ein umfassendes Konzept vorgelegt.

- Sicherstellung von Kompetenzerlebnissen – Ermutigung – Erfolgsrückmeldung – Stärkung des Selbstwertgefühls
- Stärkung der Sozialkompetenz
- entlastende Hilfestellung bei besonderen Schwierigkeiten
- Aktivierungs- und Entspannungsübungen
- bei Bedarf: medizinische bzw. psychotherapeutische Behandlung

Gerade für „Kinder mit besonderen Lernbedürfnissen" wird eine „kriterien- bzw. curriculumbezogene Diagnostik" eingefordert (Kretschmann 2007, S. 25), in der die aktuelle Leistung des Kindes kategorisierbar wird und die „Zone der nächsten Entwicklung" in einem entsprechenden Förderplan umgesetzt werden kann. Pädagogische Diagnostik soll *die Fortschritte der Kinder sichtbar machen.* Damit ergeben sich auch immer wieder eine Neufestlegung von Förderzielen und eine Überprüfung ihrer Zielerreichung.

Notwendig für gelingende Förderprozesse ist eine Transparenz des gesamten Prozesses, die sich auch darin zeigt, dass Förderpläne und ihre Zielerreichung allen an diesem Prozess Beteiligten mitgeteilt werden. Diese Rückmeldung des jeweils erreichten Förderziels ist insbesondere für das Kind selbst von besonderer Wichtigkeit, weil nur so eine Stärkung seines Selbstvertrauens und die für die Aufgabenbearbeitung notwendige Selbstwirksamkeitserwartung erreicht werden kann. Die individuellen Stärken eines Kindes und die potentiell aktivierbaren Unterstützungskräfte des Umfeldes sollten in einer „Ressourcendiagnostik" immer mitbedacht werden. Aufgrund dieser Überlegungen ergibt sich folgendes Ablaufschema einer lernwegsbegleitenden Förderdiagnostik von Risikokindern des Schriftspracherwerbs (vgl. Abb. 6).

Eingangsdiagnostik
Groberhebung schriftsprachnaher Vorläuferfähigkeiten aller Kinder

Differentialdiagnostik
Detailanalyse der Probleme und des Problemumfeldes der Risikokinder

Ressourcendiagnostik
Analyse individueller Stärken eines Kindes
und weiterer Unterstützungspotentiale
(Freunde, Eltern, Förderunterricht ggf.
außerschulische Therapiemaßnahmen)

Förderplan
(a) Feststellen der Förderziele,
die in der „Zone der nächsten Entwicklung" liegen
(b) Aufstellen und systemische Verankerung (Absprachen mit dem Kind,
den Eltern, Förderlehrer bzw. weiteren Kollegen) eines Förderplans
(c) Detailplanung für einen überschaubaren Zeitrahmen

Durchführung der Förderung und Beobachtung der Lernentwicklung

Kontrolle und Rückmeldung der Zielerreichung
und ggf. Aufstellen weiterführender Förderpläne

Abbildung 6: Ablaufschema einer lernwegsbegleitenden Förderdiagnostik von Risikokindern des Schriftspracherwerbs (in Anlehnung an Kretschmann/Arnold 1999)

6.4 Qualitätskriterien für offene Unterrichtsphasen

Es gibt eine ganze Reihe von Listen, Schemata und Schlüsselvariabeln zur Beurteilung von Unterrichtsqualität (vgl. Helmke 2007, S. 122ff.). Sie benennen generelle Aspekte der Unterrichtsorganisation unabhängig von Schulstufe und Fach (z.B. Slavin 1994, Brophy 2000). Diese „Merkmale guten Unterrichts" (Meyer 2004) haben vielfach Eingang gefunden in Beurteilungskategorien für Unterrichtshospitationen und dienen ansatzweise auch als Reflexionsrahmen für Planungsprozesse von Unterricht. Der Spracherfahrungsansatz hat diesem Thema keine besondere Aufmerksamkeit gewidmet, da nicht das Lehren, sondern das Lernen der Kinder interessierte.

Studien und Sammelreferate aus dem angloamerikanischen Raum zu dem Verhältnis von Unterrichtsqualität und Leistungsentwicklung betonen Instruktionseffektivität, aktive Lernzeit (time on task), akademischen Focus und Aufgabenorientierung (vgl. Rosenshine 1969, 1979). Brophy/Good (1986) haben sich intensiv mit dem Problem des Niveaus und der Interaktionsqualität von Lehrerfragen (z.B. Wartezeit bis zum Aufrufen, Reaktion auf richtige und falsche Schülerantworten) beschäftigt. Diese Beispiele zeigen bereits, dass die Forschung zur Unterrichtsqualität stark auf die Frage der Qualität des *lehrergesteuerten Klassenunterrichts* konzentriert ist. Dies macht verständlich, warum in der Literatur zum Spracherfahrungsansatz diese Forschungsbefunde weitgehend unbeachtet blieben. Ihre Kenntnis ist aber gleichwohl wichtig, um die Kontroversen um den Spracherfahrungsansatz und die Öffnung von Unterricht nachvollziehen zu können.

Im Folgenden sollen daher die zentralen Merkmale von *grundschulspezifischer* Unterrichtsqualität benannt werden, um dann diese Befunde mit den unterrichtsorganisatorischen Prämissen eines „geöffneten" Anfangsunterrichts zu verbinden.

Das „Classroom Management for Elementary School Teachers" (Evertson u.a. 2002) gehört zu der international einflussreichsten Literatur zur Klassenführung und bezieht sich explizit auf den Grundschulunterricht (vgl. Tab. 4).

Tabelle 4: Effektives Klassenmanagement in der Grundschule nach Evertson u.a. 2002 (zitiert nach Helmke 2007, S. 83)

1.	*Klassenraum vorbereiten* (so, dass Staus und Störungen vermieden werden können, der Raum lehrerseits gut übersehbar ist, Materialien für die Schüler leicht zugänglich sind)
2.	*Regeln und Verfahrensweisen planen* (Entwicklung präziser Regeln für die Zusammenarbeit der Schüler untereinander, Aushang der Regeln auf einem Poster oder Plakat im Klassenzimmer, Verdeutlichung anhand konkreter Beispiele; Entscheidung über zulässige und unzulässige Verhaltensweisen, Entwicklung einer Liste von Prozeduren und Regeln)
3.	*Konsequenzen festlegen* (für angemessenes wie für unangemessenes Verhalten)
4.	*Unterbindung von unangemessenem Schülerverhalten* (unangemessenes Schülerverhalten sofort und konsistent beenden; durch Verweise auf die abgemachten Regeln begründen)

Tabelle 4 (Fortsetzung)

5.	*Regeln und Prozeduren unterrichten* (in die Unterrichtseinheiten am Schuljahresbeginn einbauen; wenn sich erst „schlechte“ Rituale und Verhaltensweisen eingeschliffen haben, sind sie mit verbessertem Klassenmanagement nur noch sehr schwer abzubauen)
6.	*Aktivitäten zum Schulbeginn* (Aktivitäten entwickeln, die dem Ziel dienen, das Zusammengehörigkeitsgefühl, den Klassengeist, die Kohäsion zu fördern)
7.	*Strategien für potenzielle Probleme* (rechtzeitig Strategien planen, wie man mit Störungen des Unterrichts, bedingt durch Leerzeiten oder durch inhaltliche Schwierigkeiten, umgehen kann)
8.	*Beaufsichtigen/Überwachen* (das Schülerverhalten aufmerksam beobachten, insbesondere bei Arbeitsbeginn – um eventuelle Missverständnisse der Arbeitsanweisungen und Instruktionen entdecken zu können)
9.	*Vorbereiten des Unterrichts* (so, dass für verschieden leistungsfähige Schüler unterschiedlich schwierige Lernaktivitäten möglich sind)
10.	*Verantwortlichkeit der Schüler* (Entwicklung von Maßnahmen, die den Schülern ihre Verantwortlichkeit für die Ergebnisse ihrer Arbeiten klar machen; Beeinflussung der Selbstwirksamkeit)
11.	*Unterrichtliche Klarheit* (klare, strukturierte, ausreichend redundante Informationen geben)

In verschiedenen Studien konnte gezeigt werden, dass auch leistungsschwächere Kinder von anspruchsvollem, verständnisorientiertem Unterricht profitieren (Mortimore u.a. 1989, Helmke 1988, Renkl/Stern 1994, Stern 2003). Der Effekt von „cognitive higher order levels“ könnte auf die Wirkung eines kognitiv stimulierenden Klassenkontextes hinweisen, bei dem die leistungsschwächeren Schüler komplexere Lösungsmuster erfahren als etwa in Differenzierungsgruppen mit Zuordnung einfacher Lernaufgaben. Die Forderung nach anspruchsvollem Unterricht darf nicht zu Lasten der Übung gehen. Gemeint sind damit aber Übungsformen, die zum Denken herausfordern und motivierend sind, nicht ein „Einschleifen“ von Routineverfahren.

Gerade für den Rechtschreibunterricht gibt es fast grenzenlose Vorschläge an Übungsmöglichkeiten. An dieser Stelle können daher nur einige generelle Grundsätze für das Üben benannt werden.

▶ Merksatz

1. Üben sollte immer *zu Kompetenzerlebnissen führen*, d.h., die Aufgaben müssen so gestaltet sein, dass sie auch vom Kind lösbar sind.
2. Üben kann nicht Selbstzweck sein, sondern sollte *in sinnvolle Handlungsbezüge eingebettet sein.*
3. Üben ist der Schlüssel, *das Lernen selbst zu lernen* und sollte deshalb so strukturiert sein:
   – *klar zielorientiert*
   – *systematisch und verständnisintensiv*
   – *variabel und motivierend*
   – *regelmäßig und kontrolliert*

In der psychologischen Literatur zum Klassenmanagement wird auf den Einsatz von „*Tokensystemen*" hingewiesen, auf Belohnungen, die nach klaren Regeln vergeben werden, wenn sozial erwünschte Veränderungen des Verhaltens eintreten. Bei Erreichen einer vereinbarten Anzahl von Token (z.B. Murmeln oder Perlen für störungsfreie Leseübungen) werden diese in einen vom Kind selbst gewählten oder vorher vereinbarten Verstärker (Bonbons, Bilder, soziale Aktivitäten) eingetauscht. Eigentlich geht es hier um die „Fleißkärtchen" von früher, die nicht zum Spracherfahrungsansatz passen. In den vielen „offiziellen" Berichten zum offenen Unterricht scheint immer alles gut zu klappen, die Kinder lernen motiviert und selbstbestimmt. In der Realität sind die Disziplinprobleme in offenen Unterrichtsphasen aber nicht selten die größte Herausforderung für die Lehrkraft. Insofern hat die positive Verhaltensunterstützung ihre Berechtigung.

Dieses System ist besonders dann hilfreich, wenn es um „Erinnerungsstützen" für bestimmte Arbeitsmaterialien geht. Denn gerade die Kinder, die Lernschwierigkeiten haben, „vergessen" besonders häufig ihr notwendiges Arbeitsmaterial. Auch andere Schwierigkeiten wie ständiges „Trödeln", Dazwischenreden, nicht ordentliches Schreiben oder Ähnliches, können durch Bonuspunkte auf ein Maß gebracht werden, das Lernen wieder möglich macht. Entscheidend ist dabei aber folgender Punkt: Das Kind muss einsehen, dass sein bisher gezeigtes Arbeitsverhalten ineffektiv ist.

Geschichten und kindgemäße Visualisierungen (vgl. Abb. 7) können dabei den Aufbau lernförderlichen Verhaltens stützen. Zumindest muss das Kind bereit sein, eine Veränderung einmal probeweise zu versuchen. Umfang und Zeitraum für eine solche, erste Verhaltensprobe dürfen nicht zu anspruchsvoll sein, denn es ist für ein Kind sehr anstrengend, auch nur für wenige Minuten ein anderes Verhalten zu zeigen. Insofern ist es sinnvoll, ggf. nur graduelle Annäherungen an das gewünschte Verhalten bereits positiv zu belohnen.[10] Außerdem sollten nicht die Probleme am Anfang stehen, die einen persönlich am meisten stören, sondern jene, die für das Kind selbst besonders problematisch sind.

Wenn man beispielsweise zu der Feststellung kommt, dass ein Kind viel „herumtrödelt" und so wertvolle Lernzeit verschenkt, sollte man genauer überlegen, an welcher Stelle dieses Phänomen am Leichtesten in den Griff zu bekommen ist. Vielleicht könnte ein erster Vertrag[11] darauf hinauslaufen, im Morgenkreis nicht mehr ständig der Letzte zu sein, der zur Ruhe kommt. Wenn dies zunächst an einem Tag, dann an mehreren hintereinander klappt, könnte eine ähnliche Abmachung für das Wegräumen von Arbeitsmaterialien getroffen werden, später dann für einen zügigen Arbeitsbeginn. Man sollte also nicht mit dem schwierigsten Problem beginnen, sondern sich eine sinnvolle Hierarchisierung des Abbaus von Problemverhalten überlegen. Im weiteren Verlauf der Problembehandlung kommt es dann bei zunehmender Festigung des gewünschten Verhaltens zu einem langsamen Ausblenden der ausdrücklichen Bestätigung. Das Punktesystem hat einen gleichsam objektivierenden Charakter und entlastet weitgehend von direkten (und zumeist erfolglosen) Ermahnungen des Kindes. Wichtig sind die Ermutigung des Kindes und die Vermittlung von Erfolgszuversicht.

10 In der Psychologie spricht man hier von „Shaping", d.h. der Aufbau von komplexen Verhaltensweisen durch Verstärkung von Verhaltenselementen, die in Richtung des Zielverhaltens weisen.

11 Wie ein solcher „Vertrag" aussieht, muss sich nach Alter und Persönlichkeit eines Kindes richten.

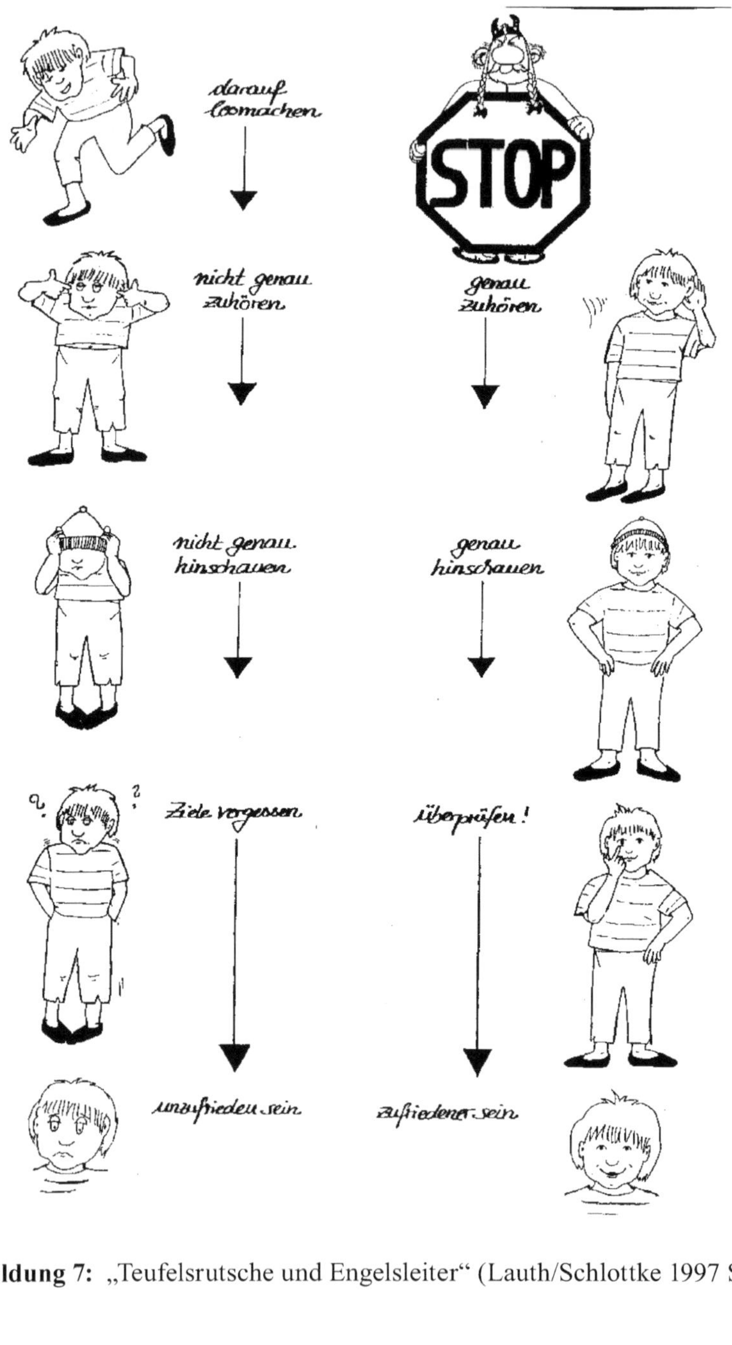

Abbildung 7: „Teufelsrutsche und Engelsleiter" (Lauth/Schlottke 1997 S. 57)

Als absolut notwendig erweisen sich solche gezielten Anleitungen zu mehr „Selbstmanagement" bei ADHS-Kindern[12], die ein hohes Risikopotential für die Entwicklung einer Lese-Rechtschreibschwäche aufweisen. Für diese Kinder reicht ein durch Regeln und Rituale klar strukturierter Unterricht häufig nicht aus, um Lernverhalten zu sichern. Diese Kinder brauchen nicht nur Zuwendung, Aufmerksamkeit und Kontrolle, sondern auch von Anfang an ein transparentes Interventionskonzept, wie mit ihren Verhaltensproblemen konsequent und berechenbar umgegangen wird.

Zusammenfassend lassen sich folgende Fragen benennen, mit denen die Qualität eines geöffneten Anfangsunterrichts beurteilbar wird.

Inhaltliche Angebote

- Sind die bereitgestellten Materialien vollständig im Hinblick auf die Erarbeitung aller Bereiche des Schriftspracherwerbs (vgl. Didaktische Landkarte)?
- Präsentieren die Materialien den Lerngegenstand Schriftsprache sachlich und pädagogisch-didaktisch angemessen strukturiert? (z.B. Anlauttabellen)
- Ist der Klassenraum so gestaltet, dass die Materialien leicht zugänglich, aber auch übersichtlich präsentiert werden?
- Gibt es hinreichend Möglichkeiten der eigenständigen Lernerfolgskontrolle?
- Werden fächerübergreifende Projekte geplant und fächerverbindende Lernaufgaben gestellt?
- Bietet der Unterricht neue Erfahrungs- und Handlungsmöglichkeiten insbesondere auch in kooperativen Lernprozessen?
- Werden der Erwerb von Rechtschreibregeln und der Aufbau eines Grundwortschatzes hinreichend gefördert?
- Ist die Schreib-, Lese- und Gesprächskultur soweit entfaltet, dass für *alle* Schülerinnen und Schüler hieraus eine An- und Aufforderungskultur entsteht?

12 ADHS ist die Abkürzung für das „Aufmerksamkeitsdefizit-Syndrom", das auch als „Hyperkinetische Störung" bezeichnet wird. Dieses Störungsbild stellt zusammen mit den aggressiven Verhaltensstörungen die häufigste psychische Störung im Kindesalter dar. Als Kernsymptome von ADHS gelten: Beeinträchtigung der Aufmerksamkeit (Ablenkbarkeit), der Impulskontrolle (Impulsivität) und der Aktivität (Hyperaktivität). Unterrichtsnahe Hinweise in: Staatsinstitut für Schulpädagogik und Bildungsforschung München 1999, bes. S. 18-59). Einen guten Überblick über die medizinische Interpretation dieses Phänomens vermitteln Döpfner/Lehmkuhl (2000). Einen fundierten Einstieg in die teilweise sehr polemisch geführte Diskussion über die Medikation dieser Kinder gibt Reiser (1996), praxisorientierte Hilfestellungen bei Neuy Bartmann (2012).

Methodenvielfalt

- Gibt es ein ausgewogenes bzw. der Lerngruppe entsprechendes Verhältnis unterschiedlicher Methoden wie Freie Arbeit, Projekte, Kreisgespräche, Partner- und Gruppenarbeit, situiertes Lernen und lehrerzentrierte Phasen?
- Werden den Kindern ausreichend Freiräume zum vertiefenden, verständnisorientierten, selbständigen Lernen gelassen?
- Haben die Kinder sowohl übende als auch entwicklungsproxinale Aufgabenstellungen für ihre Arbeit?
- Gibt es Regeln und Rituale für die Phasen des Wechsels von einer Lernorganisationsform zu einer anderen, für den Umgang mit unterschiedlichen Lernzeiten und den damit potentiell verbundenen „Leerläufen“, für den Umgang mit Fehlern, für den Zugang zu Materialien, für soziale Konfliktfälle?
- Gibt es personale (Mitschüler, Lehrerassistenten) und sachliche (Wörterbücher, Computer) Hilfen für die Schülerinnen und Schüler, die förderlich für die Lern- und Persönlichkeitsentwicklung organisiert sind?
- Wie ist die Kooperation zwischen mehreren am Unterricht beteiligten Lehrpersonen geregelt?
- Wie strukturiert und effektiv wird die Unterrichtszeit genutzt?

Diagnosekompetenz

- Werden Verfahren der Lernbeobachtung und -dokumentation der Lernentwicklung im Lesen und Schreiben eingesetzt? Werden jeweils angemessene Konsequenzen für die Organisation der folgenden Lernschritte gezogen?
- Unterstützt die Lehrkraft die Kinder darin, ihren eigenen Lernweg zu finden?
- Werden die Stärken und Lernerfolge des einzelnen Schülers erkannt und selbstkonzeptwirksam zurückgemeldet?
- Werden Fehler und soziale Störungen von Lernprozessen zum Anlass für „Beratungsgespräche“?

Interaktionskompetenz und Reflexionsfähigkeit der Lehrperson

- Gelingt es der Lehrkraft, ein motivierendes und lernunterstützendes Klima im Klassenzimmer aufzubauen?
- Ist Offenheit für kollegiale Kritik und gemeinsame Reflexion von Unterricht erkennbar?
- Hat die Lehrperson angemessene Maßstäbe zur selbstkritischen Reflexion des eigenen Unterrichts?

6.5 Literatur

Balhorn, H. (1998). Heiko Balhorn fragt nach. In H. Balhorn, H. Bartnitzky & I. Büchner (Hrsg.), *Schatzkiste Sprache 1. Von den Wegen der Kinder in die Schrift* (S. 333-336). Frankfurt a.M.: Grundschulverband – Arbeitskreis Grundschule e.V.

Bartnitzky, H (2000). *Sprachunterricht heute. Sprachdidaktik. Unterrichtsbeispiele. Planungsmodelle.* Berlin: Cornelsen.

Brinkmann, E. & Brügelmann, H. (1993). *Ideen-Kiste Schriftsprache. Didaktische Einführung „Offenheit mit Sicherheit".* Hamburg: Verlag für pädagogische Medien.

Brinkmann, E. & Brügelmann, H. (1999). *Offenheit mit Sicherheit. Kommentar zur Ideen-Kiste, Schrift-Sprache* (5. Aufl.). Hamburg: Verlag für Pädagogische Medien.

Brophy, J. E. (2000). *Teaching. Educational Practices Series, Vol. 1.* Brussels: International Academy of Education & International Bureau of Education. Zugriff am 12.03.2012 www.ibe.unesco.org (Internet).

Brophy, J. E. & Good, T. L. (1986). Teacher behaviour and student achievement. In M. C. Wittrock (Hrsg.), *Handbook of research on teaching* (S. 328-377). New York, NY: Macmillan Publishing Co.

Brügelmann, H. (1983). *Kinder auf dem Weg zur Schrift – eine Fibel für Lehrer und Laien* (7. Aufl.). Konstanz: Ekkehard Faude.

Brügelmann, H. (1987). Umgangsformen mit Schriftsprache – Beobachtungsaufgaben zum Schulanfang. In G. Eberle. & G. Reiß (Hrsg.), *Probleme beim Schriftspracherwerb. Möglichkeiten ihrer Vermeidung und Überwindung* (S. 133-153). Heidelberg: Edition Schindele.

Brügelmann, H. (1988). *Lese- und Schreibaufgaben für Schulanfänger.* Projekt „Kinder auf dem Weg zur Schrift" Bericht No. 33d. FB 12 der Universität Bremen.

Brügelmann, H. (1989). Gezinktes Memory: Lese- und Schreibaufgaben für Schulanfänger – eine Beobachtungshilfe für Lehrer/innen. In K. B. Günther (Hrsg.). *Onotogenese, Entwicklungsprozess und Störungen beim Schriftspracherwerb* (S. 124-134). Heidelberg: Edition Schindele.

Brügelmann, H. (1997). Die Öffnung des Unterrichts muß radikaler gedacht, aber auch klarer Strukturiert werden. In H. Balhorn & H. Niemann (Hrsg.), *Sprachen werden Schrift. Mündlichkeit, Schriftlichkeit, Mehrsprachigkeit* (S. 43-60). Lengwil: Libelle. Zugriff am 19.11.2012: http://userpages.uni-koblenz.de/~proedler/bruegelmann.htm (Internet).

Brügelmann, H. & Brinkmann, E. (1998). *Die Schrift erfinden. Beobachtungshilfen und methodische Ideen für einen offenen Anfangsunterricht im Lesen und Schreiben.* Lengwil: Libelle.

Brügelmann, H. & Brinkmann, E. (2001). Ein Lehrgangsöffner für Ihre Fibel. In H. Brügelmann & E. Brinkmann (Hrsg), *Die Schrift erfinden* (S. 179-184). Lengwil: Libelle.

Dehn, M. (1988). *Zeit für die Schrift* (2. Aufl.). Bochum: Kamp.

Dehn, M. (1990). *Zeit für die Schrift* (3. Aufl.). Bochum: Kamp.

Dehn, M. (1994). *Schlüsselszenen zum Schriftspracherwerb.* Weinheim: Beltz.

Dehn, M. (1998). Lehrerhilfen bei Leseschwierigkeiten. In C. Crämer, I. Füssenich & G. Schumann (Hrsg.), *Lesekompetenz erwerben und fördern* (S. 45-70). Braunschweig: Westermann.

Dehn, M. (2010). *Kinder & Lesen und Schreiben. Was Erwachsene wissen sollten.* Seelze: Kallmeyer.

Dehn, M. & Hüttis-Graff, P. (2006). *Zeit für die Schrift. Band II: Beobachtung und Diagnose.* Berlin: Cornelsen Verlag Scriptor.

Dehn, M., Hüttis-Graff, P. & Kruse, N. (Hrsg.) (1996). *Elementare Schriftkultur. Schwierige Lernentwicklung und Unterrichtskonzept.* Weinheim: Beltz.

Dehn, M., Merklinger, D. & Schüler, L. (2011). *Texte und Kontexte. Schreiben als kulturelle Tätigkeit in der Grundschule.* Seelze: Kallmeyer in Verbindung mit Klett.

Döpfner, M., Frölich J & Lehmkuhl, G. (2000). *Hyperkinetische Störungen. Leitfaden Kinder- und Jugendpsychotherapie.* Göttingen: Hogrefe.

Dräger, M. (1995). *Am Anfang steht der eigene Text.* Heinsberg: Agentur Dieck.

Erichson, C. (1986). Rechtschreiben – Der Klotz am Bein des Pegasus? Plädoyer für eine Integration von spontanem Schreiben und Rechtschreibenlernen. In R. Valtin & I. Naegele (Hrsg.), *Schreiben ist wichtig.* Beiträge zur Reform der Grundschule 67/68 (S. 3-20). Frankfurt a.M.: Grundschulverband – Arbeitskreis Grundschule e.V.

Evertson, C. M., Emmer, E. T., & Worsham, M. E. (2002). *Classroom management for elementary teachers.* Boston: Allyn & Bacon.

Evertson, C. M., Emmer, E. T. & Worsham, M. E. (2002). Effektives Klassenmanagement in der Grundschule. In Helmke, A. (2007). *Unterrichtsqualität erfassen, bewerten, verbessern* (5. Aufl., S. 83). Seelze: Kallmeyer in Verbindung mit Klett.

Füssenich, I. & Löffler, C (2008). *Schriftspracherwerb. Einschulung, erstes und zweites Schuljahr.* München/Basel: Reinhardt.

Graves, D. H. (1983). *Writing – Teachers and children at work.* London: Heinemann.

Hanke, P. (1997). Offener Anfangsunterricht nur ein Schlagwort? Versuch einer Merkmalsbeschreibung. In H. Balhorn & H. Niemann (Hrsg.), *Sprachen werden Schrift* (S. 35-42). Lengwil: Libelle.

Helmers, H. (Hrsg.) (1969). *Die Diskussion um das deutsche Lesebuch.* Darmstadt: Wissenschaftliche Buchgesellschaft.

Helmke, A. (1988). Leistungssteigerung und Ausgleich von Leistungsunterschieden in Schulklassen: unvereinbare Ziele? *Zeitschrift für Entwicklungspsychologie und pädagogische Psychologie, 20,* 45-76.

Helmke, A. (2007). *Unterrichtsqualität erfassen, bewerten, verbessern* (5. Aufl.). Seelze: Kallmeyer in Verbindung mit Klett.

Kochan, B. (1988). Der Computer als Schreibwerkzeug für Grundschulkinder. In H. Balhorn im Auftrag der DGLS (Hrsg.), *Rechtschreibreform und Rechtschreiblernen* (S. 43-47). Berlin.

Kretschmann, R. (2007). Diagnostik in pädagogischen Handlungsfeldern – Diagnostik zur Optimierung von Lese- und Schreiblernprozessen. In B. Hofmann & R. Valtin (Hrsg.), *Förderdiagnostik beim Schriftspracherwerb* (S. 12-48). Berlin: DGLS.

Kretschmann, R., Dobrindt, Y. & Behring, K. (1999). *Prozessdiagnose der Schriftsprachkompetenz in den Schuljahren 1 und 2.* Horneburg: Persen.

Kretschmann, R. & Arnold, K.-H. (1999). Leitfaden für Förder- und Entwicklungspläne. *Zeitschrift für Heilpädagogik, 9,* 410-442.

Kretschmann, R. & Rose, M.-A. (2000). *Was tun bei Motivationsproblemen? Förderung und Diagnose bei Störungen der Lernmotivation.* Horneburg: Persen.

Lauth, G. & Schlottke, P. F. (1997). *Training mit aufmerksamkeitsgestörten Kindern.* Weinheim: Psychologie Verlags Union.

Mauthe-Schonig, D., Schonig, B. & Speichert, M. (2000). *Lesen lernen im Anfangsunterricht.* Weinheim/Basel: Beltz.

May, P. (2000). *HSP. Diagnose orthographischer Kompetenz*. Hamburg: Verlag für pädagogische Medien.
May, P. (2002). *Hamburger Schreib-Probe 1-9* (6. Aufl.). Hamburg: Hogrefe.
May, P. (2009). Auswertung nach dem Strategiediagnosekonzept. In R. Valtin & B. Hofmann (Hrsg.), *Kompetenzmodelle der Orthographie* (S. 75-90). Berlin: DGLS.
May, P. & Arntzen, H. (2000): *Hamburger Leseprobe. Klasse 1-4. Testverfahren zur Beobachtung der Leselernentwicklung in der Grundschule*. Hamburg: Selbstverlag.
Meiers, K. & Schwartz, E. (Hrsg.) (1977). *Lesenlernen – das Lesen lehren. Fibeln und Erstlesewerke II.* Beiträge zur Reform der Grundschule 30/31. Frankfurt a.M.: Grundschulverband – Arbeitskreis Grundschule e.V.
Meyer, H. (2004). *Was ist guter Unterricht?* Berlin: Cornelsen Scriptor.
Mortimore, P., Sammons, P., Stoll, L., Lewis, D., & Ecob, R. (1989). *School matters. The junior years.* Somerset: Open Books.
Neuy Bartmann, A. (2012). *ADS – Erfolgreiche Strategien für Erwachsene und Kinder.* Stuttgart: Klett Cotta.
Reiser, M. L (1996). *Kindliche Verhaltensstörung und Psychopharmaka*, München/Basel: Reinhardt.
Renkl, A. & Stern, E. (1994). Die Bedeutung von kognitiven Eingangsbedingungen und schulischen Lerngelegenheiten für das Lösen von einfachen und komplexen Textaufgaben. *Zeitschrift für Pädagogische Psychologie, 8,* 27-39.
Richter, S. & Brügelmann, H. (1994). Der Schulanfang ist keine Stunde Null. In S. Richter & H. Brügelmann (Hrsg.), *Wie wir recht schreiben lernen* (S. 62-77). Lengwil: Libelle.
Rosenshine, B. (1969). Teacher behaviours related to student achievement. *Classroom Interaction Newsletter, 5,* 4-17.
Rosenshine, B. (1979). Content, time and direct instruction. In: P. L. Peterson & H. J. Walberg (Hrsg.), *Research on teaching* (S. 28-56). Berkeley, CA: McCutchan.
Scheerer-Neumann, G. (1989). Lese-Rechtschreibschwäche im Kontext der Entwicklung. In I. Naegele & R. Valtin. (Hrsg.), *LRS in den Klassen 1 – 10.* (S. 58-77). Weinheim: Beltz.
Scheerer-Neumann, G. (1995). Ein offener Brief an Jürgen Reichen. In: *Les-Bar* (Mitteilungsblatt der deutschen Gesellschaft für Lesen und Schreiben), *1,* 13-15.
Scheerer-Neumann, G. (2004): Unterrichtsbegleitende Diagnostik: Lesen. In R. Christiani (Hrsg.). *Schuleingangsphase neu gestalten* (S. 104-129). Berlin: Cornelsen Scriptor.
Schneider, W., Brügelmann, H. & Kochan, B. (1995). Lesen- und Schreibenlernen in neuer Sicht: Vier Perspektiven auf den Stand der Forschung. In H. Balhorn & H. Brügelmann (Hrsg.), *Rätsel des Schriftspracherwerbs* (S. 14-28). Lengwil: Libelle.
Slavin, R. E. (1994). Quality, appropriateness, incentive and time: A model of instructional effectiveness. *International Journal of Education Research, 21,* (141-157).
Spitta, G. (1997). *Kinder schreiben eigene Texte: Klasse 1 und 2.* Frankfurt a.M.: Cornelsen Scriptor.
Spitta, G. (1992). *Schreibkonferenzen in Klasse 3 und 4. Ein Weg vom spontanen Schreiben zum bewußten Verfassen von Texten.* Frankfurt a.M.: Cornelsen Scriptor.
Spitta, G. (1998). *Freies Schreiben - eigene Wege gehen.* Lengwil: Libelle.
Staatsinstitut für Schulpädagogik und Bildungsforschung München (1999). *Aufmerksamkeitsgestörte, hyperaktive Kinder und Jugendliche im Unterricht.* München: Auer.

Stern, E. (2003). Lernen – der wichtigste Hebel der geistigen Entwicklung (Teil 2) *Universitas, 58(6)*, 567-582.

Valtin, R. (1995). Vom Funktionsmodell zum Entwicklungsmodell des Lesens und Rechtschreibens: Fortschritt oder Rückschritt? In W. Niemeyer (Hrsg.), *Kommunikation und Lese-Rechtschreibschwäche* (S. 179–188): Bochum: Winkler.

Valtin, R. (1996). Zur Entstehung von Lern-Behinderungen durch falsche Lehr-/Lernkonzepte beim Schriftspracherwerb. In H. Eberwein (Hrsg.), *Handbuch Lernen und Lern-Behinderungen* (S. 369-387). Weinheim: Beltz.

Valtin, R. (2001). Die Theorie der kognitiven Klarheit – Das neue Verständnis von Lese-Rechtschreib-Schwierigkeiten. In B. Ganser (Gesamtredaktion), *Lese-Rechtschreib-Schwierigkeiten. Ein Fortbildungsmodell der Akademie für Lehrerfortbildung und Personalführung Dillingen* (2. Aufl., S. 19-61). Donauwörth: Auer.

Wedel-Wolff von, A. (2003). *Üben im Rechtschreibunterricht.* Braunschweig: Westermann.

7 Seitenwege und Probleme der Neuorientierung

Zielstellung dieses Kapitels ist zunächst die Verdeutlichung von Differenzen zwischen dem Spracherfahrungsansatz und dem Konzept *Lesen durch Schreiben* von Jürgen Reichen. Dabei geht es nicht um eine vielleicht nur akademisch interessante Konzeptabgrenzung, sondern um das Aufzeigen eklatanter Mängel der Reichen-Methode. Zentrales Arbeitsmaterial ist bei diesem Konzept eine Anlauttabelle, mit der die Kinder frei schreiben sollen. Reichen verbindet dieses methodische Vorgehen mit den seinerzeit noch neuen Vorschlägen für einen „Werkstattunterricht", der das beschreibt, was auch im Spracherfahrungsansatz mit der Öffnung von Unterricht gefordert wurde. Das Spezifische der Reichen-Methode besteht nun darin, beides miteinander zu vermischen: Organisationsform des Unterrichts, Werkstattunterricht und das fachdidaktische Vorgehen mit einer Anlauttabelle für das Schreiben, um so quasi automatisch auch zum Lesen zu kommen. Genau diese Verbindung hat es aber so schwer gemacht, dass sich die seit Mitte der 1990er Jahre in der Wissenschaft bekannte Kritik an der Reichen-Methode Gehör verschaffen konnte. Wer etwas gegen Reichen sagte, war damit auch gegen „offenen Unterricht", war unmodern, wurde als Befürworter von Frontalunterricht stigmatisiert, war verdächtig, Leistungsorientierung, Anstrengung und Üben schon von Grundschulkindern einfordern zu wollen, anstatt ihnen ein selbstbestimmtes Lernen zu ermöglichen.

Ein Element der Reichen-Methode, die Verdeutlichung der Laut-Buchstaben-Beziehung an Hand einer Anlauttabelle, hat sich weitgehend in der Praxis durchgesetzt. Aus diesem Grund soll dieses Einstiegsmedium in die Schriftsprache hier genauer betrachtet werden, indem typische Unterrichtssituationen aufgegriffen werden, um nicht nur Lernchancen, sondern auch die Grenzen dieses Hilfsmittels zu verdeutlichen.

Während Fibellehrgängen vielfach ein „leseorientierter" Zugang zur Schriftsprache zugeschrieben wird, gilt Reichen als ein „schreiborientierter" Ansatz, der sich in verschiedenen Varianten auch weiterentwickelt hat. Ein Beispiel hierfür, der Schulversuch „Phonetisches Schreiben", soll im Folgenden genauer vorgestellt werden. Grund dafür ist, dass dieser Schulversuch das Konzept eines „Schriftspracherwerbs durch lautorientiertes Schreiben" nicht nur unter mehreren Aspekten verbessert hat, sondern auch evaluiert wurde.

7.1 Das Reichen-Konzept: Lesen durch Schreiben

Jürgen Reichen (1939-2009) war zunächst als Grundschullehrer in der Schweiz tätig und später als Mitarbeiter in der Erziehungsdirektion des Kantons Zürich u.a. mit Aufgaben in der Lehrerfortbildung beauftragt. Seine didaktischen Überlegungen zu einem Programm „Lesen durch Schreiben“ wurden erstmals 1981 in dem Heft einer Schweizer Lehrerzeitschrift veröffentlicht und fanden bald auch in Deutschland Verbreitung. Gestützt wurde dieser Prozess durch den Aufbau eines Netzwerkes aus „Rundbriefen“ und Fortbildungstagungen in Weimar. Der erste Rundbrief, datiert vom 20. November 1992, wurde noch in Basel geschrieben und erklärt vielleicht ein Stück weit den „Sektencharakter“ der Bewegung:

> Liebe Kolleginnen und Kollegen, „Lesen durch Schreiben“ findet immer mehr Anerkennung und eine stets grösser werdende Zahl von KollegInnen setzt sich inzwischen für den Leselehrgang ein. Diese Entwicklung freut mich natürlich, andererseits macht sie es mir aber zusehends schwerer, im Zusammenhang mit dem Leselehrgang zu wissen, was wo „läuft“. Da ich aber in meiner grossen Neugierde trotzdem „alles“ wissen möchte, was mit „Lesen durch Schreiben“ zusammenhängt, will ich nun endlich mit einem schon seit längerer Zeit geplanten Vorhaben ernst machen und versuchen, eine Art Informationsbulletin zusammenzustellen, das allen „Lesen durch Schreiben-Fans“ zugeht. In diesem Bulletin sollten nach meinen Vorstellungen folgende Informationen zu finden sein:
>
> 1. Adressen aller KollegInnen, welche „Lesen durch Schreiben“-Kurse moderieren und/oder als Auskunftspersonen z.V. stehen.
> 2. Veranstaltungskalender, wo man erfährt wann und wo Kurse, Seminare etc. zu „Lesen durch Schreiben“ stattfinden.
> 3. Interessante Vorkommnisse (z.B. wenn irgendwo das Fernsehen Aufnahmen machte oder jemand wieder einmal eine Kultusministerin über „Lesen durch Schreiben“ orientierte etc.)
> 4. Artikel, die über „Lesen durch Schreiben“ irgendwo erschienen.
> 5. Ideenbörse (der Lehrgang soll ja in den nächsten zwei Jahren überarbeitet werden, und da sind alle zur Mitarbeit eingeladen).
> 6. Überhaupt alles, was Leute, die sich mit „Lesen durch Schreiben“ beschäftigen, interessieren könnte.

Natürlich finden über diesen Verteiler dann auch die Unterrichtsmaterialien Verbreitung bzw. die explizite Bitte, hierfür „werbend“ tätig zu werden (vgl. Reichen Textsammlung, Rundbrief v. 1994):

Bitte 1: Wenn ihr euch entschließen könntet, für uns als „Verkäufer" tätig zu werden, indem ihr in euren Kursen „Aktiv-Reklame" macht, nehmt bitte mit Werner Klopfer[1] Kontakt auf, um mit ihm die Einzelheiten festzulegen. Selbstverständlich sollte das Ganze diskret über die Bühne gehen, auch wenn alles durchaus rechtens ist. Damit Werner zeitlich nicht überfordert wird, wäre es eine Erleichterung, ihr würdet ihm eure Bereitschaft zur Mitwirkung schriftlich bekanntgeben und er würde dann von sich aus den Kontakt mit euch aufnehmen.

Reichen verlässt 1995 die Schweiz, wechselt an das Institut für Lehrerfortbildung in Hamburg und findet in Deutschland viele begeisterte Anhängerinnen und Anhänger in der Grundschulpraxis.

Lesen durch Schreiben und der Spracherfahrungsansatz sind zeitgleich, aber unabhängig voneinander entwickelt worden. Es gibt zwar inhaltliche Parallelen der beiden Methodenkonzepte, aber von Anfang an auch kritische Abgrenzungen, die von den Vertretern des Spracherfahrungsansatzes klar formuliert wurden. Insbesondere die von Reichen geforderte Ausschließlichkeit der Schreiborientierung für den Erwerb des Lesens wurde problematisiert. Da das Reichen-Konzept trotzdem von manchen Lehrkräften wie eine neue „Heilsbotschaft" aufgesaugt wurde, bedarf es hier einer differenzierten Vorstellung der Ideen, die von Reichen propagiert wurden und ihrer kritischen Analyse. Sein Konzept beruht auf drei Prinzipien (vgl. Reichen 1982, S. 16ff.):

► Prinzipien des Reichen-Konzepts

1. Unterrichtsmethodisches Prinzip:	Werkstattunterricht
2. Lernpsychologisches Prinzip:	selbstgesteuertes Lernen
3. Lesedidaktisches Prinzip:	Lesen durch Schreiben

Zielsetzung des *Werkstattunterrichts* ist es, kommunikatives und selbstgesteuertes Lernen im Unterricht zu ermöglichen. Im Detail zeigt sich, dass die pädagogischen Ideale, die sich mit dieser Unterrichtsform verbinden, dem entsprechen, was allgemein mit einer „Öffnung" von Unterricht intendiert ist. In der Realisierung dieses Prinzips gibt es insofern eine große gemeinsame Schnittmenge mit dem Spracherfahrungsansatz. Konkret wird insbesondere auf folgende Aspekte Wert gelegt:

1 Werner Klopfer war seinerzeit Verlagsleiter des Heinevetter Verlags, der die Reichen-Materialien vertreibt.

- individualisiertes Lernen
- fächerübergreifendes Arbeiten
- eigenverantwortliches Auswählen des Lerngegenstandes aus einem schulischen „Schwedenbuffet"
- minimale Hilfestellung durch die Lehrperson („Hintergrundmoderatorin")
- „Chef-System" d.h., Aufgaben der Lehrperson werden an Schüler übertragen, z.B. Kontrolle und Korrektur von Hausaufgaben, Betreuung von Lern-Stationen

Werkstattunterricht ist ein materialgeleiteter Unterricht, indem die Kinder nach ihrem Lerntempo an selbst gewählten Aufgaben lernen, aber auch Hilfe bei ihren Mitschülerinnen und Mitschülern suchen können. Es gibt zahlreiche Spiele, Lesehefte („*Lara und ihre Freunde*"), Arbeitsblätter und Vorschläge für eine fächerübergreifende Ausgestaltung dieses Werkstattunterrichts. Sein organisatorisches und erzieherisches Kernstück ist die „Kompetenz- und Aufgabendelegation" an die Kinder, sie sind „Spielchef", „Computerchef", „Lesechef", „Liederchef" etc.

Das lernpsychologische Prinzip des *selbstgesteuerten Lernens* wird radikaler ausformuliert als dies in Konzepten „offenen Unterrichts" geschieht: Es soll den Kindern nicht nur einen aktiven Erwerb von Lerngegenständen ermöglichen, sondern es wird mit der generellen Ablehnung des Übens verbunden (Reichen, Textsammlung S. 9). Die Differenz zwischen einer pädagogisch-didaktischen (Spracherfahrungsansatz) und einer als „psychologisch" etikettierten Interpretation von Lernen wird in einem spezifischen Verständnis von selbstgesteuertem Lernen deutlich: Lernen scheint intuitiv und zufällig zu erfolgen „von meinem Selbst gesteuert – nicht von meinem Ich", d.h., „nicht bewusst steuernd und ohne willentliches Zutun ein Leser werden" (Reichen 2001, S. 76). Die Originaltonlage ist dabei die der Antipädagogik:

> „Kinder lernen umso mehr, je weniger sie belehrt werden!" (Reichen 2001, S. 79)

Das lesedidaktische Prinzip beruht auf der Annahme, dass Kinder durch konstruierendes Verschriften das Lesen lernen, und zwar „automatisch" bzw. völlig selbstständig. Zentrales Hilfsmittel ist die Anlauttabelle, mit der die Kinder von Beginn an alle Laute und Wörter schreiben können, wenn sie das phonematische Prinzip der Schriftsprache verstanden haben. Die Wortwahl unterliegt keinen Einschränkungen. Kinder verschriften Wörter aus ihrer Lebenswelt und lernen dabei „wie von selbst" lesen. Selbst die Eltern werden angehalten, mit ihrem Kind nicht lesen zu üben. Eine korrekte Rechtschreibung wird im gesamten 1. Schuljahr nicht verlangt. Der frühkindliche Spracherwerb wird in erstaunlicher Weise interpretiert und als Argument für die Ablehnung von „Belehrung“ funktionalisiert:

> „Die Aneignung von Sprache ist derart bedeutsam, dass die Natur Vorsichtsmaßnahmen ergriffen hat: Zum einen sichert sie diesen Lernprozess, indem sie ihn genetisch bestimmt, zum andern (...) schirmt sie ihn gleichsam durch einen ‚Schutzmantel‘ ab, damit er nicht gestört werden kann. Dieser ‚Schutzmantel‘ ist die Ignoranz der Kinder gegenüber unseren Belehrungen. Ich vermute nämlich, dass die Natur kleinen Kindern eine Art ‚Belehrungs-Immunität‘ verleiht, damit der zentral wichtige Spracherwerbsprozess nicht durch didaktische Besserwisserei gestört werden kann, damit er ungestört durch das Selbst des Kindes gesteuert werden kann“ (Reichen 2001, S. 71).

Didaktik ist unnötig, kontraproduktiv (Reichen 2001, S. 73). Deshalb werden auch jegliche Maßnahmen zum Lesenlernen im engeren Sinne wie „Einführung von Buchstaben“ und übendes Lesen für unwichtig erklärt. In einem Brief an Eltern formuliert Reichen:

> „Lesen durch Schreiben – und das irritiert Sie jetzt womöglich – orientiert sich an der ungewohnten Auffassung, Leseunterricht sei umso wirkungsvoller, je unspezifischer er sei, d.h.: Je weniger er sich nur auf Leseaufgaben konzentriert und je mehr er anderes, das scheinbar gar nichts mit Lesen zu tun hat, aufgreift.“

Das ist schlichtweg falsch und Vertreter des Spracherfahrungsansatzes haben diese Behauptung von Reichen mit Argumenten zurückgewiesen, die im Kern auf Folgendes hinauslaufen:

> „Lesen lernt man nur durch lesen, Schreiben lernt man nur durch schreiben“ (Brügelmann/Brinkmann 1998, S. 94).

Beim Thema Rechtschreibung geht Reichen sogar noch einen Schritt weiter, indem er behauptet (2001, S. 129), dass sie umso schlechter werde, umso mehr man sie trainiere – insbesondere bei den lernschwachen Schülerinnen und Schülern. Die angebotenen Unterrichtsmaterialien dienen somit auch nicht der Vermittlung von Lesen und Schreiben, sondern sind allgemein zur Aktivierung des Denkens und Lernens gedacht. Unterricht in der 1. Klasse muss sich nach Reichen keine Gedanken über den Erwerb von Lesen und Schreiben machen (das ergibt sich von selbst), vielmehr sieht er die Aufgabe der Lehrperson darin, durch den Werkstattunterricht den Kindern Lerngelegenheiten anzubieten, in denen sie das Lernen lernen können.

Ungenutzt bleibt im Reichen-Konzept damit die nachweislich fruchtbare Interaktion zwischen Leselern- und Schreiblernprozessen (vgl. Hanke 1998, S. 190f, Scheerer-Neumann 1995, S. 18f.). Eine Stufung der Lernaufgaben erfolgt nicht und die Art und Weise, wie die Anlauttabelle als einziges Hilfsmittel für die Kinder verwendet wird, überfordert viele Kinder, ist wenig motivierend und einseitig. Nimmt man als Vergleichsmaßstab die „Didaktische Landkarte", dann wird deutlich, dass Aufgaben zur Durchgliederung der Schriftsprache, zu ihrer kommunikativen Verwendung etc. fehlen. Reichen (2001, S. 75) setzt demgegenüber auf eine allgemein psychologische Unterstützung des Lernens durch Zuwendung und Anerkennung, durch anregungsreiche Umgebung und Verzicht auf „überhöhte Ansprüche".

Anregungspotential, das durch Textsortenvielfalt gegeben wäre, wird im Reichen-Konzept nicht berücksichtigt. Die Lesematerialien sind nicht nach Schwierigkeitsgraden gestuft, Strukturierungshilfen auf der Wortebene, wie Silbe und Morphem, sind nicht im Programm vorgesehen und Buchstaben werden nicht explizit eingeführt. Der kommunikative Aspekt des Schreibens wird notgedrungen unterbunden, denn die „Eigentexte" der Kinder sind für andere nicht lesbar. Für die Kinder selbst auch nicht – es sei denn, sie können sich noch erinnern, was sie schreiben wollten. Das kann man aber nicht als „Lesen" bezeichnen, es ist nur eine vage Erinnerung an etwas Aufgezeichnetes. Immer wieder finden sich wohl deshalb auch Hinweise, dass die Kinder nicht aufgefordert werden sollen, ihre Texte vorzulesen. Sie können zwar mehr oder weniger lautgetreu verschriften, aber eben noch nicht lesen. Damit wird ein zentrales Motiv für das Schreibenlernen ausgeklammert und gleichzeitig ein Austausch über Geschriebenes verunmöglicht. Einfach nur abzuwarten, bis die Kinder „von selbst" lesen können und die Stützung dieser Argumentation mit einer „Belehrungsimmunität", entbehren jeglicher wissenschaftlicher Fundierung.

Operiert wird mit einem *eindimensionalen Lesebegriff*, indem nur das sogenannte „Blitzlesen" als Lesen bezeichnet wird. Natürlich ist es richtig, dass der kompetente Leser „mit einem Blick" Wörter, ja sogar Satzteile liest, aber selbst für ihn ist diese Fähigkeit kontextabhängig, d.h., auch der erfahrene Leser fängt bei ungewöhnlichen und langen Wörtern an, sie wieder in Teile zu zergliedern und zu „er"-lesen. Durchgliedern von Schriftsprache ist eine latente und notwendige Kompetenz des Schriftkundigen.

Druck- und Schreibschrift werden im Reichen-Konzept genauso wenig geübt wie das Lesen. „Konstruierendes" Schreiben, das Schreiben mit der Anlauttabelle, das Auflautieren von Wörtern, Sätzen und Texten stehen im Zentrum des gesamten 1. Schuljahres. Der Anspruch, phonetisch vollständig zu verschriften, bedeutet für die Unterrichtspraxis, dass auch die Verwechselung von Groß- und Kleinbuchstaben ohne Korrektur bleibt. Korrigiert wird nur wenn Laute:

- beim Aufschreiben vergessen,
- in der Abfolge im Wort verwechselt,
- geschrieben werden, die gar nicht zum Wort gehören.

Insbesondere für die Risikokinder des Schriftspracherwerbs stellt die Reichen-Methode in ihrer Absage an ein strukturiertes Üben von Lesen und Schreiben eine Gefahr dar: Die typischen Schwierigkeiten schwacher Leser liegen gerade in der Durchgliederung von Wörtern, in der Bildung lesetechnisch günstiger Struktureinheiten (Silbe). Demgegenüber ist der Zugriff auf den Sichtwortschatz vergleichsweise unproblematisch. Die Reichen-Methode enthält damit gerade jenen Kindern, die in besonderem Maße auf eine Hilfestellung angewiesen wären, einen didaktisch-methodisch strukturierten Erwerb des Lesens vor.

Vergleichbares gilt für die Rechtschreibung, denn Reichen glaubt weder an die Möglichkeit noch an den Erfolg eines systematischen Rechtschreibunterrichts (Reichen Textsammlung S. 204f.):

> „Bei all diesen Rechtschreib"systematikern" (als ob unsere Rechtschreibung „systematisch" sei - dieses Kuddelmuddel) läuft es letztlich doch darauf hinaus, dass die Kinder Rechtschreibung auswendig lernen. Sie üben und trainieren bestimmte Wörter und Wendungen so lange, bis sie sie können. Dieses Lernmodell ist nicht meines. Ich habe im Lehrerkommentar von „Lesen durch Schreiben" und ausführlicher noch im Sachunterrichtsbuch „Sachunterricht und Sachbegegnung" dargelegt, dass wir unser Gedächtnis nicht im Griff haben, dass wir willentlich auf das Gedächtnis keinen Einfluss haben. Ich denke, wir können das Gedächtnis nicht zwingen, sich systematisch Dinge zu merken. (...) Mit Sicherheit gibt es statistische Häufigkeiten, Verwandtschaftsbeziehungen usw. Es gibt eine ganze Wissenschaft, die untersucht, wie was zusammenhängt. Aber der Normalbürger muss das alles nicht wissen. Er muss einfach richtig schreiben. Das passiert von selbst. Ich halte also von einer Systematik nichts. Und ich tue nichts, um Kindern diese Systematik zu verdeutlichen. Ich würde auch keine Klassenstufe einsetzen, in der ich das mache. Das ist aus meiner Sicht alles Zeitverlust. Dieser ganze Rechtschreibwahnsinn führt doch zu nichts anderem, als die Schule mit Quark zu beschäftigen. Damit halten wir die Kinder davon ab, wirklich denken zu lernen und uns mit der Welt und dem Leben auseinanderzusetzen."

Diese Argumentation ist in der Tat „verführerisch" – sie entlastet Lehrkräfte von ihrer Verantwortung für das Rechtschreiben („das passiert von selbst") und man kann sich getrost attraktiveren Aufgaben zuwenden. Wie schön ein Unterricht ist, in dem sich die Kinder eigenaktiv und kooperativ das Lesen und Schreiben beibringen, davon ist in vielen Berichten aus der Praxis zu lesen. Funktioniert es also doch? Sehen wir uns deshalb das Schlüsselmedium genauer an, mit dem sich die Kinder das Lesen selber beibringen sollen: die Anlauttabelle.

7.2 Die Anlauttabelle: Lernchancen und Probleme des Schlüsselmediums

Die Anlauttabelle in Torbogenform von Reichen gilt geradezu als Markenzeichen für einen modernen, kindorientierten Unterricht, der einen „entdeckenden" Zugang zur Schriftsprache erlaubt. Im Reichen-Konzept ist dieses Hilfsmittel Leitmedium. Anlauttabellen finden sich als ein Arbeitsmittel heute überall und ihr Einsatz wird in vielen Lehrplänen empfohlen. Es gibt praktisch keine Fibel mehr, in der nicht auch eine Anlauttabelle zur Verfügung gestellt wird, um die Kinder zu einer selbstständigen Erarbeitung des Lautprinzips von Schrift anzuregen.

Bei genauerer Betrachtung zeigen sich aber Differenzen: zunächst in der Bedeutung und Funktion, mit der die Anlauttabelle im Unterricht zum Einsatz kommt, dann aber auch in der Form und Anordnung der Buchstaben. In Fibeln ist eine Anlauttabelle ein Medium unter anderen, teilweise sind es auch nur nach dem ABC geordnete Buchstaben-Laut-Abbildungen. Sie haben auch nicht notwendig die Funktion, ein Hilfsmittel für das Lesen sein zu wollen, was man daran erkennt, dass die Buchstaben mit Schreibrichtungspfeilen versehen sind. Hier scheint der motorische Aspekt des Schreibens wichtiger zu sein als die Einsicht in das Lautprinzip von Schrift.

Manche Anlauttabellen bieten Groß- und Kleinbuchstaben, andere nur Großbuchstaben. Im Konzept *Lesen durch Schreiben* werden Groß- und Kleinbuchstaben zugleich angeboten. Vokale, Umlaute und Diphthonge sind im Bogen des Tores herausgehoben positioniert und die beiden Säulen des Bogens haben auch ein System: Laute, die leicht verwechselbar sind, werden kontrastierend gegenübergestellt: B - P, G - K, D - T etc. Die Funktion der Anlauttabelle ist bei Reichen eindeutig: Sie soll zum lautgetreuen Verschriften dienen. Damit stellte sich auch für ihn das Problem, dass nicht alle Laute am Wortanfang vorkommen und Laute je nach Stellung im Wort anders artikuliert werden. Soll eine Anlauttabelle zum autodidaktischem Lesenlernen dienen, dann müsste sie eigentlich alle vorkommenden Schreibzeichen, das sind etwa 80 Grapheme (vgl. Thomé 2000, S. 116), enthalten. Das gibt es nicht und wäre wohl auch kaum sinnvoll. Anlauttabellen sind so gesehen didaktisch begründete „Reduktionstabellen", die ein Grundprinzip erlernbar machen sollen: die Phonem-Graphem-Korrespondenz. In dieser Funktion setzt sie Reichen ein, wobei von Anfang an alle Buchstaben zur Verfügung gestellt werden. In der Neuversion des Torbogens sind auch Endlaute und Buchstabenkombinationen enthalten (vgl. Abb. 1).

Um die Probleme verstehen zu können, die sich in der Arbeit mit einer Anlauttabelle stellen können, ein Beispiel aus der Unterrichtspraxis (vgl. Hüttis-Graff 1997, S. 49):

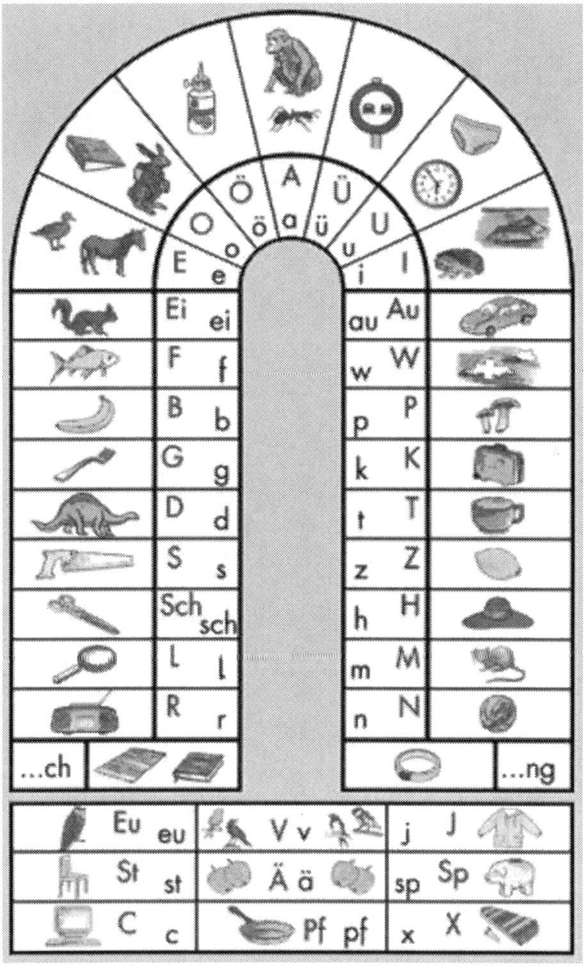

Abbildung 1: Buchstabentor von Jürgen Reichen (Internetquelle siehe Abbildungsverzeichnis)

▶ Beispiel für die Schwierigkeiten beim Arbeiten mit einer Anlauttabelle

November, 1. Klasse, Grundschule: Der Wochentag (Donnerstag) soll an die Tafel geschrieben werden:

Lehrerin (L.): Hör doch mal eben zu! Denis, hör doch mal ganz genau hin: Ddonnerstag, was hörst du am Anfang?

Denis: Ein M:.

L.: Dann wär es ja Mmonnerstag. Ddonnerstag, hör mal zu, Ddenis, Ddonnerstag.

K[2].: So wie Domino.

L.: Richtig, der ist es. So, was kommt danach? Pscht, ihr müsst jetzt ... Anke, Anke! Das kriegt man nur raus, wenn man ganz doll reinhört und sich das überlegt. Do-nnerstag. Kai.

Kai: O, O wie Opa.

K.: Ofen.

L.: Ist das wie Ofen? O o: ist das?

K.: Ne.

KK[3]: Ordner/O (kurz).

L.: O wie Ordner.

KK.: (Reden lautierend durcheinander) (...)

L.: Wie geht's weiter? Thomas? (Kai meldet sich ab jetzt bei jedem Buchstaben)

K.: N: wie Nuss.

L.: Da nehmen wir den Kleinen, nicht, den Kleinen, Kai, kuck mal Kai, das war'n O nach so'nem dünnen O, was kommt danach?

KK.: O-O wie ordnen.

Kai: O wie Ordner.

L.: Was kommt danach? Donn:erstag, Kai?

Kai: Ein A.

L.: Ne, ich glaub du musst noch mal ein bisschen nachdenken. Donn:, hör mal zu, Donn:er.

KK.: Donn:

K.: R.

L.: Donn:, donn: du musst mal richtig denken und dich dann melden. Das ist nämlich, wenn man immer gleich losbrüllt, dann hat man nicht richtig nachgedacht, Marion!

Marion: Ä wie Ente.

---

2 K: bedeutet Kind.

3 KK: bedeutet mehrere Kinder.

K.: Ä wie Ente.
L.: Ja, pass mal auf. Wir nehmen vorher, da sind zwei N, Zwillinge, die drücken nämlich das O so doll zusammen, wisst ihr ja, nicht?
K.: Weiß ich nicht. (...)

Die Lehrerin in diesem Beispiel kann offensichtlich darauf vertrauen, dass die Schülerinnen und Schüler das Prinzip der Anlauttabelle bereits verstanden haben, denn es geht in dem Beispiel nur noch darum, den Wochentag anzuschreiben. Die Wortwahl ist situationsbezogen, aber das zu schreibende Wort lang und nicht lautgetreu. Die Lehrerin verhält sich damit „Reichen-konform", denn mit der Anlauttabelle sollen von Anfang an „alle Wörter dieser Welt" geschrieben werden können.

Die Lehrerin hat sich mit ihrer Entscheidung, das Auflautieren der Kinder an der Tafel mitzuschreiben, allerdings in die Situation gebracht, dass selbst bei vollständig richtiger Auflautierung der Kinder zum Schluss ein falsch geschriebenes Wort an der Tafel stehen würde. Gleichzeitig werden zwei weitere Aspekte deutlich: Der hilflose Versuch der Lehrerin, die Konsonantendoppelung den Kindern „verständlich" zu machen, greift ins Leere. Zwar kann man bezweifeln, ob diese rechtschriftliche Markierung nach zwei bis drei Monaten Unterricht überhaupt schon Beachtung finden sollte, aber wenn man schon lautorientiert arbeitet, dann wäre auf die Lautqualität des hier „kurz gesprochenen" „o" als Erklärung aufmerksam zu machen. An dieser Stelle wird die begrenzte Reichweite dieses Hilfsmittels deutlich, denn es fokussiert ein *einzelheitliches* Abhören des Wortes, wohingegen in diesem Kontext ein silbenorientiertes Sprechen, die potentielle Doppelung des „n" lernbar machen könnte. Diese Argumentation gilt allerdings nur für den geübten Schreiber, er kann sprechen wie er schreibt. Schreibsilbe und Sprechsilbe sind nicht identisch, denn wenn man das Wort Donnerstag nicht kennt, könnte man doch auch sprechen: Do - ners - tag.

Würde die Lehrerin an dieser Stelle aber das Reichen-Konzept der 1:1 Zuordnung von Laut und Buchstabe verlassen und die Kinder auf den Aufbau von Schreibsilben aufmerksam machen, dann hätte sie eine adäquate Lösungsmöglichkeit: Eine betonte Silbe kann nie auf einen kurzen Vokal enden. Sie kann nur auf einen langen Vokal enden, oder sie muss durch einen Konsonanten geschlossen werden. Dieser Konsonant gehört sowohl zur ersten als auch zur zweiten Silbe. Er stellt eine Art Gelenk dar und wird durch zwei Konsonanten (Gemination) in der Schrift realisiert.

Aber was soll ein derartiges Wort am Anfang des Schreiblernprozesses überhaupt? Wenn man Kindern das Lautprinzip der Schrift einsichtig machen will, warum wählt man dann ein Wort, dessen Schreibung nur dann gelingen kann, wenn man die Mitlautverdoppelung kennt, die Zusammensetzung der Nomen unter Beachtung des Fugen-s und die Strategie der Wortverlängerung (Tag-Tage) bereits beherrscht?

Aber selbst dann, wenn die Lehrerin alle diese Dinge beachtet hätte und ein geeignetes „lautgetreues" Modellwort den Schülern als Aufgabe vorgegeben hätte, wären die Schwierigkeiten einiger Schüler mit der gestellten Aufgabe nicht wesentlich geringer gewesen. Denis „hört" bei Donnerstag kein „D", sondern ein „M" am Wortanfang. Kai praktiziert vielleicht eine andere Lernstrategie als die situativ geforderte auditive. Er scheint das „o" schon visuell gelernt zu haben. Vielleicht hat er auch schon gemerkt, dass zumeist unabhängig davon, ob das „o" lang oder kurz gesprochen wird, schlicht nur „o" geschrieben wird, aber sein Lernerfolg findet keine Bestätigung. Auch Kai „hört" im weiteren Verlauf dann falsch, d.h., die Schwierigkeiten werden unter dieser Aufgabenstellung durch die mangelnden Fähigkeiten der Kinder begründet und nicht in der Komplexität der Lernaufgabe gesehen.

Ob irgendein Kind in dieser Unterrichtssituation am Schluss überhaupt noch weiß, um welches Wort es eigentlich ging, was es bedeutet? Man muss sich einmal klar machen, was die Kinder bei dieser Art des Verschriftens mit Hilfe einer Anlauttabelle eigentlich alles leisten müssen, um sich eine lautorientierte Wortschreibung von „Donnerstag" zu erschließen:

„D" wie Domino
„O" wie Ordner und nicht wie Ofen
„N" wie Nuss
„E" wie Ente und nicht wie Esel[4]
„R" wie „Rad"
„S" wie „Sonne"
„T" wie Tisch
„A" wie „Ameise" und nicht wie „Affe"
„K" wie Krokodil[5]

Nun gibt das Beispiel zwar keine Hinweise darauf, warum manche Kinder „falsch" hören, aber mehrere Erklärungen sind denkbar:

Einerseits wäre es möglich, dass einzelne Kinder noch gar nicht über das Maß an phonologischer Bewusstheit verfügen, um sich überhaupt reflexiv auf die Lautung von Wörtern zu beziehen. Außerdem stellt die gesprochene Spra-

4 Es hätte auch sein können, dass die Schüler hier das „Ä" der „Ähre" angeboten hätten.

5 Denn das „G" wird in diesem Wort wie „K" gesprochen.

che einen Sprachfluss dar, aus dem selbst einzelne Wörter nur dann herausgefiltert werden können, wenn es gelingt, sie mit einem Wortsinn zu verbinden. Dies lässt sich am folgendem Beispiel leicht verdeutlichen: Wenn man einen Radiosprecher in einer fremden Sprache sprechen hört, kann man nicht einmal die Anzahl von Wörtern in einem gesprochenen Satz „heraushören", geschweige denn die Lautnuancen in einem Wort.

▶ Merksatz

Die Analyse von Lauten ist kein primär auditiver, sondern ein kognitiver Akt.

Grund für die Schwierigkeiten eines Kindes kann aber auch eine verwaschene oder ungenaue Sprechsprache sein, vielleicht reicht auch die Aufmerksamkeitsspanne nicht aus, um ein ganzes Wort bis zum Schluss lautierend zu erschließen. Möglicherweise ist auch zwischenzeitlich die Wortstelle vergessen worden, an der der Lautierungsprozess stand, denn lesen können die Kinder die auflautierten Wortteile noch nicht und nach Reichen sollten sie es auch nicht versuchen, denn das wäre „Schreibstottern". Das Üben des Wortaufbaus durch auflautierendes Erlesen lehnt er ab. In dem zitierten Unterrichtsbeispiel ruft die Lehrerin immer wieder die bereits erarbeiteten Wortteile ins Gedächtnis zurück. Aber was wäre, wenn – wie von Reichen empfohlen – das Kind allein ein längeres Wort mit Hilfe der Anlauttabelle schreiben müsste?

Mit anderen Worten: Es kann viele und auch völlig unterschiedliche Gründe dafür geben, die ein Kind „falsch" hören lassen und die stereotype Aufforderung, „doch genauer hinzuhören", bringt keinen Lernfortschritt, sondern kann allenfalls zu der resignativen Feststellung führen, dass das Kind nicht nur nicht lesen und schreiben kann, sondern nicht einmal richtig hört. Natürlich haben nicht alle Kinder diese Probleme, aber selbst Reichen scheint derartige Schwierigkeiten zu kennen, denn er verordnet für diesen Fall „Schreibferien". Abwarten heißt seine Lösungsstrategie, die an Reifungskonzepte der Reformpädagogik erinnert.

Ein anderes Beispiel (vgl. Dyroff 1996, S. 66) soll auf ein weiteres Problem aufmerksam machen:

▶ Beispiel für die Schwierigkeiten beim Arbeiten mit einer Anlauttabelle

November, Klasse 1: Drei Kinder nichtdeutscher Herkunftssprache sollen anhand einer deutschen Anlauttabelle das Wort „Ameise" schreiben.
Bedia: „Ameise K hat? Nein." (das türkische Wort für „Ameise" ist karinca)
(Die anderen diskutieren auf Türkisch.)
Bedia: ... mit K?
Auch Gülay fängt an, die Tabelle durchzugehen.
Gülay: Ameise mit K? ... mit K?
Bedia zu mir: Ameise wie K? Ameise wie K?
St[6]: Nein, Ameise fängt nicht mit K an.
Gülay: Schlange wie K? M-mh, Paket wie K?
Gülay: Schlange wie K? M-mh. Paket wie K? M-mh. Ja! Krokodil wie K.Schoko. O? o.
Banu: Gülay. Ameise. Ameise. A!
Gülay (böse): Du weißt nichts, Bedia!

Dieses Beispiel zeigt, dass gerade für Schülerinnen und Schüler nicht deutscher Herkunftssprache das Erlernen der deutschen Schriftsprache mit einer deutschen Anlauttabelle besonders schwierig ist. Bedia hat das Prinzip der Anlauttabelle zwar verstanden, aber ihre „innere Lautsprache" orientiert sich an der Semantik des Bildes, das in ihrer Primärsprache belegt ist. Die Antwort von Gülay „Paket wie K? m-mh. Ja!" oder auch „Schoko. O? O!" zeigt, dass er einzelne, als dominant erfahrene Laute, für die jeweils gesuchten hält und die schließlich richtige Antwort von Banu: „Ameise. A!" spricht für ein Switching der semantischen Orientierungen der Kinder.

Die formale Anforderung „Auflautieren" führt also zu einer Auflösung der Sprachebenen (Deutsch-Türkisch), aber gleichzeitig auch zu einer Diffundierung semantischer und phonologischer Bezugnahme auf Sprache. Die Kinder geraten in Verwirrung, weil die Aufgabenstruktur sowohl das Operieren auf nur einer Sprachebene als auch eine akzentfreie Aussprache selbstverständlich voraussetzen.

Anlauttabellen[7] als zentrales (!) Unterrichtsmittel, um den Kindern Einsicht in die Struktur der Schriftsprachsprache zu vermitteln, sind daher ungeeig-

6 „St" bedeutet Studentin.

7 Bilder für die Erstellung eigener Anlauttabellen und auch zahlreiche Anlautspiele finden sich unter Zugriff am 22.11.2012 http://www.grundschulmaterial-online.de/ (Internet), zu Kriterien für die Auswahl von Anlauttabellen vgl. Sommer-Stumpenhorst 2002, zu einem sprachwissenschaftlich durchdachten Konzept einer Anlauttabelle vgl. Riegler 2010.

net, weil damit gerade jenen Kindern, die unter ungünstigen Bedingungen der Lernausgangslage in den Schriftspracherwerbsprozess eintreten, ein inadäquates Lernmittel in die Hand gegeben wird. Trotz aller Bedenken können aber Anlauttabellen ein Mittel sein, um das Prinzip der Lautorientierung des Deutschen zu veranschaulichen.

▶ Merksatz

Lautorientierung der Schrift ist nur *ein* Prinzip unter anderen, so dass der Anlauttabelle nur eine *begrenzte Funktion* zukommen kann. Weitere *sprachwissenschaftlich fundierte* Erklärungen der Lehrkraft sind für die Entwicklung von Rechtschreib- und Lesekompetenz unverzichtbar.

Dabei ist zunächst insbesondere an die Sprechsilbe zu denken, die Kindern als phonologische Einheit bereits vorschulisch durch Lieder und Reime vertraut ist. Durch die Vermittlung von Einsichten in die Struktur der Schreibsilbe lassen sich Besonderheiten unseres Schriftsystems wie Auslautverhärtung oder Geminationsschreibung erklären (vgl. Bredel/Günther 2006, Bredel u.a. 2011). Anders als Reichen annimmt, ist Rechtschreibung eben gerade nicht willkürlich, sondern hat eine linguistisch beschreibbare Struktur. Wie, zu welchem Zeitpunkt und mit welchen Regeln diese Struktur im Anfangsunterricht Thema sein soll oder nicht, ist nach wie vor umstritten. Diese Kontroverse kristallisiert sich in der Auseinandersetzung über das Freie Schreiben (vgl. Metze 1995). Empirisch kontrollierte Untersuchungen zur Wirksamkeit der Reichen-Methode belegen die eher geringen Rechtschreibleistungen der Reichen-Klassen im Vergleich zu Fibel-Klassen (vgl. Hüttis-Graff/Widmann 1996, Schründer-Lenzen/Mücke 2005, Metze 2008, Friedrich 2009).

Es gibt Vorschläge, das Reichen-Konzept zu optimieren und mit einer Hinführung zur Orthographie zu verbinden. Analog zu Reichen wurde bei dem Schulversuch „Phonetisches Schreiben“ eine Phase des lautorientierten Verschriftens an den Beginn des Unterrichts gestellt. Es geht in diesem schreiborientierten Ansatz auch um Lesenlernen durch Schreiben. Gleichwohl finden sich wichtige Unterschiede, so dass insgesamt von einer „strukturierten“ Weiterentwicklung des Reichen-Konzepts gesprochen werden kann.

7.3 Strukturierte Weiterentwicklung eines schreiborientierten Anfangsunterrichts

Der von 1997/98 – 2001/02 an zehn Bayerischen Grundschulen durchgeführte Schulversuch „Phonetisches Schreiben" basiert auf der Idee einer „gestuften Anlauttabelle", d.h., es gibt nicht die eine Anlauttabelle mit der beliebige Wörter frei verschriftet werden sollen wie bei Reichen, sondern drei Anlauttabellen:

- die erste enthält nur einige, alphabetisch geordnete Großbuchstaben,
- die zweite Groß- und Kleinbuchstaben und
- die dritte, die restlichen Phonem-Graphem Korrespondenzen.

Das Konzept knüpft an die Entwicklungsmodelle des Schriftspracherwerbs an und hält ein Vorschalten einer phonetischen Stufe beim Schriftspracherwerb als unabdingbare Voraussetzung für eine spätere Rechtschreibsicherheit. Wie bei Reichen wird davon ausgegangen, dass sich das Lesen automatisch einstellt, sobald die Kinder sich mit Hilfe einer Anlauttabelle die Laut-Buchstaben-Beziehung durch Schreiben angeeignet haben. Dazu sind aber nicht alle Buchstaben nötig, denn es geht um die Entdeckung des analytisch-synthetischen Leseprinzips.

In der ersten Anlauttabelle (vgl. Abb. 2a) finden die Kinder deshalb auch nur die Buchstaben bzw. Buchstabenkombinationen, deren Laute hörbar sind: „Hören und Sehen sind *eineindeutig* aufeinander bezogen" (ISB-Staatsinstitut für Schulpädagogik und Bildungsforschung 2003, S. 15). Den Kindern wird aber nicht überlassen, welche Wörter sie schreiben wollen, sondern Lauterkennung, -zerlegung und -unterscheidung werden unter Verwendung *lautgetreuen Bild- und Wortmaterials geübt.* Zunächst wird pro Tag nur ein lautgetreues Wort verschriftet und es gibt den „Buchstaben der Woche", um für alle Kinder einen gemeinsamen Bezugspunkt zu schaffen.

Die Kinder schreiben zunächst ausschließlich mit Großbuchstaben, um – so wird argumentiert – die Gefahr der Buchstabenverwechselung zu verringern. Es gibt keinen Druckschriftlehrgang, sondern die Kinder können die Großbuchstaben einfach „abmalen".

Ausdrücklich ermöglicht wird das Freie Schreiben der Kinder, das rechtschriftlich unkorrigiert bleibt, sofern es nicht „zur Veröffentlichung" vorgesehen ist. Ziele auf dieser ersten Verschriftungsstufe sind die sichere sprachliche Durchgliederung von Wörtern, die Hinführung zum Prinzip des Lautierens und die Einsicht in eindeutige Graphem-Phonem-Zuordnungen. Auf der Stufe der phonetischen Verschriftung schreiben die Kinder ausschließlich „Mitsprechwörter" in Großbuchstaben. Durch diese Vorentscheidungen wird die

Tabelle für die erste Phase des Lernprozesses kurz, einfach und eindeutig am Ziel der Lauteinsicht orientiert gestaltbar.

Hat das Kind das Lautprinzip verstanden und schreibt lautgetreu richtig, dann erhält es die Erweiterungstabelle (vgl. Abb. 2b). Die Kinder erfahren jetzt, dass es phonologische Regelhaftigkeiten[8] gibt, die lehrgangsmäßig vermittelt und eingeübt werden. Die Kinder lernen auf dieser Entwicklungsstufe, dass Phonem-Graphem-Beziehungen nicht immer eindeutig sind, sondern Laute mit jeweils typischen Varianzen geschrieben werden.

Vokale und Konsonanten werden durch ihre Lage in der Erweiterungstabelle unterschieden: Während sich rechts und links im Außenkreis die Konsonanten befinden, sind oben die Vokale und Umlaute abgebildet. Die Erweiterungstabelle enthält sowohl Groß- als auch Kleinbuchstaben. In dieser Phase wird auf die unterschiedlichen Sprech- und Schreibweisen der Endungen (-er, -en, -el) eingegangen, auf das vokalisierte „r" etc. Erste Rechtschreibstrategien wie das Verlängern von Wörtern werden im Erwerb der „Nachdenkwörter" eingeübt.

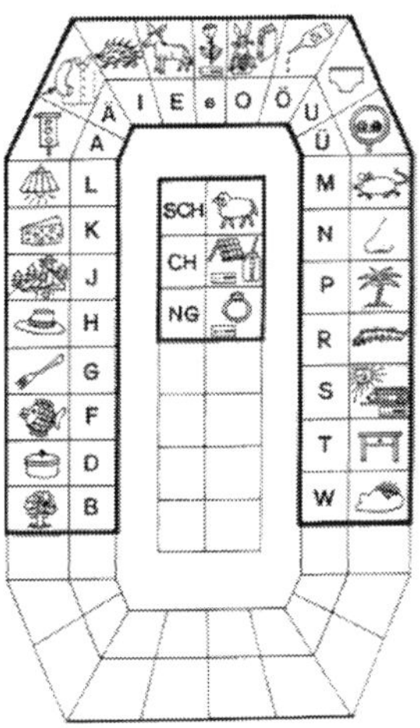

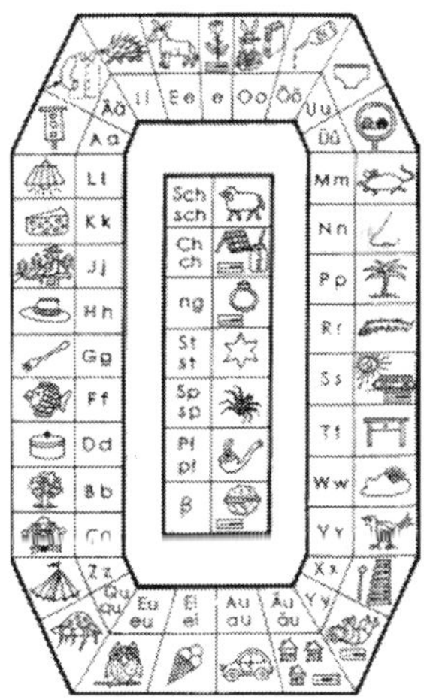

Abbildung 2a: Anfangstabelle im Schulversuch „Phonetisches Schreiben" (Internetquelle siehe Abbildungsverzeichnis)

Abbildung 2b: Erweiterungstabelle im Schulversuch „Phonetisches Schreiben" (Internetquelle siehe Abbildungsverzeichnis)

8 Zu den phonologischen Regelhaftigkeiten gehören auch Laute, die von Buchstaben repräsentiert werden, denen sie nicht eindeutig entsprechen, z.B. wird „oi" geschrieben „eu".

In der letzten Stufe, der Vermittlung der Orthographie, wird den Kindern gesagt, dass es Wörter gibt, deren Schreibung willkürlich ist. Um sich diese normierten Schreibweisen einprägen zu können, werden u.a. visuelle Strategien für hilfreich gehalten. Die Erkenntnis, dass orthographischen Schreibweisen keine auditiven Regelhaftigkeiten zu Grunde liegen, führt zur Auseinandersetzung mit grundlegenden Rechtschreibstrategien, die insbesondere durch die Anordnung der Wörter in „Ähnlichkeitsklassen" unterstützt werden soll. Folgende Ähnlichkeitsklassen werden thematisiert:

- Doppelbuchstaben-Konsonanten: ll, ff, mm, ss, tt
- Doppelbuchstaben-Vokale: aa, ee, oo
- Wörter mit ck
- Wörter mit stummen h
- Auslautverhärtung
- Wörter mit ie, ß, v, tz
- Umlaute ä, äu

Die *implizite* Musterbildung steht dabei im Vordergrund und wird durch das Einüben eines begrenzten Wortschatzes unterstützt. Wörter mit Schreibungen, die einem Grundschulkind nicht unmittelbar plausibel gemacht werden können, werden als „Merkwörter" gezielt trainiert.

In Korrespondenz zu den Stufenmodellen des Schriftspracherwerbs gibt es jeweils entsprechende Wortlisten als Grundwortschatz, so dass die Kinder „Mitsprechwörter" (lautgetreu verschriftet), „Nachdenkwörter" (phonologisch, nach einfachen Regeln geschrieben) und Merkwörter (orthographisch geschrieben) haben. Für die Merkwörter wird empfohlen, sie mit einer „Merkhilfe" zu versehen („sechs mit ch"). Der Übungsschwerpunkt soll damit auf dem *wortspezifischen* Lernen liegen, um den Aufbau eines „inneren Lexikons" zu unterstützen. Übungen zur Entwicklung phonologischer Bewusstheit und zur Erkennung der Silben- und Morphemstruktur sind vorgesehen. Zum Ende des 1. Schuljahres[9] beginnt die Arbeit mit Wörterbüchern, um die Kinder durch den Erwerb von Nachschlagetechniken auf eine weitere selbstständige Bearbeitung von Rechtschreibproblemen vorzubereiten.

Leseübungen auf der Wortebene (Syntheseübungen, Auf- und Abbauübungen) wurden wie im Reichen-Konzept nicht durchgeführt. Sobald die Kinder das Leseprinzip aus der Konstruktion der „Mitsprechwörter" erschlossen ha-

9 Der Schulversuch konzentrierte sich auf das Erstlesen und -schreiben im 1. Schuljahr und auf den Übergang zum Rechtschreibunterricht im 2. Schuljahr.

ben, werden allerdings umfangreiche Leseangebote empfohlen.[10] Eine Parallele zu *Lesen durch Schreiben* und auch zum *Spracherfahrungsansatz* lag in der Unterrichtsorganisation durch offene Arbeitsformen wie Freiarbeit und Wochenplan. Die an dem Schulversuch beteiligten Lehrkräfte erhielten Fortbildungen zum Werkstattunterricht und zu den Entwicklungsstufen des Schriftspracherwerbs, um den Schülerinnen und Schülern individuelle Lernangebote und Hilfestellungen anbieten zu können.

Zentrale Probleme und Einseitigkeiten des Reichen-Konzepts wurden mit dieser Weiterentwicklung eines schreiborientierten Anfangsunterrichts überwunden. Da dieser Schulversuch wissenschaftlich begleitet wurde, gibt es auch Hinweise auf die Leistungsfähigkeit eines derartigen Unterrichtskonzepts – zumindest im Vergleich zum Fibelunterricht: Neben den zehn Versuchsklassen wurde eine gleich große Anzahl von Klassen in die Vergleichsstudie aufgenommen, die einen eng an einem Fibellehrgang orientierten Unterricht erhielten. In diesen Klassen wurde das Schreiben von Geschichten erst gegen Ende des Leselehrgangs vorgesehen. Die Äquivalenz der vorschulischen Schriftspracherfahrung von Versuchsklassen und Fibelklassen wurde kontrolliert. Zur Feststellung der Rechtschreibleistungen wurde die Hamburger Schreibprobe (HSP) genutzt. Während die Entwicklung der Leseleistungen nicht erhoben wurde, fanden Messungen der Rechtschreibleistung kontinuierlich von der 1.-4. Klassenstufe statt. Die Ergebnisse zeigen, dass der Vergleich zwischen Versuchsklassen und Fibelklassen trotz der vielen Verbesserungen des Reichen-Konzepts ernüchternd ausfällt (ISB 2004, S. 14): Zwischen Klassen im Schulversuch und Fibelklassen gibt es in den Klassenstufen 3 und 4 überhaupt keine Leistungsdifferenzen. Schaut man sich die Ergebnisse der Kinder mit Migrationshintergrund an, so zeigen sie in den Kontrollschulen *durchgängig* schlechtere Leistungen als in den Schulversuchsklassen. Mit der Interpretation ist vorsichtig umzugehen, da bei der Erhebung der vorschulischen Spracherfahrungen bei den Kindern mit nicht deutscher Muttersprache in den Kontrollschulen eine *signifikant* geringere Lernausgangslage als in den Schulversuchsklassen festgestellt wurde (ISB 2004, S. 6). In der 1. Klasse schneiden die Fibelklassen zwar zunächst insgesamt schwächer ab, sind aber in der Mitte der 2. Klasse signifikant besser als die Schulversuchsklassen. Ende der 2. Klasse sind die Differenzen statistisch nicht mehr bedeutsam.

Betrachtet man nur die muttersprachlich deutschen Kinder, dann können die Schulversuchsklassen unter Anwendung der Auswertungsstrategie „Gra-

10 Empfohlen werden z.B. Bücher aus der „Regenbogenkiste" (vpm Verlag); lautgetreue Lesedosen (sauros Verlag); Lesefächer zu Abracadabra (Westermann Verlag); LILALU – Lesen mit Silben und Silbenklappbuch (Elke Dieck Verlag); Leseröllchen (AOL Verlag).

phemtreffer" in der 1. Klasse etwas bessere Leistungen erzielen als die Kontrollklassen. Das kann nicht überraschen, denn mit dieser Auswertungsstrategie wird genau das abgeprüft, was diesen Kindern dominant vermittelt wurde: die lautgetreue Verschriftung. Wird der Test unter dem Kriterium der orthographisch korrekt geschriebenen Wörter („richtige Wörter") ausgewertet, sind die Fibelklassen genauso leistungsstark.

Selbst unter einer ohne Zweifel „optimierten" Reichen-Version lassen sich damit keine empirisch abgesicherten Leistungsvorteile gegenüber einem „Fibelunterricht" erreichen. Es erscheint also lohnenswert, sich die Fibellehrgänge genauer anzusehen.

7.4 Literatur

Bredel, U. & Günther, H. (Hrsg.) (2006). *Orthographietheorie und Rechtschreibunterricht.* Tübingen: Max Niemeyer Verlag.

Bredel, U., Fuhrhop, N. & Noack, C. (2011). *Wie Kinder lesen und schreiben lernen.* Tübingen: Francke.

Brügelmann, H. & Brinkmann, E. (1998). *Die Schrift erfinden. Beobachtungshilfen und methodische Ideen für einen offenen Anfangsunterricht im Lesen und Schreiben.* Lengwil: Libelle.

Dyroff, C. B. (1996). „Ameise wie K?" – Denken – Sprechen - Schreiben in mehrsprachigen Situationen. In M. Dehn, P. Hüttis-Graff & N. Kruse (Hrsg.), *Elementare Schriftkultur. Schwierige Lernentwicklung und Unterrichtskonzept* (S. 66-70). Weinheim/Basel: Beltz.

Friedrich, K. (2009). Pädagogisch-didaktische Konzepte und Rechtschreibleistungen im zweiten Schuljahr. In J. Roos & H. Schöler (Hrsg.), *Entwicklung des Schriftspracherwerbs in der Grundschule. Längsschnittanalyse zweier Kohorten über die Grundschulzeit* (S. 207-227). Wiesbaden: VS-Verlag.

Hanke, P. (1998). „Lesen durch Schreiben" (Jürgen Reichen) – ein „Leselehrgang"? In H. R. Becher, J. Bennack & E. Jürgens (Hrsg.), *Taschenbuch Grundschule* (3. Aufl.. S. 184-198). Baltmannsweiler: Schneider Verlag Hohengehren.

Hüttis-Graff, P. & Widmann, B.-A. (1996). *Abschlussbericht des BLK-Modellversuchs: Elementare Schriftkultur als Prävention von Lese-/Rechtschreibschwierigkeiten und Analphabetismus bei Grundschulkindern.* Hamburg.

Hüttis-Graff, P. (1997). Schriftorientierung im Unterricht. Rechtschreiblernen unter den Bedingungen von Mehrsprachigkeit. *Die Grundschulzeitschrift, 107,* S. 48-53.

ISB Staatsinstitut für Schulqualität und Bildungsforschung München (2003). *Neue Wege, die Schriftsprache zu entdecken. Handreichung zum Schulversuch „Phonetisches Schreiben".* Donauwörth: Auer.

ISB Staatsinstitut für Schulqualität und Bildungsforschung München (2004). *Schulversuch Phonetisches Schreiben. Bericht zur wissenschaftlichen Begleitung.* München. Zugriff am 27.08.2012 http://www.isb.bayern.de/isb/download.aspx?DownloadFileID=83b54f6aa39783bbb3425ab380f1fee8 (Internet).

Metze, W. (1995). Schluß mit einer Scheindebatte! In H. Brügelmann, H. Balhorn & I. Füssenich (Hrsg.), *Am Rande der Schrift* (S. 57-64). Lengwil: Libelle.

Metze, W. (2008). *Lernwegsorientierter Schriftspracherwerb im Spiegel der Empirie und des Schulalltags.* Vortrag v. 31.5.2008 in Zürich, Zugriff am 22.11.2012 http://www.wilfriedmetze.de/Vortrag_Zurich_31.5.08.pdf (Internet).

Reichen, J. (1982). *Lesen durch Schreiben. Wie Kinder selbstgesteuert lesen lernen. Lesedidaktische, lernpsychologische und schulpädagogische Grundlagen eines vom Schüler selbstgesteuerten Schriftspracherwerbs.* Lehrerheft 1. Zürich: Sabe Verlag.

Reichen, J. (2001). *Hannah hat Kino im Kopf. Die Reichen-Methode Lesen durch Schreiben und ihre Hintergründe für LehrerInnen, Studierende und Eltern.* Hamburg & Zürich: Heinevetter.

Reichen, J (ab 1981). *Was ist „Lesen durch Schreiben" Textsammlung.* Zugriff am 7.08.2012 http://www.heinevetter-verlag.de/10/lds_00.pdf (Internet).

Riegler, S. (2010). Auf die richtige Spur gesetzt. Das System der Buchstaben-Laut-Beziehung in einer Lauttabelle. *Praxis Deutsch 22*, Schriftstrukturen entdecken (S. 58-60). Seelze: Friedrich.

Scheerer-Neumann, G. (1995). Ein offener Brief an Jürgen Reichen. In *Les-Bar. Mitteilungsblatt der Deutschen Gesellschaft für Lesen und Schreiben e.V.* (DGLS), Heft 1, S. 13-15.

Schründer-Lenzen, A. & Mücke, S. (2005). Mit oder ohne Fibel - was ist der Königsweg für die multilinguale Klasse? In H. Bartnitzky & A. Speck-Hamdan (Hrsg.), *Deutsch als Zweitsprache lernen* (S. 210-222). Frankfurt a.M.: Grundschulverband - Arbeitskreis Grundschule e.V.

Sommer-Stumpenhorst, N. (2002). *Kriterien für die Auswahl von Anlauttabellen.* Zugriff am 22.11.2012 http://www.rechtschreib-werkstatt.de/rsl/me/antab/ (Internet).

Thomé, G (2000). Möglichkeiten und Grenzen der Arbeit mit Anlauttabellen. In R. Valtin (Hrsg.), *Rechtschreiben lernen in den Klassen 1 – 6* (S. 116-118). Frankfurt a.M.: Grundschulverband - Arbeitskreis Grundschule e.V.

8 Öffnung und Spezifizierung von Fibellehrwerken (ab 1990)

Die letzten beiden Kapitel haben u.a. deutlich gemacht, dass die Neuorientierung des Anfangsunterrichts und der damit verbundene „Gegenentwurf zum fibelorientierten Frontalunterricht“ immer zwei Stoßrichtungen hatte: eine fachdidaktische und eine allgemein didaktische mit dem Votum für eine „Öffnung“ von Unterricht. Beide Argumentationsebenen sind vielfach vermischt worden, haben im Ergebnis aber zu einer weitgehenden Annäherung von Fibelgegnern und -befürwortern geführt (vgl. Brügelmann 1999, Metze 1995, 2001). Mehr noch, man ist sich eigentlich einig darin, dass es weniger auf die Frage „mit oder ohne Fibel“ ankommt, als vielmehr auf die konkreten Unterrichtsprozesse und die Qualität des Unterrichtsmaterials. Exponierte Fibelbefürworter wie Wilfried Metze konzedieren bereits seit langem, dass man keine Fibel braucht und auch keinen Leselehrgang:

> „Man braucht Verfahren, die Kindern helfen, das Prinzip unserer Schrift zu erkennen und handelnd zu durchdringen. Solche Verfahren kann ein Leselehrgang in der Form anbieten, die für Kinder hochmotivierend ist und die selbst herzustellen die Kraft des Lehrers von seinen eigentlichen Aufgaben abziehen würde“ (Metze 2001, S. 13).

Moderne Fibellehrwerke basieren auf einem Bausteinsystem unterschiedlicher Materialien, die die Lehrkraft explizit zu Binnendifferenzierung und Individualisierung von Unterricht auffordern. Anlauttabellen gehören heute zum Standardprogramm der Fibelmaterialien, gleichwohl ist ihr Stellenwert im Kontext eines Fibellehrwerks durchaus unterschiedlich.

Auch im Rahmen des Spracherfahrungsansatzes ist immer mehr Wert auf eine *materialbasierte* Öffnung von Unterricht gelegt worden, wie sich an den vielfältigen Empfehlungen zeigen lässt, die Lehrkräften für die Entwicklung eigener Lernmaterialien und Aufgabenstellungen gemacht werden. Man denke hier nur an die „Ideenkiste“, durch die die acht Lernfelder der „Didaktischen Landkarte“ strukturiert entwickelt werden oder auch an den Vorschlag, parallel zur Anlauttabelle immer doch auch einzelne Buchstaben als „Buchstaben der Woche“ pointiert herauszuheben. So kann es denn auch nicht verwundern, dass diese Konzepte der Gestaltung von Lernumgebungen auch Eingang in Fibellehrwerke gefunden haben.

Die großen Schulbuchverlage bieten heute nicht nur Lehrwerke zu beiden didaktisch-methodischen Schwerpunktsetzungen an, zu stärker *lehrgangsgebundenen* und stärker *lernwegsorientierten* Konzepten, sondern haben ihr Sortiment noch weiter ausdifferenziert, weitere fachdidaktische Orientierungen aufgegriffen (*Silbenansatz*) und für unterschiedliche Bedarfe der Schulpraxis spezifiziert (z.B. für den jahrgangsübergreifenden Unterricht in der neuen Schulanfangsphase). Das Angebot ist so vielfältig, dass es nicht leicht ist, das für die eigene Klasse geeignete zu finden. Hierfür bietet dieses Kapitel eine Orientierungshilfe, indem zunächst das übliche Leistungsspektrum der modernen Fibelmaterialien vorgestellt wird. Ihre Anpassung an die neuen, kompetenzorientierten Bildungsstandards wird ebenso verdeutlicht wie die unterschiedlichen Schwerpunktsetzungen der aktuellen Fibelkonzepte. Kriterien für eine praxisorientierte Fibelauswahl schließen das Kapitel ab.

8.1 Von der Fibel zum „strukturierten Lehr-/Lernpaket" für den Anfangsunterricht

Heutige Fibeln sind professionell gestaltete Kinderbücher, die die Erfahrungswelt der Kinder aufgreifen und sie in motivierenden Lernaufgaben zum Erwerb von Lesen und Schreiben führen. Dieses „Führen" bezieht sich zunächst auf die Strukturierung des Lernwegs, der systematisch vom Leichten zum Schweren aufgebaut wird – und zwar selbst dann, wenn nicht einer strengen Buchstabenprogression gefolgt wird. Erreicht wird dies durch die Instruktion der Lehrkräfte, denen sehr genaue Hinweise für strukturierte Einsatzmöglichkeiten des Materials gegeben werden. Lehrkräfte bekommen mit einem Fibellehrwerk jeweils ein „Gesamtkonzept" angeboten, das in vielfältigen Materialien zwar didaktisch unterschiedliche Zugänge zur Schriftsprache anbietet, das aber auch verdeutlicht, wie individuelle Lernwege analysiert und systematisch gefördert werden können.

Fibelprogramme bieten in der Regel einen gemeinsamen Erlebnisrahmen für eine Klasse, indem den Kindern Identifikationsfiguren angeboten werden, die sie durch alle Materialien begleiten. Lehr-/Lernpakete für den Anfangsunterricht lassen z. B. Kobolde lebendig werden (*Tobi*), begleiten Kinderfiguren in Phantasiewelten (*Lollipop*) oder schaffen Kunstfiguren (*Fara und Fu*, *Oskar*), die für eine kindgemäße Lernsituation sorgen sollen. Eine andere Variante besteht darin, gemeinsames Lernen durch projektorientiertes Arbeiten und wechselnde inhaltliche Schwerpunktsetzungen zu ermöglichen. Dabei werden Themen aufgegriffen, die aus der Lebenswelt der Kinder stammen oder auch neue Erfahrungen ermöglichen, indem sachunterrichtliche Aufgabenstellungen eingebunden werden. Weitere Gemeinsamkeiten der Materialpakete für den Anfangsunterricht sollen jetzt genauer betrachtet werden.

8.1.1 Grundstruktur der neuen Lehr-/Lernkonzepte

Die von den Schulbuchverlagen angebotenen Materialpakete für den Anfangsunterricht Deutsch lassen die Bezeichnung „Fibellehrgang“ nicht mehr durchgängig gerechtfertigt erscheinen. Manches wird zwar als „Fibel“ bezeichnet, ist aber eigentlich nur ein Lesebuch, das in einem Unterricht, der dem Prinzip vom Schreiben zum Lesen folgt, dem Vorlesen und später dem selbstständigen Lesen dienen soll. Gleichwohl lassen sich einige Unterrichtsmaterialien und Handreichungen für Lehrkräfte auflisten, die heute zum Standard moderner Lehr-/Lernwerke für den Schriftspracherwerb gehören:

Lese(bilder)bücher

- Fibel 1 (teilweise mit „Vorkursen“, d.h. Übungsangeboten zu den Vorläuferfähigkeiten des Schriftspracherwerbs für den Einsatz im Kindergarten bzw. bei leistungsschwächeren Schülerinnen und Schülern in der Schulanfangsphase)
- ggf. Fibel 2 (oder Lesebuch)

Arbeitshefte und Übungsangebote

- Lesen (Buchstabentabelle, Lese-Mal-Blätter, Leseübungskartei, Lesehefte zum weiterführenden Lesen etc.)
- Schreiben (Buchstabenhefte/Druckschriftlehrgang, Anlauttabelle, Schreiblehrgänge für die verschiedenen Schulschriften)
- Material zum Freien Schreiben
- Schreib- und Sprachübungshefte (Sprachbücher in der Regel ab Kl. 2)
- Rechtschreibübungen (vielfach integriert in allgemeine Fibel-Arbeitshefte und in Sprachübungshefte, Rechtschreibkartei)
- Lieder-CD (Anlautrap, Lieder zu jedem Buchstaben etc.), Audio – CD (Übungsschwerpunkt: phonologische Bewusstheit)
- Lernsoftware (Rechtschreiben und Lesen)

Informations- und Demonstrationsmaterial für Lehrkräfte

- Lehrerhandbuch (fachdidaktische Basisinformationen zum jeweiligen Fibelkonzept, Vorschläge zur Unterrichtsgestaltung, Vorlesegeschichten, Kopiervorlagen, Beobachtungsbögen, Testunterlagen – teilweise in Online-Versionen – zur Lernstandsdiagnostik)
- Tafelwortkarten
- Anlautbilder
- Handpuppen, Stempel, Sticker etc.

Diese Auflistung macht bereits deutlich, dass mit einem Fibelprogramm alle Bereiche des Anfangsunterrichts Deutsch abgedeckt werden sollen, so wie es die neuen Rahmenlehrpläne vorgeben.

Mit der Einführung von Bildungsstandards im Fach Deutsch für den Primarbereich, die am 15.10.2004 von der Kulturministerkonferenz (KMK 2004) beschlossen wurden, mussten die Bundesländer ihre Lehrplanvorgaben an diese verbindlichen Vorgaben anpassen. Nach und nach kam es in allen Bundesländern zur Einführung neuer Rahmenlehrpläne für die Primarstufe und damit auch zur Überarbeitung bzw. teilweise auch zur völligen Neukonzeption von Fibellehrwerken.

Das föderale Bildungssystem bedingt, dass eine Schulbuchzulassung für jedes einzelne Bundesland erfolgen muss, in der die Vereinbarkeit des Lehrwerks mit den Rahmenplanvorgaben des jeweiligen Bundeslandes geprüft wird. Fibellehrwerke können in der Regel auf die erfolgreiche Zulassung in mehreren Bundesländern verweisen. Manchmal gibt es aber auch von einem Lehrwerk unterschiedliche Fassungen, so kommt es z.B. zu besonderen „Bayern-Ausgaben" einzelner Fibeln.

Ausgehend von der jeweils genehmigten Fibelausgabe haben Lehrkräfte bzw. Fachkonferenzen einer Schule die Aufgabe, einen *Stoffverteilungsplan* für ihre Schule bzw. Klasse(n) zu entwickeln, indem fachliche Inhalte bzw. der jeweils angestrebte Kompetenzerwerb der Schülerinnen und Schüler für das *gesamte Schuljahr* heruntergebrochen auf einzelne Unterrichtsreihen und -einheiten bis zur konkreten Unterrichtsstunde abgestimmt werden müssen. Fibellehrgänge erleichtern diese Arbeit, indem sie unterrichtsbezogene Planungshilfen in den Lehrerhandbüchern anbieten.

Der Präzisionsgrad dieser Umsetzungsempfehlungen für das Fibelmaterial ist dabei in der Regel sehr hoch und reicht bis zu exemplarischen Stundenverläufen für die Einführung jedes Buchstabens. Davon unabhängig gibt es aber für einzelne Lehrwerke Planungshilfen, in denen die Bildungsstandards und die Struktur der neuen Rahmenlehrpläne explizit aufgegriffen werden und für alle Bereiche des Deutschunterrichts genau aufgelistet wird, mit welchen Unterrichtsmaterialien des Fibellehrwerks die fachlichen Teilkompetenzen jeweils erreicht werden sollen.

Manche Lehrwerke wie *Kunterbunt*, die *Oskar*-Fibel, die *Bausteine*-Fibel oder auch die *Piri*-Silbenfibel bieten das gesamte Lehrwerkskonzept in einer *Lehrplansynopse* für die Rahmenlehrpläne verschiedener Bundesländer an. Unabhängig davon, ob Lehrkräfte diese oder andere Fibeln nutzen, sie werden immer ihre Unterrichtsplanung und -materialien in einem lehrplankompatiblen Konzept organisieren müssen. Wie das konkret aussehen kann, wird im Folgenden verdeutlicht.

8.1.2 Rahmenplanorientierte Unterrichtsplanung

Grundlage aller neuen Rahmenlehrpläne sind die Bildungsstandards für das Fach Deutsch. Sie beziehen sich zwar inhaltlich auf die Jahrgangsstufe 4 und verdeutlichen damit die Zielerwartung für den Abschluss der Grundschulzeit, sie geben aber gleichzeitig die *Kompetenzbereiche* des Faches Deutsch vor, die für alle Jahrgangsstufen verbindlich sind (vgl. Abb. 1).

Die Standards konzentrieren sich auf die zentralen fachlichen Ziele des Deutschunterrichts. Neben den traditionellen Bereichen des Faches finden zwei Aspekte besondere Beachtung: die Orientierung an Kompetenzen und die Betonung von Methoden und Arbeitstechniken. Beides ist im Zusammenhang zu sehen, denn mit der Einführung der Bildungsstandards ist generell eine veränderte Sicht auf Unterricht verbindlich geworden. Kompetenzorientiertes Unterrichten wird als Ermöglichung und Unterstützung von Lernprozessen angesehen, die aktiv und selbstgesteuert sind, indem Lernende Wissen erwerben, das sie *handlungskompetent* macht. Die fachlichen Standards sprechen zwar die Förderung der personalen und sozialen Kompetenzen nicht explizit an, sie werden aber gleichwohl als unverzichtbarer Bestandteil grundlegender Bildung in der Grundschule gesehen (vgl. Tab. 1, KMK 2004, S. 7). Lösungen problemorientierter Arbeitsaufträge sollen vielfach gemeinsam von Schülerinnen und Schülern beraten und unter Vernetzung verschiedener fachlicher Perspektiven gefunden werden.

Kompetenzentwicklung im Unterricht findet so gesehen gestuft, kumulativ und kooperativ statt, indem in der Regel in einer Unterrichtsstunde mehrere Kompetenzbereiche angesprochen werden und kognitiv aktivierende Aufgabenstellungen angeboten werden sollen. Unterricht ist individualisierend und differenzierend zu planen, so dass kontinuierlich das Lese- und Schreibinteresse der Kinder und der Erwerb grundlegender Lese- und Schreibfähigkeiten gefördert werden.

Sprechen und Zuhören
- zu anderen sprechen
- verstehend zuhören
- Gespräche führen
- szenisch spielen
- über Lernen sprechen

Schreiben
- über Schreibfertigkeiten verfügen
- richtig schreiben
- Texte planen
- Texte schreiben
- Texte überarbeiten

Lesen – mit Texten und Medien umgehen
- über Lesefähigkeiten verfügen
- über Leseerfahrungen verfügen
- Texte erschließen
- Texte präsentieren

Methoden und Arbeitstechniken
Methoden und Arbeitstechniken werden jeweils in Zusammenhang mit den Inhalten jedes einzelnen Kompetenzbereichs erworben.

Sprache und Sprachgebrauch untersuchen
- grundlegende sprachliche Strukturen und Begriffe kennen
- sprachliche Verständigung untersuchen
- an Wörtern, Sätzen, Texten arbeiten
- Gemeinsamkeiten und Unterschiede von Sprachen entdecken

Abbildung 1: Kompetenzbereiche des Faches Deutsch (KMK 2004, S. 7)

Tabelle 1: Fibel *Fara und Fu*: Ausschnitt aus „Umsetzung der Bildungsstandards für Schreiben“ (Internetquelle siehe Tabellenverzeichnis)

Kompetenzbereiche	Fara und Fu 1	Arbeitsheft A	Arbeitsheft B	Fara und Fu 2	Spracharbeitsheft
über Schreibfertigkeiten verfügen	Der *Vorkurs zum Lesen und Schreiben* (auch zur Differenzierung einsetzbar), der *Anlautkreis* und das *Startheft zum Anlautkreis* bieten zusätzlich zu Textband und Arbeitsheft 1 vielfältige Übungsmöglichkeiten zur Laut- und Buchstabenzuordnung, Buchstabenkenntnis und dem Verschriften lautgetreuer Wörter.				
→ eine gut lesbare Handschrift flüssig schreiben	In dem Abeitsheft *„Von der Druckschrift zur VA (bzw. LA oder SAS)“* wird mit dem Erlernen einer verbundenen Schrift die Grundlage für eine flüssige Handschrift gelegt.	Große Lineatur unterstützt das saubere und strukturierte Schreiben zu Beginn. Übungen zum Schreiben der einzelnen Buchstaben der unverbundenen Schrift bei Einführung neuer Buchstaben.	Kleine Lineatur führt zum späteren Schreiben hin. Übungen zum Schreiben der einzelnen Buchstaben der unverbundenen Schrift bei Einführung neuer Buchstaben.		In den unterschiedlichen Schriftausgaben des Spracharbeitsheftes (VA, LA, SAS) wird die verbundene Schrift als Grundlage einer flüssigen Handschrift geübt und gefestigt
→ Texte zweckmäßig und übersichtlich gestalten					

Tabelle 1: Fortsetzung

→ den PC zum Schreiben und für Text-gestaltung nutzen		Große Lineatur unterstützt die Kinder darin, sauber und strukturiert zu schreiben.	In Teil B schreiben die Kinder auf kleineren Linien, die auf das Schreiben im Spracharbeitsheft und das spätere Schreiben in Anwendungs-situationen vorbereitet.	z. B. S. 36, 39, 41, 63, 65, 72, 77, 109	z. B. S. 60, 111, 120
				Textband 2 und Schreibarbeitsheft enthalten zahlreiche Schreib- und Schreibgestaltungsaufträge, die sich auch für eine Bearbeitung mit dem PC anbieten.	
				z. B. S. 7, 47, 72, 86, 105	z. B. S. 28, 68, 83, 107

Eines der schon in den 1990er Jahren verbreiteten Fibelkonzepte, *Fara und Fu*, greift in der Neubearbeitung (2007) die Grundstruktur der Bildungsstandards für das Fach Deutsch auf und verdeutlicht in einer Synopse wie mit dem Lehrwerk die fachlichen Kompetenzbereiche abgedeckt werden können (vgl. Tab. 2, S. 238-239).

Einige neue Lehr-/Lernkonzepte wie die *Piri*-Silbenfibel bieten Stoffverteilungspläne für alle Klassenstufen von 1 bis 4 und weisen teilweise auch mögliche Vernetzungen zu den Inhalten des Sachunterrichts aus (vgl. Tab. 3).

Tabelle 2: *Piri*-Silbenfibel: Ausschnitt aus dem Stoffverteilungsplan Deutsch/ Sachunterricht für den Rahmenlehrplan Berlin (Internetquelle siehe Tabellenverzeichnis)

Monat	**Woche**	**Piri Fibel**		**Piri Arbeitsheft 1**	**Piri Lehrerband 1**	**Piri Sachheft 1**	**Piri Lehrerband 1**
		Buchstaben-Lehrgang	**Leseseiten**				
September	1	morgendliches Begrüßungsritual mit dem Lied „Hallo, Hallo, schön, dass du da bist“ (S. 118) Lied Lotta hat Geburtstag (S. 120)			CD Nr. 42 + Playback Nr. 43 CD Nr. 44 + Playback Nr. 45	Mitschüler und Lehrkräfte, Klassenraum und Schule kennen lernen – Wir sind jetzt in der Schule (S. 2)	KV 1: Namenskarten
		Einschulungstag/ Inhalt der Schultüte – Gesprächsanlass (S. 119)		Namen schreiben, Inhalte der Schultüte erkennen (S. 2)	KV 5: Piri-Lied (S. 36) CD Nr. 1 + Playback Nr. 2 KV 2: Piri zum Ausmalen (S. 34)	sich selbst und den Partner zeichnen, Unterschriften sammeln (S. 3)	KV 2: Unterschriften aller Kinder der Klasse

Tabelle 2: Fortsetzung

Monat	Woche	Piri Fibel Buchstaben-Lehrgang	Lese-seiten	Piri Arbeits-heft 1	Piri Lehrer-band 1	Piri Sach-heft 1	Piri Lehrer-band 1
September	2	Basteln einer Schultüte (S. 119)			KV 3: Übungen zur Feinmotorik (S. 35)	körperliche Gemeinsamkeiten u. Unterschiede, Gefühle, Vorlieben, Einzigartigkeit – ich, du, wir (S. 4)	
		Kapitelauftaktseiten: „Ich mag" – Gesprächsanlass (S. 4/5)				Geburtstagskalender gestalten	

Derartige Kombinationen von fachlichen Inhalten aus dem Deutsch- und Sachunterricht und auch Verbindungen mit anderen Lernbereichen der Grundschule (Musik, Kunst, Bewegung) sind in den neuen Rahmenplänen vieler Bundesländer vorgesehen und werden entsprechend auch in den Stoffverteilungsplänen der Fibelprogramme berücksichtigt.[1]

8.2 Didaktisch-methodische Profile aktueller Fibelprogramme

Die Lehr-/Lernpakete für den Anfangsunterricht erweisen sich allerdings bei näherer Betrachtung als durchaus unterschiedlich. Um diese Differenzen bzw. unterschiedlichen Schwerpunktsetzungen deutlich zu machen, wird hier ein Analyseraster vorgestellt, unter dem nachfolgend (vgl. Fibelsynopse) *alle* Lehr-/Lernpakete für den Anfangsunterricht Deutsch betrachtet wurden:

1 Die beiden genannten Beispiele stehen online kostenlos zum download bereit. Vielfach sind vergleichbare Übersichten aber auch in den Lehrerhandreichungen zu finden.

1. Skizzierung des fachdidaktischen Konzepts, mit dem der Lese-Schreiblehrgang beginnt
2. Umfang der Differenzierungs- und Förderangebote
3. Art der Schreiblehrgänge (Druckschrift, Schreibschriften, Grundschrift)
4. fachliche Bereiche, für die Arbeitshefte angeboten werden
5. digitalisierte Materialangebote
6. Informationsmaterial für Lehrkräfte (Lehrerhandbücher)
7. Fächer- und jahrgangsübergreifende Angebote
8. Hinweis auf die Jahrgangsstufen, für die die Lehrwerksreihe insgesamt entwickelt wurde
9. Benennung der Bundesländer, in denen das Fibellehrwerk zugelassen ist

Mit diesen Analysekriterien ist zwar keine trennscharfe Unterscheidung der aktuellen Lehr-/Lernpakete für den Anfangsunterricht möglich, aber es lassen sich in der Regel Schwerpunkte bzw. Profilbildungen benennen, durch die sich ein Fibelkonzept auszeichnet.

Die nachfolgende Auflistung von Fibelprofilen realisiert unterschiedliche Betrachtungsweisen, indem zunächst generell die didaktisch-methodischen Orientierungen der Fibelprogramme klassifiziert werden und anschließend einzelne Lehrwerke herausgestellt werden, die spezifische Herausforderungen des Anfangsunterrichts besonders bearbeiten (z.B. den jahrgangsübergreifenden Unterricht) oder sich explizit an bestimmte Adressatengruppen richten. So beachten z.B. einige Fibeln explizit, die sprachlichen Bedarfe von Kindern mit Migrationshintergrund.[2]

8.2.1 Methodenintegrierte Fibellehrwerke

Stärker *lehrgangsorientierte* Fibelkonzepte zeichnen sich durch die systematische und schrittweise Einführung von Buchstaben aus. Die Reihenfolge der Buchstaben folgt dem Prinzip vom Einfachen zum Schweren, indem zunächst einfache, häufig vorkommende und leicht bildbare Buchstaben-Laut-Beziehungen eingeführt werden. Erst später tauchen mehrgliedrige Schriftzeichen und schwierige Konsonantenverbindungen auf. Buchstaben und Laute werden in einem sinnvollen Wortganzen eingeführt. Es handelt sich um eine *analytisch-synthetische Leselehrmethode*: analytisch, da vom Wortganzen und seiner Bedeutung ausgegangen wird, synthetisch, da geübt wird, Buchstabenfolgen in einzelne Sprachlaute aufzuteilen und wieder zusammenzusetzen. Charakte-

2 Im Anhang befindet sich eine Liste weiterer Fibelprogramme, die hier nicht besonders erwähnt werden. Ihr Angebotsspektrum lässt sich aus der kriterienorientierten Synopse erschließen.

ristisch für streng analytisch-synthetische Fibellehrgänge (z.B: *Lollipop, Tobi, Fara und Fu*) ist, dass nur die Wörter auf den Fibelseiten erscheinen, deren Buchstabenbestand *vollständig* erarbeitet wird. Es werden also keine Wörter verwendet, die Buchstaben enthalten, die noch nicht Gegenstand des Lehrgangs waren. Hieraus resultiert auf den ersten Fibelseiten eine gewisse Textarmut, die durch die reichhaltige Bebilderung „überspielt" wird.

Positiv formuliert kann man auch sagen, dass derartige Fibelkonzepte viel Gelegenheit zum Erzählen, zur Wortschatzerweiterung, zum Miteinandersprechen und zum Nachdenken bieten. Über die akustische und sprechmotorische Analyse von Lauten und die *vollständige* Durchgliederung der Anfangswörter soll möglichst rasch das Leseprinzip erfasst werden.

Nicht alle Fibellehrwerke gehen so streng analytisch-synthetisch vor. Einige verwenden einzelne Ganzwörter, (z.B. *Bausteine*-Fibel, *Bücherwurm*, *Auer*-Fibel) um schneller zu sinnvollen Sätzen zu kommen (vgl. Abb. 2). Trotzdem wird das typische Problem der Inhaltsleere gerade der ersten Fibeltexte auch in diesen Fibeln nicht immer überzeugend gelöst.

Ina ruft

Ina ruft Nina.

Ina ruft Nino.

Ina ruft ...

ruft

Ni na / no

I / Ni na

Nina
Nin
Ni
N
Ni
Nin
Nina

Abbildung 2: Beispiel für Kombination von Ganzwort „ruft" und synthetischer Durchgliederung der Namen von Fibelkindern (*Bücherwurm*-Fibel, S. 11)

Die planvolle Strukturierung der Fibellehrwerke kommt darin zum Ausdruck, dass alle Materialien in ihrer optischen und inhaltlichen Gestaltung synchron laufen, d.h. insbesondere, dass die in der Fibel vorgegebene Reihenfolge der Buchstabenanordnung und auch der Wortbestand genau in dieser Progression in den Begleitmaterialien zu finden sind. Fibellehrgänge verbinden von Anfang an den Lese- und Schreiblernprozess, denn das, was in der Fibel gelesen wird, ist immer auch Schreibaufgabe in den Arbeitsheften. Beide Lernprozesse sollen sich dadurch wechselseitig unterstützen.

Zum Vorlesen gibt es teilweise separate Lesehefte (z.B. *Fara und Fu*, *Bausteine*-Fibel), Vorlesetexte in den Fibeln (z.B. *Lollipop, Bücherwurm*) bzw. Anregungen in den Lehrerhandbüchern. Eine Differenzierung der Leseanforderungen ist durch niveaudifferenzierte Fibelseiten (z.B. bei *Mobile 1, Bücherwurm*) möglich bzw. wird durch eine zweite Fibel (*Lollipop, Tobi*) und/oder ein Lesebuch für die 2. Klasse (*Auer*-Fibel) ermöglicht. Fibeln haben damit in erster Linie die Funktion einer Einstiegsmotivation für die Erarbeitung des Leseprinzips, wobei der eigentliche Lehrgang durch die Begleitmaterialien transportiert wird.

Für alle Fibeln ist das Arbeitsheft das zentrale Medium zum Lesenlernen. Hier finden sich zahlreiche Übungen zum Heraushören von Lauten und Reimen (Training der phonologischen Bewusstheit), wobei immer nur die Laute analysiert werden müssen, die auch Gegenstand der Fibeltexte sind. Die Verbindung von Laut und Buchstabe wird dabei auch durch sogenannte Minimalpaarvergleiche eingeübt. In dieser Aufgabe aus der *Tobi*-Fibel wird z.B. gefordert, das jeweils vorgegebene Wort nur durch den Austausch des jeweils markierten Buchstabens zu „verzaubern“ (vgl. Abb. 3).

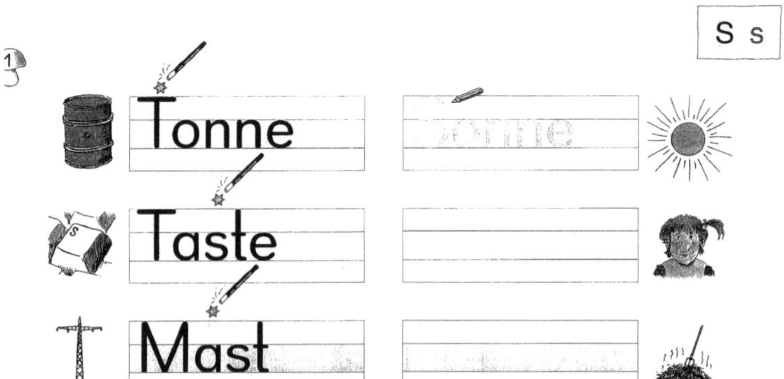

Abbildung 3: Minimalpaare, *Tobi* Arbeitsheft zum Erstlesebuch, S. 32

Kennzeichnend für dieses Fibelkonzept sind vielfältige Übungen zum sinnerfassenden Lesen, die mit kleinen Handlungsaufträgen verknüpft, der Lehrkraft eine schnelle Lernerfolgskontrolle ermöglichen (vgl. Abb. 4).

Abbildung 4: Lese-Mal-Aufgaben zum sinnerfassenden Lesen (*Lollipop* Fibel: Lese-Mal-Blätter, S. 35)

Neben diesen Aufgaben mit starker Betonung des Handlungsmoments finden sich in den Arbeitsheften auch eine Fülle unterschiedlicher Textsorten, wie Rätsel, Lieder, Briefe, Bastelanleitungen, Sachtexte etc.

Die Handreichungen für die Lehrkräfte geben teilweise auch Empfehlungen für die Durchführung des jahrgangsübergreifenden Unterrichts (vgl. *Bausteine*-Fibel, *Fara und Fu, Tobi, Lollipop*). Außerdem sind Verbindungen zum Sachunterricht durch ergänzende Sacharbeitshefte (*Tobi, Fara und Fu, Lesestart, Bausteine*-Fibel), teilweise auch zum Mathematikunterricht (*Lollipop*) möglich.

Fibellehrgänge haben die Modellvorstellung eines *gestuften* Schriftspracherwerbs insoweit aufgegriffen, als dass sie vielfach „Vorkurse“ entwickelt haben (z.B. *„Der kleine Tobi“, Die kleinen Lollipops“, „Der kleine Lesestart“, „Die kleine Mimi“*), in denen auch die schriftsprachlichen Vorläuferfähigkeiten wie phonologische Bewusstheit, optische Differenzierung, sprachliche und feinmotorische Fähigkeiten spielerisch geübt werden sollen.

Buchstaben- oder Anlauttabellen gehören zur Regelausstattung der Fibellehrwerke und sehen damit selbstständige Lernphasen der Kinder explizit vor. Die Tabellen werden aber anders als in den schreiborientierten Ansätzen vielfach nicht zu Beginn eingesetzt, sondern sind als Hilfsmittel für das selbstständige Weiterlernen *nach* der Erarbeitung des Leseprinzips gedacht. Basis des Konzepts ist, dass die Kinder zunächst der Anleitung bedürfen, um grundlegende Einsichten in die Struktur der Schriftsprache zu gewinnen. Insofern bieten die Fibeln zu Beginn nur *„lautgetreue"* Wörter an und sehen die Funktion von *Buchstabentabellen* in dem selbstständigen Erlesen von Wörtern, deren Buchstabenbestand noch nicht vollständig erarbeitet wurde. Das Anlautverfahren wird dementsprechend nicht als Einstieg in die Schriftsprache gesehen, sondern die Buchstabentabellen werden im Sinne einer weiterführenden Leselernhilfe genutzt (so z.B. in *Bausteine*-Fibel, *Lollipop*) und – wie das folgende Beispiel zeigt – durchaus auch mit kognitiv herausfordernden Aufgabenstellungen verbunden (vgl. Abb. 5).

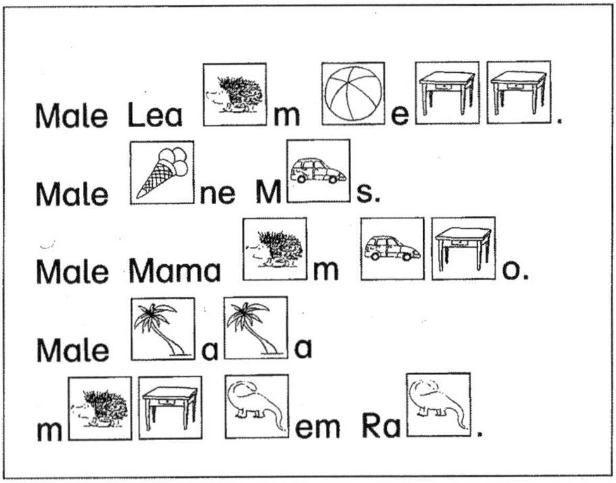

Abbildung 5: Aufforderungstexte mit Rätsel-Wörtern (*Bausteine*-Fibel, Kommentare und Kopiervorlagen, S. 39)

Daneben finden sich aber auch Fibellehrgänge, die die Anlauttabelle als Verschriftungshilfe für das Freie Schreiben sehen (z.B. *Fara und Fu, Auer*-Fibel, *Mobile 1*) – wenngleich in eingeschränktem Maße. Der lehrgangsgebundene Einstieg in die Schriftsprache wird dadurch nicht ersetzt, sondern allenfalls begleitet im Sinne eines *zusätzlichen* Lernangebots. Auf die begrenzte Reichweite des Anlautverfahrens wird in den Lehrerhandbüchern verwiesen und dementsprechend in den Arbeitsheften ein systematischer Aufbau eines rechtschriftlich korrekten Grundwortschatzes geboten. Das Vermeiden von Rechtschreibfehlern wird auch in den Vorlagen zum selbstständigen Schreiben deutlich: Die

Kinder werden aufgefordert, den erarbeiteten Wortschatz zu verwenden und erhalten dafür einen gewissen „Spielraum in Sinngebung und Formulierung“.

Damit soll für alle Kinder ein *gemeinsames Fundament* geschaffen werden, auf dem differenzierende und sukzessive offenere Unterrichtsphasen aufbauen können.

Parallel zu den Lesematerialien gibt es den Druckschriftlehrgang und die Schreiblehrgänge in verbundener Schrift. Hierbei handelt es sich jeweils um Abschreibübungen, die in Fibellehrwerken einen großen Raum einnehmen, da dem Einschleifen einer normierten Schreibmotorik große Bedeutung beigemessen wird. In der Regel wird dabei die Einführung der Groß- und Kleinbuchstaben parallel vorgenommen. Da die Übungswörter in allen Materialien immer die gleichen sind, ergibt sich mit dem schreibmotorischen Training auch der Aufbau eines gemeinsamen Grundwortschatzes für die Klasse. Die Einführung von Prinzipien der Rechtschreibung wie Morphem- und Silbenstruktur wird in den Arbeitsheften visuell unterstützt (vgl. Abb. 6) oder auch mit der Empfehlung für das Silbenschwingen (so in *Mimi die Lesemaus*) verbunden.

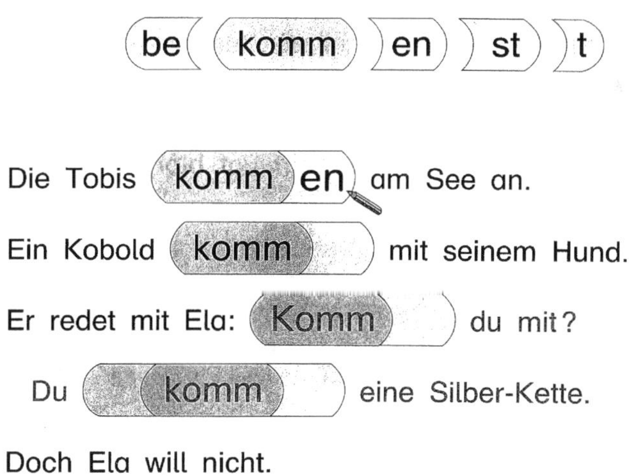

Abbildung 6: Morphemmarkierung im Arbeitsheft der *Tobi*-Fibel, S. 63

Die Schreibvorlagen der Arbeitshefte zum Schreiben berücksichtigen vielfach auch die besonderen Bedürfnisse der linkshändigen Kinder (vgl. Abb. 7), indem das Schreibvorbild auch rechts angezeigt wird.

Abbildung 7: Druckschriftlehrgang mit rechts ergänzter Schreibvorlage für linkshändige Kinder (*Tobi* Druckschriftenlehrgang, S. 15)

Exkurs: Schreiben lernen mit der linken Hand

Nach heutigem Kenntnisstand ist die Händigkeit des Menschen in der Hirnstruktur festgelegt und deshalb nicht zu verändern! Eine Lehrkraft muss sich mit Schulbeginn zunächst Gewissheit darüber verschaffen, welche Hand ein Kind bevorzugt. Als besonders aussagekräftig hierfür gelten alle jene Tätigkeiten, die nur mit einer Hand ausgeführt werden und in der Regel spontan erfolgen, wie z.B. würfeln, melden im Unterricht, Perlen zählen, ausschneiden. Aber auch beidhändige Tätigkeiten lassen sich daraufhin beobachten, welche Hand die jeweils dominante bzw. flexibler eingesetzte ist: Mit welcher Hand wird das Obst abgeschält und mit welcher gehalten, welche Hand hält die Flasche, welche Hand öffnet sie etc.? Nicht selten gibt es Kinder mit einer ausgeprägten Beidhändigkeit bzw. Kinder, die auch häufig wechselnde Händigkeitspräferenzen zeigen. Im Zweifelsfall sollte man sich fachkundigen Rat holen, da die Folgen einer falschen Händigkeitserziehung gravierend sind (vgl. Sattler 1995, 2002).

Gerade für das linkshändige Kind ist eine methodische Hilfestellung notwendig, die von Anfang an eine unverkrampfte Schreibhaltung ermöglicht. Das heißt nicht, dass das Schreiben mit der linken Hand als etwas besonders Schwieriges herausgestellt werden sollte, sondern nur, dass das Kind seiner Ausgangslage entsprechend schreiben lernen kann. Dazu gehört zunächst ein geeigneter Sitzplatz und zwar links neben einem rechtshändig schreibenden Kind. Geeignetes Schreibmaterial, Linkshänderfüller und -scheren, rutschfeste

Schreibunterlage etc. sind zu beachten. Auf der Schreibunterlage kann auch die richtige Heftlage in Umrissen markiert werden, da linkshändige Kinder durch die Heftlage der rechtshändigen Kinder immer wieder mit einem für sie falschen Modell konfrontiert sind. Die richtige Schreibhaltung eines linkshändigen Kindes kann man der nachfolgenden Abbildung 8 (Sattler 1995, S. 271) entnehmen, wobei die rechte Hand das Heft festhalten sollte. Hierbei kann die ganze Hand auf die rechte Heftseite gelegt werden, möglichst in Höhe der gerade beschriebenen Zeile. Dem Schreibverlauf entsprechend „wandert" dann diese Hand mit nach unten; sie sorgt dafür, dass das Heft beim Schreiben nicht verrutscht.

Abbildung 8: Richtige Schreibhaltung eines linkshändigen Kindes (Sattler 1995, S. 271)

Die häufigsten Fehler in der Schreibhaltung von Linkshändern sind den nachfolgenden Abbildungen zu entnehmen (vgl. Abb. 9):

Abbildung 9: Fehler in der Schreibhaltung von Linkshändern (Sattler 1995, S. 271)

Zusammenfassend lassen sich die methodenintegrierten Fibellehrgänge wie folgt kennzeichnen:[3]

▶ Zusammenfassung

Fibellehrgänge sind in mehrfacher Hinsicht integrativ: Sie

- verbinden analytische und synthetische Schritte der Wortdurchgliederung zum Erwerb des Leseprinzips,
- erarbeiten verschiedene orthographischer Prinzipien (Lautorientierung, Silben- und Morphemstruktur),
- sehen parallele Lernangebote zum Lesen und Schreiben vor, damit beide Lernprozesse sich wechselseitig stützen,
- ermöglichen die Verbindung aller Kompetenzbereiche des Deutschunterrichts,
- nehmen Teilaspekte des Spracherfahrungsansatzes in ihr Lehrkonzept auf,
- zeigen Wege auf, instruktive und eigenaktive Lernphasen zu kombinieren.

8.2.2 Schreiborientierte Ansätze des Anfangsunterrichts

Ein konsequent am Spracherfahrungsansatz orientiertes Konzept für den Anfangsunterricht ist das *Konfetti* Lernpaket, das auf eine Fibel verzichtet. Es gibt zwar ein „Lesebilderbuch", allerdings ohne die fibeltypische Einführung von Buchstaben. Das Buch kann damit erst zum Einsatz kommen, wenn die Kinder bereits lesen können bzw. es dient dem Vorlesen durch die Lehrkraft. Die Lesebuchtexte weisen keine systematische Steigerung der Leseschwierigkeit auf und auch keine „Fibelfiguren" als Identifikationsfolie. Es gibt verschiedene Themen und Textsorten, die je nach Interesse ausgewählt werden können. Die Themen sind Standardthemen wie sie auch in Fibellehrwerken auftauchen. Die Sachthemen werden durch ein „Sachbilderbuch" und einen Themenordner vertieft, in dem dann auch anspruchsvolle Textangebote enthalten sind. Damit soll bereits in der Schulanfangsphase ein Impuls für projektorientierte Arbeitsformen gegeben werden, um den Schriftspracherwerb in problemorientierte und reale Handlungsbezüge einzubetten.

Die Kinder beginnen mit dem lautorientierten Verschriften, für das ihnen *schrittweise* Anlauttürme zur Verfügung gestellt werden. Zur Einführung in

3 Siehe auch Synopse Typ 1: Methodenintegrierte Fibellehrgänge.

das Prinzip des Schreibens mit dem ersten Anlautturm dienen ein Basis-Begleitheft 1 und zahlreiche Bildkarten, Lautierkarten, Schreibrichtungskarten und Wortschatzkarten, durch die das Einprägen der Buchstaben-Lautbeziehung geübt wird. Die Aufgabenstellung ist für jeden Laut gleich, damit die Kinder möglichst selbstständig arbeiten können, sobald sie das Anlautverfahren verstanden haben. Ein zweites Basisheft ist ähnlich aufgebaut und es wird davon ausgegangen, dass ein Kind nach der vollständigen Bearbeitung beider Hefte lesen kann (Prinzip: Lesen durch Schreiben).

Im dritten Basisheft werden auch rechtschriftliche Aspekte mit der Einführung des letzten, vierten Anlautturmes bewusst gemacht. Jetzt muss auch abgeschrieben werden (Abschreibkarten) und Leseaufgaben werden gestellt. Struktur und Reihenfolge der Aufgaben wiederholen sich erneut. Ergänzend gibt es Lesehefte auf verschiedenen Schwierigkeitsstufen und ein Wörterheft, mit dem die Kinder sich das Nachschlagen von Wörtern erarbeiten sollen.

Das Konzept sieht den Schreibbeginn mit der Druckschrift vor und empfiehlt die Einführung der Schreibschrift, sobald ein Kind sicher lesen kann. Dieser *lernprozessorientierte* Beginn der einzelnen Materialteile und die Ermöglichung individuell unterschiedlicher Bearbeitungszeiten ist durchgängiges Prinzip des *Konfetti*-Konzepts, da es dominant offene Unterrichtsphasen vorsieht bzw. auch für den Einsatz in der Jahrgangsmischung 1/2 geeignet sein soll. Die Art und Weise der Bearbeitung der einzelnen Materialien wird einer Lerngruppe nur jeweils kurz vorgestellt, dann können die Kinder auf Grund der gleichbleibenden Anforderungsstruktur der Hefte und Karteikarten selbstständig und mit individuellem Tempo weiterarbeiten. Neben diesem „Pflichtpensum“ gibt es Materialien für die Freiarbeit, in der die Kinder ihre Schriftsprachkenntnisse ausprobieren und auch miteinander spielen können.

Ebenfalls dem Prinzip vom Schreiben zum Lesen folgt die *Start frei*-Fibel, die allerdings nicht die enge Verbindung zu sachunterrichtlichen Themen aufweist wie das *Konfetti*-Konzept. Zielstellung ist die inhaltliche Abdeckung aller Kompetenzbereiche des Deutschunterrichts, was auch in entsprechenden Jahresplanungen für die Rahmenplananforderungen in Baden-Württemberg und Rheinland-Pfalz nachgewiesen wird.[4] Die Fibel bietet viele Anregungen zum Freien Schreiben und sieht das Anlautverfahren von Anfang an mit *allen* Buchstaben vor. Ein „Buchstabenheft“ beinhaltet Übungen zur Buchstabenkenntnis. Die Rechtschreibung wird in einem Arbeitsheft für das 2. Schuljahr angesprochen.

4 Zugriff am 16.10.2012 http://www.oldenbourg.de/osv/grundschule/lehrwerke/baden-wuerttemberg/10703 und http://www.oldenbourg.de/osv/grundschule/lehrwerke/rheinland-pfalz/10703 (Internet).

Die Fibel sieht ebenso wie das *Konfetti*-Programm keinen Buchstabenlehrgang vor. Die Texte werden in einem „Wörter- und Geschichtenheft" vertieft und sollen die Kinder motivieren, selbst zu schreiben. Ähnlich wie in dem *Konfetti*-Konzept sind in den Lehrermaterialien zahlreiche Anregungen zum jahrgangsgemischten Unterricht der ersten beiden Klassenstufen enthalten. Gleichwohl lässt sich in beiden Programmen nicht feststellen, dass die Lernangebote für die 1. und 2. Schulstufe „aus einem Guss" konzipiert wären[5] (zu weiteren Informationen über diese Fibeln siehe Synopse Typ 2: Schreiborientierte Ansätze des Anfangsunterrichts).

8.2.3 Silbenorientierte Zugänge zur Schriftsprache

In vielen Fibellehrwerken und auch in den schreiborientierten Ansätzen finden sich Hinweise auf die Silbenstruktur der Schriftsprache, ohne dass dies jedoch konzeptionell vertieft würde. Beide bisher vorgestellten didaktischen Konzepte sehen es als *primäre* Aufgabe des Anfangsunterrichts, dass die Kinder Einsicht in die *Laut-Buchstabenstruktur* der Schriftsprache erwerben.

Demgegenüber gibt es einige Fibeln, die die *Silbenstruktur* des Deutschen zum *zentralen* didaktischen Bezugspunkt des Lehrwerkskonzepts machen. Weder Lesen noch Schreiben stehen am Anfang des Schriftspracherwerbs, sondern die Bewusstmachung einer spezifischen Form von *Mündlichkeit*, das syllabierende Sprechen. Besonders pointiert vertreten wird dies Konzept durch das Programm *ABC der Tiere* (vgl. Abb. 10). So finden sich auf den ersten Seiten der Silbenfibel keine Wörter, sondern nur einzelne Silben, die erst im Fortgang des Leselernprozesses zu sinnvollen Wörtern zusammengesetzt werden. Grundsätzlich sollen die Kinder die beiden Basismuster der Silbenstruktur des Deutschen spontan erfassen und *nicht buchstabenweise synthetisieren.*

Abbildung 10: Auszug aus dem *ABC der Tiere*, S. 3

5 Schreiborientierte Konzepte, die auch die Schülermaterialien thematisch für beide Klassenstufen verbinden, werden gesondert in Kapitel 8.3.3 vorgestellt.

Derartige Fibelseiten erinnern an alte Silbenfibeln und die längst überholt geglaubte Naturlautmethode. Dem Vorwurf eines erneuten „Fibel-Dadaismus" wird zur Rechtfertigung ein anderes Modell des Leselernprozesses entgegengestellt. Nicht das übliche Grundmodell des Schriftspracherwerbs, die Stufenabfolge von logographischer, alphabetischer und orthographischer Phase, dient als Orientierungsbasis des Lehrkonzepts, sondern ein „Schichtenmodell", das ganz andere *lesetechnische* Voraussetzungen zum Ausgangspunkt nimmt (*ABC der Tiere* Handbuch, S. 7):

1. Kontrolle der Augenbewegung und Artikulation
2. Richtungssicherheit und Zeilenbewusstheit
3. Verankerung der Buchstaben/Anlautscheibe
4. Erkennen und Lautieren der elementaren Silbenmuster
5. zweisilbige Wörter lesen (Trochäus)
6. Satzmodelle mit richtiger Satzmelodie lesen
7. größere Zusammenhänge erkennen und wiedergeben

Während für die methodenintegrierten Fibellehrgänge und die schreiborientierten Ansätze des Schriftspracherwerbs die Wortbedeutung und das sinnentnehmende Lesen *von Anfang an* bedeutsam sind, beginnt hier das eigentliche Lesen erst auf Stufe 5. Zunächst werden die lesetechnischen Vorläuferfähigkeiten durch synchrones Silbensprechen, Klatschen, Silbenschwingen und rhythmische Ganzkörperbewegungen trainiert. Die Anregungen für eine Förderung der schriftsprachlichen Vorläuferfähigkeiten beziehen sich dementsprechend nicht auf die phonologische Bewusstheit im engeren Sinne, sondern empfohlen werden alle Übungen, die der Koordination, Links-Rechts-Orientierung sowie der Körperbeherrschung (z.B. Seilspringen, Ballspiele, Jonglieren) und Schulung des Rhythmusgefühls (z.B. Singen, Klatschen, Trommeln, Tanzen) dienen.

Für den Schulanfang steht die Bewusstmachung des Wortrhythmus' im Vordergrund und wird an Kontrastpaaren verdeutlicht (vgl. Abb. 11).

In zahlreichen sprechrhythmischen Übungen werden Motorik, Artikulation und Koordination geübt und idealerweise durch Klangstäbe oder Musik begleitet. Parallel dazu verläuft das Schreiben von Silben. Die Lehrkraft soll Silben diktieren, die Kinder sprechen die Silbe nach und schreiben sie auf. Dabei sollen die Schreibbewegungen durch synchrones Mitsprechen gesteuert werden, wie z.B. bei der Silbe „mu" durch: „eins – zwei – drei und Schwung ab" (*ABC der Tiere* Handbuch, S. 9).

Durchgängig wird in der Fibel die Silbenstruktur zunächst durch Wortzwischenräume („Silbentrenner"), dann durch farbliche Kontraste visuell hervorgehoben. Diese optische Markierung der Silbenstruktur findet sich in *allen* Schülermaterialien bis einschließlich zur 2. Klasse. Die Kinder sollen auch im Schreiben diese Struktur wiederholen, d.h., sie schreiben mit zwei Farben bzw. Stiften oder einem zweifarbigen Wendestift ein Wort.

Abbildung 11: Kontrastpaare: Nase - Nüsse, Regen - Rücken, Haken - Hacke, Säge - Säcke, Kater - Kette (*ABC der Tiere.* Prospekt: ABC der Tiere 1-4, S. 8, Internetquelle siehe Abbildungsverzeichnis)

Freies Schreiben wird abgelehnt, da die Gefahr gesehen wird, dass schwache Schreiber auf ihren „vorläufigen" Schreibungen (orthographisch falschen, wenn auch lautgetreuen Verschriftungen) verharren und keinen Zugang zur strukturierten Betrachtung der Rechtschreibprinzipien (Silbe, Morphem, Grammatik) finden (vgl. *ABC der Tiere* Handbuch „Zu den Voraussetzungen"). Deshalb werden den Kindern von Anfang an strukturierte Angebote gemacht, und zwar für das 1. Schuljahr die zweisilbige Grundstruktur von Wörtern mit den beiden Silbentypen „rechts offen" und „rechts geschlossen":

- Typ 1 „rechts offen" Beispiel: Tu be mit der Einführung der Bezeichnungen „Starter" und „Klinger"
- Typ 2 „rechts geschlossen: Kin der („Starter - Klinger - Stopper")

Diese Struktur wird den Kindern im „Häuschenmodell" nahegebracht: Haus und Garage sollen die Zweisilbigkeit von Wörtern verdeutlichen und gleichzeitig auf den Wortakzent, der auf der ersten Silbe liegt (Haus), aufmerksam machen. Die betonte Silbe wohnt im Haus, die unbetonte in der *separaten* Garage. Die Differenz zwischen betonter und unbetonter erster Silbe wird durch die „Zimmereinteilung" des Hauses symbolisiert. Damit gibt es einen Haustyp A mit „Doppelzimmer" für die offene Silbe (Tu be) und einen Haustyp B mit 3 Zimmern für die geschlossene Silbe (Kin der).

Die Konsonantenverdoppelung wohnt in einem Haustyp C mit *direkt angebauter* Garage, um den rhythmischen Kontrast in der Wortartikulation auch optisch deutlich zu machen (vgl. Abb. 12).

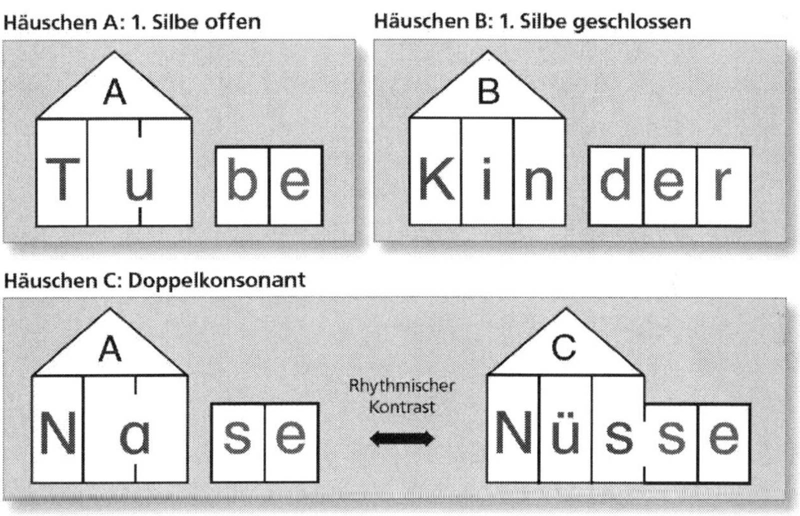

Abbildung 12: Haustyp A (Silbe offen), B (Silbe geschlossen) und C (Doppelkonsonant) (*ABC der Tiere.* Prospekt: ABC der Tiere 1-4, S. 9, Internetquelle siehe Abbildungsverzeichnis)

Das silbische Prinzip des Leselehrgangs wird damit auch zur Vermittlung der Orthographie genutzt.

Die Beachtung von Buchstaben wird über Gebärden eingeführt, die obligatorisch zum Lehrgang gehören und mit den verschiedensten Übungen gefestigt werden: So sollen sich die Kinder in Gebärden Wörter diktieren und mit Gebärden sprechen. Die Zusammenstellung der Gebärden (vgl. Abb. 13) berücksichtigt folgende Kriterien:

- die optische Entsprechung von Gebärde und Buchstabenformen (z.B. bei X, i)
- die Verdeutlichung der Seitigkeit bestimmter Buchstaben (z.B. die Stellung des Balkens beim Buchstaben a)
- Artikulationsort
- Artikulationsdynamik (z. B. bei den Plosivlauten, p, t)
- Empfindungsassoziationen (z.B. bei au)

Abbildung 13: Lautgebärden aus dem ABC der Tiere (*ABC der Tiere.* Prospekt: ABC der Tiere 1-4, S. 7, Internetquelle siehe Abbildungsverzeichnis)

Besonders herauszustellen ist an dem Programm *ABC der Tiere* die Breite seines Angebotes, die sich u.a. in der Berücksichtigung spezieller Adressatengruppen zeigt. So gehört zur Lehrwerksreihe eine separate Förderausgabe für Kinder mit besonderem Förderbedarf und ein Leseangebot für zweisprachige Kinder (deutsch-türkisch) in einer „Lesebrücke"[6]. Mit diesem dreibändigen Lesebilderbuch werden Sprachvergleiche ermöglicht und auch für das Türkische die Silbenmarkierung als Lesehilfe angeboten.

Leistungsstarke Kinder können zudem von der „*Leserabe*" - Serie profitieren, in der aktuelle Kinderbücher mit der Silbenmarkierung didaktisch aufbereitet wurden.

Mit einem silbenorientierten Ansatz arbeitet auch die *Karibu*-Fibel, wenngleich nicht so dominant und etwas anders konzipiert als im *ABC der Tiere.* Nur im ersten Drittel der Fibel finden sich optische Markierungen der Silben-

6 Textbeispiele aus der „Lesebrücke" sind zu finden unter: Zugriff am 17.10.2012 http://www.abc-der-tiere.de/lehrer/zusatzmaterialien/lesebruecke/ (Internet).

segmentierung von Wörtern, die zudem durch die parallele Grauschattierung von Ganzwörtern nicht so herausgestellt wird. Das Konzept spricht vielmehr einer lautorientiert-*phonemischen* Strategie des Schriftspracherwerbs zentrale Bedeutung zu, in der die Bezugnahme auf die Silbensegmentierung nur ein Hilfsmittel ist.

In Anlehnung an das Konzept der *lautgetreuen* Rechtschreibförderung von Reuter-Liehr (2008) sollen in der Fibel nur Wörter angeboten werden, die sich als „Mitsprechwörter" lautlich erschließen lassen. Eine „Pilotsprache" wird eingeübt, in der nicht nur ein silbischer Rhythmus realisiert wird, sondern eine an der Schrift orientierte „Vollartikulation", d.h. Laute, die eigentlich nicht gesprochen werden, wie das „stumme" h oder das vokalische „r" sollen mitgesprochen werden. Diese Beachtung von *einzellautlichen* Aspekten kommt auch in dem Einbezug einer Anlauttabelle („Schreib-Ufo") und lautdiskriminierenden Übungen zum Ausdruck.

Die Fibel beginnt mit der Einführung der Vokale, die über Anlautbilder verdeutlicht werden, die aber gleichzeitig auch als „Piloten" der Silben markiert werden. „Dauerkonsonanten" wie das m, l, w, r folgen und mit langsamer Steigerung des Schwierigkeitsgrades werden zunächst offene, dann geschlossene Silben eingeführt. Gleichzeitig sind Gelegenheiten zum Freien Schreiben vorgesehen, da das Lehrwerk als ein „moderat offenes" Konzept verstanden wird (vgl. *Karibu* Handreichungen, S. 46).

Das *Karibu*-Konzept sieht auch das Syllabieren und ein Silbenschwingen vor[7], der Stellenwert dieser Unterrichtsangebote wird aber anders gesehen als in dem *ABC der Tiere*. Das *Karibu*-Programm schließt an das Stufenmodell des Schriftspracherwerbs an, indem die Einsicht in die Silbensegmentierung der Schrift als Vorstufe der orthographisch-morphematischen Strategie gesehen wird. Insgesamt kann man das *Karibu*-Konzept stärker als „methodenverbindend" charakterisieren, da Anlautverfahren und Silbenorientierung miteinander kombiniert werden.

Diese Verbindung charakterisiert auch das Programm der *Piri*-Silbenfibel, der eine Schreibtabelle beigefügt ist, mit der die Kinder von Anfang an lautgetreu verschriften sollen. Auch hier wird der Bezug zur Silbenstruktur insbesondere als Grundlage für eine Einsicht in die Struktur der Rechtschreibung verstanden, indem die Rolle der Vokale in den Silben (Silbenkönig) herausgestellt wird. Mit Hilfe der Schreibtabelle soll *silbisch verschriftet* werden. Hieraus erklärt sich die Anordnung der Buchstaben in der Schreibtabelle, die sich an der Sonorität der Laute orientiert, die den Redestrom segmentieren.

7 Eine Übersicht über unterschiedliche Lautgebärdensysteme findet sich im Handbuch des Kieler Leseaufbaus von Dummer-Smoch/Hackethal (1999).

Die Vokale stehen daher oben, in den Zinnen eines Turms der Schreibtabelle, die Konsonanten sind – ihrer Sonorität folgend – von oben nach unten in dem Tabellenturm angeordnet. Am Fuß des Turms finden sich die Buchstaben bzw. Buchstabenkombinationen, die am Anfang bzw. Ende von Wörtern vorkommen (vgl. Abb. 14). Gegenüber dem Freien Schreiben mit dem „Schreibe wie du sprichst-Prinzip" wird hier den Kindern bereits zu Beginn ein zweites Orientierungsprinzip mit auf den Weg gegeben, der Silbenaufbau mit dem vokalischen Kern, so dass damit Skelettschreibungen vermieden werden sollen.

Abbildung 14: *Piri*-Schreibtabelle, Einlage *Piri* 1 Arbeitsheft

Ausgangspunkt ist – wie in allen Silbenfibeln – die Sprechsilbe, nicht die Schreibsilbe, da durch das syllabierende Sprechen die Doppelkonsonanten hörbar gemacht werden sollen. Die Mehrgliedrigkeit von Wörtern wird durch die üblichen Anregungen zum Silbenschwingen und -tanzen unterstützt. In der Fibel werden betonte und unbetonte Silben durch Grauschattierung optisch nicht so gut kenntlich gemacht wie im *ABC der Tiere* (zweifarbiger Druck blau/rot), da die Grautöne der unbetonten Silben bei den etwas längeren Texten nicht mehr gut lesbar sind. Unterschieden wird zwischen „Buchstabenseiten“ (ein Buchstabe pro Seite) und „Leseseiten“, die Texte unterschiedlichen Schwierigkeitsgrades vorsehen.

In dem *Piri*-Vorkurs zum Lesen und Schreiben werden zahlreiche Übungen zur Förderung der phonologischen Bewusstheit angeboten. Das *Piri*-Lehrwerk weist – wie weitere Programmpakete für den Anfangsunterricht aus dem Klett Verlag – eine Reihe von besonderen Förderangeboten aus: umfangreiches Inklusionsmaterial[8] (400 Kopiervorlagen) und einen kostenlosen Online-Zugang für die Testung der Lernausgangslage und des Leistungsstandes in Klasse 3 unter Beachtung des jeweiligen Lehrwerkes.[9] Nach der Fehleranalyse werden Empfehlungen für individuelle Fördermaterialien aus dem jeweiligen Lehrwerksprogramm gegeben (zu weiteren Details des Materialangebots vgl. Fibelsynopse Typ 3: Fibeln mit Silbenansatz).

8.3 Schwerpunktsetzungen einzelner Fibelkonzepte

Unabhängig von den fachdidaktischen Profilen der verschiedenen Fibelprogramme sollen in diesem Abschnitt an ausgewählten Beispielen verschiedene Schwerpunktsetzungen aktueller Fibelprogramme herausgestellt werden. Praktisch alle Lehr-/Lernpakete für den Anfangsunterricht reklamieren für sich, vielfältige Differenzierungsangebote zu bieten, um individuelle Lernprozesse zu unterstützen und selbstständiges Lernen bzw. Weiterlernen zu ermöglichen. Einige Fibelkonzepte lassen dabei aber eine besondere Eignung für spezifische Adressatengruppen, wie Kinder mit Migrationshintergrund oder auch für Kinder mit besonderem Förderbedarf, erkennen. Darüber hinaus gibt es Lehr-/Lernpakete, die über die üblichen Differenzierungsvorschläge hinaus das inhaltliche Angebot für die Jahrgangsstufen 1 und 2 sozusagen synchronisiert haben, indem identische Themen in unterschiedlichen Bearbeitungsmodi angeboten werden. Schließlich gibt es einige Fibeln, die bereits ein neues Konzept für den Schreiblehrgang umsetzen: die Grundschrift. Während fast alle Fibeln Lehrgänge für jede der drei schulischen Schreibschriften anbieten, wird ein separater Schreibschriftlehrgang mit dem Grundschrift-Konzept verzichtbar (vgl. Kap. 8.3.4).

8 Zugriff am 16.10.2012 http://www.klett-pressebox.de/sixcms/detail.php?id=1664622&template=pr_pressemeldung_detail (Internet).

9 Zugriff am 16.10.2012 http://www.testen-und-foerdern.de/klettdf/login.html (Internet).

8.3.1 Sprachlernangebote für Kinder mit Migrationshintergrund

Informationen über das Leben in anderen Kulturkreisen werden in den Fibeln selbst oder in den Begleitmaterialien zumindest teilweise aufgegriffen. Die besonderen *sprachlichen* Lernbedürfnisse von Kindern mit Migrationshintergrund werden hingegen kaum berücksichtigt. Möglicherweise herrscht noch vielfach die Auffassung vor, dass diese Förderung Gegenstand des ergänzenden und separat durchgeführten DaZ-Unterrichts sein soll.[10] Es ist bekannt, dass dies nicht hinreichend ist, um den Kindern mit Migrationshintergrund ein schriftsprachliches Niveau zu vermitteln, mit dem sie den bereits ab der 2. Klassenstufe schnell wachsenden Anforderungen an eine „bildungssprachliche" Kompetenz gewachsen sind.

In den aktuellen Rahmenlehrplänen und ministeriellen Handreichungen wird Zweitsprachförderung deshalb nicht mehr als unterrichtsergänzende Fördermaßnahme beschrieben, sondern explizit als *Unterrichtsprinzip* für den Regelunterricht gefordert: So versucht z.B. die Berliner „Handreichung Deutsch als Zweitsprache" Grundlagenwissen für einen „*integrativen* Sprachunterricht" zu vermitteln. Der Hamburger Grundschullehrplan Deutsch weist ebenfalls in diese Richtung, indem „Deutsch als Zweitsprache" als Querschnittaufgabe *aller* Fächer gesehen wird. Um diesen Anspruch professionell umzusetzen, müssen Lehrkräfte den Anfangsunterricht in besonderer Weise planen und umsetzen. Notwendig sind:

- eine gezielte Förderung der schulischen *Bildungssprache* durch Bewusstmachen der Differenz zwischen Umgangssprache und Bildungssprache (im Sinne einer konzeptionellen Mündlichkeit und Schriftlichkeit),
- der Aufbau einer Erzähl- und Schriftkultur unter Berücksichtigung der *morphologisch-syntaktischen Struktur* schulsprachlicher Äußerungen,
- das Einüben der *diskursiven* Formen der Bildungssprache, wie stilistische Konventionen, Beachtung von Textsorten, angemessene Bezugnahme auf Redebeiträge etc.,
- die systematische Unterstützung im Erwerb von *Fachsprache* (Sachunterricht, Mathematik) und ihren spezifischen sprachlichen Registern,
- die kontinuierliche, lernprozessbegleitende *Diagnose* der Sprachentwicklung, um „passgenaue" (individuell adaptive) Lernangebote machen zu können. Dabei ist insbesondere auf die Differenz zwischen produktiven und rezeptiven Sprachleistungen zu achten, denn das Hörverständnis der Zweitsprachlernenden liegt deutlich über den Äußerungsformen, die sie

10 Hierfür gibt es wiederum spezifische Materialien und Lehrerhandreichungen: z. B. Boehrer (2004), Mehle & Sahel (2011).

selbst aktiv gestalten können. Die gleiche Differenz gilt für mündliche und schriftliche Sprachleistungen.

- die selbstkritische Beachtung einer Modellsprache, d.h., die Sprache der Lehrkraft muss als *Sprachvorbild* geeignet sein,
- ein angemessenes korrektives *Feedback*, d.h., sprachlich inkorrekte Äußerungen der Zweitsprachlernenden werden nicht explizit „korrigiert", sondern durch grammatisch richtiges Wiederholen des Gesagten implizit „auf den richtigen Weg" gebracht,
- die kontinuierliche Vergewisserung von *Sprachverständnis*, z.B. durch Reformulierungsaufgaben, d.h., die Zweitsprachlernenden werden aufgefordert, die Aufgabenstellung „mit eigenen Worten" zu wiederholen, um sicher zu sein, dass die Aufgabenstellung wirklich verstanden wurde,[11]
- Die Anregung von *Korrekturschleifen* bei der Durchsicht von schriftlichen Texten, d.h., den Zweitsprachlernenden wird empfohlen, ihre Schreibprodukte *mehrmals,* und zwar immer *nur unter einem* Aspekt durchzusehen (z.B. sind alle Silbenkerne markiert, sind alle Artikel korrekt...?).

Der Schriftspracherwerb bietet die Chance, Sprachlernen und den Erwerb von Sprachstrukturwissen miteinander zu verbinden. Während für Kinder, die in ihrer Erstsprache alphabetisiert werden, die Gefahr besteht, dass die Fibeltexte sie sprachlich unterfordern, können sie für Kinder mit nicht deutscher Erstsprache ein Angebot sein, mit dem sie ihre grammatischen Sprachfähigkeiten erweitern können. Dies setzt natürlich voraus, dass in den Schülermaterialien die „Stolpersteine" der Deutschen Sprache, wie Artikel und Genuskonkordanz, Pluralbildung, Vergangenheitsformen der unregelmäßigen Verben, Präpositionen, Kasusbildung und Satzstellung bei trennbaren Verben, auch herausgestellt werden. Im Folgenden sollen Fibelprogramme vorgestellt werden, die versuchen, einige dieser Aspekte in ihr Lehrwerkskonzept aufzunehmen.

Die gerade erschienene *Oskar*-Fibel berücksichtigt in besonderer Weise die Lernsituation von Kindern mit Migrationshintergrund, indem sowohl Lernangebote zur *Wortschatzentwicklung* als auch zur Beachtung der *morphologisch-syntaktischen* Struktur des Deutschen aufgenommen werden. So gibt es in jedem Fibelkapitel Einheiten zum expliziten Üben eines „Sprechwortschatzes", d.h., hier werden Wörter angeboten, die von den Kindern in der Regel noch nicht gelesen werden können, sondern der Förderung semantisch-lexikalischer Basiskompetenzen dienen. Ebenso gibt es durchgängig Angebote zum Erwerb

11 Zu weiteren Qualitätsmerkmalen für den Unterricht in DaZ-Klassen vgl. (Zugriff am 16.10.2012) http://cosmea.erzwiss.uni-hamburg.de/cosmea/core/corebase/mediabase/foermig/Modellschulen/QM_1_10.pdf. (Internet).

grammatischer Strukturen und leistungsdifferenzierte Aufgaben zum Lesen und Schreiben.[12]

Abbildung 15: Nomen mit Benennung des Artikels und genus-symbolisierendem Handzeichen (*Oskar* Schülerbuch, S. 13)

Obwohl das Fibelkonzept die Arbeit mit einer Schreibtabelle vorsieht, wird nicht vergessen, alle Nomen zugleich mit der Benennung des Artikels einzuführen. Handzeichen sollen den Kindern zudem helfen, sich an die richtige Zuordnung von *der/die/das* zu erinnern (vgl. Abb. 15). Präpositionen und weitere Funktionswörter werden in Erzählsituationen eingeübt. In den diagnostischen Handreichungen werden neben den üblichen Formaten zur Lese- und Schreibentwicklung auch die Lernausgangslage im Bereich Wortschatz und Grammatik erhoben. Die Herkunftssprachen der Kinder werden in der *Oskar*-Software berücksichtigt, indem die Aufgabenstellungen per Mausklick auch auf Türkisch, Russisch, Italienisch (sowie Englisch) angehört werden können.[13]

Methodisch wird in der Fibel auf eine Buchstabenprogression verzichtet und eine Kombination aus Anlautverfahren und Silbenmethode praktiziert.

12 Die Fibel kann als livebook unter (Zugriff am 16.10.2012 http://klettbib.livebook.de/978-3-12-300490-2/ (Internet) vollständig angesehen werden.

13 Diese Form der Berücksichtigung von Mehrsprachigkeit ist durch die Lehrkräfte selbst kaum realisierbar, da sie die Herkunftssprachen der Kinder nicht beherrschen. Eine Hilfestellung für die Bearbeitung dieses Dilemmas und darüber hinaus eine Sensibilisierung für sprachliche Differenzen, die durch soziale Herkunft und Geschlecht bedingt sind, findet sich bei Linke & Oomen-Welke (1995).

Für die Bearbeitung der Silbenstruktur werden das Silbenschwingen und -schreiten eingeführt. In den Fibeltexten werden vielfach Silbenbögen und insbesondere der Silbenkern („Könige") markiert. Auch in den Arbeitsheften steht die Arbeit an der Silbenstruktur im Vordergrund, durch die das Verschriften mit der Schreibtabelle zu orthographisch korrekten Ergebnissen führen soll. Gleichzeitig wird aber immer auch *ein* Buchstabe besonders herausgestellt, der parallel in den schreibmotorischen Übungen vertieft wird. Es gibt eine Reihe von Begleitmaterialien (vgl. Fibelsynopse Typ 4: Fibeln mit integrierten Sprachlernangeboten für Kinder mit Migrationshintergrund), aber das Programmpaket beschränkt sich bisher auf das 1. Schuljahr, so dass es nur für den jahrgangsgebundenen Unterricht geeignet ist. Dies gilt auch für das eher traditionelle Konzept der *Luna*-Fibel, die durch ein Arbeitsheft zur Sprachförderung und zu DaZ sowie einer entsprechenden Lehrerhandreichung versucht, die Lernsituation von Kindern mit Migrationshintergrund stärker zu berücksichtigen.

Eine *durchgängige* Sprachförderung für Kinder unterschiedlicher Herkunftssprachen wird durch das Programm *Xa-Lando* angeboten, das spezielle DaZ-Hefte von der 1. bis zur 4. Klassenstufe anbietet.[14] Das Besondere an diesem Lehrwerkskonzept ist der starke Bezug zum Sachunterricht, so dass die Fibel als „Deutsch- und Sachbuch" tituliert wird. Indem die Inhalte des Sachunterrichts zum Ausgangspunkt des Lese- und Schreiblehrgangs gemacht werden, sollen projektorientiertes, fächer- und jahrgangsübergreifendes Unterrichten ermöglicht werden. Konkret umgesetzt wird dies dadurch, dass die Themenschwerpunkte in den Jahrgangsbänden 1 und 2 im Jahresverlauf an gleicher Stelle stehen. Dieser starke Bezug auf Sachthemen ist für die Wortschatzarbeit in Klassen mit hohem Anteil an Kindern mit Migrationshintergrund sicher ein sinnvoller Weg, der aber natürlich auch mit einem separaten Sachbuch bzw. handlungsorientierten Ideen für die Realisierung von sachunterrichtlichen Bezügen umgesetzt werden kann.

Das methodische Konzept für den Schriftspracherwerb basiert auf dem klassischen Stufenmodell und sieht ergänzend den Bezug auf die Silbenstruktur vor, indem die Silbe als Lesehilfe in der Entwicklung der orthographischen Strategie bearbeitet wird. Kombiniert wird das Anlautverfahren mit Lehrgangselementen, indem die Fibelseiten eine Buchstabenprogression – allerdings mit geringem Steilheitsgrad – aufweisen. Gleichzeitig gibt es zahlreiche Seiten zum Vorlesen bzw. die Sachunterrichtsseiten, so dass Differenzierungsmöglichkeiten gegeben sind.

14 Diese Hefte können natürlich auch lehrwerksunabhängig eingesetzt werden.

8.3.2 Differenzierung und Förderung bei besonderen Lese-Rechtschreibschwierigkeiten

Zahlreiche Fibelprogramme sehen Lesetexte mit verschiedenen Schwierigkeitsstufen vor und bieten auch ergänzende Lesehefte mit anspruchsvolleren Texten (siehe Tabelleninformation in der Fibelsynopse) für leistungsstarke Kinder an. Ebenso werden vielfach „Förderkoffer oder -materialien“ (z.B. *Kunterbunt, Zebra, Lollipop, Bausteine*-Fibel, *Meine* Fibel, *Karibu, Piri*) oder auch „Inklusionsmaterialien“ (z.B. *Jo-Jo*-Fibel) angeboten.

Besondere Erwähnung verdient das Konzept *ABC der Tiere*, das in zwei Ausgaben, Standard- und Förderausgabe, produziert wird. Beide Ausgaben führen Silben, Laute und Buchstaben in der gleichen Reihenfolge ein, so dass in einem inklusiven Unterricht *beide Lehrwerke parallel* genutzt werden können. Die Förderausgabe ist insgesamt „einfacher“ aufgebaut als die Standardausgabe: Die Fibeltexte sind kürzer, haben einen größeren Schrifttyp, die Lernprogression ist insgesamt langsamer. Die methodische Orientierung, der Silbenansatz, ist in beiden Programmteilen identisch und wird in zahlreichen Übungsmaterialien und Spielen vertieft. Damit sind gleichzeitig gute Voraussetzungen für ein kooperatives Lernen der Kinder gegeben.

Ein Programmpaket, das gerade in leistungsschwachen Klassen bzw. für Kinder mit besonderem Förderbedarf einsetzbar ist, wurde in enger Anlehnung an bewährte Verfahren aus der LRS-Förderung entwickelt: *Lulu lernt Lesen.* Wie der Titel der Fibel bereits deutlich macht, handelt es sich um ein Konzept, dass insbesondere dem Leselernprozess hohe Aufmerksamkeit und Sorgfalt schenkt. Zielstellung ist, wirklich *allen* Kindern das Lesen beizubringen, indem ein sehr kleinschrittig strukturierter und didaktisch stark vereinfachter Leselehrgang angeboten wird. Er beginnt mit einem Vorkurs (gelbes Ringbuch), in dem die phonologische Bewusstheit geübt wird. Zunächst steht die Beobachtung der Lernausgangslage im Vordergrund, danach lesetechnische Aspekte, indem die Kinder Handzeichen für Buchstaben und Vokale in ihrer lang gesprochenen Form kennen lernen. Das Wortmaterial ist reduziert auf Silben, die die Abfolge Konsonant – Vokal (Ma – Me – Mi) haben und allenfalls zweisilbig sind (LuLu).

Erst in dem zweiten (grünen) Ringbuch werden Konsonanten eingeführt, so dass das Zusammenschleifen von Lautkombinationen eingeübt werden kann. Die Reihenfolge der Einführung der Konsonanten ist streng hierarchisch nach dem Kieler Leseaufbau (Dummer-Smoch/Hackethal 2007) aufgebaut. So wird vermieden, ähnlich artikulierte Laute (b-p, d-t, g-k) oder auch optisch leicht zu verwechselnde Buchstaben wie f-t, b-q unmittelbar nacheinander einzuführen.

Wörter mit Konsonantenhäufungen werden zunächst ausgeklammert ebenso wie Sätze. Vielmehr werden viele Kindernamen an Stelle von sinnvollen

Wörtern benutzt, um so ein „Ratelesen“ zu unterbinden. Da die Automatisierung des *lesetechnischen* Vorgangs als erstes Ziel gesehen wird, ergibt sich auch eine sehr langsame Textprogression, da die Gefahr gesehen wird, dass einfache Fibelsätze zum Auswendiglernen führen könnten.

Das zweite Ringbuch enthält auch Vorlesegeschichten bzw. Lesetexte für die Kinder. Schreiben und Lesen werden parallel geübt, wobei das orthographisch korrekte *silbenweise* Schreiben im Vordergrund steht. Für Kinder, die bereits lesen können, wird das Freie Schreiben mit der Anlauttabelle empfohlen. Das von allen Kindern zu bearbeitende dritte (blaue) Ringbuch greift die Namen und Wörter der vorangegangenen Hefte in sich wiederholenden Übungsaufgaben erneut auf.

Da mittlerweile auch in anderen Fibelprogrammen Vorkurse, Silbenorientierung und Lautgebärden praktiziert werden, sind es vornehmlich das kleinschrittige, *lesetechnisch* orientierte Vorgehen, die Isolierung der Schwierigkeiten im Wortangebot (nur *lautgetreue* Wörter) und die sehr *langsame* Progression der Leseanforderungen, die dieses Programm auszeichnen. Ob es damit aber geeignet ist, auch den schneller lernenden Kindern in einer Klasse genügend Lernangebote zu machen, darf bezweifelt werden. Insofern ist das Konzept wohl eher für den Lese-Förderunterricht geeignet.

Unabhängig bzw. in Ergänzung zu *allen* Fibelprogrammen können zahlreiche Förderangebote genutzt werden. Der Markt an Übungsmaterialien, Präventionskonzepten und Förderprogrammen speziell für Kinder mit LRS ist nahezu unüberschaubar. Es gibt aber eine Reihe von „evidenzbasierten“ Programmen, d.h. Förderkonzepten, die auch einer wissenschaftlichen Kontrolle unterzogen wurden und sich hierbei bewährt haben:[15]

Kossow, H. J. (1973). Zur Therapie der Lese-Rechtschreibschwäche. Aufbau und Erprobung eines theoretisch begründeten Therapieprogramms.

Das Programm von Kossow gilt geradezu als Klassiker unter den LRS-Programmen für die Grundschule (2.-4. Schulstufe). Es bietet Übungen zur phonologischen Bewusstheit, Handzeichen, Konzentration auf lautgetreue Wörter, strukturierte Einführung von Grundprinzipien der Rechtschreibung. Diese Förderstrategien haben jetzt Eingang gefunden in das Förderprogramm von:

15 Zu unterschiedlichen Ansätzen in der LRS-Förderung vgl. Suchodoletz (2010). Eine sehr empfehlenswerte Berichterstattung über die Wirksamkeit von Programmen und Komponenten, die in der LRS-Förderung zum Einsatz kommen wurde von Huemer u.a. (2009) erstellt. Hier finden sich auch Hinweise auf weitere Fördermaterialien und -programme.

Behrndt, S.-M., Hoffmann H. & Koschay, E. (Hrsg.) (2008). Kompendium. Zum Abbau von Schwierigkeiten beim Lesen und beim Rechtschreiben.
In sechs Heften werden Lautdifferenzierung, Konsonantengruppen, Wortendungen, Silbengliederung, Pilotsprache, Signalgruppen, Morpheme und einfache Rechtschreibregeln geübt. Begonnen wird mit der Einführung der Silbenstruktur, der Verdeutlichung des vokalischen Kerns und der Unterscheidung von lang und kurz gesprochenen Vokalen, so dass die Materialien bereits mit Schulbeginn eingesetzt werden können.[16]

Tacke, G. (1999). Flüssig lesen lernen. Übungen, Spiele und spannende Geschichten.
Das Programm sieht eine Einzelförderung über sechs Monate vor, und zwar täglich 20 Minuten. Die Wirksamkeit des Förderkonzepts zeigte sich für die ersten beiden Schuljahre und auch für die 3. Klasse, sowohl für die *Leseleistung* als auch (in geringerem Maße) für die Rechtschreibfähigkeiten.

Dummer-Smoch, L. & Hackethal, R. (1999, 2002, 2007): Kieler Leseaufbau.
Der Kieler Leseaufbau wird schon lange als LRS-Förderprogramm in der Praxis eingesetzt. Er basiert auf der langsamen und sprach-systematischen Progression der Buchstabeneinführung an einfachen lautgetreuen Wörtern, dem durchgängigen Einsatz von Lautgebärden und der Beachtung der Silbenstruktur als Lesehilfe. Mit diesem Programm wurden auch gute Erfolge im Förderunterricht bei Kindern erzielt, die im Regelunterricht das Leseprinzip nicht verstanden haben. Im Anschluss an den Kieler Leseaufbau soll ab der 2. Klasse das Rechtschreibprogramm eingesetzt werden:

Dummer-Smoch, L. & Hackethal, R. (2002): Kieler Rechtschreibaufbau.
Ebenfalls an lautgetreuem Wortmaterial werden nach dem Prinzip vom Leichten zum Schweren sukzessive auch Rechtschreibmuster zur Verlängerung von Wörtern, Konsonantendoppelung und zum Dehnungs-h erarbeitet.

Reuter-Liehr, C. (2000, 2006, 2008): Lautgetreue Rechtschreibförderung.
Das Prinzip, an einfachen lautgetreuen Wörtern die Schriftsprache zu erlernen, findet sich differenziert ausgearbeitet in dem Förderprogramm von Reuter-

16 H. Hoffmann & E. Koschay (2002) haben eine Lese-Lernhilfe für die Anfangsphase des Leselernprozesses zusammengestellt, die in der Broschüre „LRS-Förderstrategie in Mecklenburg-Vorpommern" des Ministeriums für Bildung, Wissenschaft und Kultur Mecklenburg-Vorpommern zu finden ist.

Liehr. In einem Band 1 wird eine Einführung in das Training der phonemischen Strategie auf der Basis des rhythmischen Syllabierens gegeben. Ergänzend gibt es ein „Elementartraining", in dem sukzessive im Schwierigkeitsgrad ansteigend zunächst die Phonem-Graphem-Korrespondenz analysiert und das syllabierende Sprechen geübt werden. Die Unterstützung des Übergangs von der phonemischen zur morphematischen Strategie schließt sich an. In einem weiteren Band werden Lernspiele zur Silbengliederung angeboten, die insbesondere der Leseförderung dienen sollen und im Anschluss an die Erfassung der Phonem-Graphem-Korrespondenz eingesetzt werden können. Für die 3. Klasse gibt es auch ausgearbeitete Förderstunden (Blockstunden à 90 Minuten).

Schulte-Körne, G., Mathwig, F. (2001).
Das Marburger Rechtschreibtraining.
Ein regelgeleitetes Förderprogramm für rechtschreibschwache Kinder.
Die Wirksamkeit dieses Trainingsprogramms, das für die 2. und 3. Schulstufe geeignet ist, wurde in mehreren Studien nachgewiesen. Bei professioneller Durchführung des Programms konnte bereits nach relativ kurzer Übungszeit (3 Monate, 2 x 20-30 Min./wöchentlich) eine deutliche Verbesserung der Rechtschreibleistungen erzielt werden, teilweise auch der Leseleistung. Das Programm wird speziell auch als häusliches Trainingsprogramm angeboten. Allerdings ließen sich in dieser Form der Durchführung des Programms durch Eltern keine nachweisbaren Effekte in einem überschaubaren Förderzeitraum erreichen, d.h., erst nach 2 Jahren kontinuierlichen Übens war überhaupt eine Leistungsverbesserung feststellbar. Dies dürfte damit im Zusammenhang stehen, dass Eltern mit der Vermittlung von Rechtschreibregeln überfordert werden.

Kargl, R. & Purgstaller, C. (2009): Morpheus Morphemunterstütztes Grundwortschatz-Segmentierungstraining[17]
Hierbei handelt es sich um ein Computerprogramm, das die Morphemstruktur von Wörtern systematisch in drei Schwierigkeitsstufen herausarbeitet (Vor- und Nachsilbe und Wortstamm) Das Wortmaterial bildet den Grundwortschatz für die 4. Klasse ab. In dem begleitenden Handbuch werden folgende Rechtschreibregeln auch durch Übungsblätter und Wortkarten verdeutlicht: Doppelkonsonanten, Dehnungs-h, s-Schreibung und „ie" als Dehnungszeichen. Sowohl für LRS-Kinder als auch für Kinder im Regelunterricht (4. Klasse) ließen sich mit diesem Programm signifikante Verbesserungen der Rechtschreibleistung und auch in der Anwendung der *morphematischen Strategie* erreichen.

17 Zugriff am 16.10.2012 http://www.lrs-legasthenie.at/morpheus.htm (Internet).

Die aufgeführten Programme machen zunächst auf eines aufmerksam: Alle wissenschaftlich abgesicherten Förderkonzepte für Kinder mit besonderem Förderbedarf sind *symptomorientierte* Förderprogramme, d.h., es wird durchgängig direkt auf die Schriftsprache und die domänenspezifischen Lernprozesse, Lesen und Schreiben, Bezug genommen.

▶ Zusammenfassung

Folgende Komponenten lassen sich als entscheidend für den Erfolg von Übungsprozessen bei Kindern mit Lernschwierigkeiten im Schriftspracherwerb zusammenfassend auflisten:

Förderung der basalen Voraussetzungen für den Erwerb der Schriftsprache
- phonologische Bewusstheit
- Bewusstmachen der rhythmischen Struktur von Sprache (Silbengliederung) durch Silbenschwingen
- gedächtnismäßige Verankerung der Phonem-Graphem-Korrespondenz durch Lautgebärden

Leseförderung
- Verwendung von lautgetreuem Wortmaterial zu Beginn des Leselernprozesses
- langsame und sprachsystematisch orientierte Steigerung der Schwierigkeitsstufen des Lesematerials
- optische Unterstützung der Wortstrukturerfassung (Silbenkönige, Silbenbögen, Wortbausteine etc.)
- Übungen zur Beachtung der Lesegenauigkeit (z.B. „Beweislesen“ nach Ch. Mann u.a. 2001)
- Training der Lesegeschwindigkeit (viel Lesen und lesetechnische Hilfestellungen wie Silben oder Signalgruppen erarbeiten)

Rechtschreibübungen
- Silbengliederung und syllabierendes Sprechen
- Verwendung von lautgetreuen Wörtern zu Beginn des Schriftspracherwerbs
- Silbensegmentierung
- Strukturierungshilfen für die Wortanalyse durch Einführen einer „Pilotsprache“
- Üben von Wortbausteinen (Morphemstruktur)
- Grundwortschatztraining
- Üben von Rechtschreibregeln

Die Berücksichtigung dieser Übungsbereiche muss je nach Entwicklungsstand des Kindes erfolgen, so dass der Diagnose des schriftsprachlichen Leistungsstandes eine zentrale Bedeutung zukommt. Praktisch alle Fibeln bieten Kataloge, Kopiervorlagen oder Checklisten für eine lernbegleitende Beobachtung des Schriftspracherwerbs an. Der Vorteil dieser Materialien ist, dass sie sich direkt auf die in dem jeweiligen Fibelkonzept bearbeiteten Buchstaben, Wörter und Texte beziehen und vielfach auch die entsprechenden Empfehlungen für die anschließende Förderung geben. Sie ermöglichen bei mehrmaliger Anwendung auch die Feststellung des individuellen Entwicklungsfortschritts.

Weniger geeignet sind diese „Lernzielkontrollen" für eine zuverlässige Einschätzung des Leistungsniveaus einer Klasse, denn die Anforderungen in den einzelnen Fibellehrwerken sind durchaus unterschiedlich und dementsprechend auch die sich hierauf beziehenden Lernstandskontrollen. Ein Berufsanfänger weiß aber noch nicht, ob die von ihm eingesetzte Fibel schwer oder leicht ist, ob der Leistungsmaßstab in den "diagnostischen Hilfen" anspruchsvoll oder eher an leistungsschwachen Kindern orientiert ist. Die diagnostische Kompetenz kann aber durch Rückgriff auf standardisierte Instrumente der Leistungserfassung im Lesen und Rechtschreiben gestützt werden. Einschlägige *normierte* Testverfahren, die auch Hinweise auf einen LRS-Förderbedarf ermöglichen, finden sich daher am Ende dieses Kapitels.

8.3.3 Jahrgangsübergreifender Unterricht

Einige Fibelprogramme eignen sich in besonderer Weise zum Einsatz in jahrgangsgemischten Klassen. So unterstützt der Lehrwerks-Verbund *KUNTERBUNT* nicht nur eine Unterrichtsplanung für die flexible Eingangsstufe, sondern auch für eine Jahrgangsmischung über die ersten drei oder vier Schulstufen der Grundschule. Ermöglicht wird dies durch eine starke Verzahnung von Deutsch- und Sachunterricht über alle vier Grundschuljahre. Die Reihenfolge der Lebensweltbereiche, die in der Fibel, den Lese- und Sprachbüchern und dem Sachheft thematisiert werden, ist gleich.

Das Unterrichtskonzept, das mit dieser Lehrwerksreihe verfolgt wird, ist stark themenorientiert und favorisiert einen handlungsorientierten Zugang nicht nur zur Schriftsprache, sondern auch für das weiterführende Lernen im Deutschunterricht. Durch gemeinsame Unterrichtsthemen und Projekte sollen die Kinder aus verschiedenen Schulstufen miteinander und voneinander lernen. Von Anfang an wird auch der Vermittlung von Methodenkompetenz Beachtung geschenkt, damit die Kinder möglichst selbstständig lernen können. Anregungen zur Gestaltung von Lernstationen mit fachbezogenen Arbeitsmethoden finden sich in allen Schulbüchern der Reihe. Schriftsprachliche Teilkompetenzen sollen in „didaktischen Schleifen" erworben werden. Hierfür gibt es eine Fülle von differenzierten Lernangeboten wie Förderhefte und -spiele, Hefte zur Sprachförderung und DaZ sowie Arbeitshefte. Bereits die Fibel ist in ihrem Leseangebot durchgängig auf zwei Niveaustufen angelegt, so dass unterschiedliche Lernvoraussetzungen berücksichtigt werden. Diagnostische Informationen werden über drei Wege angeboten:

1. Beobachtungsbögen im *Lehrerhandbuch*
2. „Könnensbögen" zum Abschluss jeder Unterrichtseinheit und Adressierungen von Anregungen für die Portfolioarbeit an die *Kinder*
3. Online steht eine *lehrwerksbezogene* Lernstandserhebung mit automatischer Auswertung und Förderempfehlung (Diagnosebogen, Klassenbericht, Lernvertrag, Elternbrief) zur Verfügung[18]

Die Vermittlung von Rechtschreibkompetenz erfolgt grundwortschatzorientiert, indem mit einer von der 1. bis zur 4. Klasse wachsenden Rechtschreibkartei gearbeitet wird, die den Wortbestand aus den verschiedenen Schulbüchern sichert.

Auch das Konzept von *Löwenzahn und Pusteblume* begünstigt durch die Parallelführung von Themen in den Lehrwerken für die 1. und 2. Schulstufe ein jahrgangsübergreifendes Arbeiten. Methodisch wird versucht, Lesen und Schreiben, offene und lehrgangsorientierte Phasen zu verbinden. So gibt es eine alphabetisch geordnete Anlauttabelle und drei separate Leselernbücher. Auf den ersten Seiten des Leselernbuchs werden zwar einzelne Buchstaben herausgestellt, aber die Texte gehen über diesen Buchstabenbestand hinaus. Das Schreiben mit der Anlauttabelle steht zunächst im Vordergrund, wird dann aber durch strukturierte Angebote für den Aufbau eines Grundwortschatzes ergänzt. Eine analytisch-synthetische Durchgliederung von Wörtern wird in den Arbeitsheften realisiert, die auch Bezüge zum Sachunterricht herstellen. Anregungen zum fächerverbindenden Arbeiten finden sich ebenso in den Leselernbüchern.

Gänzlich verzichtet wird auf eine Buchstabeneinführung in *Zebra 1*, das klar auf eine offene Unterrichtsgestaltung orientiert. Das Lesebuch beinhaltet viele leichte Texte, die sich die Kinder mit der Anlauttabelle selbst erschließen sollen. Schwere Texte sind als Differenzierungsangebot extra markiert. Die Materialien für die 1. und 2. Schulstufe sind als Einheit konzipiert, indem das Lesebuch, die Arbeitshefte für Lesen und Schreiben, zur Sprachförderung und DaZ thematisch vergleichbar gegliedert sind. Verbindungen zum Sachunterricht werden aufgezeigt (Projekthefte und Sachhefte). Auch die Förderhefte

18 Zugriff am 16.10.2012 http://www.testen-und-foerdern.de/klettdf/login.html (Internet).

greifen die Themen des Lesebuchs auf, so dass individuelles Lernen am gemeinsamen Gegenstand ermöglicht wird. Das Konzept sieht sowohl Lernangebote für leistungsstarke Schülerinnen und Schüler vor als auch Materialien für Kinder mit Förderbedarf auf verschiedenen Niveaus.

Speziell für die Jahrgangsmischung der Schulstufen 1 und 2 wurde das *TINTO*-Konzept entwickelt. Es bietet eine Lösung für ein Problem an, das sich durch die thematische Parallelführung der Lehrwerke für die Schulstufen 1 und 2 ergibt: Wie die bisherigen Ausführungen gezeigt haben, versuchen die Fibelprogramme, die besonders auf ihre Verwendbarkeit für den jahrgangsübergreifenden Unterricht hinweisen, diese Eignung durch die Bearbeitung gleicher Themen in der Fibel und dem Lese- bzw. Sprachbuch für die 2. Klasse, ggf. auch noch des Sachbuches, zu erreichen. Das ist auf den ersten Blick plausibel, bedeutet aber gleichzeitig, dass die Kinder ein bestimmtes Themenspektrum *zweimal* durcharbeiten. Sie werden zwar von sprachlich komplexeren Problemstellungen herausgefordert, nicht aber durch neue inhaltliche Angebote angeregt.

TINTO bietet deshalb zwei Reihen an, eine blaue und eine grüne, und zwar jeweils für die 1. und 2. Schulstufe. Die blaue und die grüne Reihe sind im Hinblick auf die schriftsprachlichen Lernangebote gleich, aber sie verwenden unterschiedliche Themen als Lernumgebung. Innerhalb einer Reihe sind die Ausgaben *TINTO 1 und 2* jeweils thematisch gleich aber vom Lernniveau progressiv gestaltet, d.h., *TINTO 1* bildet das Lernpensum für die 1. Klasse und *TINTO 2* für die 2. Klasse ab. Übernimmt eine Lehrkraft eine jahrgangsübergreifend zusammengesetzte Klasse, kann sie mit einer der beiden Reihen beginnen. Hat sie sich z.B. für *TINTO grün* entschieden, werden *beide* Klassenstufen mit der grünen Reihe unterrichtet, arbeiten an gleichen Themen aber auf unterschiedlichem Niveau. Kommen die Erstklässler dann in die zweite Klasse erhalten sie und die neuen Erstklässler *TINTO blau*. Damit ist gewährleistet, dass die neuen Zweitklässler im Hinblick auf die schriftsprachliche Kompetenzentwicklung bruchlos weitermachen können, aber nicht noch einmal die gleichen Themen bearbeiten müssen. Sie können sich jetzt gemeinsam mit den Schulanfängern neue Inhalte erschließen und erfahren damit auch einen wichtigen Impuls für die Erweiterung ihres Lexikons. Insgesamt sind die Themen auf den Sachunterricht abgestimmt.

Methodisch ist das Konzept schreiborientiert angelegt, indem die Arbeit mit der Anlauttabelle im Vordergrund steht. Das Erstlesebuch verzichtet daher auf die fibeltypische Einführung von Buchstaben. Vielmehr werden viele Schreibanlässe zum Freien Schreiben gegeben. Alle Teilbereiche des Deutschunterrichts werden ausgewiesen und durch entsprechende Symbole für Lesen, Sprechen, Texte verfassen, Sprache untersuchen und Rechtschreibung auch für die Kinder verdeutlicht. In dem Basisbuch „Lesen und Schreiben" werden sowohl Tipps für das Texteverfassen gegeben als auch Merksätze zur Sicherung des sprachlichen Wissens angeboten. In *TINTO 2* werden vermehrt die Vermittlung von Arbeitsmethoden und Lernstrategien angesprochen. Die Ideen für fächerübergreifendes Arbeiten beziehen sich nicht nur auf den Sachunterricht und Musik, sondern auch auf Englisch, Mathematik und Religion. Im Lehrerhandbuch werden zu jedem Kapitel der *TINTO*-Reihe entsprechende Vorschläge gemacht, indem auch der Einsatz der vielfältigen Ergänzungsmaterialien jeweils kurz benannt wird.

8.3.4 Lehrwerke mit neuem Schreiblehrgang: Grundschrift

Einige wenige Lehrwerke, und zwar *TINTO, Zebra 1, Kunterbunt, Piri und Oskar (*Stand: 2012) bieten neben den üblichen Schreiblehrgängen die neue Grundschrift an. Damit folgen sie einer Empfehlung des Grundschulverbandes, der sich für den Verzicht auf die zurzeit gültigen normierten Schreibschriften einsetzt und an ihrer Stelle die Grundschrift vorschlägt. Die Grundschrift, die sich stark an den Druckbuchstaben orientiert, macht auch die Druckschrift als Erstschrift überflüssig. Es soll nur noch *eine* Schrift geben, die die Kinder als erste und einzige Schrift lernen. Da davon auszugehen ist, dass in Kürze diese Schriftvariante in weiteren Fibelprogrammen Berücksichtigung finden wird, soll dieses Konzept kurz erläutert werden (vgl. Abb. 16).

Folgende Argumente werden für die Einführung dieser Schrift benannt (Bartnitzky u.a. 2011):

1. Da Lesen und Schreiben nicht mehr in getrennten Lehrgängen unterrichtet werden, sondern zeitgleich, hat sich die Druckschrift als Erstschrift durchsetzen können. Diese Erstschrifterfahrung wird für ausreichend gehalten: Die Kinder können hieraus weitgehend selbstständig eine Schreibschrift entwickeln, sie brauchen hierfür nicht eine zweite, normierte Vorlage, mit der die bis dahin erreichte Schreibentwicklung ins Stocken gerät. Die Kinder müssen in den bisher praktizierten Schreiblehrgängen „umlernen" auf eine andere Schrift und fangen noch einmal von vorn an.
2. Die Grundschrift ist als eine druckschriftnahe Schrift formklar und besonders gut lesbar, insbesondere besser als die üblichen Schreibschriften.
3. Die Form der neuen Grundschrift ermöglicht durch ihre Abstriche bei den Kleinbuchstaben einen guten Bewegungsfluss. Weitere Verbindungen werden den Kindern frei gestellt. Sie sollen selbst eine individuelle Handschrift entwickeln können, solange diese folgende Kriterien erfüllt: Die Buchstaben bleiben formklar und formstabil, die Schreibmotorik ist bewegungsflüssig. Da bekannt ist, dass auch geübte Schreiber nicht in einem Zug schreiben, sondern nach zwei bis drei Buchstaben kurz absetzen, muss auch keine Schrift eingeführt werden, die für jeden Buchstaben An- und Abstriche vorsieht. Schreiber entwickeln individuell unterschiedliche Verbindungen und setzen sich damit über die normierten Schriften hinweg.

Abbildung 16: Die großen und kleinen Buchstaben der Grundschrift (Bartnitzky u.a. 2011, S. 10)

Zum Grundschrift-Konzept[19] gehört auch der Verzicht auf eine dreibändige Lineatur. Während in den üblichen Schreiblehrgängen der Fibeln in der Regel eine Progression der Lineaturen von 1 bis 3 angeboten wird, werden für die Grundschrift mehrere Varianten zugelassen (Bartnitzky u.a. 2011, S. 25):

- Die Kinder schreiben ohne jede Lineatur.
- Die Kinder schreiben auf einer Grundlinie.
- Nur das Mittelband wird grau markiert und am Rand befindet sich ein senkrechter Strich, der die Ober- und Unterlänge der Buchstaben eingrenzt.

Das Grundschrift-Konzept misst dem Handschreiben durchaus Bedeutung zu, nur sollen die Kinder nicht irgendeine Norm reproduzieren, sondern selbst herausfinden oder in „Schriftgesprächen" klären, welche Schriftvariante für sie persönlich die beste ist (v.d. Donk/Kindler 2011). Insbesondere wird nicht mehr der Anspruch erhoben, alle Buchstaben zu verbinden, da nicht bewiesen ist, dass eine verbundene Schrift schneller und flüssiger von der Hand geht als eine unverbundene. Vielmehr entwickelt sich jede Schrift zu teilweise unverbunde-

19 Der Grundschulverband bietet zwei Karteien zum Lernen und Üben der Grundschrift an, die lehrwerksunabhängig verwendet werden können. Unter www.die-grundschrift.de findet sich eine ständig aktualisierte Übersicht zur Frage der Zulassung der Grundschrift in den Rahmenlehrplänen der Bundesländer.

nen Stellen, so dass die Frage interessant ist, mit welchen Erstschriften auch im weiteren Verlauf noch gut lesbare Handschriften erreicht werden.

Für diese Frage ist ein Blick auf die Schweizer Erfahrungen mit ihrer „Basisschrift“ (vgl. Abb. 17), die der deutschen Grundschrift sehr ähnlich ist, aufschlussreich (Hurschler Lichtsteiner/Betschart 2011, S. 160ff.). Auch in der Schweiz war es üblich, nach der unverbundenen Erstschrift eine Schreibschrift, die Schweizer Schulschrift (vgl. Abb. 17), einzuführen. Als didaktische Maxime galt hierbei die präzise Formwiedergabe einer vollständig verbundenen Schrift. Begründung war, dass nur so die Feinmotorik des Kindes hinreichend geschult würde, um letztlich in einer wirklich flüssigen Handschrift schreiben zu können.

Im Jahr 2006 wurde im Kanton Luzern die Basisschrift als ein „Richtalphabet“ eingeführt, das Handlungsspielräume offen ließ. Hierbei wurde festgestellt, dass die Kinder auch für das Erlernen der weitgehend unverbundenen Schrift der Anleitung und Übung bedürfen. Der jeweils günstigste Bewegungsablauf für einen Buchstaben, die Abfolge der noch verbliebenden Verbindungen müssen geübt werden und auch die Abstandgröße bei den unverbundenen Stellen im Wort muss im Unterschied zu den Wortabständen eingehalten werden können.

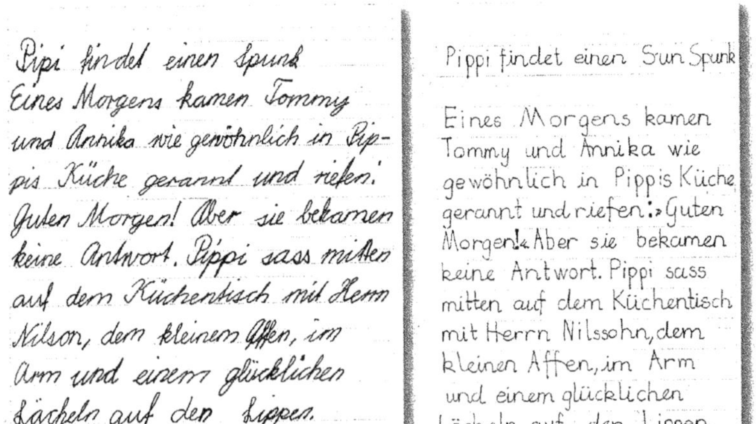

Abbildung 17: Verbundene Schweizer Schulschrift und Basisschrift im Vergleich (Bartnitzky u.a. 2001, S. 162)

In der wissenschaftlichen Begleitung dieser Einführung der Basisschrift konnte gezeigt werden, dass die Schrift der Kinder, die die Basisschrift gelernt hatten, in der 4. Klasse besser lesbar war als die der Kinder, die noch die verbundene Schrift gelernt hatten. Außerdem konnten die Kinder mit der Basisschrift schneller schreiben. Daraufhin wurde die Basisschrift 2011 als obligatorische Schulschrift im Kanton Luzern eingeführt.

Wenn nur noch eine Schrift unterrichtet werden muss, gewinnt man etwas Zeit, wenngleich der Schreibunterricht selbst nach wie vor gut geplant und strukturiert werden muss. Empfohlen wird, die Buchstaben der Grundschrift je nach zugrundeliegenden Bewegungsmustern in Gruppen eingeteilt zu unterrichten (vgl. Abb. 18, Mahrhofer-Bernt 2011, S. 75):

Bewegungsgruppe	Buchstaben	Besonderheiten
I: Einfacher Abstrich/ Einfacher Abstrich mit Aufstrich	I l i u U	• u / U: Kombination aus Abstrich und Aufstrich mit Richtungswechsel.
II: Einfacher Abstrich mit anschließendem Querstrich	t E L T f F H	• Die Reihenfolge von Abstrich und Querstrichen ist im Unterricht in Schriftgesprächen zu thematisieren. • Abwandlungen der Reihenfolge sind beim H möglich.

Abbildung 18: Beispiel für Buchstabengruppen aus zwei Bewegungsgruppen mit Hinweisen auf die schreibmotorische Realisierung (Bartnitzky u.a. 2011, S. 75)

Für die unterrichtspraktische Umsetzung des Schreibunterrichts mit der Grundschrift gibt es neben zwei Übungskarteien Kopiervorlagen und weitere Materialien auf einer CD, die der Veröffentlichung des Grundschulverbandes beigefügt ist (Bartnitzky u.a. 2011).

8.4 Kriterien für die Auswahl von Fibelprogrammen

Es müsste deutlich geworden sein, dass Fibelprogramme sehr unterschiedliche Schwerpunkte setzen. Eine gute Auswahl hängt natürlich zuerst von der Klassensituation und auch von persönlichen Vorlieben ab. Nicht jede Lehrkraft möchte ein Schuljahr lang die Stimme irgendwelcher Fingerpuppen sein oder den Klassenraum in einen „Zauberwald“ umrüsten müssen. Gleichwohl lassen sich einige Fragen auflisten, die bei der Entscheidung für ein Fibelprogramm beachtet werden sollten und darauf aufmerksam machen können, welche *ergänzenden* Unterrichtsmaterialien bzw. Aufgabenstellungen ggf. vorgesehen werden müssen:

Inhalt

- Bildet das Programmpaket alle Bereiche des Deutschunterrichts ab, die lt. Rahmenplan vorgesehen sind?
- Bieten die angesprochenen Themen genügend Angebote der Vernetzung des schriftsprachlichen Lernens mit anderen Bereichen des Anfangsunterrichts (Sachunterricht, Musik, Bewegung, Kunst)?
- Entsprechen die dargestellten Inhalte der Erfahrungswelt aller Kinder – auch z.B. der Kinder mit Migrationshintergrund?
- Werden verschiedene Textsorten vorgestellt: Kinderliteratur, Gedichte, Märchen, Witze, Berichte...?
- Bieten die Fibelfiguren und Texte Identifikationsfolien für beide Geschlechter?
- Lassen sich für die Handlungsträger der Fibel, Rollenschemata bzw. stereotype Verhaltensweisen ausmachen (z.B. Geschlechtsrollen, Generationsstereotype, Bild der „Fremden“)?
- Welche sozialen Erfahrungen werden vorzugsweise behandelt?
- Werden elementare Erfahrungen von Kindern (sich verlaufen, allein sein...) angesprochen?
- Stehen die Themen beziehungslos nebeneinander oder lassen sich wiederkehrende Elemente entdecken („roter Faden“ der Kapitelstruktur)?
- Bieten die Themen Anknüpfungspunkte zum Schulleben (Feste feiern, typische Konfliktsituationen, jahreszeitliche Aspekte....) ?
- Eröffnen die Texte Möglichkeiten des Sprachhandelns wie dialogisieren, spielen usw.?
- Kann die Fibel die Lesemotivation aufrechterhalten oder ergibt sich nach einiger Zeit ein Fibeltrott?

Sprache

- Beachtet das Programmpaket die Kompetenzentwicklung in allen sprachlichen Basiskompetenzen? Insbesondere
  - Gibt es sprachlich komplexe Textangebote, so dass die Kinder auch literale Basisqualifikationen erwerben können?
  - Regen die Texte zum sprachlichen Handeln (diskutieren, weitererzählen, fantasieren ...) an?
  - Werden fachsprachliche Begriffe eingeführt?
- Sind die Arbeitsaufträge in den Fibelbegleitmaterialien verständlich formuliert?

Methodisches Konzept

- Wie passt der von dem Fibelprogramm angebotene Zugang zum Schriftspracherwerb zu der Lernsituation der Klasse und zum persönlichen Unterrichtsstil?
- bei lehrgangsgebundenen Konzepten:
  - Wie schnell werden neue Buchstaben/Wörter eingeführt (Steilheitsgrad, Schwierigkeitsgrad der Fibel)?
  - Werden als Erstes Buchstaben eingeführt, die häufig vorkommen und leicht zu schreiben sind?
  - Wird es vermieden, Buchstaben, die hinsichtlich ihrer lautlichen (o, u, ch, sch) oder optischen (b, d, p, q) Realisierung relativ ähnlich sind, gleichzeitig einzuführen?
  - Wann werden die Satzzeichen eingeführt? Welche?
  - Welche lesetechnischen Hilfsmittel gibt es: Schriftgröße, Segmentierungs- und Strukturierungshilfen durch optische Markierung von Silben, Morphemen oder Signalgruppen?
  - Gibt es genügend Angebote für Binnendifferenzierung, für individuelle Förderung?
- bei lernwegsorientierten Konzepten
  - Werden hinreichende Lernangebote für den Lesekompetenzerwerb bereitgestellt?
  - In welchem Umfang ist selbstständiges Arbeiten mit den Fibelmaterialien für die Kinder möglich?
  - Werden Arbeitstechniken zur Förderung selbständigen Lernens hinreichend geübt?
  - Welche Funktion und Qualität hat die Anlauttabelle?
  - Welchen Stellenwert hat das Freie Schreiben?
  - Wann setzt die Berücksichtigung rechtschriftlicher Normen ein? Wird der Erwerb von Rechtschreibstrategien und eines Grundwortschatzes unterstützt?
- generell lässt sich fragen:
  - Gibt es genügend Aufgabenstellungen, um die phonologische Bewusstheit zu fördern?
  - Werden Lese- und Schreiblernprozess miteinander verbunden?
  - Bietet das Programm Anregungen zum Lernen mit allen Sinnen?
  - Gibt es genügend „echte" Lernaufgaben (problemorientiertes, situiertes Lernen, Handlungsorientierung)?
  - Welche Materialien werden zur Kontrolle der Lernentwicklung angeboten?
  - Welche Möglichkeiten fächerübergreifenden Arbeitens werden eröffnet?

- Wird das methodische Grundkonzept in entsprechenden Lehrwerken für die 2. bis 4. Klasse weitergeführt?
- Regen die Arbeitsaufträge zum Denken an (kognitive Aktivierung)?
- Gibt es genügend Angebote für niveau- und inhaltlich differenzierte Lernaufgaben?
- Werden die Lernbedarfe unterschiedlicher Gruppen von Schülerinnen und Schülern berücksichtigt? (DaZ, Hochbegabte, Kinder mit besonderem Förderbedarf, Jungen und Mädchen, LRS)
- Welchen Stellenwert haben kooperative Arbeitsformen?

Graphische Gestaltung

- Ist die graphische Gestaltung der Schülermaterialien motivierend, kindgemäß, instruktiv, übersichtlich und klar gegliedert?
- Bieten die Bilder in der Fibel Anhaltspunkte für das Textverständnis? Regen sie zu einer weiteren sprachlichen Auseinandersetzung mit der Fibel an? Schaffen sie neue Schreibanlässe? Bieten sie Elemente zum Entdecken?
- Sind Größe und Anordnung der Schrift angemessen? Werden Hilfen zur Strukturierung langer Wörter angeboten (Silbenbögen, farbige Hervorhebungen von Wortstämmen etc.)?
- Wird der Text marginalisiert, ggf. sogar „umgebogen", d.h., Texte stehen auf dem Kopf oder sind kreuz und quer verteilt, so dass die Leserichtung von links nach rechts nicht konstant gehalten wird?

Fibelbegleitmaterialien

- Welche Zusatzmaterialien gibt es?
- Stehen sie in einem sinnvollen Bezug zur Fibel?
- Variieren sie die Fibelthematik ausreichend, so dass neue Lernimpulse gegeben werden?
- Sind die Aufgabenstellungen der Begleitmaterialien verständlich, abwechslungsreich, aber auch mit einem Set an wiederkehrenden Arbeitsformen konzipiert?
- Ermöglichen sie Selbst- und Partnerkontrolle?
- Welche alternativen Materialien sind notwendig?

Handhabbarkeit

- Macht es Freude, in der Fibel zu blättern?
- Umfang, Format, Haltbarkeit, Gewicht, Preis?

8.5 Literatur

Bartnitzky, H., Hecker, U. & Mahrhofer-Bernt, Ch. (Hrsg.) (2011). *Grundschrift – Damit Kinder besser schreiben lernen.* Frankfurt a.M.: Grundschulverband – Arbeitskreis Grundschule e.V.

Berg, K., Eichenmeyer, A., Kunze, E., Mager, E., Stiebritz, C. & von Weber, K. (2009). *Karibu. Handreichungen für Lehrerinnen und Lehrer.* Braunschweig: Westermann.

Boehrer, H. (2004). *Deutsch mit Spaß und Spiel. Basiswissen und Praxismaterialien DaZ.* Stuttgart: Klett Verlag.

Brügelmann, H. (1999). Öffnung des Unterrichts – Befunde und Probleme der empirischen Forschung. In U. Steffens & T. Basrgel (Hrsg.), *Lehren und Lernen im offenen Unterricht. Empirische Befunde und kritische Anmerkungen* (S. 71-96). Hessisches Landesinstitut für Pädagogik Wiesbaden: GRIN Verlag.

Donk, B. v.d. & Kindler, L. (2011). Das Heft „Meine Schrift" und Schriftgespräche". In H. Bartnitzky, U. Hecker & Ch. Mahrhofer-Bernt (Hrsg.), *Grundschrift. Damit Kinder besser schreiben lernen* (S. 91-104). Frankfurt a.M.: Grundschulverband – Arbeitskreis Grundschule e.V.

Hoffmann, H. & Koschay, E. (2002). Spezifische Arbeitsmaterialien zur LRS-Diagnostik und Förderung. In Ministerium für Bildung Wissenschaft und Kultur Mecklenburg-Vorpommern (Hrsg.), *Dokumentation 2002 „LRS-Förderstrategie in Mecklenburg-Vorpommern". Rahmenbedingungen und Materialien zur spezifischen Umsetzung der schulischen LRS-Förderung in Mecklenburg-Vorpommern* (S. 128-142).

Huemer, S. M., Pointner, A. & Landerl, K.(2009). *Evidenzbasierte LRS-Förderung. Bericht über die wissenschaftlich überprüfte Wirksamkeit von Programmen und Komponenten, die in der LRS-Förderung zum Einsatz kommen.* Zugriff am 12.10.2012 www.schulpsychologie.at (Internet).

Hurschler Lichtsteiner, S. & Betschart, J. (2011). Die Luzerner Basisschrift – Erfahrungen, Erkenntnisse und Weiterentwicklungen. In H. Bartnitzky, U. Hecker & Ch. Mahrhofer-Bernt (Hrsg.), *Grundschrift – Damit Kinder besser schreiben lernen.* Frankfurt a.M.: Grundschulverband – Arbeitskreis Grundschule e.V.

KMK (2004). *Bildungsstandards im Fach Deutsch für den Primarbereich.* Beschluss v. 15.10.2004. Zugriff am 12.10.2012. http://www.kmk.org/fileadmin/veroeffentlichungen_beschluesse/2004/2004_10_15-Bildungsstandards-Deutsch-Primar.pdf (Internet).

Linke, A. & Oomen-Welke, I. (1995). *Herkunft, Geschlecht und Deutschunterricht.* Stuttgart: Klett/Fillibach Verlag.

Mann, Ch. & Oberländer, H. & Scheid, C. (2001). *LRS – Legasthenie. Prävention und Therapie.* Weinheim/Basel: Klett Verlag.

Mahrhofer-Bernt, C. (2011). Buchstaben gruppieren nach Form und Bewegung. In H. Bartnitzky, U. Hecker & Ch. Mahrhofer-Bernt (Hrsg.), *Grundschrift. Damit Kinder besser schreiben lernen* (S. 75). Frankfurt a.M.: Grundschulverband – Arbeitskreis Grundschule e.V.

Mehle, U. & Sahel, S. (2011). *Erwerb schriftsprachlicher Kompetenzen im DaZ-Kontext: Diagnose und Förderung.* Stuttgart: Klett Verlag.

Metze, W. (1995): Schluss mit der Scheindebatte. Ein Plädoyer für das Genau-Hinsehen. In H. Brügelmann, H. Balhorn & I. Füssenich (Hrsg.), *Am Rande der Schrift. Zwischen Sprachenvielfalt und Analphabetismus.* Jahrbuch der DGLS 1995 (S. 57ff.)

Lengwill: Libelle. Zugriff am 16.11.2012 http://www.wilfriedmetze.de/html/theorie.html (Internet).
Metze, W. (2001). *Fachgespräch zwischen Brügelmann, Eichler, Reichen und Metze über „Anfangsunterricht im Lesen und Schreiben"*. Zugriff am 12.10.2012 http://www.wilfriedmetze.de/Soestsynapse.pdf (Internet).
Sattler, J. B. (1995). *Der umgeschulte Linkshänder oder Der Knoten im Gehirn*. Donauwörth: Auer Verlag.
Sattler, J. B. (2002). *Das linkshändige Kind – seine Begabungen und seine Schwierigkeiten*. Donauwörth: Auer Verlag. 2002. Zugriff am 16.10.2012 http://www.linkshaenderseite.de/ (Internet).
Suchodoletz, W. (2010). *Therapie von Entwicklungsstörungen. Was wirkt wirklich?* Göttingen: Hogrefe Verlag.

8.5.1 Diagnostische Instrumente zur Früherkennung von Lese-Rechtschreibschwierigkeiten

Birkel, P. (2007). *WRT 1+. Weingartener Grundwortschatz Rechtschreib-Test für 1. Und 2. Klassen*. Göttingen: Hogrefe Verlag. (Der Test ist zum Ende der ersten Klasse, zu Beginn und in der Mitte der 2. Klasse einsetzbar. Er kontrolliert die Wortschreibung und ermöglicht auch eine qualitative Auswertung auf der Graphemebene.)
Diehl, K. & Hartke, B. (2012). *IEL-1. Inventar zur Erfassung der Lesekompetenz im 1. Schuljahr*. Göttingen: Hogrefe Verlag. (Der Test kann zu drei Zeitpunkten im 1. Schuljahr eingesetzt werden, für die jeweils Normwerte vorliegen. Er eignet sich daher besonders gut, den Lernverlauf z.B. in einer Fördergruppe zu dokumentieren.)
Lenhard, W. & Schneider,W. (2006). ELFE 1-6. *Ein Leseverständnistest für Erst- bis Sechsklässler*. Göttingen: Hogrefe Verlag. (Das diagnostische Verfahren kann in einer Papier-Bleistift-Version aber auch am Computer durchgeführt werden. Es überprüft insbesondere das Leseverständnis, bietet aber in der Computerversion auch die Möglichkeit der Erfassung von Lesegeschwindigkeit. Die Bearbeitungszeit beträgt bei der Durchführung in der Klasse 20-30 Minuten).
Herne', K.-L. & Naumann C.L. (2002). *Aachener Förderdiagnostische Rechtschreibfehler-Analyse - AFRA*. Systematische Einführung in die Praxis der Fehleranalyse mit Auswertungshilfen zu insgesamt 33 standardisierten Testverfahren als Kopiervorlagen mit Beiträgen von Cordula Löffler (4. völlig überarbeitete und erweiterte Auflage 2009). Aachen: Alfa Zentaurus.
Findeisen, U. & Melenk, G. (2011). *BSL/TeDeL 1+. Bonner Silben-Lesetest*. Göttingen: Hogrefe Verlag. (Der Test misst die Dekodierleistungen von Grundschülern der 1 und 2. Klasse. In einem Vortest wird die Buchstabenkenntnis abgeprüft, dann werden zunächst einsilbige Wörter, dann zweisilbige und zum Schluss wird das Wortverständnis kontrolliert. Die Durchführung benötigt eine Schulstunde.)
Landerl, K., Wimmer, H. & Moser, E. (1997). *Salzburger Lese-Rechtschreibtest*. Göttingen: Hogrefe Verlag. (Der Lesetest ermöglicht die separate Diagnose von Schwächen auf der Ebene der analytischen und der synthetischen Worterfassung. Lese- und Rechtschreibtest können erstmalig zum Ende der 1. Klasse durchgeführt werden und dann Mitte und Ende des 2., 3. Und 4. Schuljahres).
Linder, M. & Grissemann, H. (2000). *Zürcher Lesetest*. Göttingen: Hogrefe Verlag. (Dieser Test erfasst sowohl die Leseflüssigkeit als auch die Lesegenauigkeit und beachtet auch das Leseverhalten. Der Test ist im ersten Quartal des 2. Schuljahres erst-

mals einsetzbar und zielt auf die Feststellung unterschiedlicher Schweregrade von Legasthenie).
May, P. (2012). *HSP 1-9. Hamburger Schreibprobe 1-9.* Göttingen: Hogrefe Verlag. (Der Test ist erstmals bereits in der Mitte des ersten Schuljahres einsetzbar und nachfolgend immer zum Ende eines Schuljahres. Neben der Fehlerauswertung ist eine Bewertung von Graphemtreffern möglich, so dass Schreibprodukte von Kindern ausgewertet werden können, die nicht ein Wort orthographisch korrekt schreiben).
Marx, H. (1998). *Knuspel–L. Knuspels Leseaufgaben.* Göttingen: Hogrefe Verlag. (Der Test kann jeweils zum Ende der 1,2,3 und 4 Klasse durchgeführt werden. Er besteht aus vier Subtests, die sich auf das Rekodieren und Dekodieren auf der Wortebene, das Leseverstehen auf der Satzebene und das Hörverstehen beziehen. Die Testdurchführung dauert in einer 1. Klasse ca. 50 Minuten.)
Moll, K. & Landerl, K. (2010). *SLRT –II. Lese- und Rechtschreibtest.* Bern: Hans Huber. (Dieser Leseflüssigkeitstest, dauert nur eine Minute und lässt sich in 5 Minuten auswerten. Er kann nur als Individualtest durchgeführt werden. Der Rechtschreibtest kann als Gruppentest ab der 2. Klasse eingesetzt werden. Er dauert 20-30 Minuten und lässt die getrennte Auswertung von Schwächen in der lautgetreuen Schreibung und der orthographischen korrekten Schreibweise zu.)
Müller, R. (2003). *DRT 1. Diagnostischer Rechtschreibtest für 1. Klassen.* Göttingen: Hogrefe Verlag. (Der Test ist Ende der ersten und Anfang der zweiten Klasse durchführbar und ermöglicht nicht nur eine quantitative Fehlerfeststellung, sondern auch eine Fehleranalyse. Als Testwörter werden nur lautgetreue Wörter verwendet. Die Testdurchführung benötigt 30-45 Minuten.)
Schneider, W., Blanke, I. & Küspert, P. (2011). *Würzburger Leise Leseprobe – Revision.* Göttingen: Hogrefe Verlag. (Der Test erfasst als ein Grobscreening die Lesegeschwindigkeit und ist jeweils zum Ende der Klassenstufe 1,2,3 und 4 einsetzbar. Die Bearbeitungszeit beträgt 5 Minuten, wobei die Durchführung als Gruppentest möglich ist.)
Schönweiss, F. (2004). *MRA. Münsteraner Rechtschreibanalyse. Individuelle Förderung mit dem Lernserver.* Göttingen: Hogrefe Verlag. (Das Testverfahren wird online auf dem Lernserver der Uni Münster durchgeführt. Es wird ein individuelles Leistungsprofil aus 15 Kompetenzbereichen erstellt. Ein daran anschließender Förderplan wird erstellt und passgenaue Fördermaterialien sind online als Druckvorlage abrufbar.)
Stock, C. & Schneider, W. (2008). *DERET 1-2+.* Göttingen: Hogrefe Verlag. (Der Test ist in ca. 30 Minuten in der 1.-3. Klasse durchführbar. Er misst nicht nur die Rechtschreibfehler, sondern ermöglicht auch eine qualitative Fehleranalyse.)

8.5.2 Fibelunabhängige Programme zur Förderung der Lese-Rechtschreibentwicklung im Anfangsunterricht

Behrndt, S.-M., Hoffmann, H. & Koschay, E. (Hrsg.). (2008). *Kompendium. Zum Abbau von Schwierigkeiten beim Lesen und beim Rechtschreiben.* Heft 1: Förderansätze mit Beobachtungshinweisen auf den Lese-Entwicklungsstufen. Heft 4: Förderansätze mit Beobachtungshinweisen auf den Rechtschreibentwicklungsstufen. Heft 2: Selbstlaut – Selbstlaut - weg! Rostocker Lesehilfe. Heft 3, 5, 6: Silben – Stämme –

Stolperstellen. Arbeitsmaterialien / Teil 1, Teil 2, Teil 3. Rostock: Eigenverlag Greifswald. (direkt bei jh.hoffi@freenet.de oder erin.koschay@freenet.de)
Blumenstock, L. (1997). *Handbuch der Leseübungen. Vorschläge und Materialien zur Gestaltung des Erstleseunterrichts mit Schwerpunkt im sprachlich-akustischen Bereich.* Weinheim und Basel: Beltz Verlag.
Doster, E. & Iwansky, R. (2003). *Syl la bo. CD ROM. Silbierendes Rechtschreibtraining nach Buschmann und FRESCH.* Mühlacker: Medienwerkstatt Mühlacker Verlagsgesellschaft mbH.
Dummer-Smoch, L. (2002). *Laute-Silben-Wörter. Übungsbuch zum Lesenlernen mit Lautgebärden für LRS-Klassen, Lese-Intensivmaßnahmen, Sprachheil-Grundschulklassen, Förderkurse und für Kinder mit Leselernproblemen im ersten und zweiten Schuljahr.* Kiel: Veris Verlag.
Dummer-Smoch, L. & Hackethal, R. (2002). *Kieler Rechtschreibaufbau. Gesamtausgabe (Neuausgabe) Druckschrift mit Handbuch, Spielen und Übungskartei. Kiel: Veris Verlag.*
Dummer-Smoch, L. & Hackethal, R. (1999, 2002, 2007): *Kieler Leseaufbau. Gesamtausgabe. Handbuch, Vorlagen , Wörter- und Spielekartei.* Kiel: Veris Verlag.
Dummer-Smoch, L. & Hackethal, R. (2007). *Der Neue Karolus. CD-ROM. Lernsoftware zum Kieler Leseaufbau und Kieler Rechtschreibaufbau.* Kiel: Veris Verlag.
Findeisen, U., Melenk, G. & Schillo, H. (2000). *Lauttreue Leseübungen. Teil I und Teil II. Buchstaben, Buchstabengruppen, Silben, Wörter und Sätze.* Bochum: Verlag Dr. Dieter Winkler.
Frerichs, J. (1999-2004). *Tintenklex.* CD-ROM. Legasthenie Software.
Fröhler, H. (2007). *Fitness-Training Lesen. Lesetraining Teil 1: Basis.* Wien: HF-Verlag.
Fröhler, H. (2007). *Konditions-Training Lesen. Lesetraining Teil 2: Aufbau.* Wien: HF-Verlag.
Fröhler, H. (2007). *Lese-Jogging. Lesetraining Teil 3: Perfektion.* Wien: HF-Verlag.
Fuchs, L. (2008). *Keine Angst, Sternchen! CD-ROM. Ein Computer-Buch mit Lesehilfen für Leseanfänger und Kinder mit Leseproblemen.* Regensburg: Waldfuchs Lernmedien.
Haider, C. (2001). *Kinder fördern leicht gemacht: Lesestudio. So werden Kinder zum Lesen motiviert. Lesestudio Vorschule. Lesestudio 1. Klasse. Lesestudio 2. Klasse. Lesestudio 3. Klasse. Lesestudio 4. Klasse.* Wien: öbv & htp.
Handt, R. & Kuhn, K. (2001). *ABC der Tiere. Handbuch für Lehrerinnen und Lehrer.* Offenburg: Mildenberger Verlag.
Hawellek, Th. (2007). *Rechtschreibleiter. Ein Förderprogramm zur Rechtschreibung in 16 Lernstufen.* Oberursel: Finken Verlag.
Kargl, R. & Purgstaller, C. (2009). Morpheus – Morphemunterstütztes Grundwortschatz-Segmentierungstraining. Göttingen: Hogrefe Verlag.
Kleinmann, K. (2003). *Lese-Rechtschreib-Schwäche? Das Basistraining – anschaulich und systematisch.* Horneburg: Persen Verlag.
Kossow, H. J. (1973). *Zur Therapie der Lese-Rechtschreibschwäche. Aufbau und Erprobung eines theoretisch begründeten Therapieprogramms.* Berlin: VEB Deutscher Verlag der Wissenschaften.
Grund, M. (2006). *GUT 1. CD-ROM. Grundwortschatz- und Transfertraining.* Baden-Baden: Computer & Lernen.

Mahlstedt, D. (1999). *Lernkiste Lesen und Schreiben. Fibelunabhängige Materialien zum Lesen und Schreiben lernen für Kinder mit Lernschwächen.* Weinheim und Basel: Beltz Verlag.

Mangstl, A. (2008). *LRS-Training mit Gustav Giraffe. Ein umfassendes Förderprogramm für die Grundschule.* Stamsried: CARE-LINE Verlag.

Mohr, R. (2008). *Münchner Rechtschreibtraining. Orthografisches Trainingsprogramm für Kinder mit Legasthenie.* Bezugsadresse: www.lernmaterialien-shop.de

Michel, H.-J. (Hrsg.). (2008). *FRESCH. Freiburger Rechtschreibschule. Fit trotz LRS – Grundlagenband. Grundlagen – Diagnosemöglichkeiten – Praktische Übungen zum Thema LRS. Klasse 1 – 13.* Buxtehude: AOL-Verlag in der Persen Verlag GmbH.

Noterdaeme, M. & Breuer-Schaumann, A. (Hrsg.). (2003). *Lesen und Schreiben. Bausteine des Lebens. Übungsprogramm zum Schriftspracherwerb.* Dortmund: Verlag Modernes Lernen.

Reuter-Liehr, C. (2000). *Lautgetreue Lese-Rechtschreibförderung. Band 3. Lerngruppe I: 40 exakte Stundenabläufe je 90 Minuten für die Förderung ab Mitte 3. Klasse.* Bochum: Verlag Dr. Dieter Winkler.

Reuter-Liehr, C. (2000). *Lautgetreue Lese-Rechtschreibförderung. Band 5. Das Lernspiel SpielSpirale.* Bochum: Verlag Dr. Dieter Winkler.

Reuter-Liehr, C. (2006). *Lautgetreue Lese-Rechtschreibförderung. Band 2/1. Elementartraining Phonemstufe 1: Lautgetreues Lese- und Schreibmaterial mit Wörtern, zusammengesetzt aus den Vokalen a, e ,i ,o, u, den Diphthongen au, ei, eu, den Umlauten ö, ü und den Dauerkonsonanten m ,l, s, n, f ,r, w, sch, ohne Konsonantenhäufung innerhalb einer Silbe.* Bochum: Verlag Dr. Dieter Winkler.

Reuter-Liehr, C. (2008): *Lautgetreue Rechtschreibförderung. Bd.1: Eine Einführung in das Training der phonemischen Strategie auf der Basis des rhythmischen Syllabierens mit einer Darstellung des Übergangs zur morphememischen Strategie.* Bochum: Verlag Dr. Dieter Winkler.

Rinderle, B. (2008). *Übungen & Strategien für LRS-Kinder. Band 1. Fit trotz LRS. Vier einfache Strategien mit passenden Übungen. Klasse 2 - 4.* Buxtehude: AOL – Verlag in der Persen Verlag GmbH.

Sikula, M. (2008). *Kompetenztraining Deutsch. Lese- und lauttreuer Schrifterwerb.* Buch/Rangendingen: Lipura Verlagsgesellschaft.

Scherling, C. (2005). *Lesikus. CD-ROM. Lesetraining nach wissenschaftlich fundierten Methoden. Grundkurs Lesetechnik für alle, die genauer und flüssiger lesen möchten.* Salzburg: Lesikus www.lesikus.com.

Schubert, U. (2008). *Elfmetergeschichten. CD-ROM. Ein Computer-Buch mit Lesehilfen für Leseanfänger und Kinder mit Leseproblemen.* Regensburg: Waldfuchs Lernmedien.

Schulte-Körne, G. & Mathwig, F. (2001). *Das Marburger Rechtschreibtraining. Ein regelgeleitetes Förderprogramm für rechtschreibschwache Kinder.* Bochum: Dr. Dieter Winkler Verlag.

Tacke, G. (1999). Flüssig *lesen lernen. Übungen, Spiele und spannende Geschichten.* Donauwörth: Auer Verlag.

Walter, J. (2004). *Silben-Himmel. CD-ROM. Ein multimediales Übungsprogramm zum Training der Phonologischen Bewusstheit und zum Erwerb basaler Lese- und Schreibfertigkeiten.* Kiel: Veris Verlag.

Wedel-Wolff & A. von, Joppich, E. (2004). *Lesen lernen – lesen können. Analyse und Förderung im Leseunterricht.* Wien: © bm:bwk. http://pubshop.bmukk.gv.at/detail.aspx?id=342

Woldin, M. (2007). *Hexe Trixi 1 Basic. CD-ROM. Hexe Trixi mit dem Zauberbesen – Schauen, Hören, Lesen.* Offenburg: Mildenberger Verlag.

Quellen: Abbildungen und Tabellen

Kapitel 1

Abbildung 1: Szene aus „Uta malt ein rosa Rad" vgl. Dehn 1988, S. 243f. Dehn, M. (1988). *Zeit für die Schrift. Lesenlernen und Schreibenkönnen* (S. 243f.). Bochum: Kamp.

Abbildung 2: Hierarchie zunehmender „Sonorität" bei Konsonanten (veranschaulicht nach den Ausführungen von Costard) Costard, S. (2007). *Störungen der Schriftsprache. Modellgeleitete Diagnostik und Therapie* (S. 8). Stuttgart: Thieme.

Abbildung 3: Mundstellungen und Artikulationsorte von Lauten Zugriff am 22.10.2012 http://files.schulbuchzentrum-online.de/onlineanhaenge/files/194340_anlaut-mobile_mundbildkarten_a5.pdf (Internet).

Abbildung 4: Ausschnitt aus einer Anlauttabelle mit falscher Zuordnung von Bild und Buchstabenlautung („Igel-Fehler") Zugriff am 16.08.2012 http://www.schreibschriften.ch/Anlauttabelle_CH_co.pdf (Internet).

Abbildung 5: Anlauttabelle der Bausteine-Fibel (Buck 2008) Buck, S. (2008). *Bausteine – Fibel 1.* Braunschweig: Diesterweg.

Abbildung 6: Bild und Buchstaben-Lautzuordnungen als Lesehilfe Zugriff am 16.08.2012 http://de.wikipedia.org/wiki/Datei:Anlauttabelle_gross.pdf (Internet).

Abbildung 7: Bestandteile einer Silbe veranschaulicht an dem Wort „Muster" (veranschaulicht nach den Ausführungen von Costard) Costard, S. (2007). *Störungen der Schriftsprache. Modellgeleitete Diagnostik und Therapie* (S. 8). Stuttgart: Thieme.

Abbildung 8: Piri 1 - Einführung der silbischen Grundstruktur von Wörtern in einer Fibel Donth-Schäffer, C., Hundertmark, G. & Kollatz-Block, S. (2008). *Piri 1. Silbenfibel* (S. 39). Stuttgart: Klett.

Abbildung 9: Piri 1 - Beispiel für die Visualisierung der Silbenstruktur von Wörtern als Lesehilfe Donth-Schäffer, C., Hundertmark, G. & Kollatz-Block, S. (2008). *Piri 1. Silbenfibel* (S. 26). Stuttgart: Klett.

Tabelle 1: IPA-Zeichen zur phonetischen Transkription des Deutschen nach Weingarten Zugriff am 15.03.2012 http://www.ruediger-weingarten.de/Orthographie/IPA-deutsch.htm (Internet).

Tabelle 2: Die wichtigsten Basis- und Orthographeme des Deutschen. Thomé, G. (2000, S. 13) Thomé, G. (2000). Linguistische und psycholinguistische Grundlagen der Orthographie: Die Schrift und das Schreibenlernen. In R. Valtin, (Hrsg.), *Rechtschreiben lernen in den Klassen 1-6* (Beiträge zur Reform der Grundschule 109, S. 13). Frankfurt a.M.: Grundschulverband, Arbeitskreis Grundschule.

Kapitel 2

Abbildung 1: Zwei-Wege-Modell des Wortleseprozesses (Scherer-Neumann 1989, S. 15) Zugriff am 22.10.2012 http://www.opus.ub.uni-erlangen.de/opus/volltexte/2004/55/pdf/Kapitel%202.pdf (Internet).

Abbildung 2: Prozessmodell des Lesens (Marx 2007, S. 115) Marx, Harald (2007). Theorien und Determinanten des Erwerbs der Schriftsprache. In: H. Schöler, H. & Welling, A. (Hrsg.), *Handbuch der Sonderpädagogik. Bd. 1: Sonderpädagogik der Sprache* (S. 115). Göttingen: Hogrefe.

Abbildung 3: Lesespezifische und unspezifische Teilkomponenten des Leseprozesses (eigene Darstellung) Schründer-Lenzen, A. (2013): eigene Darstellung.

Abbildung 4: Übungsplan zur Sensibilisierung für das Phonem-Graphem-Prinzip nach Forster/Martschinke (2001, S. 49) Forster, M., Martschinke, S. (2001). *Leichter lesen und schreiben lernen mit der Hexe Susi. Übungen und Spiele zur Förderung der Phonologischen Bewusstheit* (S. 49). Donauwörth: Auer.

Abbildung 5: Ein Zwei-Wege-Modell des Schreibens in Anlehnung an Augst/Dehn (1998, S. 45) Augst, G. & Dehn, M. (1998). *Rechtschreibund und Rechtschreibunterricht. Können – Lehren – Lernen. Eine Einführung für Studierende und Lehrende aller Schulformen* (S. 45). Stuttgart: Kallmeyer.

Abbildung 6: Entwicklungsstufen des Schriftspracherwerbs nach Frith (1985) Frith, U. (1985), Beneath the surface of developmental dyslexia. In K.E. Patterson, J.C. Marshall & M. Coltheart (Hrsg.), *Surface dyslexia: Neuropsychological and cognitive studies of phonological reading* (S. 301-330) London: Lawrence Erlbaum Associates.

Abbildung 7 : Stufenmodell des Schrifterwerbs (Günther 1989, S. 15) Günther, K.-B. (1989). Ontogenese, Entwicklungsprozeß und Störungen beim Schriftspracherwerb (S. 15). Heidelberg: Heidelberger Verlagsanstalt und Druckerei GmbH.

Abbildung 8: Stufenmodell des Schriftspracherwerbs nach Valtin (1997) Valtin, R. (1997): Stufen des Lesen- und Schreibenlernens. Schriftspracherwerb als Entwicklungsprozeß. In D. Haarmann. (Hrsg.), *Handbuch Grundschule* (S. 83). Weinheim u. Basel: Beltz.

Abbildung 9: Auszug aus dem Modell der Einschätzskala zur Bestimmung von Schreibstrategien in der orthographischen Phase des Schriftspracherwerbs (Helbig u.a. 2005, S. 34) Helbig, P., Kirschock, E.-M., Martschinke, S. & Kummer, U. (2005). *Schriftspracherwerb im entwicklungsorientierten Unterricht* (S. 34). Bad Heilbrunn: Klinkhardt.

Abbildung 10: Auszug aus dem Modell der Einschätzskala zur Bestimmung von Lesestrategien in der orthographischen Phase des Schriftspracherwerbs (Helbig u.a. 2005, S. 42) Helbig, P., Kirschock, E.-M., Martschinke, S. & Kummer, U. (2005). *Schriftspracherwerb im entwicklungsorientierten Unterricht (S. 42).* Bad Heilbrunn: Klinkhardt.

Kapitel 3

Abbildung 1: Skizzierung einer Verschränkung zwischen der Entwicklung des Wortschatzes und den metaphonologischen Fähigkeiten (Mahlau 2008, S. 83) Mahlau, Kathrin (2008): *Metaphonologische Fähigkeiten und ihre Bedeutung für den Schrift-*

spracherwerb bei spezifisch sprachentwicklungsgestörten Kindern (S. 83). Frankfurt a. M.: Peter Lang.

Abbildung 2: Beispiel für eine diagnostische Aufgabenstellung aus „Der Rundgang durch Hörhausen" Zugriff am 22.08.2012 http://bilder.buecher.de/zusatz/09/09607/09607762_lese_1.pdf (Internet).

Abbildung 3: Die Sprachpyramide nach Wendlandt (2010, S. 31) Wendlandt, W. (2010). *Sprachstörungen im Kindesalter* (6. Aufl., S. 31). Stuttgart: Thieme.

Abbildung 4: Kognitive Effekte unterschiedlicher Formen von Zweisprachigkeit (nach Toukomaa/Skutnabb-Kangas 1977) Toukomaa, P. & Skutnabb-Kangas, T. (1977). *The intensive teaching of the mother tongue to migrant children of preschool age.* Report written for Unesco. Tampere: University of Tampere, Dept of Sociology and Social Psychology, Tutkimuksia Research Reports 26, 79 p.

Abbildung 5: Von der Alltagssprache zur schulischen Bildungssprache (eigene Darstellung) Schründer-Lenzen, Agi (2013). eigene Darstellung.

Tabelle 1: Vereinfachte Darstellung der Phasen der Grammatikentwicklung nach Clahsen (1988) Clahsen, H. (1988). *Normale und gestörte Kindersprache.* Amsterdam/Philadelphia: John Benjamins Publishing Company.

Kapitel 4

Abbildung 1: Kindgemäße Programmerklärung im CITO-Test Zugriff am 13.08.2012 http://www.bildung.bremen.de/sixcms/detail.php?gsid=bremen117.c.4431.dc#14 (Internet).

Abbildung 2: Vorschlag für die Gestaltung eines Elternabends (Häuser/Jülisch 2006b, S. 69) Häuser, D.& Jülisch, B.-R. (2006b). *Sprachentwicklung, Sprachstörung, Sprachförderung. Ein Praxistext für Erzieherinnen* (S. 69). Berlin/Weimar: Das Netz.

Abbildung 3: Ausschnitt D: Erste Erfahrungen mit Bild- und Schriftsprache aus der „Qualifizierten Statuserhebung (QuaSta) Sprachentwicklung vierjähriger Kinder in Kindertageseinrichtungen und Kindertagespflege" in Berlin QuaSta Zugriff am 13.08.2012 http://www.berlin.de/imperia/md/content/sen-bildung/bildungswege/vorschulische_bildung/sprachstand_kita.pdf (Internet).

Tabelle 1: Übersicht der Sprachstandserhebungsverfahren in den Bundesländern nach Art des Verfahrens und den jeweils erfassten sprachlichen Dimensionen (Basisqualifikationen) (Lisker 2011, S. 52) Lisker, A. (2011). *Additive Maßnahmen zur Sprachförderung im Kindergarten – Eine Bestandsaufnahme in den Bundesländern. Expertise im Auftrag des Deutschen Jugendinstituts* (S. 52). München. Zugriff am 15.02.2012 http://www.dji.de/bibs/Expertise_Sprachfoerderung_Lisker_2011.pdf (Internet).

Kapitel 5

Abbildung 1: Laut-Buchstabentabelle aus dem Orbis sensualium pictus von Comenius aus dem Jahre 1658 Zugriff am 20.08.2012 http://upload.wikimedia.org/wikipedia/commons/thumb/9/9f/Orbis-pictus-003.jpg/403px-Orbis-pictus-003.jpg (Internet) und http://upload.wikimedia.org/wikipedia/commons/1/16/Orbis-pictus-004.jpg (Internet).

Abbildung 2: Sinnlautmethode in Fibellehrgänge des 20. Jahrhunderts Zugriff am 20.08.2012 http://www.sylvias-puppenhaus.de/seiten/berlinerfibel7.htm (Internet).

Abbildung 3: Fibel mit Ganzheitsmethode von Artur Kern Zugriff am 20.08.2012 http://www.abc-der-tiere.de/fileadmin/abc-der-tiere/praesentation/bilder/5_silbentrenner/4.jpg (Internet).

Abbildung 4: Zugelassene Schreibschriften Zugriff am 20.08.2012 http://www.will-software.com/images/infobild/schul01.gif (Internet).

Abbildung 5: Groß- und Kleinbuchstaben der VA Zugriff am 20.08.2012 http://upload.wikimedia.org/wikipedia/commons/thumb/5/57/Vereinfachte_Ausgangsschrift.png/350px-Vereinfachte_Ausgangsschrift.png (Internet).

Abbildung 6: Vergleich der Ausgangsschriften (Dehn 2012, S. 85) Dehn, M. (2010). *Kinder & Lesen und Schreiben. Was Erwachsene wissen sollten* (2. Aufl., S. 85). Seelze: Klett & Kallmeyer.

Abbildung 7: Auszug aus einem Druckschriftlehrgang mit dreibändiger Lineatur (Blendinger u.a. 2006, S. 59) Blendinger, D., Brinkmann, C., Carstens, B., Hanselmann, T., Hein, E., Neubauer, A., Peters, H. & S. Straub (2006). *Duden Fibel. Arbeitsheft mit Druckschriftlehrgang*, S. 59. Berlin: DUDEN PAETEC Schulbuchverlag.

Kapitel 6

Abbildung 1: Beispiel für Freies Schreiben - Februar Klasse 1 (Dehn 2010, S. 134) Dehn, M. (2010). *Kinder & Lesen und Schreiben. Was Erwachsene wissen sollten* (S. 134). Seelze: Kallmeyer.

Abbildung 2: Vier-Säulen-Modell für den schriftsprachlichen Anfangsunterricht (Brinkmann/Brügelmann 1999, S. 27) Brinkmann, E. & Brügelmann, H. (1999). *Offenheit mit Sicherheit. Kommentar zur Ideen-Kiste, Schrift-Sprache* (5. Aufl., S. 27). Hamburg: Verlag für Pädagogische Medien.

Abbildung 3: Didaktische Landkarte zum Lesen- und Schreibenlernen (Brügelmann/Brinkmann 1998, S. 107) Brügelmann, H. & Brinkmann, E. (1998). *Die Schrift erfinden. Beobachtungshilfen und methodische Ideen für einen offenen Anfangsunterricht im Lesen und Schreiben* (S. 107). Lengwil: Libelle. Zugriff am 19.11.2012 http://www.vpm-verlag.de/tl_files/Katalog_Upload/Grundschule/Anfangsunterricht/Unterrichtsmaterial/Downloads_Ideenkiste/010066_Didaktische-Landkarte.pdf (Internet)

Abbildung 4: Embleme lesen (Richter/Brügelmann 1994) Richter, S. & Brügelmann, H. (1994). Der Schulanfang ist keine Stunde Null. In S. Richter & H. Brügelmann (Hrsg.), *Wie wir recht schreiben lernen* (S. 64). Lengwil: Libelle.

Abbildung 5: Der SOFA-Test (Dehn 1990, S. 210ff.) Dehn, M. (1990). *Zeit für die Schrift* (3. Aufl., S. 210ff). Bochum: Kamp.

Abbildung 6: Ablaufschema einer lernwegsbegleitenden Förderdiagnostik von Risikokindern des Schriftspracherwerbs (in Anlehnung an Kretschmann/Arnold 1999) Kretschmann, R. & Arnold, K.-H. (1999). Leitfaden für Förder- und Entwicklungspläne. *Zeitschrift für Heilpädagogik, 9*, 410-442.

Abbildung 7: „Teufelsrutsche und Engelsleiter" (Lauth/Schlottke 1997 S. 57) Lauth, G. & Schlottke, P.F. (1997). *Training mit aufmerksamkeitsgestörten Kindern* (S. 57). Weinheim: Psychologie Verlags Union.

Tabelle 1: Entwicklungsstufen des Schriftspracherwerbs und jeweils dominante Rechtschreibstrategien (May 2000, S. 120) May, P. (2000). *HSP. Diagnose orthographischer Kompetenz* (S. 120). Hamburg: Verlag für pädagogische Medien.
Tabelle 2: Regeln für Schreibkonferenzen nach Spitta (1992, S. 49ff.) Spitta, G. (1992). *Schreibkonferenzen in Klasse 3 und 4. ein Weg vom spontanen Schreiben zum bewußten Verfassen von Texten* (S. 49ff). Frankfurt a.M.: Cornelsen Scriptor.
Tabelle 3: Diagnosebogen zur Leseentwicklung im ersten Schuljahr (Brinkmann/Brügelmann 1993, S. 8f.) Brinkmann, E. & Brügelmann, H. (1993). *Ideen-Kiste Schriftsprache. Didaktische Einführung „Offenheit mit Sicherheit"* (S. 8f.). Hamburg: Verlag für pädagogische Medien.
Tabelle 4: Effektives Klassenmanagement in der Grundschule nach Evertson u.a. 2002 (zitiert nach Helmke 2007, S. 83) Evertson, C. M., Emmer, E. T., & Worsham, M. E. (2002). Effektives Klassenmanagement in der Grundschule. In A. Helmke (2007), *Unterrichtsqualität erfassen, bewerten, verbessern* (5. Aufl., S. 83). Seelze: Kallmeyer in Verbindung mit Klett.

Kapitel 7

Abbildung 1: Buchstabentor von Jürgen Reichen Zugriff am 21.08.2012 http://www.rechtschreib-werkstatt.de/rsl/me/antab/assets/images/Anlauttbelle-Reichen-neu.jpg (Internet).
Abbildung 2a: Anfangstabelle im Schulversuch „Phonetisches Schreiben" Zugriff am 27.08.2012 http://spzwww.uni-muenster.de/~griesha/eps/els/laute/oiropa-anfang.html (Internet).
Abbildung 2b: Erweiterungstabelle im Schulversuch „Phonetisches Schreiben" Zugriff am 27.08.2012 http://spzwww.uni-muenster.de/~griesha/eps/els/laute/oiropa-erweiterung.html (Internet).

Kapitel 8

Abbildung 1: Kompetenzbereiche des Faches Deutsch (KMK 2004, S. 7) KMK (2004). Bildungsstandards im Fach Deutsch für den Primarbereich. Beschluss v. 15.10.2004. Zugriff am 12.10.2012 http://www.kmk.org/fileadmin/veroeffentlichungen_beschluesse/2004/2004_10_15-Bildungsstandards-Deutsch-Primar.pdf (Internet).
Abbildung 2: Beispiel für Kombination von Ganzwort „ruft" und synthetischer Durchgliederung der Namen von Fibelkindern *Bücherwurm*-Fibel, S. 11 Czarnetzki, D., Heitmann, P., Rothe, H., Sonnenburg, P., Weißenburg, M. & Wundke (2004). *Bücherwurm Fibel* (S. 11). Leipzig: Klett Grundschulverlag
Abbildung 3: Minimalpaare, *Tobi* Arbeitsheft zum Erstlesebuch, S. 32 Metzte, W. (2011). *Tobi Arbeitsheft zum Erstlesebuch.* (S. 32). Berlin: Cornelsen.
Abbildung 4: Lese-Mal-Aufgaben zum sinnerfassenden Lesen (Lollipop Fibel Lese-Mal-Blätter, S. 35) Metze, W. (2012). *Lollipop Fibel Lese-Mal-Blätter* (S. 35). Berlin: Cornelsen.
Abbildung 5: Aufforderungstexte mit Rätsel-Wörtern (*Bausteine*-Fibel, Kommentare und Kopiervorlagen, S. 39) Bruhn, K. Eimermacher-Raczek, R., Gudat-Vasak, S.,

Hinze, G., Müller, S. & Reinker, D. (2008). *Bausteine – Kommentare und Kopiervorlagen zur Fibel* (S. 39). Braunschweig: Diesterweg.

Abbildung 6: Morphemmarkierung im Arbeitsheft der *Tobi*-Fibel, S. 63 Metzte, W. (2011). *Tobi Arbeitsheft zum Erstlesebuch.* (S. 63). Berlin: Cornelsen.

Abbildung 7: Druckschriftlehrgang mit rechts ergänzter Schreibvorlage für linkshändige Kinder (*Tobi* Druckschriftenlehrgang, S. 15) Metze, W. (2010). *Tobi Druckschriftenlehrgang* (S. 15). Berlin: Cornelsen.

Abbildung 8: Richtige Schreibhaltung eines linkshändigen Kindes (Sattler 1995, S. 271) Sattler, J. B. (1995). *Der umgeschulte Linkshänder oder Der Knoten im Gehirn* (S. 271). Donauwörth: Auer Verlag.

Abbildung 9: Fehler in der Schreibhaltung von Linkshändern (Sattler 1995, S. 271) Sattler, J. B. (1995). *Der umgeschulte Linkshänder oder Der Knoten im Gehirn* (S. 271). Donauwörth: Auer Verlag.

Abbildung 10: Auszug aus dem *ABC der Tiere*, S. 3 Handt, R. & Kuhn, Klaus (2010). *ABC der Tiere. Lesen in Silben* (S. 3). Sonderausgabe. Offenburg: Mildenberger Verlag.

Abbildung 11: Kontrastpaare: Nase – Nüsse, Regen – Rücken, Haken – Hacke, Säge – Säcke, Kater – Kette (*ABC der Tiere.* Prospekt: ABC der Tiere 1-4, S. 8) Zugriff am 16.01.2013 http://www.abc-der-tiere.de/lehrer/abc-der-tiere-1/zulassungsuebersicht-abc-1/ (Internet).

Abbildung 12: Haustyp A (Silbe offen), B (Silbe geschlossen) und C (Doppelkonsonant) (*ABC der Tiere.* Prospekt: ABC der Tiere 1-4, S. 9 Zugriff am 16.01.2013 http://www.abc-der-tiere.de/lehrer/abc-der-tiere-1/zulassungsuebersicht-abc-1/ (Internet).

Abbildung 13: Lautgebärden aus dem ABC der Tiere (*ABC der Tiere.* Prospekt: ABC der Tiere 1-4, S. 7 Zugriff am 16.01.2013 http://www.abc-der-tiere.de/lehrer/abc-der-tiere-1/zulassungsuebersicht-abc-1/ (Internet).

Abbildung 14: *Piri*-Schreibtabelle, Einlage *Piri* 1 Arbeitsheft Donth-Schäffer, Hundertmark, Gisela & Kollatz-Block, St. (2008) *Piri 1. Arbeitsheft in Druckschrift mit Übungssoftware.* Stuttgart: Klett Verlag.

Abbildung 15: Nomen mit Benennung des Artikels und Handzeichen (*Oskar* Schülerbuch, S. 13) Löffler, C. (2011) (Hrsg.). *Oskar Schülerbuch 1* (S. 13). Stuttgart: Klett Verlag.

Abbildung 16: Die großen und kleinen Buchstaben der Grundschrift (Bartnitzky u.a. 2011, S. 10) Bartnitzky, H., Hecker, U. & Mahrhofer-Bernt, Ch. (Hrsg.) (2011). *Grundschrift – Damit Kinder besser schreiben lernen* (S. 10). Grundschulverband Frankfurt a. M. eV. Frankfurt a. M.: Beltz.

Abbildung 17: Verbundene Schweizer Schulschrift und Basisschrift im Vergleich (Bartnitzky u.a. 2001, S. 162) Bartnitzky, H., Hecker, U. & Mahrhofer-Bernt, Ch. (Hrsg.) (2011). *Grundschrift – Damit Kinder besser schreiben lernen* (S. 162). Grundschulverband Frankfurt a. M. eV. Frankfurt a. M.: Beltz.

Abbildung 18: Beispiel für Buchstabengruppen aus zwei Bewegungsgruppen mit Hinweisen auf die schreibmotorische Realisierung (Bartnitzky u.a. 2011, S. 75) Bartnitzky, H., Hecker, U. & Mahrhofer-Bernt, Ch. (Hrsg.) (2011). *Grundschrift – Damit Kinder besser schreiben lernen* (S. 75). Grundschulverband Frankfurt a. M. eV. Frankfurt a. M.: Beltz.

Tabelle 1: Fibel *Fara und Fu*: Umsetzung der Bildungsstandards für Schreiben Zugriff am 17.10.2012 http://files.schulbuchzentrum-online.de/onlineanhaenge/files/bildungsstandards_fuf_080516.pdf (Internet).
Tabelle 2: *Piri*-Silbenfibel: Stoffverteilungsplan Deutsch/Sachunterricht für den Rahmenlehrplan Berlin Zugriff am 17.10.2012 http://www.klett.de/lehrwerk/piri/stoffverteilungsplaene (Internet).

Fibelsynopse

Typ 1: Methodenintegrierte Fibellehrgänge

Fibel **Konzept**	**LolliPop Fibel 1 und 2** Cornelsen 2007/10 1: 11,75 € / 2: 9,15 €	**TOBI-Fibel 1** Cornelsen 2009 11,50 €
Einführung von Lesen u. Schreiben	analytisch-synthetische Wortstrukturarbeit; zunächst Schwerpunkt auf der Erfassung des Leseprinzips, viele Vorlesegeschichten, viele Rätsel zur Anregung des Nachdenkens, Vorübungen zum Schriftspracherwerb: „Die kleinen LolliPops"	analytisch-synthetische Wortstrukturarbeit; zunächst Schwerpunkt auf der Erfassung des Leseprinzips, durchgehende Handlung, Vorübungen zum Schriftspracherwerb: „Der kleine Tobi" für die Vorschule
Differenzierungs- und Förderangebote	Lesetexte auf unterschiedlichen Niveaustufen, Lese-Mal-Blätter Ergänzende Fördermaterialien zum Lesenlernen und weitere Angebote zur Differenzierung Anregungen zum Freien Schreiben	Tobi-Lesekiste mit unterschiedlichen Schwierigkeitsstufen, Lese-Mal-Blätter, Übungskartei Tobi-Koffer (Spiele, Lernentwicklungshefte, Anlautübungen) Anregungen zum Freien Schreiben
Schreiblehrgang[a]	D + A zwei Schreiblehrgänge für verbundene Schrift: A folgt dem Buchstabenaufbau der Fibel; B: nach Abschluss des Druckschriftlehrgangs	D + A Zwei Schreiblehrgänge für verbundene Schrift: A folgt dem Buchstabenaufbau der Fibel; B: nach Abschluss des Druckschriftlehrgangs
Arbeits- und Übungshefte	Arbeitsheft mit CD-ROM Arbeitsheft zum Leselehrgang Wörterbuch	TOBI-Arbeitsheft - Schwerpunkt: Arbeit an Buchstaben und sinnerfassendes Lesen Arbeitsheft 2, Übungsblock 2, Tobi Rechtschreibkurs 2 Arbeitsheft Sprache und Rechtschreibung (für 2. Schuljahr)
Digitalisierte Materialien, Software	CD-ROM: Lollipop und die Schlaumäuse. Kinder entdecken die Sprache (vorbereitend für den Schriftspracherwerb, ggf. begleitend zum Erstleseunterricht) Anlautübungen + elektronische Anlauttabelle CD-Vorlesegeschichten, Kopiervorlagen mit CD-ROM Fibellieder auf CD	CD-ROM zum Arbeitsheft CD-ROM: Fürst Marigor und die Tobis (2. Schulj.) Fürst Margiors Rache an den Tobis (2./3. Schulj.); jeweils Lese- und Schreibübungen Lieder-CD
Informationsmaterial für Lehrkräfte	Handreichungen für den Anfangsunterricht Handreichungen zum jahrgangsübergreifenden und jahrgangsgemischten Lernen (Kopiervorlagen, Lernstandsanalyse) online: Analysebogen „Texte schreiben" (Kl. 2, 3 und 4)	Handreichungen für den Anfangsunterricht (Unterrichtsvorschläge, fachübergreifende Unterrichtsideen, Vorlesegeschichten, Lernstandsanalyse) Weitere Handreichungen zum – Arbeitsheft „Sprache und Rechtschreibung" – und zum jahrgangsübergreifenden Unterricht (JÜL) Kopiervorlagen und CD zu den Handreichungen
Fächerübergreifende Angebote	Sacharbeitsheft zur Vertiefung der Fibelthemen; Texte im Sacharbeitsheft folgen der Buchstabenprogression; Lehrwerksreihe auch für Mathematik und Englisch ausgebaut	Tobi-Sachlexikon (Themen aus Natur und Umwelt) Arbeitsblätter zu naturkundlichen Themen Tobi-Theaterstücke (Heft mit Hinweisen zur praktischen Umsetzung in den Klassen 1-4)
Jahrgangsübergreifende Angebote	Handreichungen für den jahrgangsübergreifenden und jahrgangsgemischten Unterricht	Tobi JÜL, kostenlose Arbeitsblätter auf der Homepage des Autors[b]
Weiterführung in Klasse 2 bis 4	LolliPop Lese- und Sprachbuch 2, 3, 4	Lesebuch 1/2 Tobi für Kl. 3 und 4
Zulassung für Bundesland[c/d] **Lehrplansynopsen**	NW, BW, BE, BB,	alle außer NW, BW, BE, BB Bayern (mit spezieller Ausgabe)

a Druckschriftlehrgang (D) + alle Ausgangsschriften (A), d.h. LA + SAS + VA.

b http://www.wilfriedmetze.de/html/tobi_jul.html.

c In den Bundesländern Berlin, Hamburg und Schleswig-Holstein gibt es keine zentrale Zulassung von Schulbüchern, die Schulen treffen die Entscheidung eigenständig.

d Legende der Abkürzungen Bundesländer: BW = Baden-Württemberg, BY = Bayern, BE = Berlin, BB = Brandenburg, HB = Bremen, HH = Hamburg, HE = Hessen, MV = Mecklenburg-Vorpommern, NI = Niedersachsen, NW = Nordrhein-Westfalen, RP = Rheinland-Pfalz, SL = Saarland, SN = Sachsen, ST = Sachsen-Anhalt, SH = Schleswig-Holstein, TH = Thüringen.

Typ 1: Methodenintegrierte Fibellehrgänge

Fara und Fu 1 und 2 Schroedel 2007 17,50 €	**Mimi die Lesemaus** Oldenbourg 2008 17,45 €
analytisch-synthetische Wortstrukturarbeit; Schlüsselwortmethode, Startheft zum Anlautkreis, Vorkurs zum Lesen und Schreiben	Integration von Vorlesen, Lesen und Schreiben, Silbenmarkierung als Lesehilfe, Dominanz des Leseunterrichts, stark fächerverbindend konzipiert Vorkurs „die kleine Mimi",
Lesetexte auf drei Niveaustufen in der Fibel, Leseübungskartei mit Selbstkontrolle, Lesespiele, 40 Lesehefte, Anregungen zum Freien Schreiben	Lese-Mal-Übungen, Lese-Aktions-Blätter, Lesetraining (Kopiervorlagen), Starthilfen – Deutsch als Zweitsprache Buchstabengeschichten mit Anregungen zum Freien Schreiben
D + A	D + A
Startheft zum Anlautkreis, Arbeitshefte A und B (m. Schlüsselwortkarte) Leseübungskartei und Lesespiele mit Selbstkontrolle 40 Lesehefte Kl.2: Spracharbeitsheft Wörterheft	Arbeitshefte
Musik CD für 1. und 2. Schuljahr	Lernspiel CD CD zur Lernstandsdiagnose
Handreichungen für Kl. 1 u. 2 (mit Hilfen zur Lernbeobachtung und Lernstandserhebung) Planungshilfen online: Umsetzung der Bildungsstandards	Lehrerhandreichung (Unterrichts- und Differenzierungsvorschläge, Projekte, Stoffverteilungsplan, Kopiervorlagen für Kinder nicht deutscher Herkunftssprache)
Fara und Fu Sachheft 1 und 2, Sachlexikon mit engl. und franz. Übersetzungen	Parallel zur Buchstabeneinführung: Verdeutlichung der Querverbindungen zum Sachunterricht, Musik, Bewegung und Kunst in der Handreichung für Lehrkräfte
Planungshilfen online: jahrgangsübergreifend unterrichten	
Fara und Fu 2, Wörterheft zum Spracharbeitsheft 2 Übungskartei	nur 1. Schuljahr
alle außer BY Synopse zum niedersächsischen Kerncurriculum	alle

Fortsetzung Typ 1: Methodenintegrierte Fibellehrgänge

Fibel Konzept	**Bücherwurm Fibel** Klett 2012 16,75 €	**Auer Fibel** (incl. Hörhaus) Klett 2010 14,50 €
Einführung von Lesen und Schreiben	analytisch-synthetischer Leselehrgang (Minimalpaarvergleiche, Buchstabenprogression + umfangreiche Vorlesetexte: Schwerpunktsetzung auf Literalisierung) Anlauttabelle zum Freien Schreiben	Stärker ganzheitlich orientiert: Sätze + Einführung einzelner Buchstaben Anregungen zum Freien Schreiben: Mein Tagebuch
Differenzierungs- und Förder-angebote	Texte auf unterschiedlichen Leseniveaus Übungshefte Arbeitsblock: Üben-Differenzieren-Fördern	Texte auf unterschiedlichen Leseniveaus *Spielend lesen mit … Auer Leseclub* (Lesehefte) Wörterstudio (Bildkarten zum selbstständigen Üben von Wortschreibungen)
Schreiblehrgang[e]	D + SAS wahlweise Beginn mit Druckschrift – Beginn mit Schreibschrift; jeweils 2 Übungshefte	D + Schreiblehrgang (VA + LA)
Arbeits- und Übungshefte	Arbeitshefte zum Sprachbuch (2.-4. Klasse)	Arbeitshefte (separat für Links- und Rechtshänder) Arbeitsheft zum Leselehrgang Rechtschreibkartei Auer Wörterbuch
Digitalisierte Materialien, Software		
Informations-material für Lehrkräfte	Lehrerhandreichungen für Kl. 1-4, Kopiervorlagen und Arbeitsblätter	Lehrerhandbuch (weiterführende Texte zum Lesen, Kopiervorlagen) Lernstandsdiagnosen
Fächerüber-greifende Angebote		Verbindung zum Sachunterricht durch: Mensch, Natur und Kultur (2 Bände) Stoffverteilungsplan mit Verb. zum SU bzw. HSU
Jahrgangs-übergreifende Angebote		
Weiterführung in Klasse 2-4	Bücherwurm Sprachbuch 2., 3., 4. Schuljahr) Bücherwurm Lesebuch (2., 3., 4. Schuljahr)	nur 1. Schuljahr Sprachbuch- und Lesebuch für Kl. 2 extra
Zulassung für Bundesland/ Lehrplan-synopsen	BY, BE, BB, MV, NI, SN, ST, TH Synopse zum Rahmenlehrplan für BE, BB	BW, BY jeweils mit Stoffverteilungsplan

e Druckschriftlehrgang (D) + alle Ausgangs-schriften (A), d.h. LA + SAS + VA.

Fortsetzung Typ 1: Methodenintegrierte Fibellehrgänge

Mobile 1 Lesen und schreiben Westermann 2010: 16,95 €	**Bausteine** Fibel Diesterweg 2008: 17,50 €
Materialpaket z. selbstst. Erarbeiten d. Buchstaben entsprechend der Buchstabenprogression, die in der Fibel vorgegeben wird. Lesetexte zum Vorlesen, Mitlesen und selbstständigen Methodenlernen Vorkurs zum Lesen und Schreiben	Einstieg über Anlauttabelle, Übungen zur analytisch-synthetischen Worterfassung, leseorientiert durch Vorlesetexte u. Leseangebote für fortgeschrittene Leser Lernangebote zur Frühförd. bzw. für Kinder m. erhöht. Förderbed. (Bausteinchen)
Lesen auf drei Schwierigkeitsstufen Portfolioarbeit Fördern und Fordern: Kartei 1	Differenziertes Leseangebot in der Fibel: 2 Niveaustufen, Lese-Mal-Blätter, Lesekarten, Bausteine Lesehefte, Förder- und Forderhefte Materialkiste für Freiarbeit
Schreiblehrgang von der Druckschrift zur LA, VA, SAS	A
Zu jedem Lernbereich des Deutschunterrichts gibt es ein einzelnes Arbeitsheft: Themenhefte zur Buchstabeneinführung, Mit der Anlauttabelle arbeiten 1, Zur Schrift hinführen 1 Schreiben 1, Sprechen und Zuhören 1 Lesen 1; darüber hinaus: Spielen 1 Erste Schritte zum Texte schreiben und Richtigschreiben Richtig schreiben 2 Sprache untersuchen	Bausteine lernen mit Quiesel A und B, C und D Arbeitskarten zur Differenzierung
Lernsoftware	Lehrerhandbuch mit Kopiervorlagen auf CD Lernsoftware unter: http://www.quiesel.de/ Lieder – CD
Lehrerhandreichungen (Unterrichtsvorschläge, Lernstandserhebungen, Beobachtungsbogen, Kopiervorlagen, Spiele, Stoffverteilungspläne) Lernstände feststellen 1	Handbücher mit Hinweisen für jahrgangsgemischte Klassen und fächerübergreifenden Unterricht Lernstandserhebungen
	Bausteine Sachunterricht fächerverbindender Unterricht/Fächerverbund (Deutsch, SU, Englisch)
	Handbücher mit Hinweisen für jahrgangsgemischte Klassen und fächerübergreifenden Unterricht
Mobile 2 Lesebuch für 2., 3., 4 Jahrgangsstufe	Sprach- und Lesebuch 2, 3, 4 + Übungsheft 2
alle außer BY, ST, SH Stoffverteilungsplan analog Bildungsstandards und Bildungspläne für BW, HE, NI, NW, RP	BB, MV, HB, HH, BW, NI, NW, RP, SL, SH, He Synopse für die Umsetzung der Rahmenlehrpläne Deutsch 1-2 für BE

Typ 2: Schreiborientierte Ansätze des Anfangsunterrichts

Fibel **Konzept**	**Start Frei Fibel** Vom Schreiben zum Lesen Oldenbourg 2004 16,95 €
Einführung von Lesen und Schreiben	Schreiborientierter Ansatz
Differenzierungs- und Förderangebote	Differenzierungsvorschläge zu jeder Fibel-Doppelseite, Spiele
Schreiblehrgang: Druckschriftlehrgang (D) + alle Ausgangsschriften (A), d.h. LA + SAS + VA	D + A
Arbeits- und Übungshefte	Arbeitshefte: – Buchstabenheft – Wörter- und Geschichtenheft – Sprache entdecken und richtig schreiben
Digitalisierte Materialien, Software	Lieder-CD
Informationsmaterial für Lehrkräfte	Lehrermaterial „Jahrgangsübergreifendes Arbeiten für das 1./2. Schuljahr"
Fächerübergreifende Angebote	
Jahrgangsübergreifende Angebote	Lehrermaterial „Jahrgangsübergreifendes Arbeiten für das 1./2. Schuljahr"
Weiterführung in Klasse 2-4	Schwerpunkt der Lernangebote: 1. Schuljahr Arbeitsheft für 2. Schuljahr: Sprache entdecken und richtig schreiben
Zulassung für Bundesland/ Lehrplansynopsen	alle; Vorschläge für eine Jahresplanung mit Start frei für BW

Typ 2: Schreiborientierte Ansätze des Anfangsunterrichts

Konfetti Lesebilderbuch + Konfetti Basishefte Diesterweg 2006 13,50 €	**Einsterns Schwester** Cornelsen 2008 19,95 €
Spracherfahrungsansatz / offener Unterricht Gestufte Anlauttabelle (3 Türme) das Lesebilderbuch ist keine Fibel ergänzend: Sachbilderbuch	offenes Konzept Lesespaß mit Lola (Leseheft) Vorübungen zum Schreiben- und Lesenlernen
Konfetti Basishefte 1-3; 13 Themenhefte Lesekiste; 5 Lesehefte Materialien für die Freiarbeit	6 Themenhefte mit Lauttabelle
A	Integrierter Druckschriftlehrgang in den Themenheften + A
Basisheft 1 und 2: Erarbeitung von Buchstaben + Freies Schreiben Basisheft 3: Üben schwieriger Buchstaben, Entwicklung orthographischer Strategien (ergänzt durch Konfetti Wörterheft und ABC-Heft) Konfetti Kurs: Rechtschreiben und Grammatik (1.-4. Klasse)	
Lernsoftware	
Handreichungen + Themenordner Sachunterricht Lernstandserhebungen (2.-4. Klasse) Handreichungen Konfetti Kurs 1-4	Handreichungen (Lernstandserhebung, Beobachtungsbögen, Organisationshilfen für Plenumsphasen) Lösungsband zu den Themenheften
Sachbilderbuch und Themenordner Sachunterricht	
	Schwerpunkt liegt auf dem Erstlesekonzept im Rahmen der jahrgangsübergreifenden Lerngruppe
Konfetti Kurs: Rechtschreiben und Grammatik (1.-4. Klasse)	Unterrichtsmaterialien nur für das 1. Schuljahr
alle außer BY	BW, NW, BE, BB

Typ 3: Fibeln mit Silbenansatz

Fibel **Konzept**	**ABC der Tiere – Lesen in Silben** Mildenberger Verlag 2010 12,80 €
Einführung von Lesen und Schreiben	Silbenansatz (Vorschaltung von Schwungübungen, Spiele zum Silbenklatschen, Lesen mit Silbentrenner, Lautgebärden etc.), Vorkurs durch ein Übungsheft „Fit für die Schule“ mit Anlautscheibe
Differenzierungs- und Förderangebote	Erweitertes Leseangebot im „Lesezirkus“, „Zeit für Geschichten“ etc. Silbenkarten, Leseteppiche, Domino, Spiele zum Silbenklatschen 10 Bde. Tiergeschichten, niveaudifferenziert, Arbeitsblätter zur Differenzierung, spezielle Förderausgaben 1, 2, 3, 4 Tierbüchlein (Rechtschreibung/Grammatik)
Schreiblehrgang: Druckschriftlehrgang (D) + alle Ausgangsschriften (A), d.h. LA + SAS + VA	D + alle Anfangsschriften
Arbeits- und Übungshefte	Arbeitshefte A und B zum Lesen in Silben Arbeitsblätter Übungshefte Spracharbeitsheft
Digitalisierte Materialien, Software	Einführung in die Silbenmethode mit DVD CD mit Silbengenerator Musik – CD , Lernsoftware Apps für das iPad: Zeit für Geschichten
Informationsmaterial für Lehrkräfte	Handbuch A und B + Einführung in die Silbenmethode, Vorschläge zur Unterrichtsgestaltung, Wochenpläne, Kopiervorlagen, Lieder, Lernstandserhebungen, Einführung in die Silbenmethode auf DVD Lehrerhandbuch zum Lesebuch und zum Spracharbeitsheft
Fächerübergreifende Angebote	Musik, Bewegung Erste englischsprachige Lektüre in den Apps für das i-pad „SuperStars – Sachtexte ab Kl.2 mit differenzierten Textmengen u. Silbenmarkierung
Jahrgangsübergreifende Angebote	ABC der Tiere 2 – Spracharbeitsheft, Teil A und B (2. Klasse) Lesebuch 2. Klasse / Arbeitsheft zum Lesebuch 2
Weiterführung in Klasse 2-4	Lesebuch Kl. 2, 3, 4 Rechtschreib- und Grammatiktraining für Kl. 1-4,
Zulassung für Bundesland/ Lehrplansynopsen	BW, NW, BB, HB, MV, NI, RP, ST, TH

Typ 3: Fibeln mit Silbenansatz

Karibu – mit der Silbe im Gepäck Westermann 2009 10,95 €	**Piri Silbenfibel** Klett 2008 16,95 €
Silbenorientiert (in Anlehnung an das Konzept von Reuter-Liehr und den Silbenansatz des Kieler Leseaufbaus); Vorkurs zum Lesen und Schreiben (Sprachrhythmus, phonologische Bewusstheit, Silbenarbeit, Graphomotorik),	Silbenorientiert (sprachwissenschaftlich fundiert) mit Vorkurs zum Lesen und Schreiben durch Silbenspiele, Aufgaben zum Freien Schreiben in den Arbeitsheften, Thematisierung von Basiskompetenzen wie Teamfähigkeit und selbstständiges Lernen
Schwungübungsheft Silbenkarten Lese-Malheft 1 20 Lesehefte entsprechend der Buchstabenprogression in der Fibel Förder-/Fordermaterialien 2 und 3, 4 Kartei zum Lesebuch 1-4	Lesehefte in drei Niveaustufen (Kl.1, 2, 3, 4.) Testen und Fördern im online-Portal wie für die Kunterbunt-Fibel und Zebra, Materialhefte Testen u. Fördern Materialheft „Üben, Trainieren, Fördern" für 1., 2., 3. , 4. Schuljahr (incl. Schuleingangstest Deutsch und Mathematik) Förderhefte u. Förderkartei 1./2. und 3./4. Schulj. (Sprache & Lesen) Inklusion: Fördermaterial (400 Kopiervorlagen)
Schwungübungsheft + A	D + A + Grundschriftlehrgang
Arbeitshefte	Arbeitshefte: – Vorschule/1. Schuljahr – 1., 2., 3. und 4. Schuljahr – Förderheft „Lesen und Schreiben" (1./2. Schuljahr) – Sachunterricht
Lernsoftware Förder-CD (Arbeitsblätter mit 3 Niveaustufen) Musik-CD	Arbeitshefte mit CD-ROM, Audio CD
Handreichung (neue Bearbeitung ab 3. Quartal 2012) Jahresplanung (Synopse zu Fibelseiten und Arbeitsheft) Handreichungen zum Spracharbeitsheft 2, 3, 4 Handreichungen zum Lesebuch 3, 4	Lehrerband zur Silbenfibel (mit Lieder-CD, Kopiervorlagen) Lehrerbände zum Sachunterricht Experimentierkartei 1-4 Inklusionsmaterial 1.-4. Schuljahr
	PIRI Sachheft
	PIRI 2 Sprach- und Lesebuch (ohne Fortsetzung des Silbenansatzes)
Lesebuch 1/2 unterschiedliche Textniveaus, Spracharbeitsheft 2, 3, 4 Fördermaterialien 2, 3, 4; Lesebuch 3, 4	PIRI Sprach- und Lesebuch 2, 3 PIRI Sachunterricht
Alle Lernplansynopse für BE, BB, HB, MV, NI	Alle, mit speziellen Ausgaben: Piri für „Ostländer" mit paralleler Einführung von Druckschrift und SAS; Stoffverteilungsplänen für unterschiedliche Bereiche (Schreiben, Lesen, Sprache) und Klassen (1-4) und teilweise kombiniert mit Sachunterricht

Typ 4: Fibeln mit integrierten Sprachlernangeboten für Kinder mit Migrationshintergrund

Fibel **Konzept**	**Oskar Fibel** Klett 2011 14,95 €
Einführung von Lesen und Schreiben	Kombination von Anlautverfahren und Silbenarbeit, starke Betonung von Sprach- und Wortschatzarbeit[f] auch Lern- und Arbeitsmethoden werden thematisiert; explizite Berücksichtigung von DaZ-spezifischen Förderschwerpunkten
Differenzierungs- und Förderangebote	160 Wortschatzkarten, 80 Seiten Förderblock Basisheft zum Üben, extra Trainingsseiten für differenzierte Angebote Lernkartei Elementarbildung (2 Schwierigkeitsstufen) Wimmelbilderbuch +Lernspiel
Schreiblehrgang: Druckschriftlehrgang (D) + alle Ausgangsschriften (A), d.h. LA + SAS + VA	A + Grundschrift
Arbeits- und Übungshefte	Basisheft A und B + Arbeitsheft Schulvorbereitung
Digitalisierte Materialien, Software	Übungssoftware, Teile A und B
Informationsmaterial für Lehrkräfte	Lehrerband mit CD-ROM Audio-CD und Karteikarten zur Unterrichtsvorbereitung Digitaler Unterrichtsassistent erscheint 2014
Fächerübergreifende Angebote	
Jahrgangsübergreifende Angebote	
Weiterführung in Klasse 2-4	bisher nur 1. Schuljahr
Zulassung für Bundesland/ Lehrplansynopsen	alle, Synopse zu den Bildungsstandards NW, HE, BW jeweils Kl. 1

f Gut geeignet für den Einsatz in Klassen mit hohem Anteil von Kindern mit Migrationshintergrund.

Typ 4: Fibeln mit integrierten Sprachlernangeboten für Kinder mit Migrationshintergrund

Xa-Lando - Lernen als Abenteuer Schöningh 2008 16,45 €	**Luna-Fibel** Klett 2006 18,50 €
Kombiniertes Deutsch- und Sachbuch, stark inhaltlich-thematischer Zugang zur Schriftsprache, Lese- und Sprachkompetenz stehen im Vordergrund	Vorlesegeschichte mit durchgehender Handlung, Schwerpunkt liegt auf Förderung von Sprechen und Hörverständnis insbes. auch bei Kindern mit Migrationshintergrund
Lesetrainingshefte 2-4, speziell: DaZ-Hefte + Training Deutsch als Zweitsprache 1-4 Silbenheft 1 und 2 Fördermaterial Silben 1/2	Lesetexte mit vier Niveaustufen Materialien zur Sprachförderung und für DaZ Lese-Minis Didaktische Spiele
D + A	D + A
Arbeitshefte 1 und 2 Buchstabenheft	Arbeitsheft mit 7 Lernszenarien
Audio-CD	Übungssoftware CD mit Liedern, Texten, Höraufgaben
Lehrerband, Diagnosebögen	Lehrerband (Unterrichtsvorschläge, Diagnosebögen,) Lehrerband zur Sprachförderung und zu DaZ (mit Sprachvergleich, Wortschatzleiste)
Fächerübergreifendes Grundkonzept: Deutsch und Sachunterricht	
Weiterführung des fächerübergreifenden Konzepts durch Lehrwerke für Kl. 2-4 Ab Bd. 2: Rechtschreiben, Grammatik, und Textwerkstatt, Training Deutsch als Zweitsprache Kl. 1-4, lehrwerksunabhängig einsetzbar	nur 1. Schuljahr
BE, HH, NW, SL, SH	alle, Synopse zum Bildungsplan BW, RP, Lehrplan BY, SN

Typ 5: Fibeln mit speziellen Angeboten für den inklusiven Unterricht

Fibel **Konzept**	**Jo-Jo Fibel** Cornelsen 2011 (Neubearbeitung) 16,75 €
Einführung von Lesen und Schreiben	analytisch-synthetische Wortstrukturarbeit; + Silbenarbeit Anregungen zum Freien Schreiben Vorübungen zum Schriftspracherwerb: „Das kleine Jo-Jo"
Differenzierungs- und Förderangebote	Anlautblätter, Lese-Mal-Blätter, Differenzierungsblock zur Fibel mit Arbeitsblättern Lernentwicklungsheft Inklusion – Materialmappe für den Unterricht,
Schreiblehrgang: Druckschriftlehrgang (D) + alle Ausgangsschriften (A), d.h. LA + SAS + VA	D + A zwei Schreiblehrgänge für verbundene Schrift: A folgt dem Buchstabenaufbau der Fibel; B: nach Abschluss des Druckschriftlehrgangs
Arbeits- und Übungshefte	Arbeitsheft mit Silbenübungen Morphemorientierter Rechtschreiblehrgang für Kl. 3. und 4.
Digitalisierte Materialien, Software	
Informationsmaterial für Lehrkräfte	Handreichungen (Unterrichtsvorschläge, fachübergreif. Unterrichtsideen, Vorlesegeschichten, Lernstandsanalyse) Planungshilfe 1./2. zum jahrgangsübergreifenden und jahrgangsgemischten Lernen
Fächerübergreifende Angebote	
Jahrgangsübergreifende Angebote	Handreichungen + Differenzierungsblock Planungshilfen zum jahrgangsübergreifenden und jahrg. gemischt. Lernen (1./2. Klasse)
Weiterführung in Klasse 2-4	Jo-Jo Sprach- und Lesebuch 2, 3
Zulassung für Bundesland/ Lehrplansynopsen	NW, BW, BE, BB, BY (mit spezieller Ausgabe)

Typ 5: Fibeln mit speziellen Angeboten für den inklusiven Unterricht

Lulu lernt lesen Das grüne Lesebuch Dieck Verlag 13,50 €	**ABC der Tiere Förderausgabe** Mildenberger Verlag 12,80 €
Silbenorientierung in der Vermittlung der Lesetechnik, Parallelität von Lesen und Schreiben, geringe Lernprogression in Anlehnung an den Kieler Leseaufbau, Vorlesegeschichten, Konzentration auf lautgetreue Texte	Silbenorientierter Ansatz mit Einführung von Lautgebärden und sprechrhythmischem Training
Leselehrgang ist streng hierarchisch in drei separate Einheiten (s. Ringbücher) aufgeteilt; Lesehefte (Lulu besucht die Kleeblattschule), Lulu Silbenspiel Kopiervorlagen 1-3 („Lulu lernt Rechtschreiben“)	Spiele: Klatsch die Silbe, Rhythmusübungen
D: 3 Übungshefte Druckschrift + A	Schreiblehrgang A und B zur Förderausgabe
Drei hierarchisch aufgebaute Arbeitshefte (Ringbücher) *gelb*: Vorkurs (phonol. Bewusstheit, Lautgebärden, Einführung Vokale, Lesetechnik u. Silbenstruktur) *grün*: Einf. der Konsonanten, lautgetreue Lesetexte (vereinfachte Wortwahl mit Silbenstruktur KV) *blau*: Arbeitsbuch (wiederkehrende Übungsformen)	Arbeitshefte A und B zur Förderausgabe
	CD: Hexe Trixi
Lehrerhandreichung (Kopiervorlagen, Lernkontrollen)	
nur 1. Schuljahr Schwerpunkt: Klassen mit Risikokindern	
BE, BB, HB, HH, HE, MV, NI, ST, SH, TH	alle außer BY

Typ 6: Lehrwerke für den jahrgangsübergreifenden Unterricht

Fibel **Konzept**	**Tinto 1 und 2** (grün und blau) Cornelsen 2008/2011 Erstlesebuch 13,50 € / Tinto 2 (2011) 12,50 €	**Zebra 1** Klett 2008 15,95 €
Einführung von Lesen u. Schreiben	offenes Konzept für jahrgangsübergreifendes Unterrichten in Klasse 1 und 2 Keine Buchstabeneinführung, sondern „Erstlesebuch" Vorkurs: der kleine Tinto	Spracherfahrungsansatz / Schreiborientierter Ansatz ohne Buchstabeneinführung nur Textsammlung zum Vorlesen bzw. selbstständigen Lesen Rechtschreibstrategien nach der Fresch-Methode Vorkurs
Differenzierungs- und Förderangebote	TINTO-Koffer Leseblätter Lernentwicklungsheft Lernkartei für Kl. 2 Materialien zur Sprachförderung	Lesebuch mit drei Niveaustufen Lesehefte online-Portal „Testen und Fördern" Materialien zur Sprachförderung: Förderkartei (1./2. Schuljahr) Förderspiele
Schreiblehrgang[g]	D + A + Schreiblehrgang in Grundschrift (Buchstabenhaus, Schreiblehrgang)	D + A Schreiblehrgang in Grundschrift
Arbeits- und Übungshefte	Arbeitsheft 1: Schreiben (Freies Schreiben, Übungen zum Schreiben auf der Silben-, Wort-, Satz- und Textebene) und sinnerfassendes Lesen Arbeitsheft 2: Sprache (Lesetexte, Rechtschreibung und Grammatik)	Buchstabenheft Arbeitsheft Lesen/Schreiben 1 Arbeitsheft Sprache 1/2 Arbeitsheft Sprachförderung und DaZ
Digitalisierte Materialien, Software	CD-ROM zum Arbeitsheft und zur Handreichung (Kopiervorlagen, Wochenpläne, Bilder) Lieder-CD	
Informationsmaterial für Lehrkräfte	Handreichungen für den Unterricht (Wochenpläne, Beobachtungsbögen, Lernstandsanalyse) Kopiervorlagen auf CD-ROM	Lehrerband (Diagnosebögen, CD mit Liedern und Hörtexten, Kopiervorlagen) Handreichung zum Vorkurs Digitaler Unterrichtsassistent für Klasse 1 und 2
Fächerübergreifende Angebote		Zebra Sachunterricht Projekthefte Klasse 1./2. und 3./4.
Jahrgangsübergreifende Angebote	speziell für jahrgangsgemischtes Lernen der Kl. 1 und 2 konzipiert	Materialien Kl. 1 und 2 sind als Einheit konzipiert Online-Dateien zu: Themenunterricht in der flexiblen Schuleingangsphase
Weiter-führung in Klasse 2-4	Sprach- und Lesebuch Kl. 2, 3, 4	Zebra Lesebücher und Lesehefte 1, 2 Wissensbuch Sprache (Kl. 2)
Zulassung für Bundesland/ Lehrplansynopsen	BW, BE, BB	alle, Arbeitspläne Kl. 1-4 für die neuen Rahmenlehrpläne verschiedener Bundesländer[h]

g Druckschriftlehrgang (D) + alle Ausgangsschriften (A), d.h. LA + SAS + VA.

h Verfügbar unter: http://www.klett.de/lehrwerk/zebra-2007/stoffverteilungsplaene.

Typ 6: Lehrwerke für den jahrgangsübergreifenden Unterricht

Löwenzahn und Pusteblume, Teil A, B, C Schroedel 2009 je 6,50 €	**Kunterbunt Fibel** Klett 2009 17,25 €
Fibelersatz durch Leselernbücher in drei Teilen (mit steigendem Schwierigkeitsgrad) Verbindung von Lese- und Schreiborientierung (Anlauttabelle), Einstieg über Sätze + Buchstabeneinführung Vorkurs zum Lesen und Schreiben „Bärenheft"	Einführung von Buchstabengruppen mit starker Schreiborientierung (Schreibtabelle), zwei Niveaustufen in den Lesetexten, deutlicher Handlungsbezug durch Arbeitsaufträge; Schülerbuch: Schreibanlässe, Portfolioarbeit, Sprach-, Lesebuch und Sachheft sind thematisch untereinander abgestimmt, Vermittlung von Lernstrategien Fibel-Vorkurs mit dem kleinen Niko (phonol. Bewusstheit)
Leselernbuch A: Buchstabeneinführung, B: schwierige Buchstaben, C: weiterführendes Lesen, Anregungen zum Freien Schreiben: Schreibwerkstatt Materialkoffer (Lesekartei, Spiele, Buchstabenkarten etc.)	Förderheft: Sprache und Lesen mit Lernstandsdiagnose, Förderspiele 12 Lesehefte „Testen und fördern"[i] Materialhefte zu Sprachförderung und DaZ
D in ABC Blättern Schreibwerkstatt zur Arbeit mit der Anlauttabelle + A	D + A + Grundschriftlehrgang
Arbeitsheft A zum Leselernbuch A Arbeitsheft B zum Leselernbuch B Wörterheft m. Grundwortschatz Spracharbeitshefte A und B (Rechtschreiben und Grammatik) Schreibwerkstatt (Übungsblätter zur Arbeit mit der Anlauttabelle) 40 Lesehefte	Arbeitsheft + Lernstandsdiagnosen Arbeitsheft: Sprachförderung und DaZ Rechtschreibkartei 1./2. Schuljahr und 3./4. Schuljahr (Aufbau eines Grundwortschatzes)
Musik CD 1./2. Lernsoftware 2	Lernsoftware (Fibel, Übungen) Sprachbuch 2, 3 und 4 und Arbeitsheft, online-Version) Audio-CD, Hör- CD zum Lesebuch 2
Handreichungen mit CD für 1 und 2 Klasse (Vorschläge zum jahrgangsübergreifenden Unterricht, Beobachtungsbogen) online: Löwenzahn und Pusteblume 1 – Abgleich mit den Bildungsstandards – Soffverteilungsplan	Lehrerband (Unterrichtsvorschläge, Kopiervorlagen, Differenzierungsangebote, Diagnosematerial (CD-ROM + Audio-CD) Handreichung zur flexiblen Schuleingangsphase Handreichung Grundschule zur Inklusion Vorlagen für Elternbriefe Experimentierkartei 1-4 Lehrerbände zu Sach-, Sprach- und Lesebüchern
Löwenzahn und Pusteblume – Sachheft 1 und 2 Übungskartei 2 Verbindungen zu Musik, Kunst, Bewegung	Kunterbunt Sachbuch: Arbeitsheft 1. Kl. Sachheft: Mensch, Natur und Kultur Kl. 2 Sachheft Kl. 3, Sachbuch Kl. 4
Parallelführung der Themen in Löwenzahn und Pusteblume 1 und 2	vielfältige Möglichkeiten f. jahrgangsübergreifenden Unterricht durch Fortführung des Lehrbuchkonzepts bis zur 4. Klasse
Löwenzahn u. Pusteblume 2, Spracharbeitshefte A und B, Pusteblume – Das Lesebuch 2-4 / Pusteblume – Das Sprachbuch 2-4	Lesehefte Kl. 1 Sprach- und Lesebuch 2, 3, 4
Alle außer BY Lehrplansynopse für BW, NI., NW, BE, BB, HB, MV, HE, RP, SN	alle, mit Stoffverteilungsplänen für HH, SH, TH, SN, (Kl. 1); für Kl. 2, 3 und 4 zusätzlich in BW, NW,BW, BE, BB, NI, HB, RP, SN, HE

i http://www.testen-und-foerden.de/klettdf/login.html: kostenlose lehrwerksbezogene Lernstandserhebung mit automatischer Auswertung und Förderempfehlung (Diagnosebogen, Klassenbericht, Lernvertrag, Elternbrief).

Weitere Fibelprogramme

Fibel	Lesestart	Tintenklecks
Konzept	Cornelsen 16,25 €	Auer Verlag 15,50 €
Einführung von Lesen u. Schreiben	analytisch-synthetische Wortstrukturarbeit; zwei Fibelausgaben: Druckschrift + SAS Vorübungen zum Schreiben- und Lesenlernen: „Der kleine Lesestart"	schreiborientiert mit Buchstabeneinführung
Differenzierungs- und Förderangebote	Lese-Mal-Blätter Arbeitsblock Textsammlung im Anhang;	32 Lesehefte (incl. Quizfragen) zu den Fibelthemen sortiert nach Buchstabenblöcken des Fibellehrgangs
Schreiblehrgang[j]	D + SAS Schreiblehrgang (Linkshändigkeit wird bes. berücksichtigt)	D+LA + VA Spezielle Hefte für Linkshänder
Arbeits- und Übungshefte	Arbeitsheft	Arbeitsheft
Digitalisierte Materialien, Software		
Informationsmaterial für Lehrkräfte	Handreichungen für den Unterricht Handreichungen zum Arbeitsheft Sachunterricht	
Fächerübergreifende Angebote	Arbeitsheft Sachunterricht	
Jahrgangsübergreifende Angebote		
Weiterführung in Kl. 2-4		nur 1. Schuljahr
Zulassung für Bundesland/ Lehrplansynopsen	nur neue Bundesländer und Berlin	HB, BB, HE, NI, NW, RP, SL, SH, SN, TH

j Druckschriftlehrgang (D) + alle Ausgangsschriften (A), d.h. LA + SAS + VA.

Weitere Fibelprogramme

Fips & Co Mein erstes Lesebuch Oldenbourg 2009 15,95 €	**Leseschule Fibel 1 und 2** Oldenbourg 2011 Fibel 1 12,20 € / Fibel 2 17,80 €
Minimalpaarvergleiche zur Einführung von Buchstaben; viele Arbeitsaufträge zum Umgang mit den Fibelseiten; <u>kein</u> systematisch aufgebauter Buchstabenlehrgang; viele unterschiedliche Textarten Anregungen zum Freien Schreiben	Anlautverfahren mit Lesetexten, die von Anfang an <u>alle</u> Buchstaben verwenden; Silbenmarkierung bei Lernwörtern Fibel mit Texten zum weiterführenden Lesen und zum Fest- und Jahreskreis Vorkurs „Die kleine Leseschule“
Lesetexte und Aufgabenstellungen mit unterschiedlichem Schwierigkeitsgrad	Texte zum weiterführenden Lesen Anregungen zum Freien Schreiben
D + A	D + A (+ Legekasten mit magnetischen Buchstaben/ Ziffern)
Arbeitsheft	Buchstabenheft und Arbeitshefte: – Laute und Buchstaben – Lesen und Schreiben
CD für Lernstandsdiagnose	Lernspiel CD u. Lieder -CD CD für Lernstandsdiagnose
Lehrermaterialien (Differenzierungsvorschläge, jahrgangsgemischtes Lernen, Lautgebärden, Stoffverteilungsplan, unterrichtsprakt. Empfehl., fächerübergr. Anregungen, Lernstandskontrollen) incl. CD für Arbeitsblattvorlagen	Lehrermaterialien zu Leselernbuch 1 und 2 (Kopiervorlagen, Vorschläge zur interkulturellen Erziehung und Fremdsprachenbegegnung)
Thematisch abgestimmt auf Sachunterrichtswerk „Frida & Co“ 1/2 u. auf Fips & Co Lesebuch 2 u. Sprachbuch 2; Mathematiklehrwerk „Fredo & Co“	
	Leselernbuch 1 und 2 Planungshilfen u. Material f. jahrgangsübergreifende Arbeiten
Fips & Co Lesebuch und Sprachbuch (1.u.2. Schuljahr)	Lese-Sprachbuch für 2.-4. Schuljahr
alle	BW, BE, HB, HE, HH, NI, RP, SL, SH mit spezieller Ausgabe für BY

Weitere Fibelprogramme

Fibel Konzept	UMI-Fibel Cornelsen 2011 (Neubearbeitung) 17,25 €	Frohes Lernen Fibel Klett 2007 17,75 €
Einführung von Lesen u. Schreiben	Sätze + Einführung einzelner Buchstaben + Silbenarbeit; Anregungen zum Freien Schreiben Vorübungen z. Schriftspracherwerb: „Der kleine UMI“	schreiborientierter Einstieg mit der Anlauttabelle, Silbenmarkierung als Lesehilfe, separates Lesebuch zur Fibel
Differenzierungs- und Förderangebote	Zusatzmaterialien für jeden Buchstaben Kopiervorlagen zur Differenzierung mit drei Niveaustufen	Lesehefte/ -texte (z.B. „Anton das kleine Gespenst“) auf verschiedenen Niveaustufen und in unterschiedlichen Darstellungsformen (z.B. silbige Ausgabe) Fördermaterial „Üben und Spielen 1 und 2“
Schreiblehrgang	D + A unter Berücksichtigung der Fibelthemen und Wörter	D + A + Übungsheft zum Schreiblehrgang unter Berücksichtigung des Grundwortschatzes
Arbeits- und Übungshefte	Arbeitsheft (mit und ohne Druckschriftlehrgang, incl. Übungen z. Förderung der phonologisch. Bewusstheit) *Diktatschule* und *Grammatikschule* Rechtschreibübungen (grundwortschatzorientiert)	Arbeitsheft + Arbeitshefte für Lesen
Digitalisierte Mat., Software	Strukturierte[k] Anlauttabelle für Computer	Audio CD
Informations-material für Lehrkräfte	Handreichungen für den Unterricht (Lernstandstest, Beobachtungsbögen, Kopiervorlagen)	Lehrerband (Diagnosebögen, Kopiervorlagen, Anregungen für fächerverbindenden Unterricht incl. CD-ROM)
Fächerübergreif. Angebote	Sachheft	Hinweise auf Umsetzungsmöglichkeiten werden in der Lehrerhandreichung gegeben
Jahrgangsübergr. Angebote		
Weiterführung in Kl. 2-4	keine	Lesebuch1/2: ergänzendes Leseangebot
Zulassung für Bundesland/ Lehrpl.-synopsen	BW, BE, HB, HE, HH, NI, RP, SL, SH mit spezieller Ausgabe für BY	NW, BW, BE, BB,

k Konzept Strukturierte Anlauttabellen: Die Buchstaben sind gruppiert nach Vokalen und Konsonanten, nach Buchstaben mit eindeutigem Klang und solchen, die keinen eindeutigen Klang haben, nach ihrer Häufigkeit, nach Ähnlichkeiten und Unterschieden im Klang. (Quelle: http://www.cornelsen.de/lehrkraefte/reihe/r-5006/ra-5772/konzept/back_link/search).

Weitere Fibelprogramme

Meine Fibel Volk und Wissen 2009 16,50 €	ergänzend: **ABC-Freunde** Volk und Wissen 12,50 €
Ganzwortmethode (eher analytisch) + Einführung einzelner Buchstaben Vorkurs „Meine kleine Fibel“	Wörterbuch mit Bild-Wort-Lexikon Englisch
Förderkoffer (Lernstandstest, Beobachtungsbögen, Spiele, Kopiervorlagen); Lautbilder Lesekiste mit vier Schwierigkeitsstufen	Anfangswortschatz aus *Meine Fibel* Anfangswortschatz von 1000 Wörtern (Frühenglisch) Kl. 3/4: Grundwortschatzorientiert Wörter und Sätze: Grammatik, Rechtschreibung
D + SAS Fibel + Arbeitshefte i. Druck- u. Schreibschrift als Erstschrift: bei Schreibschrift „Viererfenster“, d.h., Groß-und Kleinbuchstaben werden in Druck- und Schreibschrift eingeführt	
Arbeitsheft mit Anlauttabelle auf CD-Rom 3 Schwierigkeitsstufen	
CD-ROM: Meine Fibel – Software Veritas (Lese-Lernspiel)	CD-ROM (Nachschlagetraining)
Handreichungen für den Unterricht (sehr differenzierte didakt.-methodische Hinweise, Kopiervor., Leistungsanal.) + Differenzieren u. Fördern (Lehrerausgabe d. Arbeitsheftes)	
Ideenbox zum jahrgangsübergreifenden Lernen 1./2. Schuljahr)	
keine; empfohlen wird Sprach- und Lesefreunde 2 bei Einsatz des Fibelprogramms im jahrgangsgemischten Unterricht	1.-4. Schuljahr
Lehrplansynopse /Stoffverteilungsplan für BY	BE, BB

Printed in Germany
by Amazon Distribution
GmbH, Leipzig

18500713R00179